Englische Gartenkunst

SEITE 1 Ein verlockender Blick auf die alte Obstwiese hinter dem Garten von Tintinhull in Somerset. Das Tor wird flankiert von der Strauchrose 'Duplex'.

SEITEN 2–3 Cothay Manor in Somerset ist ein faszinierendes Herrenhaus aus dem Mittelalter, das 1925 von Colonel Reginald Cooper restauriert wurde. Es wird gekennzeichnet von einem langen Eibengang im Stil des 17. Jahrhunderts mit »Gesprächslauben«. Dieser Gang verläuft parallel zum Gebäude und verbindet verschiedene Heckenräume miteinander. Der Garten gilt als Beispiel eines Gartens des frühen 20. Jahrhunderts, der zurückweist auf die formalen Anlagen des 17. Jahrhunderts. Die heutigen Eigentümer haben den Garten restauriert und Umpflanzungen vorgenommen.

RECHTS Der See von Gresgarth Hall in Lancashire gehört zu einem Garten, den die Gartengestalterin und Besitzerin Arabella Lennox-Boyd angelegt hat. Ihr Ehemann Mark hat die Sonnenuhr entworfen.

Aus dem Englischen übersetzt von Stefan Leppert

1. Auflage
Copyright © der deutschsprachigen Ausgabe 2007
Deutsche Verlags-Anstalt, München, in der Verlagsgruppe Random House GmbH

Titel der englischen Originalausgabe
The English Garden
2006 erstmals erschienen bei:
Frances Lincoln Ltd
4 Torriano Mews
Torriano Avenue
London NW5 2RZ
www.franceslincoln.com

Copyright © Frances Lincoln 2006
Copyright Text © Ursula Buchan 2006
Copyright Fotos © Andrew Lawson (mit Ausnahme der Seiten 366–367: Copyright © Marianne Majerus)
Alle Rechte vorbehalten

Satz der deutschen Ausgabe:
Edith Mocker, Eichenau
Produktion der deutschen Ausgabe:
Monika Pitterle

Printed and bound in China
ISBN: 978-3-421-03663-6

www.dva.de

INHALT

EINFÜHRUNG 7

1 FORMALES GERÜST 13
2 BLÜTENFÜLLE 73
3 DER LANDSCHAFTSGARTEN 125
4 DER COUNTRY GARDEN 155
5 GÄRTNERN MIT DER NATUR 191
6 FREMDE EINFLÜSSE 217
7 DAS ORNAMENT IM GARTEN 239
8 WASSER, WASSER ÜBERALL 271
9 DIE ENGLISCHE ROSE 301
10 DER KÜCHENGARTEN 321
11 DER ZEITGENÖSSISCHE GARTEN 349

ANMERKUNGEN 376
AUSGEWÄHLTE LITERATUR 378
REGISTER 380
DANK 384

EINFÜHRUNG

»Unser England ist ein Garten«, schrieb Rudyard Kipling und das ist wahr. Etwa eine halbe Million Hektar dieses Landes machen Gärten aus, bemerkenswerte dreitausend Gärten sind von hinreichender Qualität (und stehen im Eigentum oder unter der Verwaltung von generösen Menschen), um sie der Öffentlichkeit zugänglich zu machen, zumindest zu einer bestimmten Zeit des Jahres. Über fünfhundert können bedeutend öfter besucht werden, teilweise zusammen mit einer Gebäudebesichtigung. Manchem Eigentümer bescheren die Eintrittsgelder ein zusätzliches Einkommen, anderen sichern sie lediglich die Pflegeaufwendungen für den Garten. Dieser Reichtum an offenen Gärten ist für uns selbstverständlich, sind Zeit unseres Lebens Teil der Umwelt, so beeindruckend sie auch allesamt sein mögen.

Wir leben ohne Zweifel in einem goldenen Zeitalter für Gärten. Mit der fachlichen Unterstützung der 1965 gegründeten Garden History Society, der Energie von Veranstaltern und der Großzügigkeit der Heritage-Lottery-Stiftung konnten in den vergangenen 30 Jahren wichtige Gärten restauriert werden. Und eine Armada von Fachleuten erweckte großartige Anlagen, die dem Untergang nahe waren, zu neuem Leben: Gartendenkmalpfleger, Archäologen, Geophysiker, Steinmetzen, Baumpfleger, Wasserbauingenieure und andere mehr.

Besonders in den 50er und 60er Jahren des letzten Jahrhunderts brachten die hohen Steuern, speziell die Erbschaftssteuer, Personen mit großflächigem Gartenbesitz an den Rand ihrer Zahlungsfähigkeit. Erst seit den Steuersenkungen der 1980er Jahre besserten sich die Aussichten für Landhäuser und deren Gärten. Die meisten werden nun gut gepflegt und einfühlsam angelegt, mal mit, mal ohne professionelle Gartenarchitekten.

In gestalterischer Hinsicht ist eine interessante Zeit für die Gärten unseres Landes angebrochen. Die edlen, bisweilen rigiden Ideen der Arts-and-Crafts-Bewegung beispielsweise weichen zusehends einem entspannten Stil, der offensichtlich besser in unsere moderne Welt passt. Daher ist es so wichtig und zudem höchst anregend, auf der Suche nach Inspiration, Wissen und nicht zuletzt geistiger Erfrischung öffentlich zugängliche Gärten zu besuchen. Nur der ungeheure Druck, dem freies Land unterliegt und der die Anlage großer Gärten verhindert, sowie der gegenwärtige Mangel an professionellen Gärtnern und der nahezu überall herrschende Lärmpegel des Verkehrs können unsere Freude am Garten schmälern.

GEGENÜBER Heutzutage haben Gartenarchitekten bei der Umgestaltung alter Anlagen häufig die Aufgabe, den historischen Zusammenhang erkennbar zu halten, sich von ihm andererseits aber nicht vollkommen einengen zu lassen. Als man auf Eaton Hall, Cheshire, ein neues Gebäude errichtete, wurde Arabella Lennox-Boyd die Umgestaltung des großen Gartens mit den großzügigen Terrassen aus der Viktorianischen Zeit anvertraut. Dies ist der Rosengarten, ein Parterre aus geometrischen Heckenräumen.

UNTEN Der See von Garsington Manor in Oxfordshire, ein Garten nach italienischem Vorbild aus dem Jahr 1915, gestaltet von Lady Ottoline Morrell.

Mit diesem Buch möchte ich den Leser auf die außerordentliche Fülle und Vielfalt einstimmen, die uns die Englische Gartenkunst geschenkt hat. Der Leser blickt durch das Prisma meiner Interessen und Vorlieben, zudem durch die Linse des mit geradezu artistischem Sinn fotografierenden Andrew Lawson. Dies gilt natürlich für öffentlich zugängliche, aber auch verschlossene Gärten. Grundsätzlich will das Buch eine Annäherung an den Englischen Garten sein, es versteht sich nicht als Lehrbuch. Einzelne Themen bilden die Struktur, um so am besten die Fülle und Vielfalt zu zeigen und die Gärten begreifbar und erlebbar zu machen. Dem einen oder anderen mögen die Kapitel willkürlich gewählt erscheinen, aber für mich sind sie eine Möglichkeit, dem Leser ein höchst umfangreiches Sachgebiet so angenehm wie möglich zu erschließen. Ich hoffe, dass Ihnen diese Gliederung entgegenkommt. Sie ist auch darauf angelegt, viel zur Geschichte der einzelnen Stile des Englischen Gartens zu sagen – immerhin liegt hier die Wurzel zu dem heutigen Erscheinungsbild. Viele öffentlich zugängliche Gärten haben eine lange, wechselvolle Geschichte hinter sich, die vielfach mehrere Jahrhunderte zurückreicht. Diese Geschichte gab vor, wie und warum die Gärten verändert oder konserviert wurden. Leider lässt das Buch nicht viel mehr als einen flüchtigen Überblick zu. Jeder, der tiefer in die Geschichte der Gärten vordringen will, findet auf Seite 378 eine Liste ausgewählter Literatur. Gerade in den letzten Jahren sind einige profunde Werke dazu erschienen.

Es ist wichtig zu wissen, wie Gesellschaft und Kultur die Englischen Gärten geformt haben. Da dieses Buch nicht intensiv auf die Sozialgeschichte des Landes eingehen kann, möchte ich auf die ausgezeichneten Bücher von Jane Brown und Charles Quest-Ritson verweisen (siehe Seite 378). Wer sich darin auskennt, wird aus dem Besuch von Gärten noch mehr Gewinn ziehen. Ein Gartenbesuch regt so nicht nur die Gefühlswelt, sondern auch den Verstand an – jedenfalls ist es bei mir so.

Gärten sind nicht statisch, natürlich nicht. Gärten sind ein Prozess. Sie bleiben nicht einen Tag lang stehen, halten nicht inne für ein Jahr, eine Dekade oder ein Jahrhundert. Die Dynamik von Wachstum und Niedergang ist unerbittlich, für Pflanzen und auch für gebaute Elemente. Alles blüht und gedeiht, welkt und stirbt aber gleichermaßen. Eine der faszinierendsten Aspekte bei der Betrachtung Englischer Gärten, erfreulich und deprimierend zugleich, liegt im Kontrast zwischen den Gärten, die in guten wie schlechten Zeiten ihre Gestalt kontinuierlich behalten, während andere wie ein Feuerwerk auf der Bildfläche erscheinen und fast ebenso schnell wieder von ihr verschwinden.

Auch wenn Gärten viele Jahre existieren, so verändern sie sich doch. Vielfach verschiedene Male. Die besten Gärtner überlassen ihren Garten nie ganz sich selbst, halten ihn nie für vollendet und fertig. Immer wieder wollen sie verändern, auch wenn sie die Natur nicht dazu treibt (was häufig der Fall ist), etwa wenn ein Sturm eine Baumgruppe umweht oder ein Strauch an einem Platz wächst, der ihm nicht zugewiesen wurde.

Möglicherweise habe ich in diesem Buch einen Garten oder nur den Teil eines Gartens beschrieben und kaum, da das Buch die Druckerei verließ, änderten sich die Eigentumsverhältnisse und damit möglicherweise der Garten auf radikale Weise. Ich versuche, den Englischen Garten des frühen 21. Jahrhunderts zu beschreiben und zeige dabei Beispiele, die für mich in einem kurzen Moment typisch und herausragend waren. Hoffentlich wird kein Leser enttäuscht, wenn er selbst einmal einen der hier gezeigten Gärten sehen wird und ein oder mehrere Elemente sind verschwunden oder überwachsen.

Fotografien, bei allen positiven Eigenschaften, sind keine stets gültigen Zeugen, bannen sie doch die Eindrücke des Betrachters zu einem bestimmten Zeitpunkt auf ein Bild. Und für keinen Fotografen, auch nicht für einen so perfekt und akribisch arbeitenden wie Andrew Lawson, ist es möglich, jede Veränderung in einem Garten aufzunehmen.

Ich habe in jedem Kapitel nur wenige Gärten detailliert beschrieben – eben nur solche, die ich für äußerst repräsentativ oder besonders typisch halte. Eine Litanei von Beschreibungen würde den Leser wohl auch langweilen. Dieses Buch kann den Besuch eines Gartens nicht ersetzen, es soll vielmehr dazu ermuntern und den Aufenthalt lohnender gestalten. Einige Gärten werden in mehr als einem Kapitel erwähnt, wenn sie seit der Entstehung stetig weiterentwickelt wurden oder eine stattliche Zahl bedeutender Elemente aufweisen.

Die meisten hier genannten Gärten sind als groß zu bezeichnen. Sie überstehen den starken Besucherandrang weitaus besser als kleine und außerdem sind sie es, die das Eintrittsgeld für die Pflege und Erhaltung am meisten benötigen. Aber Sie werden auch Gärten mit einer Größe von weniger als einem halben Hektar finden, die den Besuch an den Tagen lohnen, an denen sie geöffnet sind. Viele Beispiele sind im *The Daily Telegraph Good Gardens Guide* und dem *Yellow Book* des National Gardens Scheme (siehe Seite 378) aufgelistet.

Vielfach stammen die in diesem Buch gezeigten Gärten aus dem 18. Jahrhundert oder sind jünger. Es gibt nur vergleichsweise wenige aus dem 17. oder gar 16. Jahrhundert, wie beispielsweise Lyveden New Bield, Northamptonshire, ein Original aus der Elisabethianischen Zeit, oder Westbury Court in Gloucestershire und Hatfield House in Hertfordshire als Beispiele für gelungene Rekonstruktionen. Jedenfalls zeigt das Buch repräsentativ die bedeutenden Stile: den Tudor-, den französischen und den holländischen Stil, den Landschaftsgarten des 18. Jahrhunderts, die Beetgestaltung zur Viktorianischen Zeit, den italienischen und japanischen Stil, den Arts-and-Crafts-Garten, den Cottage-Garten des 20. Jahrhunderts und den naturhaften Gestaltungsstil der Gegenwart.

Mode spielt, wie in allen Bereichen der Kunst, auch im Garten eine große Rolle: mal mit ihr aufs Engste verbunden, mal sich ihr störrisch verweigernd. Ich erwähnte bereits die Nostalgie von Gärten des 17. Jahrhunderts 300 Jahre später. Nach gesellschaftlichen Umwälzungen kommt es gelegentlich zur Rückbesinnung auf vergangene Zeiten, auch in der Gartengestaltung.

Der Umfang dieses Buches ist begrenzt und so werden viele Leser ihren Lieblingsgarten hier eventuell vermissen. Doch einen Anspruch auf Vollständigkeit zu erheben ist unmöglich und sinnlos. Am Ende jedes Kapitels habe ich eine Liste mit weiteren schönen Gärten angefügt, für die im Text der Platz fehlte. Ich konnte sicherlich nicht jedem Leser gerecht werden, bin nur meinem Gespür gefolgt und mir dabei sicher, die richtige Gewichtung gewählt zu haben. Öffentliche Parks, botanische Gärten, Lehr- und Schaugärten, sosehr sie auch in unserer Gartenszene verankert sind, passen nicht so recht in ein Buch über Englische Gartenkunst. Hier und da sind sie nebenbei erwähnt, einige etwas ausführlicher beschrieben. Obwohl sie nicht direkt einem Gebäude zugeordnet sind, zeige ich sie, weil sie einen interessanten Aspekt beleuchten. Dazu gehören etwa der Rosengarten von David Austin nahe Wolverhampton und der Pensthorpe Waterfowl Park in Norfolk.

Nun muss ich noch mein Bedauern darüber aussprechen, dass in einem Buch mit dem Titel *Englische Gartenkunst* viele wundervolle Gärten in Schottland, Wales, Nordirland und Irland keinen Platz finden. Vielleicht komme ich zu diesen Gärten später einmal.

Die meisten hier vorgestellten Gärten sind für Besucher geöffnet. Einige wenige Privatgärten dagegen kann man nicht betreten, aber sie sind zu interessant und wichtig, als dass ich sie hätte weglassen können. Aber diese sind die Ausnahme, weil mir wohl bewusst war, dass eine zu große Anzahl geschlossener Gärten den Leser enttäuschen würde. Alle öffentlich zugänglichen Anlagen sind im Register entsprechend markiert. Dort ist auch die Grafschaft vermerkt, in denen die Gärten liegen, so dass sie mit *The Daily Telegraph Good Gardens Guide* und dem *Yellow Book* des National Gardens Scheme leicht zu finden sind.

Derzeit ist eine leise geführte Debatte unter Gartenjournalisten im Gang, warum nicht mehr Gärten für Besucher geöffnet werden. Ich begrüße die Debatte, denn sie berührt auch den Aspekt von Standards. Manch einer könnte sein Gartentor öffnen und gutes Geld für die Besichtigung verlangen, ohne den Eintrag in eine Liste verdient zu haben. Und wäre ohne kritische Beurteilung die Klassifizierung der Gartengestaltung als Kunstform nicht schnell gefährdet? Ich habe mehrfach meine Ansicht dazu veröffentlicht. So habe ich in dem begrenzten Raum dieses Buches jene Gärten nicht genannt, die ihr Eintrittsgeld meines Erachtens nicht wert sind.

In diesem Land haben wir eine derart umfangreiche Auswahl hervorragender Gärten, sodass ich glücklicherweise nicht auf solche zurückgreifen musste, die nicht erstklassig sind. Wenn nun Ihr Lieblingsgarten hier nicht zu finden sein sollte, dann liegt das eher am limitierten Platz oder an meinem fehlenden Wissen als an Missbilligung meinerseits.

In Bezug auf die Auswahl muss ich all denen danken, die in den vergangenen Jahren zu den Englischen Gärten Beiträge veröffentlicht haben (siehe Seite 378). Ihre Mühe und Genauigkeit haben meine Entscheidungen und die gesamte Arbeit deutlich erleichtert. So fühlte ich mich manchmal wie ein kleiner Zwerg, der sich auf den breiten Schultern verschiedener Riesen niederlassen konnte.

Und schließlich stelle ich hier noch einmal heraus, welche Freude es war, an diesem Buch mit Andrew Lawson zusammenzuarbeiten. Sein Archiv birgt die schönsten Aufnahmen vieler der schönsten Gärten, die England zu bieten hat. Ich hatte sehr viel Glück und ich bin mir dessen bewusst. Seine Bilder sind ein zentraler Bestandteil des Buches. Sie drücken häufig mehr aus, als ich zu schreiben imstande bin, und sie geben dem Leser die Möglichkeit, zu studieren und zu beobachten. Sie zeigen häufig andere Dinge als jene, die bei einem Besuch des Gartens zu sehen sind.

Ich hoffe sehr, dass dieses Buch Sie zu einer Gartenreise animiert, dass Sie unbekannte Gärten ansehen oder Ihnen bereits bekannte Anlagen neue Freude bereiten. Nehmen Sie sich immer genug Zeit dazu. Viele Gärten, die ich hier nur unzureichend beschreiben kann, werden ihre Schätze nur denen ganz offenbaren, die Zeit haben, stehen zu bleiben und zu beobachten.

Seit mehr als 25 Jahren schreibe ich nun über Gärten und das Gärtnern in unserem Land. In dieser Zeit habe ich viele Gärten gesehen und zahlreiche Entwicklungen und Trends miterlebt. Es hat mir stets große Freude bereitet und ich habe mit meiner Arbeit ein glückliches Los gezogen. Dabei zolle ich jedem Menschen, der mit der Anlage und Pflege seines schönen Gartens eine wichtige, manchmal die wichtigste Aufgabe in seinem Leben gefunden hat, anhaltenden und ehrlichen Respekt. Und wenn diese Menschen ihren Garten mit Gartenfreunden, fremd oder vertraut, teilen, ist ein gesegneter Zustand erreicht.

Auch wenn der Besuch eines Gartens fast schon alltäglich werden könnte, genieße ich stets das Privileg, das die Gartenbesitzer mir zuteil werden lassen. Ich versuche mir all die vielen Stunden vorzustellen, in denen Sie sich die Gestaltung des Gartens vorgestellt haben, bevor Sie hinausgingen, um die Träume zu realisieren. So widme ich dieses Buch respektvoll all diesen Gartenfreunden.

1

FORMALES GERÜST

Auf die Frage nach dem Kern der Englischen Gartenkunst würden die meisten von uns – darauf würde ich wetten – eine Beschreibung geben, die in die Richtung von »zwanglose und üppige Bepflanzung in einem formalen Gerüst« geht. Dies hat den Grund, weil über die Jahrhunderte hinweg sehr viele Englische Gärten in dieser Weise angelegt wurden. Pflanzen wachsen in einer geometrischen Struktur, untergraben dabei jedoch auf häufig sehr feine Weise die Wirkung der schlichten Linie. Aus praktischen und ästhetischen Gründen empfanden es die Gartenbesitzer bequem und ansprechend, dem Garten geometrische Formen zu geben – Kreise, Quadrate, Rechtecke und parallele Linien –, um ihr Grundstück zu organisieren und dem zur Verfügung stehenden Platz einen Sinn zu geben. Sie haben sich normalerweise außerdem (wenn auch nicht für alle Zeit) gerne für die Symmetrie entschieden. Ob die architektonischen Formen in den Boden gegraben wurden, sich aus gebautem Stein oder lebenden Pflanzen daraus erhoben, spielte keine Rolle. Es kam nur auf die Formen an, die mit den Materialien zu erschaffen waren.

Alle Gärten, sofern man sie als solche bezeichnen kann, haben letztlich mit dem Wunsch nach Kontrolle über das Lebensumfeld seiner Besitzer zu tun. Bekanntermaßen lehnt die Natur nicht nur ein Vakuum ab, sondern auch die gerade Linie, und so bedeutet Geometrie prinzipiell ein Gegenbild zur Natur. Viele Menschen markieren mit Geometrie ihren Garten und heben ihn damit ab von einem kleinen Stück Landschaft. Darüber hinaus ist Geometrie für sie der einfachste Weg, Haus und Garten zu einem Ganzen zu machen, denn die Gesetzmäßigkeiten der Architektur gelten ja auch für den Garten. Und nicht zuletzt hat ein Garten mit einer strengen Struktur während des ganzen Jahres etwas zu bieten.

Nun hatte es die Geometrie in der Gartengeschichte nicht immer leicht, ja es kam auch zu recht pauschalen Reaktionen gegen sie. Darauf gehe ich später ein (siehe Kapitel 3 und 11). Jetzt wollen wir uns zunächst mit den strukturellen Elementen befassen, die den formalen Englischen Garten aus heutiger Sicht ausmachen.

Glücklicherweise können wir nach der Ausgrabung und Rekonstruktion am Fishbourne Palace in der Grafschaft Sussex einen römischen Garten besichtigen. Nach Beginn der Ausgrabungen in den 1960er Jahren fand man schnell die Spuren eines großen (83 x 90 Meter) geschlossenen, formalen Gartens im Zentrum des Palastkomplexes und an seiner Südseite einen weniger formal angelegten. Um den formalen Garten

GEGENÜBER Die massive Eibenhecke bildet das Tor zum Gartenraum mit einem Badebassin auf Hidcote Manor in Gloucestershire. Der Blick endet an einer buntlaubigen Hecke, die sich, einem Wandteppich gleich, hinter die geschnittenen Vogelfiguren spannt. Der Garten wurde zwischen den Weltkriegen von Lawrence Johnson angelegt.

UNTEN Der roh gearbeitete Laubengang im Garten von The Grove in Oxfordshire. In den ersten Juliwochen blüht hier die Wichurana-Ramblerrose 'American Pillar' in hellem Rosa. Überraschend ist die Verwendung von runden und eckigen Bögen.

Der Fuchsiengarten auf Hidcote Manor in Gloucestershire im Winter verrät den Wert eines starken Gerüsts und zeigt überdies die anmutige Verspieltheit von geschnittenen Pflanzenfiguren.

führte ein Säulengang, und ein breiter Weg, von dem schmalere Wege abgingen, teilte die Fläche. Zudem fanden die Archäologen heraus, dass an jeder Seite des breiten Weges eine Buchshecke verlief. Auch eine Pergola und mehrere Springbrunnen hatte es vermutlich gegeben.

All dies ist wiederhergestellt worden. So formuliert der Gartenhistoriker Christopher Thacker: »Fishbourne legt ein überraschendes Zeugnis von der langen Tradition der formalen Gartengestaltung ab, die im späten 16. Jahrhundert wieder auftauchte ... die bereits vollendet dagewesen ist, im 1. Jahrhundert nach Christus.«[1]

Einige wenige Gärten sind im großen Reichsgrundbuch aus dem 11. Jahrhundert zu finden, und für die anschließende normannische Periode vermuten Forscher bedeutende gartenbauliche Aktivitäten. Dazu gehörten vor allem Obstgärten, Weinanbau, Kräutergärten und andere der Nahrungsmittelerzeugung dienende Gärten. Im weiteren Verlauf des Mittelalters beschäftigten sich Königshaus, Adel und Klerus ernsthaft mit Gartenkultur, obgleich noch meist in kleinerem Umfang als in den folgenden Jahrhunderten. Auch war die Pflanzenauswahl bedeutend geringer. Der kleine, umschlossene Garten, *Hortus conclusus*, war weit verbreitet und lag häufig in Höfen. Aber es gab auch größere Gärten, die zu Burgen und großen Landsitzen gehörten und von Palisaden oder Hecken umschlossen wurden. Darin waren auch Rasenbänke, Blumenbeete, Obstbäume und geschnittene Sträucher zu finden. In Klöstern hat es neben den Gärten mit Heil- und Küchenkräutern auch Gärten zur Meditation und Erholung gegeben. Leider sind aus dem Mittelalter keine Gärten erhalten, was aber nicht bedeutet, dass es damals keine ästhetischen, gartenbaulichen und forschungsorientierten Ansprüche gab. Sowohl der darin arbeitende Mensch als auch der Besucher wollte sich im Garten wohlfühlen.

Nach Auflösung der Klöster blieb die formale Gestaltung erhalten, aber aus den Gärten wurden Rasenflächen, in denen großflächig Blumen oder nützliche Kräuter gezogen wurden. Von dem frühen formalen Garten mit der Aufteilung in Teilflächen hat der Garten in Gestalt der »Gartenräume« jahrhundertelang bis in die heutige Zeit eine wichtige Facette übernommen. Diese Räume gaben Schutz, manchmal auch Schatten, und in späteren Jahrhunderten fasste man darin passende Pflanzen zusammen beziehungsweise schuf nach Farben unterschiedliche Atmosphären.

Schon früh erkannten die Gärtner, dass nichts den Garten größer erscheinen lässt, als eine geschickte Unterteilung.

Im 16. und frühen 17. Jahrhundert kamen Knotengärten und leicht erhöhte Broderieparterres in Mode, künstliche Hügel wurden angelegt, Säulengänge, geschnittene Alleebäume, Pflanzenfiguren *(Topiary)* und Skulpturen schmückten die Gärten. Ein Knoten war – und ist heute noch – eine formale, niedrig geschnittene Heckenfigur. Diese Figur ergibt in der Regel ein recht kunstvoll angelegtes Muster, wobei es »offene« und »geschlossene« Knoten gibt. Vorwiegend verwendete man Buchsbaum,

OBEN Den Knotengarten gleich neben dem Gebäude von Barnsley House legte Rosemary Verey ab 1970 an. Sie verwendete darin die zwei Sorten von kleinwüchsigem Buchs *Buxus sempervirens* 'Suffruticosa' und *B. s.* 'Aureomarginata' sowie im hinteren Knoten *Teucrium* x *lucidrys*, einer graugrünen Gamanderkreuzung. Der Knotengarten besteht aus zwei Mustern, im vorderen Teil lautet das Thema »True Lovers Knot«. Achten Sie auf die ineinander verflochtenen »Schnüre«, dieses scheinbare Über- und Untereinander, erreicht nur durch den wohlüberlegten Pflanzenschnitt. Inspiriert dazu wurde Rosemary Verey bei einem Besuch des großen formalen Gartens Filoli in Kalifornien. Die Pompons in den Ecken werden durch geschnittene gelbpanaschierte *Ilex altaclarensis* 'Golden King' gebildet.

FOLGENDE SEITEN Der Knotengarten von Antony House in Cornwall besteht aus niedrigem Buchsbaum und Gamander. Das Knotenmuster spiegelt sich interessanterweise in der Rückenlehne der Bank.

LINKS Der Tudor Garten neben dem Old Palace (1485) von Hatfield House hat den Rosengarten aus dem 19. Jahrhundert verdrängt. Er wurde 1981 und 1982 von der Marchioness von Salisbury angelegt und besteht aus drei Knoten- und einem Irrgarten mit Pflanzenarten aus der Tudorzeit. Der Brunnen in der Mitte wurde unlängst durch einen neuen ersetzt. Vorbild war eine Zeichnung aus einem 500 Jahre alten Gartenbuch mit dem Titel *Hypnerotomachia Poliphili*, auf dem ein vergoldeter Junge, auf einer Kugel stehend, eine goldene Trompete bläst.

LINKS UNTEN Der Knotengarten in Helmingham Hall in Suffolk, der mit Nelken (*Dianthus*), *Lychnis coronaria* 'Alba' und Jungfer im Grünen (*Nigella damascena*) bepflanzt ist. Dieser moderne Knoten wurde 1982 von der Gartenarchitektin Xa Tollemache angelegt.

RECHTS Der Ladies' Garden von Broughton Castle in Oxfordshire mit Fleur-de-Lys Buchsformen und Rotdorn (*Crataegus laevigata* 'Paul's Scarlet'). In der Mitte wächst, passend zu dieser Periode, die Römische Kamille. Die Buchsformen sind gefüllt mit den Rosen 'Gruss an Aachen' (hellrosa) und 'Heritage' (rosa).

FOLGENDE SEITEN Ein von W.A. Nesfield gestaltetes Parterre in Eaton Hall in Cheshire, angelehnt an viktorianische und italienische Vorbilder. Besonders beeindruckend ist der Drachenbrunnen. Die Bepflanzung stammt von Arabella Lennox-Boyd, im Frühling bestehend aus der roten Tulpe 'Landseadel's Supreme' und der tief burgunderfarbenen Sorte 'Queen of the Night'.

aber auch Lavendel, Heiligenblume (*Santolina*) und Thymian. Ein gutes Beispiel finden wir vor dem alten Tudorpalast von Hatfield House in der Grafschaft Hertfordshire, wo die Marchioness von Salisbury als Eigentümerin ab 1981 an der Stelle eines Rosengartens aus dem 19. Jahrhundert einen Knotengarten anlegte. Einen weiteren, der Tudor-Zeit nachempfundenen Knoten hat Little Moreton Hall, Cheshire zu bieten, weiterhin eine Kopie am Tudor House in Southhampton. Einen modernen Knotengarten kann man im Garten von The Abbey House in Malmesbury, Wiltshire besichtigen. Dieser liegt zu einem Teil auf dem bis zur Auflösung der Klöster dort vorhandenen Garten des Benediktiner-Ordens.

Er wurde von seinem jetzigen Besitzer angelegt und hat die Form eines keltischen Kreuzes. Knotengärten sind für die Sicht von oben angelegt, von einem Hügel oder von den Gebäudefenstern beispielsweise. Das gilt auch für das Parterre, ein weiträumigeres Gartenelement, im 17. Jahrhundert aus Frankreich importiert, wo es auch Broderieparterre genannt wurde. Erfunden hat es wahrscheinlich der französische Hofgärtner Claude Mollet, der im

RECHTS Westbury Court in Gloucestershire ist einer der wenigen erhaltenen Gärten des 17. Jahrhunderts im holländischen Stil. Der 1,5 Hektar große Garten wurde 1696 von Maynard Colchester geplant. Es handelt sich um ein eingemauertes Areal mit zwei parallel verlaufenden Kanälen, an dessen einem Ende ein Pavillon steht. Die Eibenhecken werden von geschnittenem Ilex gekrönt.

FOLGENDE SEITEN Der 0,8 Hektar große Privatgarten von Hampton Court Palace in Surrey kurz nach der Restaurierung nach Plänen des späten 17. Jahrhunderts. Er stammt ursprünglich aus dem frühen 16. Jahrhundert. Er gilt als einmaliges Zeugnis barocker Gartenkunst.

17. Jahrhundert für die französische Königin Catherine de Medici arbeitete. Parterres wurden in der Regel auf gebäudenahen Terrassen angelegt und aus Mustern entwickelt, die weitaus komplizierter waren als die Knoten. Streifen, Schnörkel und Schneckenformen wurden mit feinen Linien aus niedrigem Buchsbaum auf einem Kiesbett nachgezeichnet.

Heutzutage finden wir Knotengärten und Parterres eher vereinzelt in Englischen Gärten. Dabei ist das Parterre größer und zu den Seiten offen, der Knotengarten kleiner und umschlossen. Im Zusammenspiel von Größe und Muster zeigt sich die gestalterische Gesamtwirkung.

Nach Wiederherstellung der Monarchie 1660 kamen die fremden Einflüsse ebenfalls aus Frankreich, wo das Königshaus im Exil gelebt hatte. André Le Nôtre (durch Versailles berühmt geworden) hatte einen wesentlichen Einfluss. Parterres vor den Gebäuden wurden größer und komplexer, Alleen führten strahlenförmig auf einen zentralen Punkt oder das Gebäude zu, vielfach in einem dreistrahligen Alleensystem, das französisch *patte d'oie* (Gänsefuß) genannt wurde. Niedrige Blumenbeete bepflanzte man im *Plat-bande*-Stil, bei dem Sträucher kugelförmig geschnitten und Blumenmuster wiederholt werden, wobei die größten Pflanzen in der Mitte und die niedrigsten an den Rändern stehen.

In Bramham Park in Yorkshire und Melbourne Hall in Derbyshire sind Zeugnisse dieses französischen Stils aus dem späten 17. Jahrhundert zu finden, mit Parterres vor dem Gebäude (auf Melbourne Hall nun wahrhaftig durch Rasen ersetzt). Melbourne Hall wurde durch das seinerzeit gefragteste Gestalterteam angelegt, von George London und Henry Wise, die benötigte Pflanzen in ihrer Brompton Nursery anzogen. Sie arbeiteten auch auf Hampton Court Palace, Longleat, Chatsworth oder Kensington Palace.

Bramham Park wurde vermutlich von seinem Besitzer, Robert Benson, gestaltet, der Frankreich bereist hat und stark von Le Nôtre beeinflusst wurde. Dieser Garten wurde um 1710 begonnen und basiert auf einem weitläufigen Alleensystem, von denen eine der Hauptachsen (der Broad Walk) an der Vorderseite des Gebäudes entlang führt. Gartenhistoriker stellten fest, dass das Haus nur ein Element des Gartens war und nicht etwa der zentrale Ort, um den sich der Garten legt. Vor dem Gebäude liegt ein formaler Rosengarten, einst ein Parterre mit einem Wasserfall am Ende, der von einem versteckten Teich gespeist kaskadenartig auf das Parterreniveau stürzte. Dieses Wasserspiel gehört jedoch der Vergangenheit an.

Der formale Garten von Broughton Hall in North Yorkshire, gestaltet von William Andrews Nesfield um 1855. Er war bekannt für die Verwendung von farbigem Kiesel anstatt Pflanzen in seinen Parterres, was ihm Hohn und Spott von William Robinson einbrachte.

Allein die Alleen geben diesem Garten seine spezielle Atmosphäre. Gesäumt von hohen Buchenhecken führen sie unter Waldbäumen hindurch, wunderschöne Gebäude und Monumente aus Kalkstein (teilweise vom Architekten James Paine) lenken die Blicke auf sich (siehe Seiten 129–131). Die Bäume und die Lichtungen, im Frühjahr mit Wildblumen übersät, sind ein einziger Genuss. Weiterhin finden wir formale Wasserelemente, darunter eine Komposition von fünf Becken auf unterschiedlichem Niveau, als Kaskade bezeichnet, und das T-Becken, über das hinweg der Blick auf einen fernen Tempel in einem Eichenhain fällt. Schneisen schlug man in den Wald, und dessen einheimische Artenpalette wurde in der Mitte des 19. Jahrhunderts um exotische Arten wie der Andentanne (*Araucaria araucana*) ergänzt. Es ist schade, dass nicht mehr Beispiele des französischen Stils in England überlebt haben. Bramham verschafft dem Besucher eine wirklich belebende Erfahrung – und natürlich einen schönen langen Spaziergang.

Der holländische Stil (dem französischen ähnlich, aber prinzipiell einfacher, mehr mit Plätzen und weniger mit ausstrahlenden Alleen ausgestattet) kam mit König William und Königin Mary 1680 nach England. Westbury Court, Gloucestershire gilt als eine der am besten erhaltenen Anlagen dieses Stils. Eine weitere liegt am Schloss Bromwich Hall in Birmingham, wobei der bekannteste Garten im holländischen Stil von Hampton Court Palace in der Grafschaft Surrey ist. Letzterer wurde unlängst nach Unterlagen aus dem frühen 18. Jahrhundert restauriert. Wasser in streng gefassten, linearen Kanälen war ebenso wichtig wie Skulpturen, Springbrunnen und Gar-

Der Laubengang aus Judasbäumen *(Cercis siliquastrum)* im ummauerten Küchengarten von Buscot Park in Oxfordshire, geplant von Tim Rees. Er wird von einer Reihe geschnittener Hopfenbuchen *(Ostrya carpinifolia)* gekreuzt. Der Garten stammt vorwiegend aus dem 20. Jahrhundert. Harold Peto arbeitete hier ab 1904, ab 1960 fügte der Besitzer wesentliche Elemente hinzu.

tenpavillons. Diese Gärten basieren auf imposanten axialen Entwürfe mit kräftigen Pflanzungen.

Die formalen Gärten des 17. und frühen 18. Jahrhunderts verschwanden zum größten Teil ab 1720 (siehe Kapitel 3), aber der Formalismus erlebte im Viktorianischen Zeitalter durch die bekannten Architekten William Andrews Nesfield, Sir Charles Barry (der auch das Parlamentsgebäude entwarf) und Sir Reginald Blomfield (der 1892 *The Formal Garden in England* verfasste) ein Comeback. Nesfield strebte häufig ein Parterre im französischen Stil an, wie etwa auf Somerleyton Hall, Suffolk und Witley Court, Worcestershire. Dort verwendete er auch farbigen Kies anstatt Pflanzen, wie es im 17. Jahrhundert verbreitet war.

Italienische Einflüsse dagegen kann man in dem von ihm gestalteten Parterre von Broughton Hall, North Yorkshire sehen. Auch italienischer Einfluss mündet in vielfältig strukturierten, architektonischen Gärten, wie man in Trentham Gardens, Staffordshire, Buscot Park, Oxfordshire, Iford Manor, Wiltshire (siehe auch Seite 67), Port Lympne, Kent und Blenheim Palace, Oxfordshire sehen kann. In Letzterem schaffte kurioserweise ein Franzose namens Achille Duchêne einen italienischen Garten, der 1910 vollendet wurde, sowie die 20 Jahre später fertiggestellten Wasserterrassen. Der Garten von Hever Castle in der Grafschaft Kent wurde teilweise auch im italienischen Stil angelegt (siehe Seite 218).

Harold Petos eigener Garten auf Iford Manor in Wiltshire, seinem Zuhause ab 1899. Viele Skulpturen und architektonischen Fragmente brachte Peto aus Italien mit. Sie unterstützen in diesem Garten die Atmosphäre der Toskana.

Das Parterre vor dem nach französischem Vorbild erbauten »Chateau« von Waddesdon Manor in Buckinghamshire im Glanz des Frühlings mit Tulpen, Goldlack und Stiefmütterchen. Die Originalgestaltung stammt von Élie Lainé, etwa um 1880. Am linken Bildrand ist ein Springbrunnen von Mozani zu erkennen, weitere Skulpturen des Gartens stammen aus Frankreich, Italien und Holland. Waddesdon gehört zu den wenigen Gärten mit einer Teppichbeetbepflanzung im Sommer. Rechts und links des Springbrunnens werden im frühen Juni Beete mit *Alternanthera, Sedum, Echeveria* und *Sempervivum* bepflanzt, ganz so wie in der Viktorianischen Zeit. Im Jahr 2006 wählte man als Bildmuster einen Fächer von Charlotte de Rothschild von 1885. Pflanzenmenge und Anordnung werden dabei mittels eines Computerprogramms bestimmt. Mit den Entwürfen wurden in den vergangenen Jahren Persönlichkeiten wie der Landschaftsmaler John Hubbard (2000) oder der Modedesigner Oscar de la Renta (2001) betraut.

Als das beeindruckendste Parterre Englands kann man getrost jenes an der Südseite des Hauses von Waddesdon Manor in Buckinghamshire bezeichnen. Das Gebäude wurde von Baron Ferdinand de Rothschild im Stil französischer Schlösser errichtet und 1889 fertiggestellt. Gleichzeitig wurden großzügige Terrassen, Parterres, Wasserbecken sowie ein formaler Garten angelegt. Die gesamte Anlage umfasst 67 Hektar. Zu Viktorianischen Zeiten schmückten das südliche Parterre große, üppig bepflanzte Blumenbeete, die aber 1931 mit Gras zuwuchsen. In den 1990er Jahren jedoch wurde das Parterre zu altem Leben erweckt und im Jahr 1997 schmückte die Teppichbepflanzung auch die nördliche und südliche Seite des Springbrunnens. Für die Komposition zum Jahrtausendwechsel wurde der Maler John Hubbard engagiert, Anzahl und Positionierung der Pflanzen berechnet mittlerweile ein Computerprogramm.

Der Italienische Garten von Trentham Gardens in der mittelenglischen Grafschaft Staffordshire wurde vom jetzigen Eigentümer, der Trentham Leisure Ltd., aufwändig restauriert. Wie schon bei der überaus qualitätsvollen Restaurierung von Stowe hatte der Gartenhistoriker Dominic Cole die Leitung inne. Beim unteren Blumengarten (oben) des Gartengestalters Tom Stuart-Smith (unter Mitwirkung von Piet Oudolf) handelt es sich um eine moderne Annäherung an Beetgestaltungen der Viktorianischen Zeit. Anstatt einjähriger Pflanzen wurden hier Stauden verwendet. Diese Gärten wurden in einem geradezu majestätischen Maßstab angelegt und können neben dem von Capability Brown angelegten großen See, der hinter der Balustrade zu erahnen ist, durchaus bestehen.

Die ebenso beeindruckenden Parterres von Trentham Gardens in der Grafschaft Staffordshire legte Sir Charles Barry ab 1833 für den 2. Duke of Sutherland an. Sie wurden aufwändig restauriert. Während der Upper Flower Garden den Geist von George Fleming, dem fortschrittlichen Obergärtner des Duke von 1841 bis 1860 atmet, ist der Lower Flower Garden nach viktorianischem Vorbild angelegt. Allerdings wählte man hier ausdauernde Stauden anstatt einjähriger Sommerblumen (siehe auch Seite 361). Der Entwurf ist bis auf die Wege gleich, die zwischen den Beeten verlaufen, um die Öffentlichkeit näher an die Pflanzen heranzuführen und zu ermöglichen, sich in die Nähe der Springbrunnen zu setzen. Das war im 19. Jahrhundert nicht denkbar. Diese Parterres sind von enormer Größe und stehen zum angrenzenden quadratkilometergroßen See von »Capability« Brown in einem ausgewogenen Maßstab.

In der Edwardianischen Ära zum Beginn des 20. Jahrhunderts gewann die Arts-and-Crafts-Bewegung in der Gartenkunst stark an Popularität. Man nahm nostalgische und romantische Sehnsüchte ernst und griff Ideen des formalen Gartens aus dem 17. Jahrhundert wieder auf. Der

Der Great Court von Athelhampton in der Grafschaft Dorset wurde von Francis Inigo Thomas um 1890 angelegt. Seit seinem 14. Lebensjahr schneidet der jetzige Eigentümer die 10 Meter hohen Eibenpyramiden selbst.

formale Stil und dessen dauernde Wiederbelebung gehört zum Wesen des Englischen Gartens, stets angepasst an eine veränderte Kultur und Gesellschaft.

Die bekannteste Symbolfigur der Edwardianischen Zeit war der Architekt Sir Edwin Lutyens. Er gestaltete (häufig zusammen mit der Pflanzenkennerin und Gestalterin Gertrude Jekyll) zahlreiche Gärten im Arts-and-Crafts-Stil. Neben Lutyens zählten William Douglas Caröe, Inigo Triggs, Thomas Mawson und H. A. Tipping zu den Vertretern dieses Stils. Für ein Anwesen in Athelhampton in der Grafschaft Dorset beispielsweise entwarf Francis Inigo Thomas in den 1890er Jahren einen Garten, der vortrefflich zum Gebäude aus dem 15. und 16. Jahrhundert passt.

So viel in aller Kürze zur Geschichte des formalen Gartens in England, aber was sehen wir heute? Nach wie vor schätzen die Gartenliebhaber in England die Vorteile eines kräftigen Skeletts im Garten. So wie der menschliche Körper Knochen braucht, um sich aufrecht zu halten, so sehr benötigt der Garten ein Gerüst, um die Gestaltung erst erlebbar zu machen. Der amerikanische Landschaftsarchitekt James van Sweden drückt es so aus: »Architektur hält den Raum zusammen. Der Garten

Diese Szene zeigt die Vielseitigkeit der Eibe als Heckenmaterial und Vita Sackville-Wests Vorliebe für ein strenges Gestaltungsgerüst, in dem sich die Pflanzen in größtmöglicher Zwanglosigkeit entfalten können. Die Aufnahme nahm Andrew Lawson vom Tudor Tower aus auf und zeigt den Rosengarten von Sissinghurst Castle in der Grafschaft Kent.

mag viele Arten von Knochen haben, aber die architektonischen Elemente bilden das Rückgrat.«[2] So üppig die Blumen in den Gärten auch immer wachsen dürfen, erscheint es vielen Gartenbesitzern sinnvoll, sie in eine dauerhafte, verlässliche und klare Struktur einzufügen.

Denken Sie nur an eine farbenfroh strotzende Staudenrabatte vor einer dunkelgrünen Eibenhecke – was man in Gärten häufig sieht – und Sie werden den Kern dieses Aspekts nachvollziehen. Die unregelmäßig wachsenden Blumen brauchen die starke Form und den ruhigen Kontrast des Eiben-Hintergrunds.

Der Garten von Sissinghurst Castle in Kent ist ein erstklassiges Beispiel dafür. Seine Beliebtheit hängt mit der Kombination aus einem überaus strikten Entwurf und einer maximalen Zwanglosigkeit des Bepflanzung zusammen. Vita Sackville-West wusste genau, dass der natürliche Habitus vieler Pflanzen einer Fassung bedarf, um die Arrangements nicht zu einem völligen Durcheinander degenerieren zu lassen. Es sei erwähnt, dass zahlreiche formale Gärten auch wildere Elemente enthalten, besonders in weiterer Entfernung zum Gebäude. Darauf werde ich in Kapitel 3 näher eingehen.

Strukturierende Elemente dienen auch ganz praktischen Zwecken. So bieten sie etwa den schnellsten Weg von einem Punkt zum anderen, oder sie bieten Schutz vor extremen Wettereinflüssen, was ja neben den Pflanzen auch uns Gärtnern zugute kommt. Schließlich kann man noch auf Aspekte wie Privatsphäre und Rückzugsmöglichkeit im Garten verweisen.

In Englischen Gärten treten diese Strukturen in zahlreichen Formen auf. Neben geschnittenen Hecken (immergrün und laubabwerfend) handelt es sich dabei um gebaute Elemente.

Ein kreisförmiges Loch in einer immergrünen Hecke rahmt den Blick in den Garten von The Garden House in der Nähe des Buckland Monachorums in der Grafschaft Devon, einst angelegt von dem Pflanzenkenner Lionel Fortescue.

»Hard landscaping« nennt man in England diese anorganischen Bauteile des Gartens, im Gegensatz zu den lebenden. Mauern, Zäune, Terrassen, Gitter, Pergolen oder Wegebeläge gehören dazu. Sie verändern sich im Jahreslauf kaum oder überhaupt nicht, dienen als Grenze oder Hintergrund einer ständig wechselnden Szene von Blumen und Früchten.

Weiterhin können sie den Blick lenken oder selbst zum Blickpunkt werden. Neben den Elementen des bestimmenden Gerüsts ist häufig eine Art Unterstruktur zu finden: geschnittene Sträucher in Rabatten etwa oder Rankhilfen für Kletterpflanzen.

Strukturpflanzungen haben eine lange Tradition. Seit dem Mittelalter oder möglicherweise noch früher fand man in Gärten stets einige immergrüne Pflanzen, damit zwischen November und April ein Mindestmaß an Form erhalten blieb, wenn laubabwerfende Pflanzen kaum auffallen. Früher übernahmen wenige einheimische immergrüne Pflanzen diese Funktion: Wacholder, Buchsbaum, Ilex und Eibe. Der Schriftsteller und Gärtner John Evelyn behauptete im 17. Jahrhundert, die Eibe als Heckenpflanze populär gemacht zu haben: »Ich bezeichne die Eibe als Heckenpflanze, der Schönheit und der Wehrhaftigkeit wegen ... und völlig ohne Stolz kann ich sagen, dass ich der Erste war, der sie in Mode brachte.«[3] Zum Stolz von John Evelyn weiß ich nichts zu sagen. Im späten 17. und frühen 18. Jahrhundert, als das Blatt wichtiger wurde als die Blüte, wurde die Auswahl einheimischer Immergrüner um fremdländische Arten ergänzt. Dazu gehörte etwa die Steinlinde *(Phillyrea)* vom Mittelmeer und andere importierte Immergrüne. Diese grüne Umgebung sollte zu »grünen Gedanken« verhelfen, wie sich der Dichter Andrew Marvell im 17. Jahrhundert ausdrückte. Feststellen lässt sich dies beispielsweise in den restaurierten Gärten von Castle Bromwich Hall in Birmingham, die zwischen 1680 und 1740 angelegt wurden. Im 20. Jahrhundert kamen zur Eibe viele andere Koniferen als Hecken- und Solitärpflanzen hinzu. Dazu gehörten besonders häufig die raschwüchsige Leyland-Zypresse (x *Cypressocyparis leylandii)*, der Riesen-Lebensbaum *(Thuja plicata)* und Lawsons Scheinzypresse *(Chamaecyparis lawsoniana)*. Es ist kaum übertrieben zu sagen, dass die Existenz immergrüner Pflanzen, die sich zu straffen, langlebigen Hecken schneiden lassen, die Gartenkultur Englands

In den Gärten von The Grove in der Grafschaft Oxfordshire legte David Hicks ein Parterre mit Quadraten und Rechtecken aus Buchsbaum an, die nur mit einer minimalistischen Blumenbepflanzung gefüllt sind. Auf dem Rasenhang wird eine auf Hochstämmen gezogene Hainbuchhecke von einer hinter ihr stehenden und bis zum Boden geschnittenen flankiert. Dies ergibt einen interessanten Effekt. Links neben der Vase wird das Gras nicht regelmäßig gemäht.

Blick zum oberen Ende des Long Walk von Hidcote Manor in der Grafschaft Gloucestershire. Dieser Grasweg wird unterbrochen von einem querenden Bach und einer Brücke, was die Szene umso interessanter macht. Es ist ein ruhiger, friedlicher Ort zwischen zwei betriebsamen Gartenteilen. Lawrence Johnston, der Schöpfer des Gartens, nannte diese Stelle in seinem Garten einen »atmenden Raum«.

bis in die heutige Zeit beeinflusst. Ohne diese erstaunlich schnittfähigen Pflanzen wäre es nicht möglich, all diese visuell begeisternden und vom Aufwand her zu bewältigenden Gärten zu schaffen. So wichtig Naturstein- und Ziegelsteinwände auch sind, sie sind weitaus kostspieliger und schwieriger zu erstellen. Für besonders große Gärten gilt dies wiederum nicht uneingeschränkt.

Kürzlich wurde *Ilex crenata* 'Convexa' in die Liste der nützlichen niedrigen Heckenpflanzen aufgenommen. Sie ist als Alternative zum Einfassungbuchs *Buxus sempervirens* 'Suffruticosa' gedacht, dem in vielen Gärten der Pilz *Cylindrocladium* zusetzt. Schockreaktionen von betroffenen Gartenbesitzern zeigen, wie wichtig niedrige Hecken im Garten sind. Roy Strong etwa schildert seine Erfahrungen in seinem Buch zu seinem Garten The Laskett. Niedrige Hecken schaffen Räume, geben Orten eine Bestimmung und sind zudem ein Zierobjekt in Knotengärten und Parterres.

Vielfach findet man auch gemischtblättrige Hecken, wie etwa in den Gärten von Hidcote Manor, Gloucestershire, Great Dixter, East Sussex oder Herterton House, Northumberland. Sie bestehen aus mehr als einer immergrünen Gehölzart, häufig aus buntblättrigem Ilex, Eibe und Buchsbaum sowie dunkelblättriger Blutbuche, um die Wirkung einer Tapete zu erzielen (siehe Seite 12).

Natürlich muss eine Hecke nicht immergrün sein. Es gibt zahlreiche laubabwerfende Heckenpflanzen, von denen zwei hier hervorgehoben werden. Buche *(Fagus sylvatica)* und Hainbuche *(Carpinus betulus)* behalten ihr welkes Laub bis weit in den Winter, wenn sie im Frühsommer geschnitten werden. Dies macht sie überaus nützlich, wenn die Hecke als Wind- und Sichtschutz im Winter dienen soll. Außerdem schafft dies fast ganzjährig eine klare Struktur und der Effekt des frischen Blattaustriebs ist noch stärker als bei kahlen Pflanzen.

Gerade Linien aus laubabwerfenden Hecken wurden zum beliebten Element in den ländlichen Gebieten Englands des 18. Jahrhunderts und standen unter dem Schutz des Gesetzes. Auch wenn die vergangenen 200 Jahre hart waren für bauwillige Gebietsentwickler, hat dies die geraden Heckenlinien in unserer Landschaft bewahrt und sie in unserem Bewusstsein verankert. Sie gehören zwar nicht zur Natur des Landes, entwickelten sich aber zu einem selbstverständlichen Bestandteil unserer Landschaft und sind vielleicht deshalb nach wie vor in der Garten-

Die gewellten Hecken von Chatsworth in der Grafschaft Derbyshire formen eine ungewöhnliche Perspektive, deren Fluchtpunkt eine Statue vom 6. Duke of Devonshire ist. Die Hecken wurden 1953 angelegt.

OBEN Zu »Sesseln« geschnittene Pflanzen im Garten von Knightshayes in Devon. In diesem Garten sind ferner Formgehölze zu finden, die in Gestalt von Bluthunden einen Fuchs über eine Heckenkrone jagen.

GEGENÜBER Eibenstreben schaffen Pflanzfelder in einer Rabatte von Packwood House, Grafschaft Warwickshire. Mit diesen trennenden Elementen gewöhnt sich das Auge leichter an die Farbmischungen von Rosen und Stauden.

gestaltung Englands populär. Doppelte Heckenlinien, getrennt durch einen Weg oder Rasen, werden für eine perspektivische Dramaturgie eingesetzt, indem man den Abstand zwischen den Linien mit zunehmender Entfernung verkürzt. Immergrüne Heckenpflanzen eignen sich dazu besonders, denn sie sind ausgezeichnet zu formen und relativ preisgünstig, zumindest im Vergleich zu harten Materialien.

Hecken – ob immergrün oder laubabwerfend – müssen nicht schnurgerade sein, auch nicht im formalen Garten. Hier werden viele Pflanzen eng zueinander gepflanzt, die sich zu verschiedenen Formen schneiden lassen. Dazu gehören etwa Schlangenlinien (Buchenhecken in Ascott, Buckinghamshire und in Chatsworth, Derbyshire) oder Kreise, wie der berühmte Eibenkreis in Sissinghurst, in dem sich vier Wege treffen (siehe Seite 34–35). Immergrüne können als visuelle Unterbrechungen dienen, wie etwa in Arley Hall, Cheshire, wo geschnittene Eiben ein langes Staudenbeet unterteilen und Puffer bilden, um einen harten Zusammenprall von Farben zu verhindern. Außerdem kann das Auge gemächlicher der Abfolge im Beet nachgehen. Die zu »Sesseln« geschnittenen Eiben im Garten von Knightshayes in Devon haben einen ähnlichen Effekt.

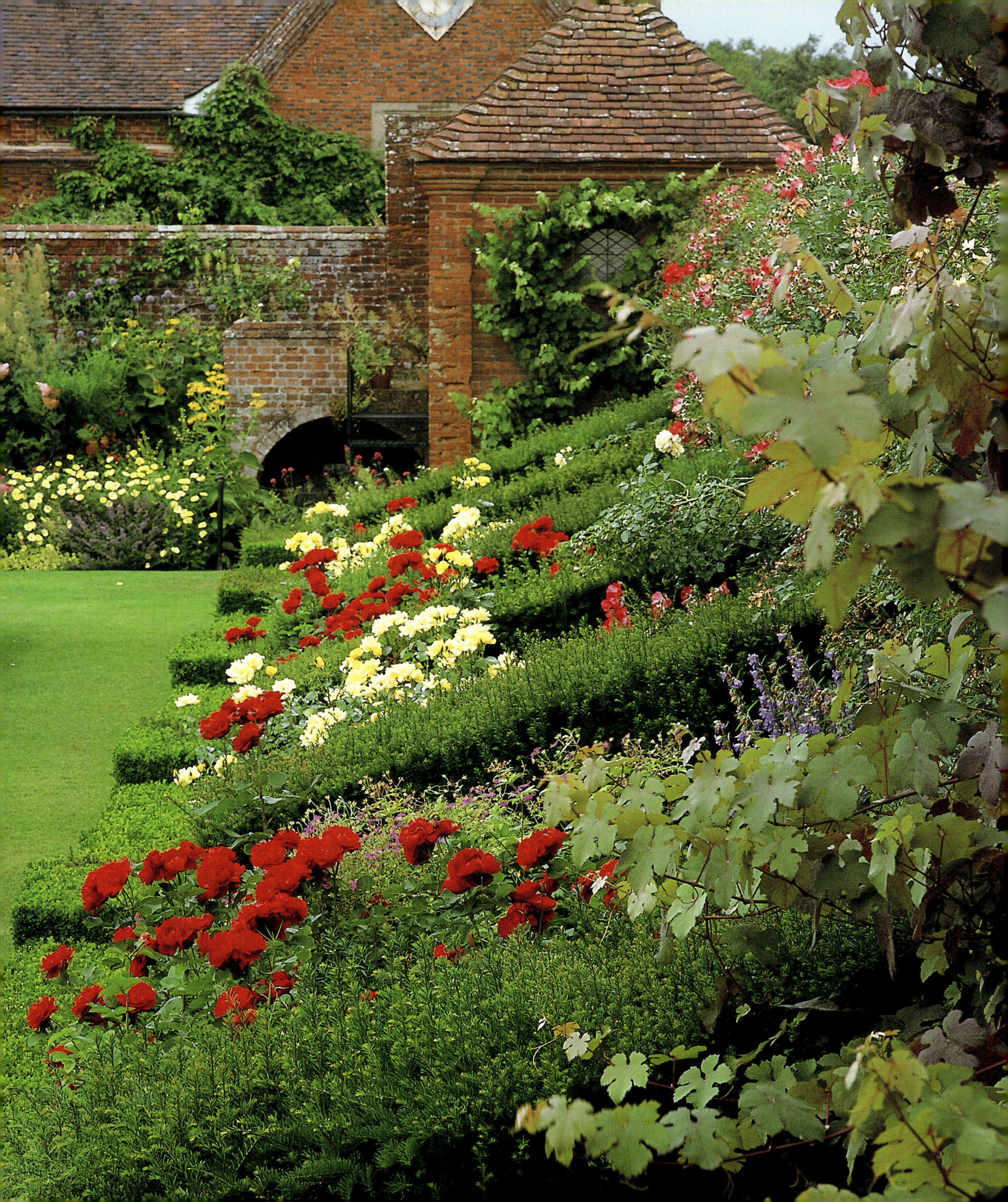

Diese Säule steht an einem Ende der Elizabeth Tudor Avenue von The Laskett in Herefordshire, dem Garten von Sir Roy Strong und seiner verstorbenen Ehefrau, der Bühnenbildnerin Dr. Julia Trevelyan Oman. Die Tafeln erinnern an Elisabeth I. und Elisabeth II. Zum goldenen Thronjubiläum der derzeitigen Königin (2002) wurde an der Himmelskugel auf der Säule eine goldene Krone angebracht. Der Säule gegenüber steht eine Skulptur, die Shakespeare gewidmet ist. Eine Vielzahl der Ornamente in diesem reich strukturierten Garten sind Blau und Gold gefärbt, wobei Blattgold sehr großzügig verwendet wurde.

Der berühmteste zeitgenössische formale Garten, in dem Hecken zum Schutz, zur räumlichen Gestaltung und für Knoten verwendet werden, ist The Laskett in Herfordshire. Da der Garten nur selten geöffnet ist, sind wir umso glücklicher über das Buch, das der Besitzer Sir Roy Strong über die Anlage geschrieben hat.[4] Seit 1973 entsteht dieser Garten, vor über 30 Jahren begonnen von Strong und seiner Frau, der Bühnenbildnerin Dr. Julia Trevelyan Oman. Er besteht aus einer Vielzahl von kleinen Gärten, Wegen, Alleen, Knoten, Ausblicken und Obstwiesen. Skulpturen, Kleinarchitekturen und dekorative Elemente wie etwa Obelisken an besonders wirkungsvollen Punkten finden sich darin. Der Garten ist in zweierlei Hinsicht ungewöhnlich. Für die Entstehungsphase, in der die Gartengestaltung eher zum Minimalismus tendierte, ist die Anlage hoch kompliziert, gleichzeitig sorgfältig durchdacht. Gerade dies macht ihn zu einem Garten der Erinnerung, ist er doch gefüllt mit Referenzen zu Stationen im Leben der Besitzer. So gibt es einen so genannten Nussknacker-Garten oder ein Denkmal für eine besonders geliebte Katze.

Seine historischen Bezüge sind ausgeklügelt. Sicherlich hatten die Studien über Tudor- und Stuart-Gärten wie auch jene aus der Viktorianischen Zeit einen starken Einfluss auf Strong. »Als ich The Laskett entwarf, folgte ich einem historisierenden Impuls. Ich wollte zurückgehen, zunächst zu den Gärten des späten Viktorianischen Englands und dann noch weiter zurück ins 16. Jahrhundert in die Zeit von Gloriana oder besser zu den Gärten, die sich als wiedererstandene Gärten dieser Zeit maskierten.« Indirekt zollt Strong damit den Meistern des Formalismus, Blomfield und Tipping, seinen Respekt. Und wenn er schreibt, »Alle verkörpern die Vision eines zeitlosen Englands, dessen Werte und Wurzeln in der Erde des Bauernlands liegen, im vollen Gegensatz zur Verkommenheit, zum Schmutz und zur Ausbeutung der Industriestadt«[5], ist es unmöglich, nicht an William Morris erinnert zu werden, den Vater der Arts-and-Craft-Bewegung.

Fast so wichtig wie ihr Nutzen als Raumgrenze sind die Möglichkeiten der Immergrünen, die sich für den Figurenschnitt eröffnen. Dies gilt speziell für Buchsbaum und Eibe. Formgehölze sind vertikale Elemente, verleihen formalen Gärten Balance und Solidität. Ein Beispiel dafür sind die vollkommen symmetrisch geschnittenen und platzierten Eibenkuppeln (*Taxus baccata* 'Aurea') zu jeder Seite des Wegs, der vom Haus von

OBEN Eines der Parterres im ummauerten Garten von West Green House in Hampshire. Niedriger Buchsbaum formt hier Herzen und Ovale, ergänzt durch kugel-, würfel- und kegelartig geschnittene Pflanzen. West Green House erstaunt auch mit seinem Garten nach der Geschichte *Alice im Wunderland*, in dessen Schachbrettmuster Blumen wachsen, die in der Geschichte vorkommen. So etwa rote und weiße Rosen, die auf die Figur der Red Queen verweisen.

FOLGENDE SEITEN Einheitlich geschnittene Eibenhalbkuppeln im Adlerhof von Tintinhull in der Grafschaft Somerset. Form und Stellung schaffen eine Atmosphäre von Ordnung und locken immer weiter in den Garten hinein.

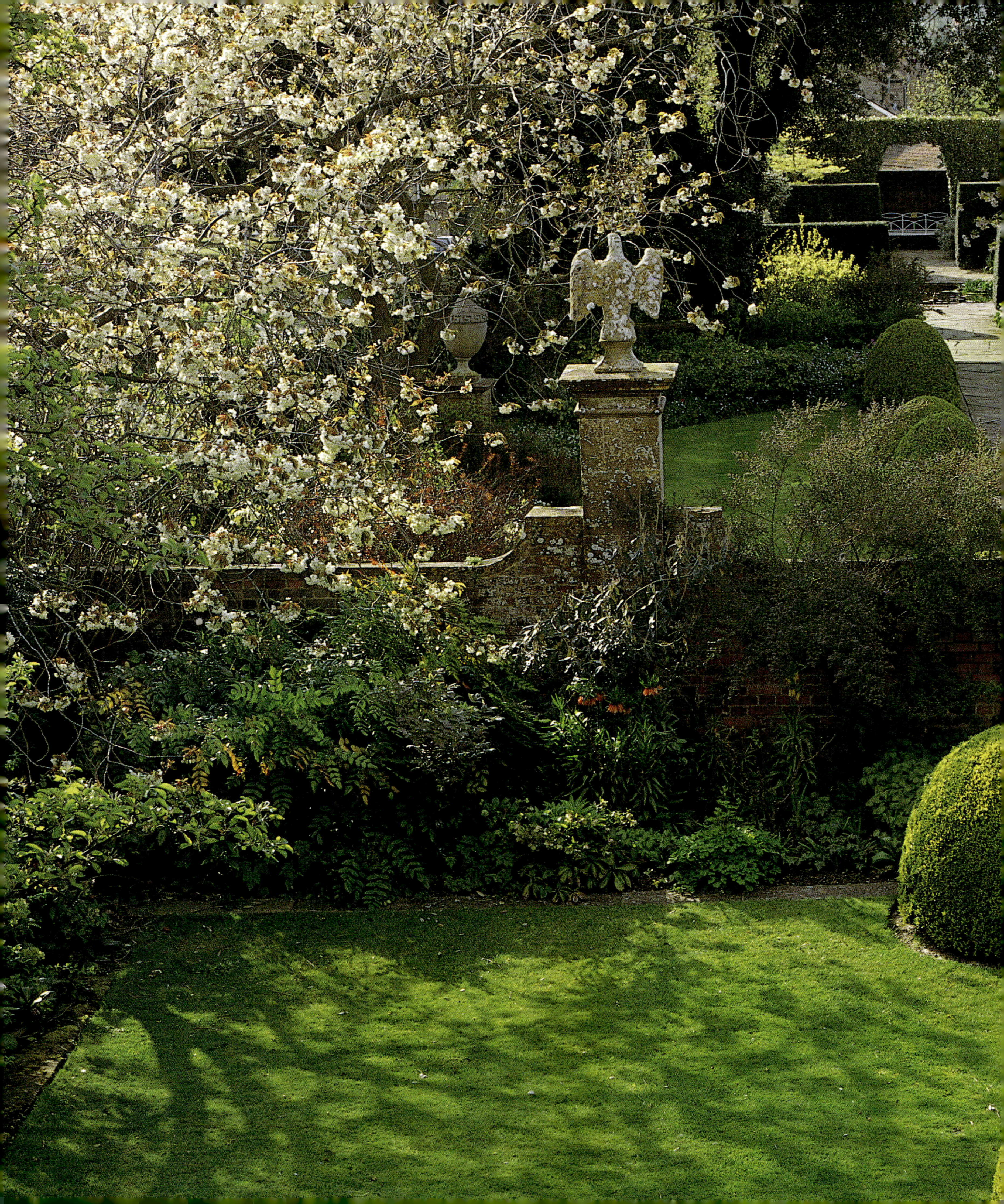

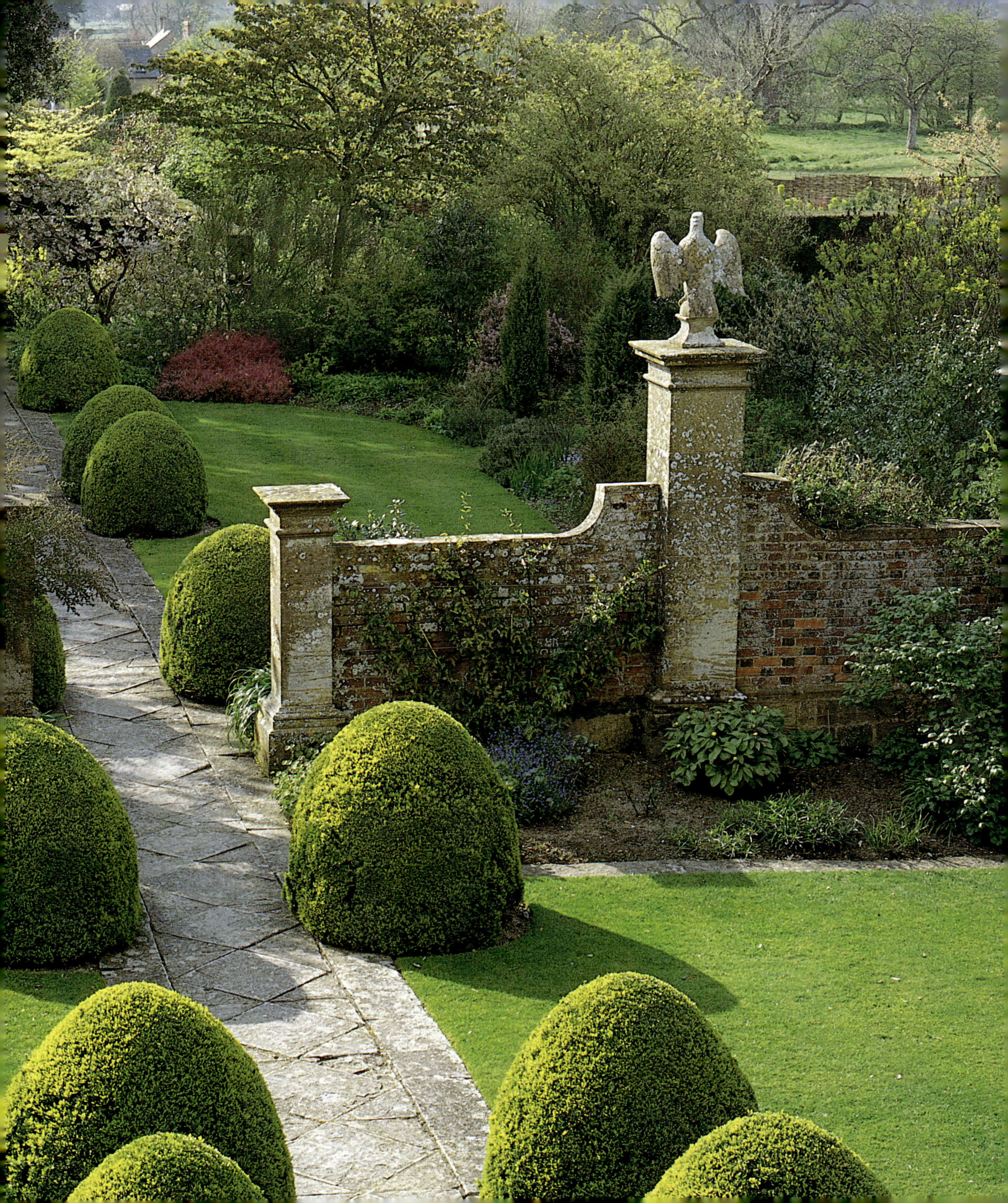

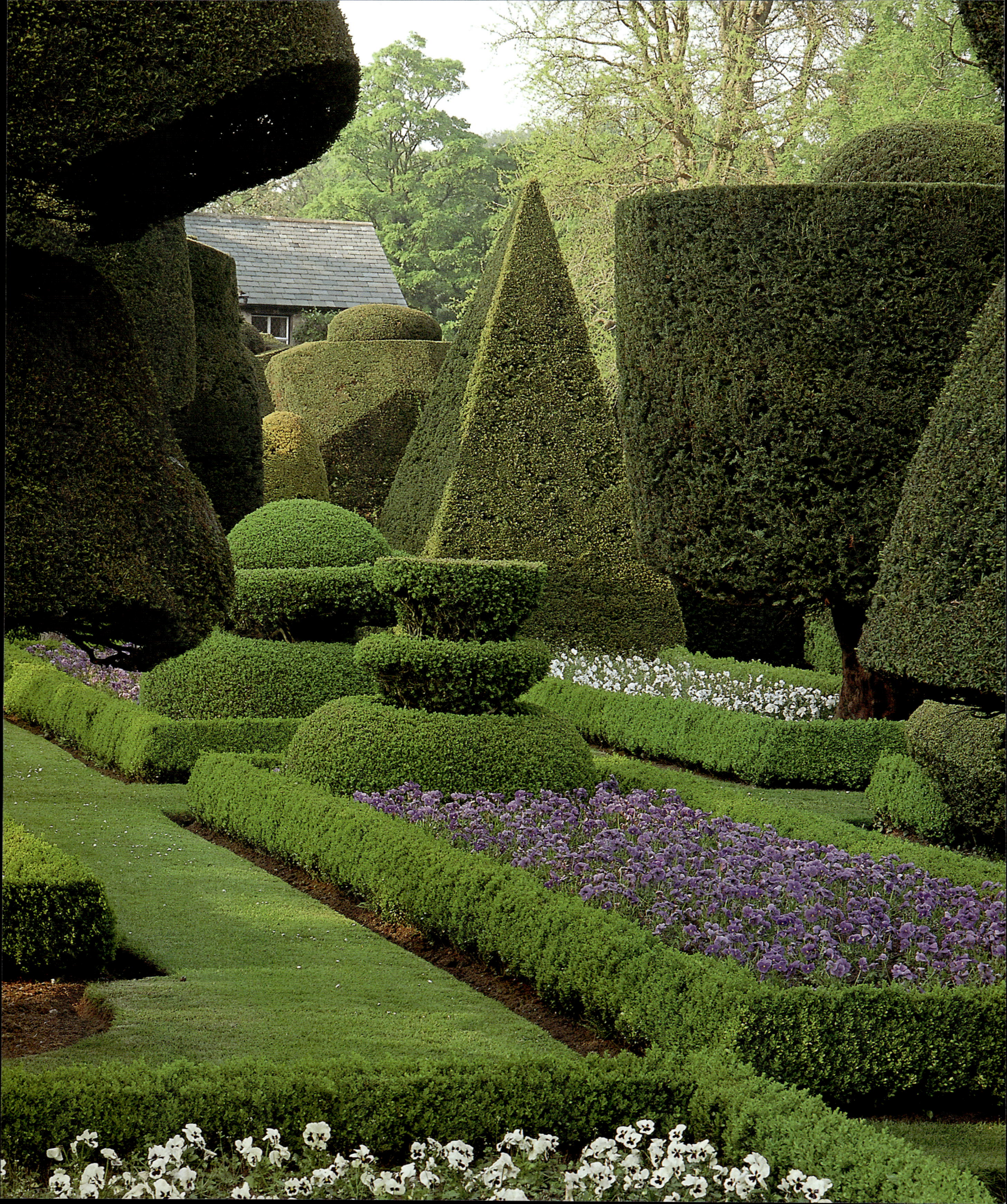

Tintinhull in Somerset wegführt. Eingeführt wurde der kunstvolle Pflanzenschnitt durch die Römer, und tatsächlich, das lateinische Wort für Gärtner lautete *topiarius*.

Das zeigt, wie wichtig der Pflanzenschnitt gewesen sein muss. Obwohl die Beliebtheit für pflanzlichen Figurenschmuck wechselte, hat er sich als ausdrucksstarkes Element in bedeutenden formalen Gärten behaupten können: Athelhampton in Dorset, in dessen Great Court zwölf hohe Eibenpyramiden wachsen; Lytes Cary Manor in Somerset, wo Figuren mit kegelförmig geschnittenen Köpfen wie Außerirdische der Haustür zustreben; am besten bekannt ist Levens Hall in Cumbria. Hier schuf der Franzose Guillaume Beaumont am Ende des 17. Jahrhunderts die unglaublichsten Gestalten, die im Laufe der vergangenen 300 Jahre immer gigantischer und abstrakter geworden sind. Zu den grünen Eiben wurden im 19. Jahrhundert einige gelbe hinzugefügt.

Der Vater des unlängst verstorbenen Christopher Lloyd, Nathaniel Lloyd, pflanzte und schnitt nicht nur Eiben auf Great Dixter, er schrieb auch ein Buch darüber. Es wurde 1925 unter dem Titel *Garden Craftsmanship in Yew and Box* veröffentlicht. Seit über 80 Jahren gibt es die

OBEN Wie eine Gruppe Außerirdischer marschieren die kegelköpfig geschnittenen Formgehölze die Rasenterrasse von Lytes Cary Manor in Somerset hinunter. Bei dem schönen »Taubenschlag« am Ende der Blickachse handelt es sich in Wirklichkeit um einen geschickt getarnten, kleinen Wasserturm.

GEGENÜBER Einige der außergewöhnlichen und scheinbar nach Belieben erfundenen Pflanzenformen von Levens Hall in der nordenglischen Grafschaft Cumbria. Viele von ihnen pflanzte Guillaume Beaumont bereits Ende des 17. Jahrhunderts. Während geschnittene Formgehölze mal in und mal aus der Mode waren, haben sie sich in Levens Hall erhalten, über die Jahrhunderte freilich an Höhe und Umfang zugelegt. Einige von ihnen haben pittoreske Namen, wie etwa »Perücke des Richters« oder der »Große Schirm«. Mitte August beginnt der Rückschnitt, der dann mindestens zwei Monate in Anspruch nimmt.

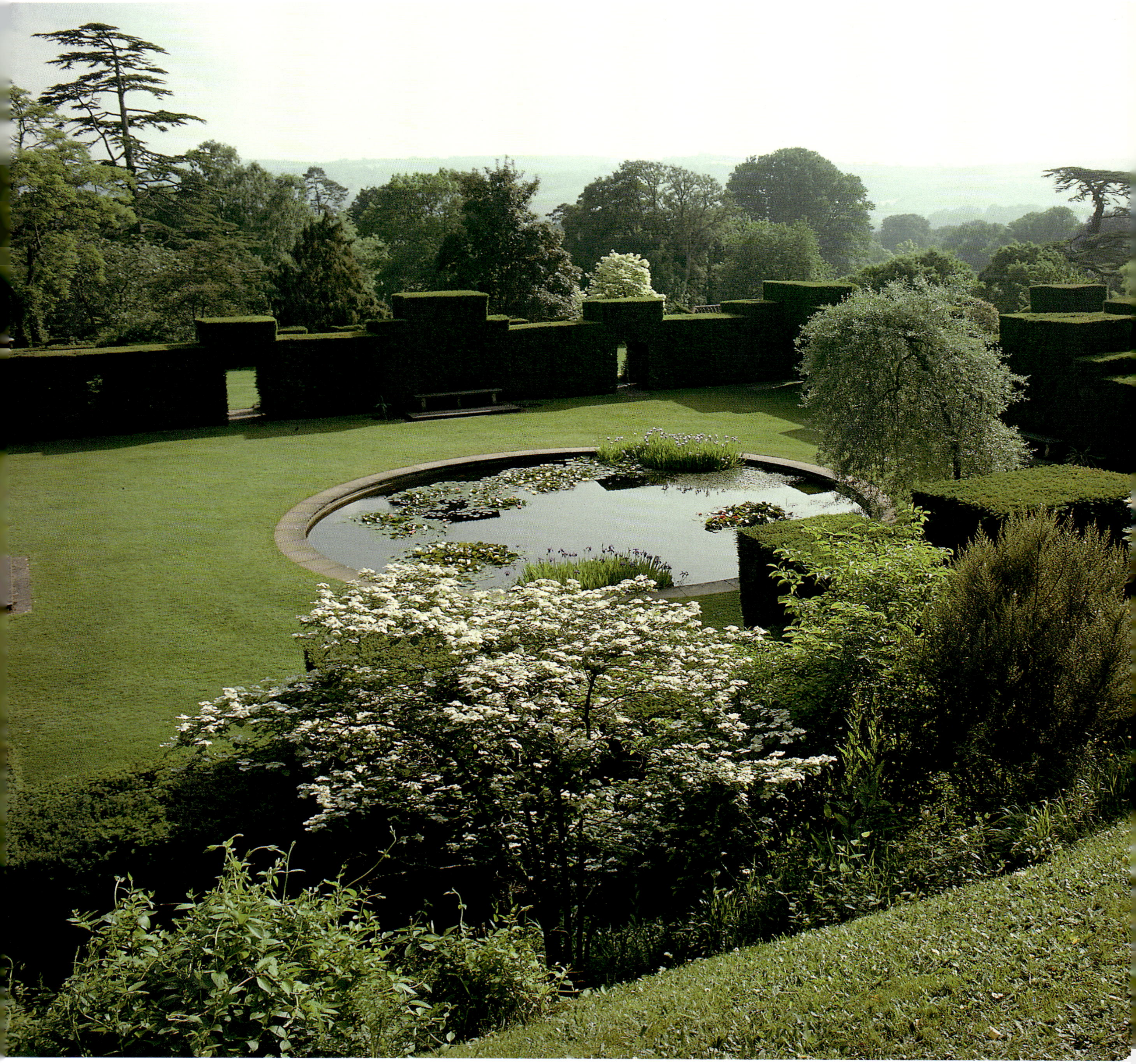

OBEN Eibenfiguren und niedrige Buchshecken auf Garsington Manor in Oxfordshire. Der straffe Schnitt dieser Säulenform erinnert an Zypressen in Italien und so schrieb die Schöpferin des Gartens, Lady Ottoline Morrell, im Jahre 1915, »dass dieser Garten italienischer ist als jeder andere Ort in England, den ich kennen gelernt habe«. Sie hatte offensichtlich Cliveden oder Iford Manor noch nicht gesehen. So ist es nun mal. Gartenbesitzer neigen zu Übertreibungen bezüglich ihres eigenen Gartens – aber das ist verzeihlich.

LINKS Ein weiteres Beispiel für die Vielseitigkeit der Eibe. Im Garten von Knightshayes in Devon umrahmt sie als burgähnliche Umfriedung den Teichgarten.

Pflanzenfiguren dort nun, eine stattliche Zahl stumpfer Pyramiden mit darauf hockenden Pfauen.

Der Garten von Garsington Manor nahe Oxford gehörte zu Beginn des vorigen Jahrhunderts Lady Ottoline Morrell, die zu den Gönnerinnen der seinerzeit berühmten Künstlergruppe Bloomsbury gehörte. Die Atmosphäre ihres Gartens wird sehr von Eiben- und Buchsformen bestimmt. Buchs und Eibe wurden genutzt, um den Kontrast von Licht und Schatten zu zeigen, vertikale Elemente einzufügen und damit die italienische Anmutung des Gartens zu unterstützen. So sollen die straff geschnittenen Säuleneiben die Gestalt der Zypresse *(Cupressus sempervirens)* nachahmen, die ja in England nicht verlässlich winterhart ist.

Der Garten von Brodsworth Hall in Yorkshire wurde nach Plänen aus der Zeit um 1860 restauriert. Auch hier sind geschnittene Immergrüne die bestimmenden Elemente. So sind die Pflanzflächen des formalen Gartens beidseitig der farbenprächtigen Blumenbeete gefüllt mit geschnittenen Kugeln, Spiralen oder Kuppeln. Natürlich sehen auch sie an einem regnerischen Tag nicht brillant aus, aber nichts desto trotz gibt der Garten zu allen Zeiten einen guten Einblick in den Stil der Viktorianischen Ära.

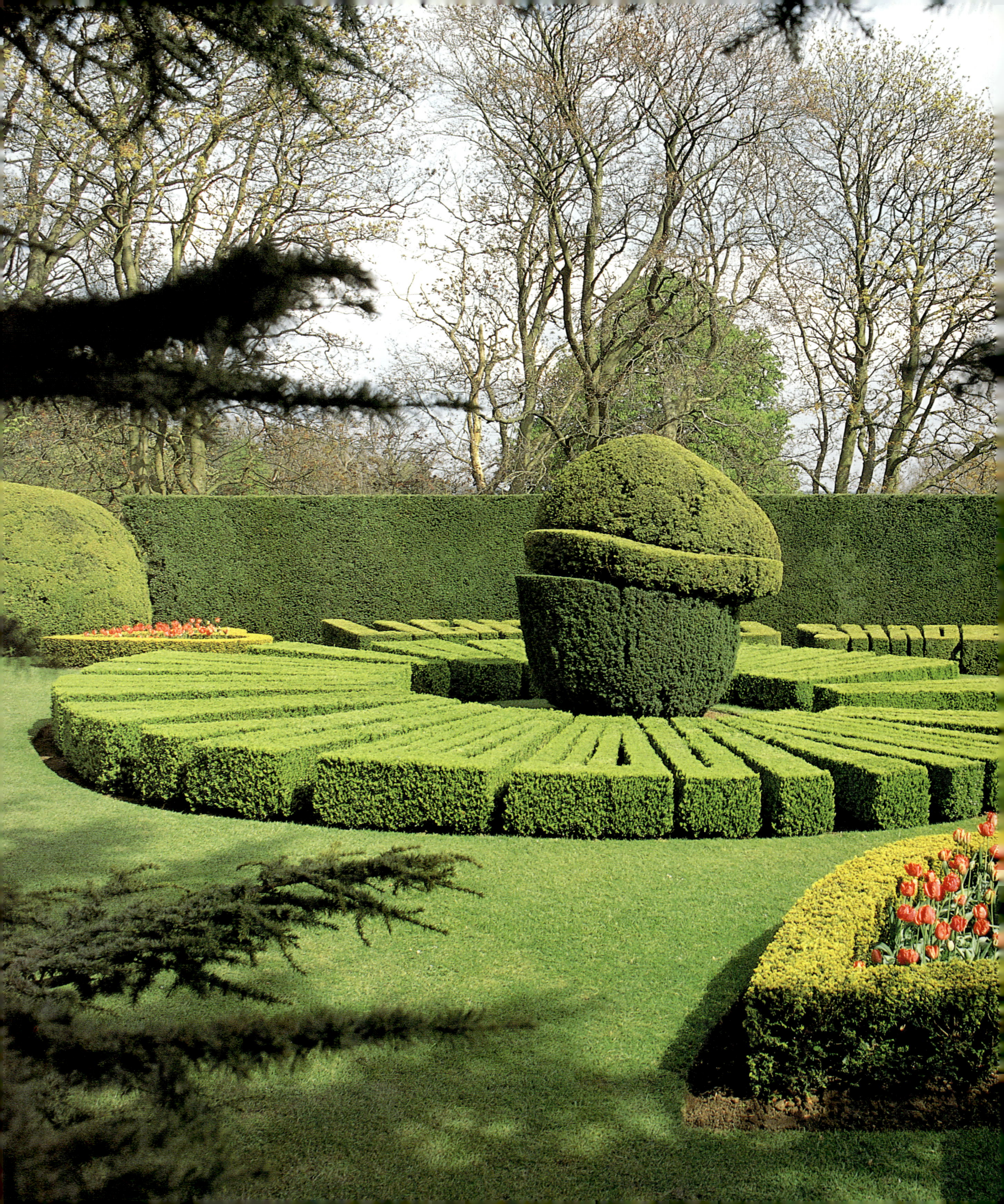

Eine Sonnenuhr, bestehend aus geschnittenem Buchsbaum und Eibe, im Garten von Ascott in der Grafschaft Buckinghamshire. Wie der nahegelegene Garten von Waddesdon Manor ist dies auch eine Anlage des Baron Rothschild im Viktorianischen Stil. Der innere Ring aus niedrigem Buchs besteht aus römischen Zahlen, der äußere Ring aus gelblaubiger Eibe ist herangewachsen zu den Worten »Light and shade by turn but love always« – Licht und Schatten wechseln, aber die Liebe bleibt.

Formgehölze wurden eine lange Zeit als Gestaltungsmittel eingesetzt, mal großartig, mal bescheiden. Sie drückten dabei nicht selten den Ideenreichtum und den Humor der Besitzers aus. Gärtner – und hier besonders die auf dem Land – schnitten ihre Pflanzen gerne nach realen Vorbildern, wie etwa Hühner und Fasane, sogar Kriegsschiffe waren darunter. Im Garten von Knightshayes verbinden sich zwei Themen in einer geschnittenen Hecke, die aus Eiben besteht.

Die Heckenkrone ist zu einer Szene geschnitten, in der ein Fuchs von Bluthunden gejagt wird. Hier hat der Besitzer seine lebhafte Fantasie unbefangen zur Schau gestellt. Im Zentrum des umschlossenen Gartens von Nymans in West Sussex werden geschnittene »Kronen« zu einem äußerst effektvollen Blickpunkt.

Eine atemberaubende Sonnenuhr aus Buchsbaum und Eibe finden wir in den Gärten von Ascott in der Grafschaft Buckinghamshire. Der Schattenstab ist aus Eibe geformt, geschnittene Buchstaben aus gelblaubiger Eibe weisen charmant darauf hin, dass »Licht und Schatten ständig wechseln, doch die Liebe bleibt«.

Die bemerkenswerte »Bergpredigt« auf dem Hügel von Packwood House in der Grafschaft Warwickshire. Im Hintergrund bildet die höchste Eibe »Christus« ab, davor stehen die vier »Evangelisten« sowie die zwölf »Apostel«. Gepflanzt wurden die Eiben etwa zur Mitte des 19. Jahrhunderts. Diese Gruppe gilt als eine der wenigen Formgehölze in Englischen Gärten mit einem Zusammenhang zur christlichen Lehre.

In den Gärten von Groombridge Place in Kent stehen in einem Garten »betrunkene« Pflanzengestalten beiderseits des Wegs, der ins Zentrum der Anlage führt. Sie stehen in scharfem Kontrast zu sehr strikt geschnittenen »Trommeln« aus Eibe. In Haseley Court, Oxfordshire, ist eine begonnene Schachpartie aufgebaut, in der die Eibenfiguren von geschnittener Portugiesischer Lorbeerkirsche *(Prunus lusitanica)* umrahmt werden. Formgehölze hat es hier bereits im frühen 16. Jahrhundert gegeben, das Schachspiel wurde jedoch erst um 1850 angelegt. Zu dieser Zeit entstand auch die beeindruckende und dramatische »Bergpredigt«

OBEN Ein Potpourri verschiedener Formschnitte im Garten von The Grove in Oxfordshire, gestaltet von David Hicks. Obwohl es scheint, als wüchsen die Pflanzen in Containern, stehen doch die meisten mit ihren Wurzeln in der Erde darunter. Die Klettergerüste vor der Hainbuchenhecke sind für Rosen gedacht.

FOLGENDE SEITEN Der Irrgarten von Chatsworth, Derbyshire sieht alt aus, wurde aber erst 1963 angelegt. Auf Chatsworth gibt es außerdem einen »Schlafzimmer-Garten« mit einem Himmelbett aus Efeu und einem Kosmetiktisch aus Liguster.

auf dem Hügel von Packwood House in der Grafschaft Warwickshire. In der »Bergpredigt« wächst die größte Eibenfigur auf der höchsten Stelle des Gartens. Sie stellt Christus dar. Unter beziehungsweise vor ihr stehen zwölf Apostel und vier Evangelisten. Die Menschenmenge steht in Form von konisch geschnittenen Eiben um sie herum im Rasen.

Pflanzenfiguren haben auch ihren Platz in recht kleinen Gärten gefunden, besonders in der Stadt. Dort stehen sie häufig in Töpfen, deren Standorte verändert werden können, um die mobile Geometrie dort einzusetzen, wo sie benötigt wird.

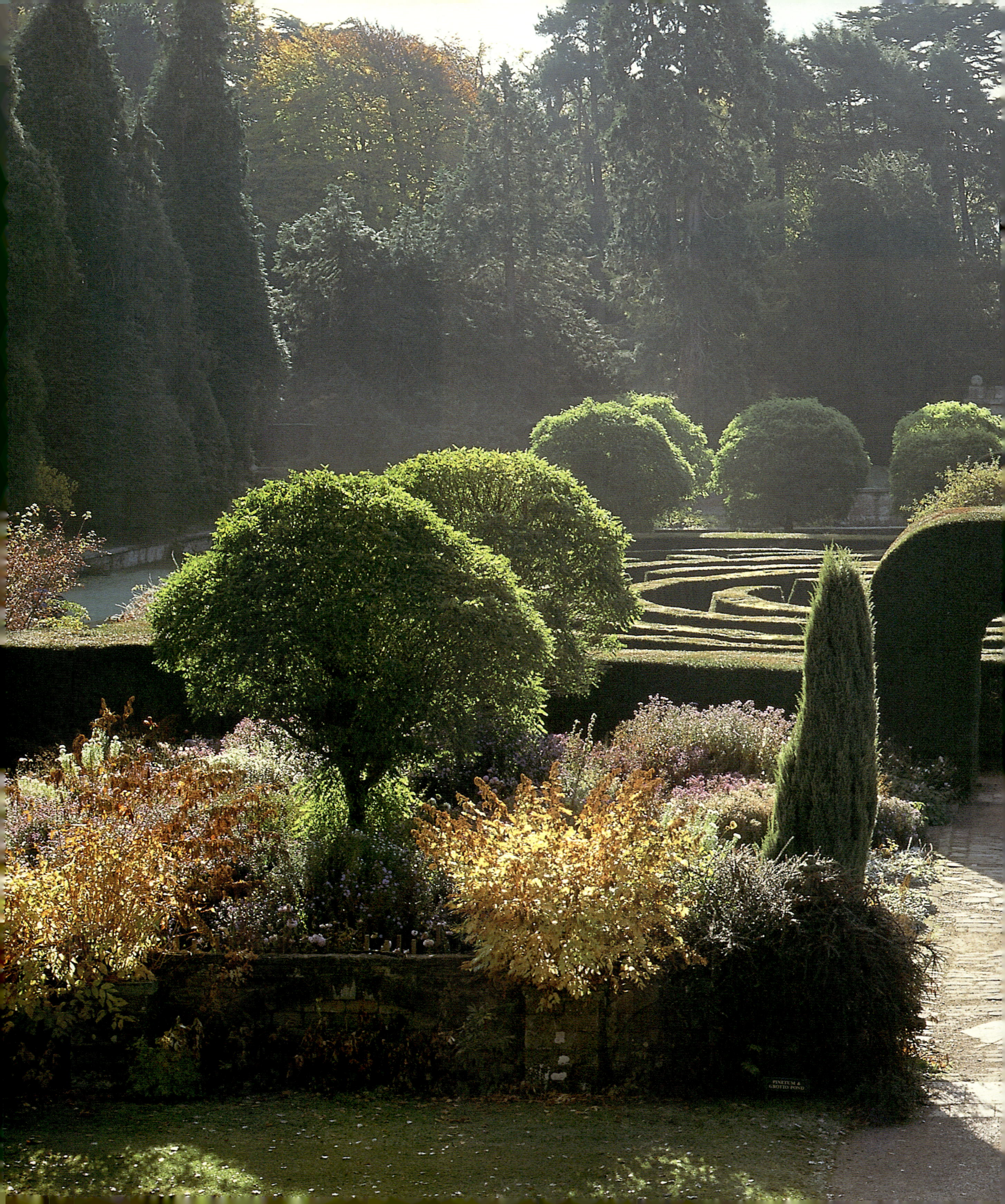

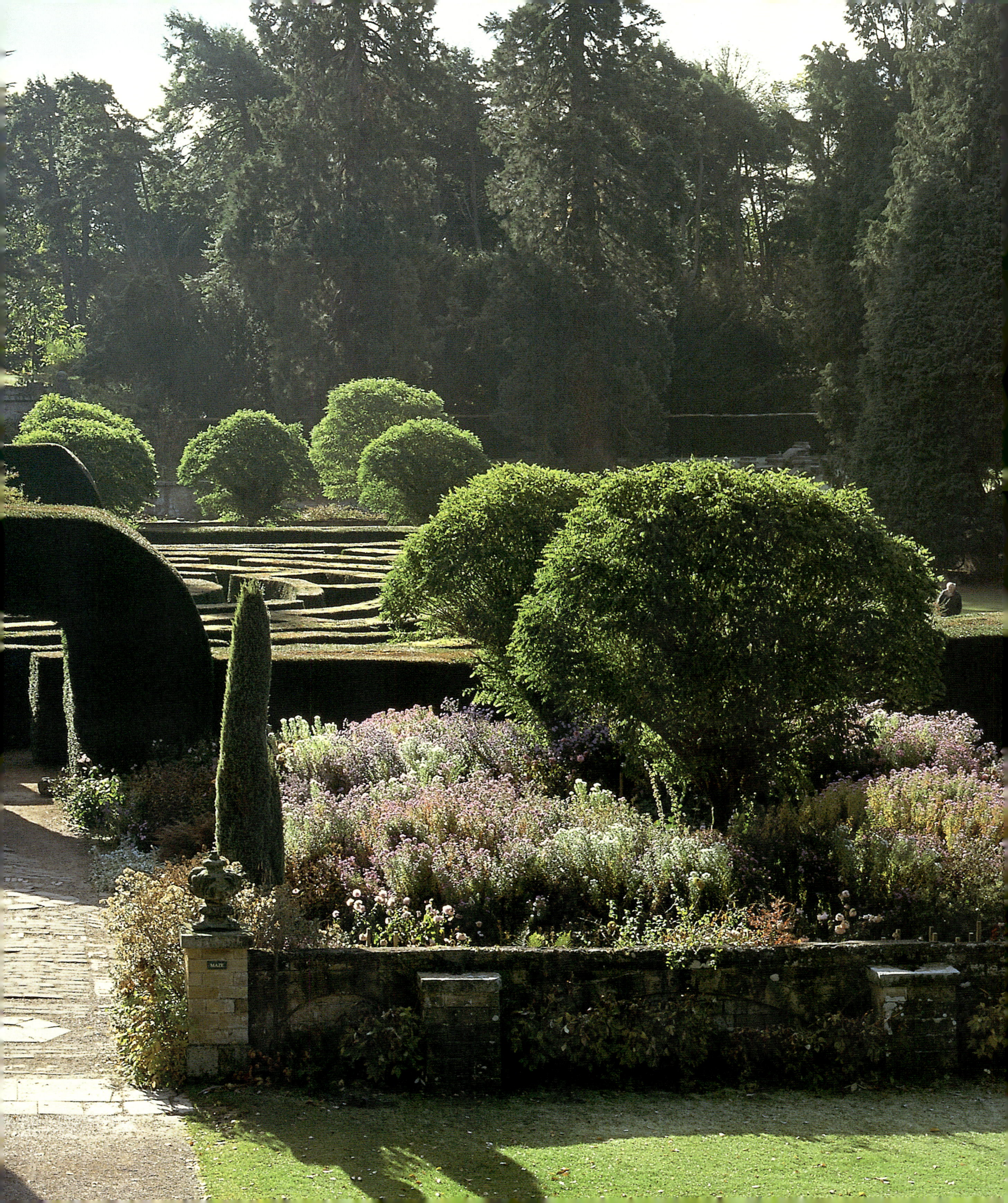
MAZE

OBEN Das vielleicht berühmteste (und berüchtigste?), auf jeden Fall aber das älteste Labyrinth in England liegt im Garten von Hampton Court Palace in Surrey. Die über 700 Meter lange Eibenhecke wurde 1686 gepflanzt. Sie ist trapezförmig geschnitten und verläuft höchst verwirrend. Irrgärten, die wahrscheinlich im Nahen Osten erfunden wurden, waren fester Bestandteil mittelalterlicher Gärten und häufig ein Symbol für die mühevolle und diffizile Reise des Menschen durchs Leben.

RECHTS Das 1833 asymmetrisch gepflanzte Labyrinth aus Kirschlorbeer *(Prunus laurocerasus)* von Glendurgan in Cornwall. Es liegt an einer Hangseite des Tals und ist von einem erhöht liegenden Standort einzusehen, was bei Irrgärten selten vorkommt.

Ein stets faszinierendes Thema in Bezug auf Formgehölze ist der Irrgarten. Mythologie und Symbolik (manches ist mir durchaus suspekt) spielten bei Irrgärten jeher eine Rolle, wobei allein die Grundidee des Verirrens, aber nicht wirklichen Verlorengehens den Reiz darstellt, bei Erwachsenen und Kindern.

Berühmte Beispiele gibt es in den Gärten von Hampton Court Palace, Chenies Manor in Buckinghamshire (wo es ein Eiben- und ein Rasenlabyrinth gibt) und dem anderen Hampton Court in Herefordshire. Im Letztgenannten führen 1000 Eiben schließlich zu einem gotischen Turm, der als Aussichtsplattform dient. In Glendurgan in Cornwall besteht der Irrgarten von 1833 aus Kirschlorbeer *(Prunus laurocerasus)*, im Garten von Hever Castle aus Eiben. Dort gibt es außerdem ein Schachspiel aus Eibe. Ein Experte in der Anlage von heutigen Irrgärten ist Adrian Fisher. Hervorhebenswert sind die von Escot Park in Devon, Leeds Castle in Kent und Blenheim Palace in Oxfordshire. Bei der Gestaltung in Blenheim inspirierten ihn Grinling Gibbons Steinmetzarbeiten am Palast. Sein Eigen kann er das Bambuslabyrinth von The Alnwick Garden in Northumberland nennen, außerdem gehen die Irrgärten aus Pflastersteinen und Rasen von Greys Court, Oxfordshire und Parham Park in Sussex auf ihn zurück.

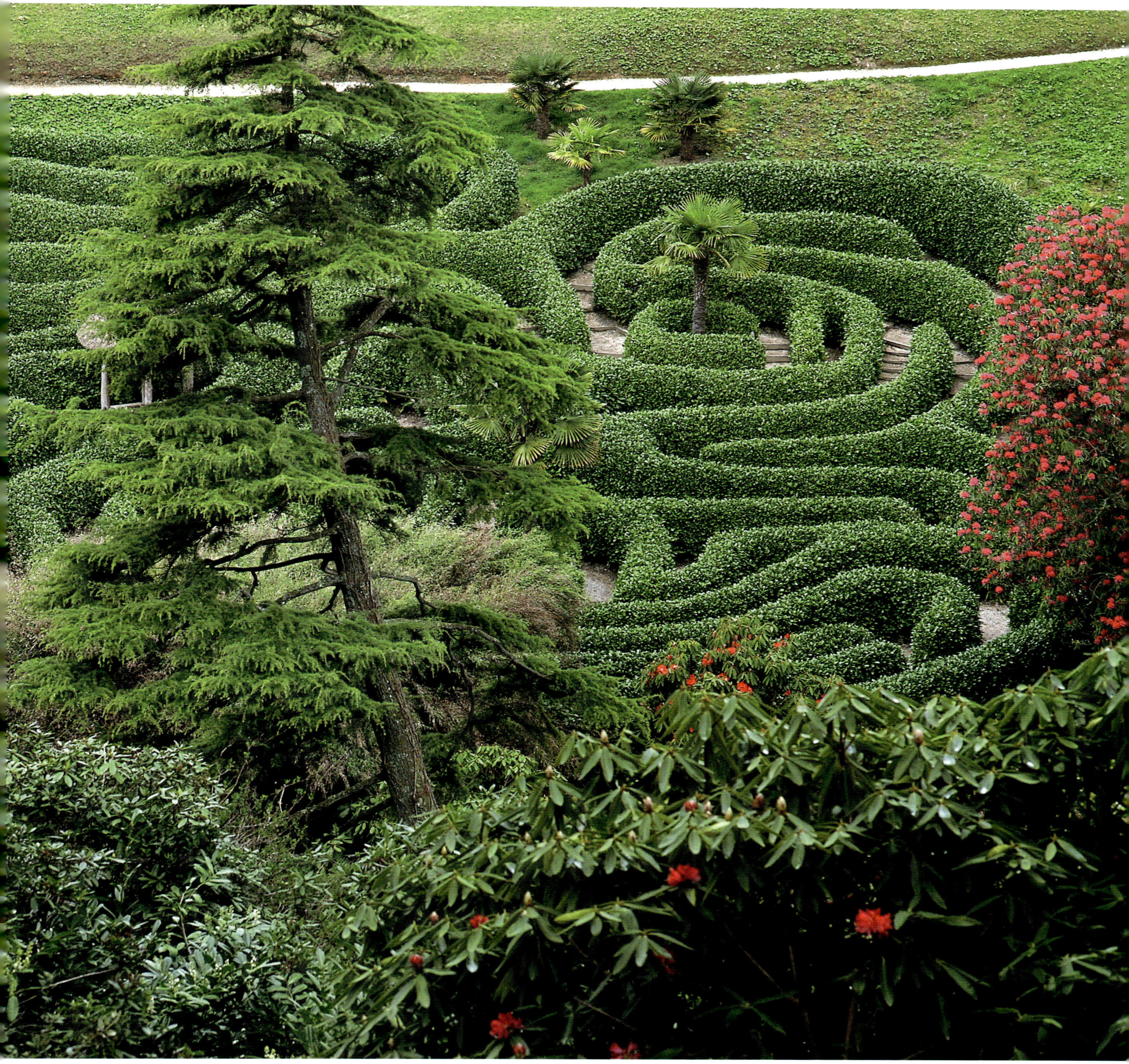

OBEN Wie auf Stelzen wächst die Hainbuche in diesem Gartenteil von Hidcote. Lawrence Johnston hatte das Haus 1907 gekauft und übte mit dieser Art, einen Gartenraum zu fassen, auf zahlreiche formal gestaltete Gärten des 20. Jahrhunderts einen großen Einfluss aus.

GEGENÜBER Entspannte Gleichförmigkeit in den Stone House Gardens in Wyck Rissington in der Grafschaft Gloucestershire. Ein von Katie Lukas gestalteter Weg wird gebildet durch ein schönes Muster aus Rasen und Steinplatten.

FOLGENDE SEITEN Chenies Manor in Buckinghamshire zeigt eine Reihe von klassischen Elementen des formalen Gartens: rechtwinklige Beete, ausgewogen geschnittene Formgehölze, mit Efeu bewachsenes Gitterwerk, das zum einem die Vertikale betont und zum anderen den Gartenraum nach hinten abschließt. Im April und Mai setzt die Tulpenblüte mit ihrer wunderbaren Farbmischung einen Höhepunkt im Senkgarten.

Linden werfen ihre Blätter ab, anders als etwa Buchen, die in geschnittener Form ihr welkes Laub im Winter behalten. So eignen sich Linden nicht sehr als Heckenpflanze. Sie spielen allerdings eine besondere Rolle, wenn es um die Gestaltung eines Rahmens im Garten geht. So wird sie vielfach als halbdurchsichtige, aber dennoch deutliche Grenze gepflanzt oder auch als Allee, die den Besucher auf dem Weg zum Hauseingang begleitet.

Bei den verwendeten Linden handelt es sich häufig um die Winterlinde *(Tilia cordata)* oder die Holländische Linde *(Tilia europaea)*. Ein Nachteil der letztgenannten Art ist ihre Neigung, aus der Basis viele Triebe zu bilden. Aber dennoch sind beide Arten faszinierend, wenn sie im Laub stehen, aber auch während des Winters und ihre kahlen Zweige orange im Sonnenlicht leuchten.

Im Garten von Hidcote Manor entschied sich Lawrence Johnston für die Hainbuche, die besser mit Lehmböden zurechtkommt als die Rotbuche. Dort steht die rechtwinklige Hecke aufgeastet auf »Stelzen«, was diesem Gartenteil den Namen »Stilt Garden« gibt. In Hidcote gibt es auch zahlreiche, sehr unterschiedliche immergrüne Hecken, um Gartenräume zu formen. Eibe, speziell für den Eingang zum Pool Garden, findet dabei ebenso Verwendung wie niedriger Buchs, etwa im Fuchsiengarten (siehe Seiten 12 und 14).

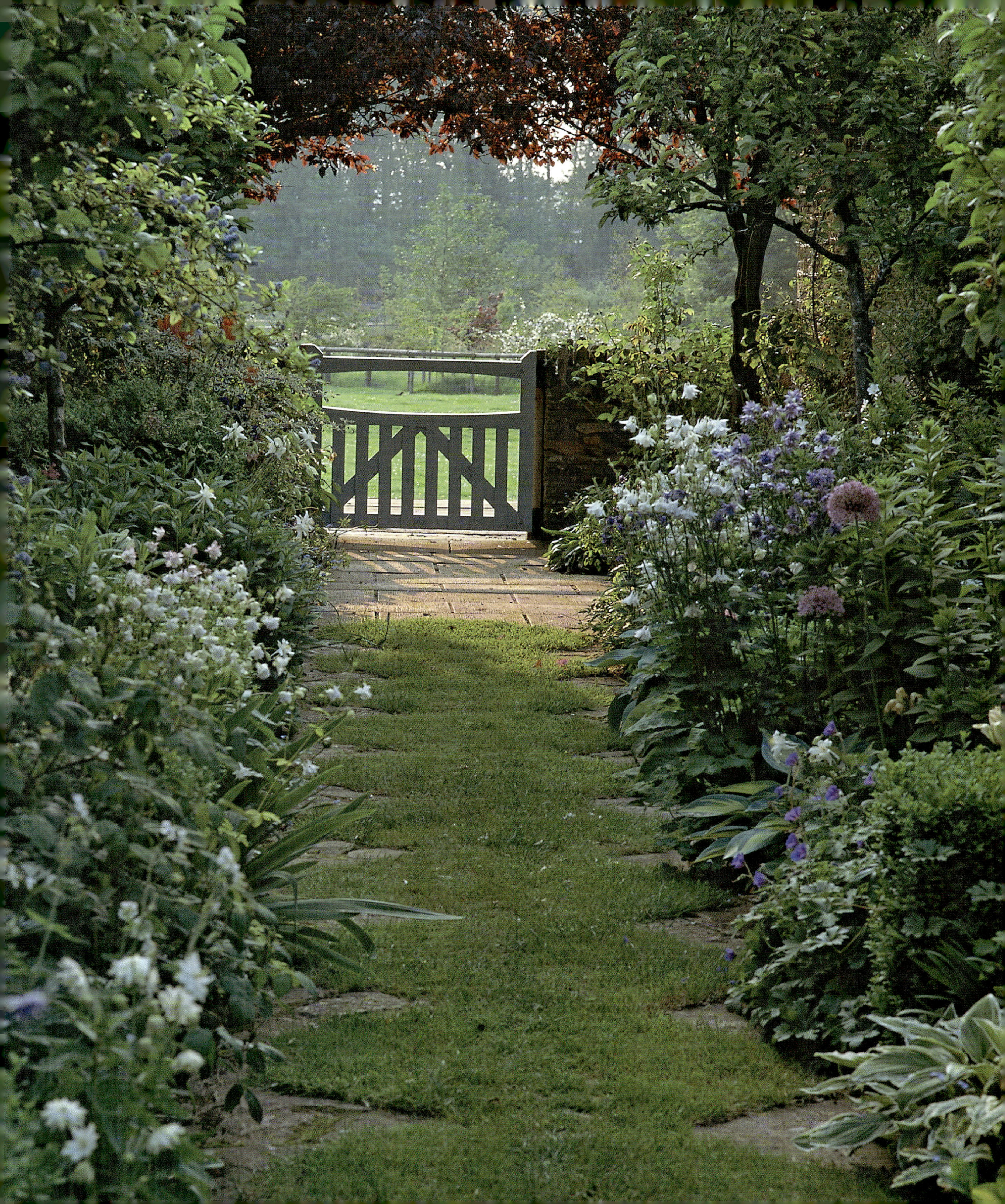

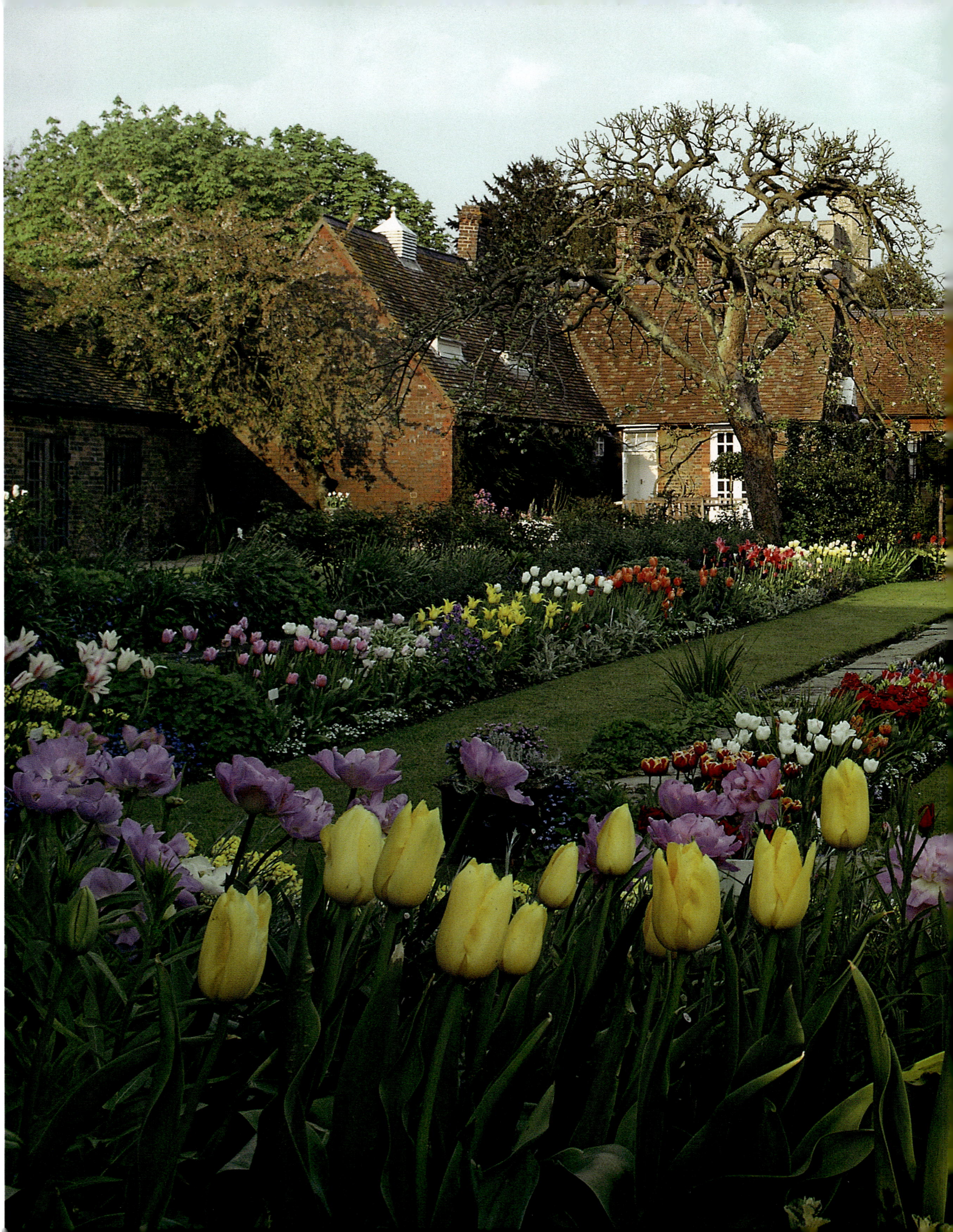

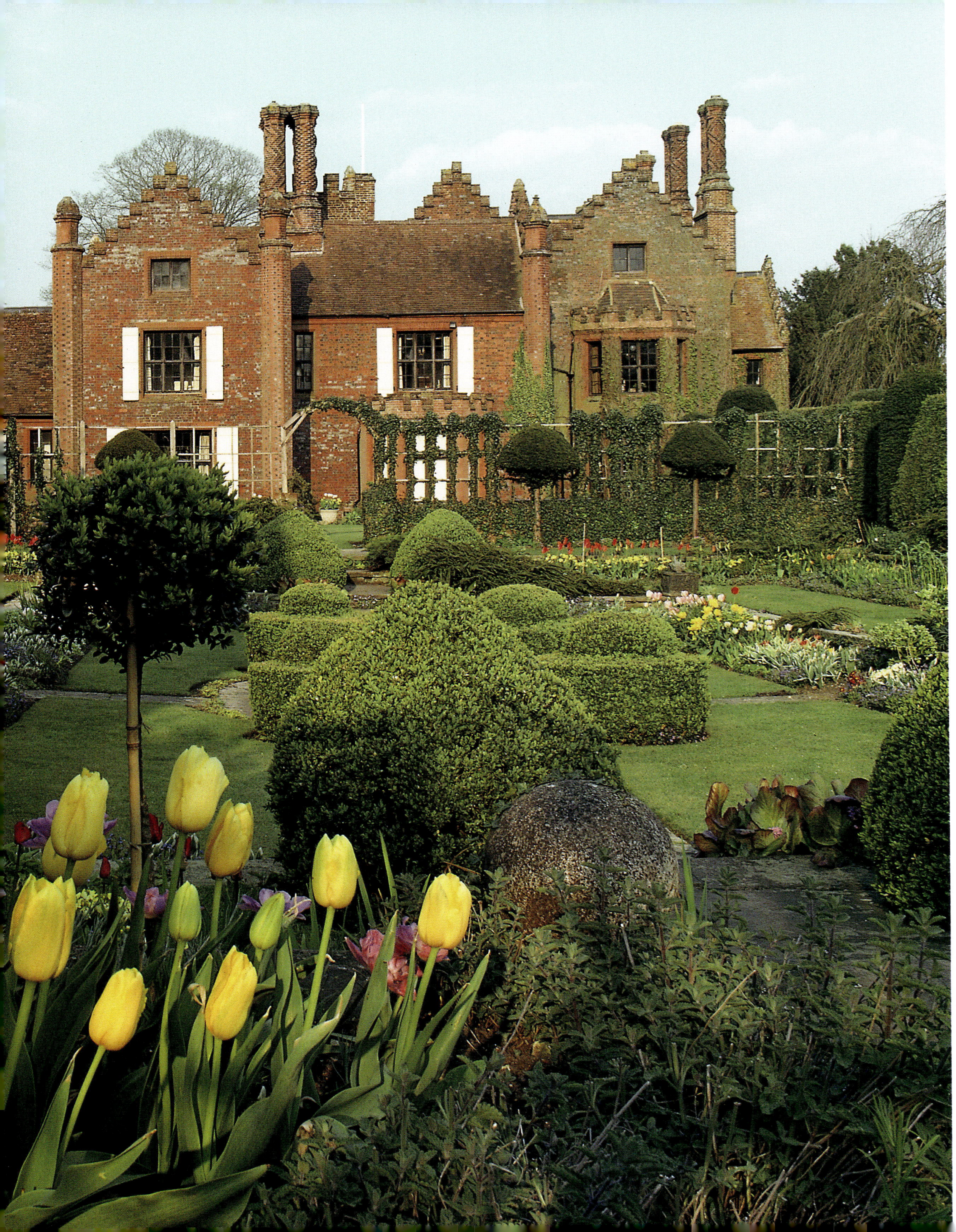

Bei Mapperton handelt es sich um einen Garten nach italienischem Vorbild. Er wurde 1920 in einem gestuften, in Nord-Süd-Richtung verlaufenden Tal in der Grafschaft Dorset angelegt und birgt eine reiche Mischung aus warmem Naturstein, Ziegelmauern, geschnittenen Pflanzen, Wasser und Skulpturenschmuck. Dieses Bild zeigt den Brunnenhof, einen Teil des oberen Gartens.

Mit zwei Schattenseiten haben die Besitzer von Hecken und Figuren gleich welcher Art zu kämpfen. Die Pflanzen brauchen einmal, je nachdem auch zweimal einen Schnitt. Und wenn es sich um stark nachwachsende Pflanzen handelt, wachsen sie bis zum Schnitt in der Regel aus der beabsichtigten Form heraus. Es braucht eine Zeit, bis die Hecke zu ihrer geplanten Größe herangewachsen ist, aber wenn das erreicht ist, wird sie jedem Gartenbesitzer zur täglichen Freude.

Gebaute Elemente hingegen benötigen, sofern fachgerecht erstellt, viele Jahre lang wenig Aufmerksamkeit. Doch sind sie in der Regel kostspieliger und folglich besonders attraktiv für die Vermögenden und Vielbeschäftigten unter uns.

In den meisten sehenswerten Gärten kommen die Baustoffe für Mauern, Wege, Plätze, Pergolen, Lauben, Wasserbecken, Terrassen, Höfe und so weiter aus der Region. So passen sich diese Elemente am besten den einheimischen Gebäudematerialien an. Rodmarton Manor in Gloucestershire gilt als besonders lobenswertes Beispiel dafür (siehe Seite 109).

Sir Edwin Lutyens war ein Meister im Gebrauch regionaler Werkstoffe. In den Augen vieler gilt Hestercombe in Somerset als das gelungenste Beispiele seiner fruchtbaren und stets herausfordernden Zusammenarbeit mit Gertrude Jekyll.

OBEN Sir Edwin Lutyens wurde berühmt durch seine sensible Verwendung von regionaltypischen Materialien und seinen kreativen Umgang mit Geländesprüngen. So gestaltete er verschiedene halbrunde Stufenanlagen, beispielsweise in Great Dixter. Auf diesem Bild ist eine Treppe in Hestercombe in Somerset zu sehen, wo er ab 1903 arbeitete. Die Fugen dieser trocken geschichteten Stufen werden schnell besiedelt von selbstaussäenden Pflanzen wie etwa *Erigeron karvinskianus*.

RECHTS Der Blick auf »Great Plat« in Hestercombe, ein riesiges rechteckiges Parterre, mit dem Taunton-Tal dahinter. Abgeschlossen wird der Rasenweg von einer halbrunden Stufenanlage. Der als Ham bezeichnete Stein ist das bevorzugte Baumaterial dieser Region. Die Pergola zeigt die Handschrift von Lutyens: Runde und quadratische Säulen wechseln sich ab und sind aus schmalen, horizontalen Schieferplatten geschichtet. Die Bepflanzung zeigt Gertrude Jekylls Handschrift, zu erkennen unter anderem an den Massen von immergrünen Bergenien.

Ab 1903 arbeitete Lutyens hier, nutzte Steinplatten und flache Mauersteine, um mitunter große Flächen zu befestigen, halbrunde Stufenanlagen oder kreisförmige Becken zu bauen. Dabei sorgte das integrierfähige, hier anstehende Steinmaterial dafür, dass auch dessen umfangreiche Verwendung das Auge nie störte. Die wechselnd runden und quadratischen Säulen der Pergola, die den Blick auf das Taunton-Tal einrahmt, sind aus gleichmäßig dünnen Natursteinen geschichtet. Die formalen Gärten wurden 1973 restauriert und stehen nun unter der Obhut des Hestercombe Gardens Trust.

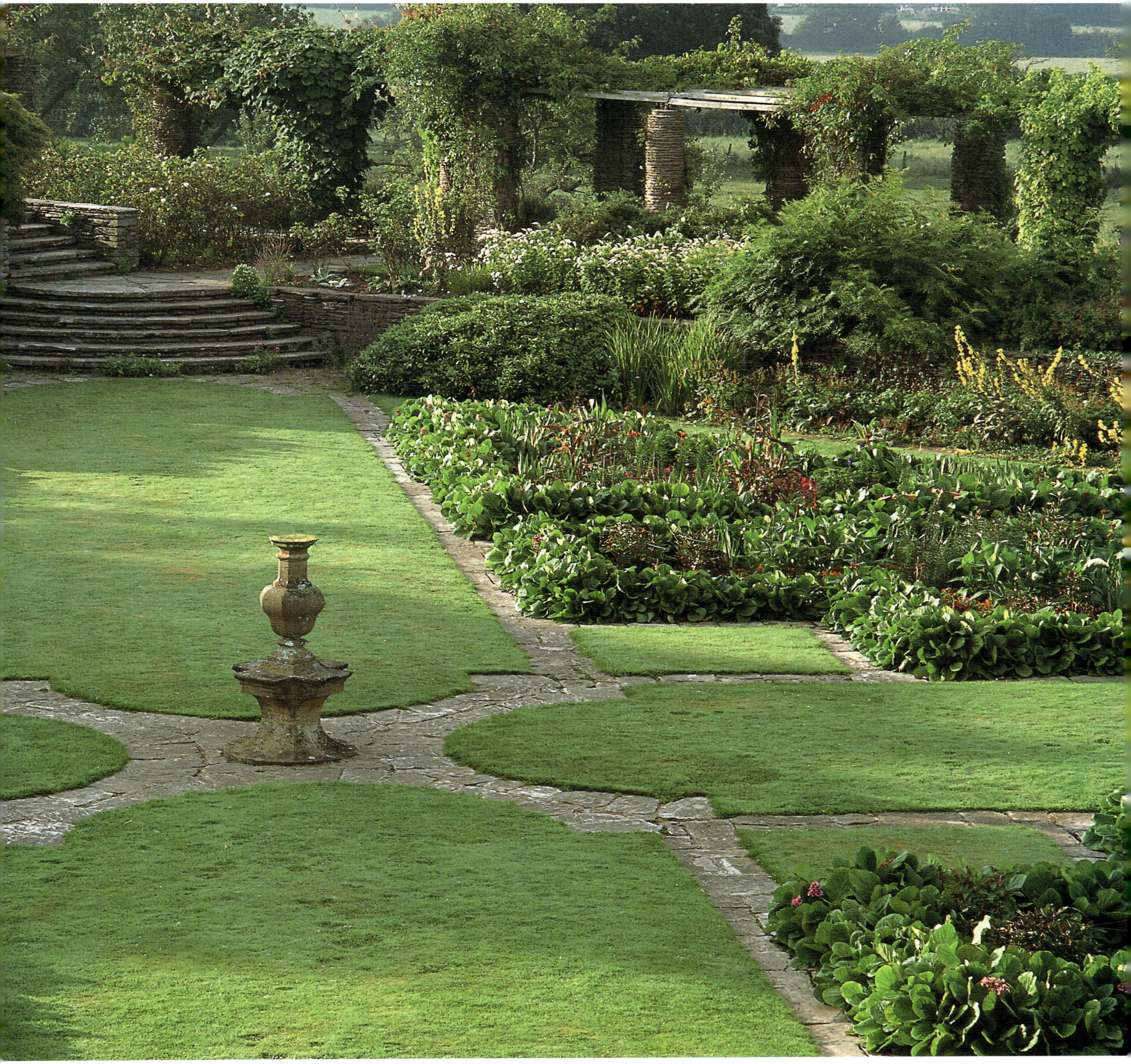

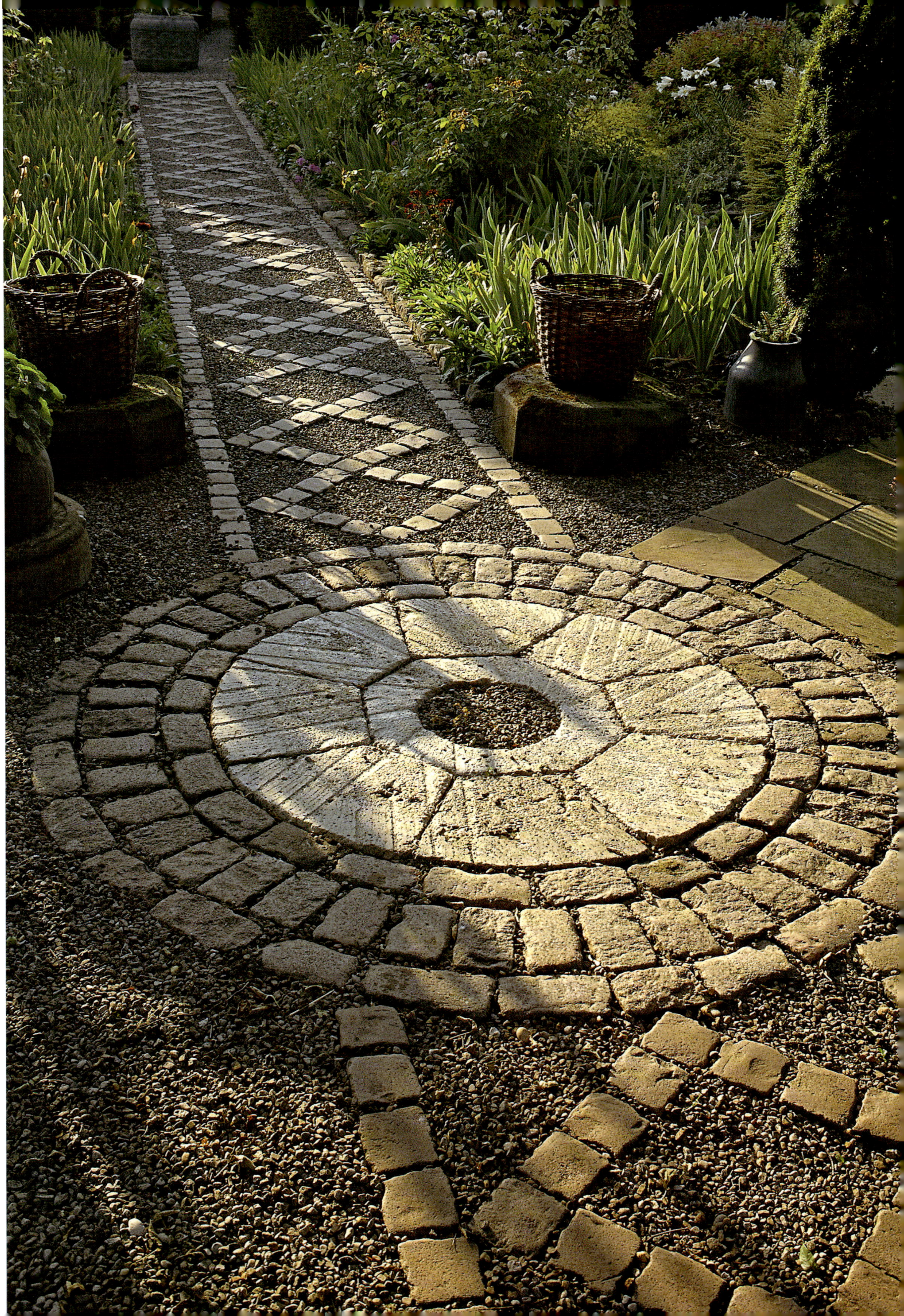

In einem weitaus kleineren, verschwiegeneren Maßstab präsentiert sich York Gate in Adel nahe Leeds. Auch hier sind es Pflastersteine und Kies aus anstehendem Material, die zu interessanten Mustern verarbeitet wurden und zusammen mit Skulpturen und anderen Ornamenten den Besucher begleiten.

Die wohl zierendsten gebauten Elemente in formalen Gärten sind in solchen Gärten zu finden, die von der italienischen Gartenkunst beeinflusst wurden. Dazu gehören beispielsweise Renishaw Hall, Derbyshire, Buscot Park, Oxfordshire und Iford Manor, Wiltshire. Die beiden Letztgenannten gestaltete Harold Peto, ein Architekt des frühen 20. Jahrhunderts, der auf Iford Manor wohnte. In diesem terrassierten Hanggarten über dem Fluss Frome baute

OBEN Ein Labyrinth aus Pflastersteinen markiert den Eingangsbereich von York Gate.

GEGENÜBER Regionale Pflastersteine und Kies mit einem Mühlstein in der Mitte als Unterbrechung des Iris-Wegs auf York Gate in Adel, Grafschaft West Yorkshire. Dies ist ein wunderschön gestalteter Garten mit verschiedenen »Räumen«, angelegt in einem alten Obstgarten. Der Garten besticht vor allem durch seine Materialien aus der Gegend, mit denen dieses Detail und noch zahlreiche andere gebaut sind. Verwelkte Blüten landen in den dekorativen Weidenkörben.

FOLGENDE SEITEN Im Loggia-Garten von Iford Manor in Wiltshire stehen große Terrakottatöpfe auf Kiesflächen, die von Buchshecken eingefasst sind. Die schweren, steinernen Zierelemente, wie hier die Steinsäulen, sind häufig zu finden in italienisch anmutenden Gärten.

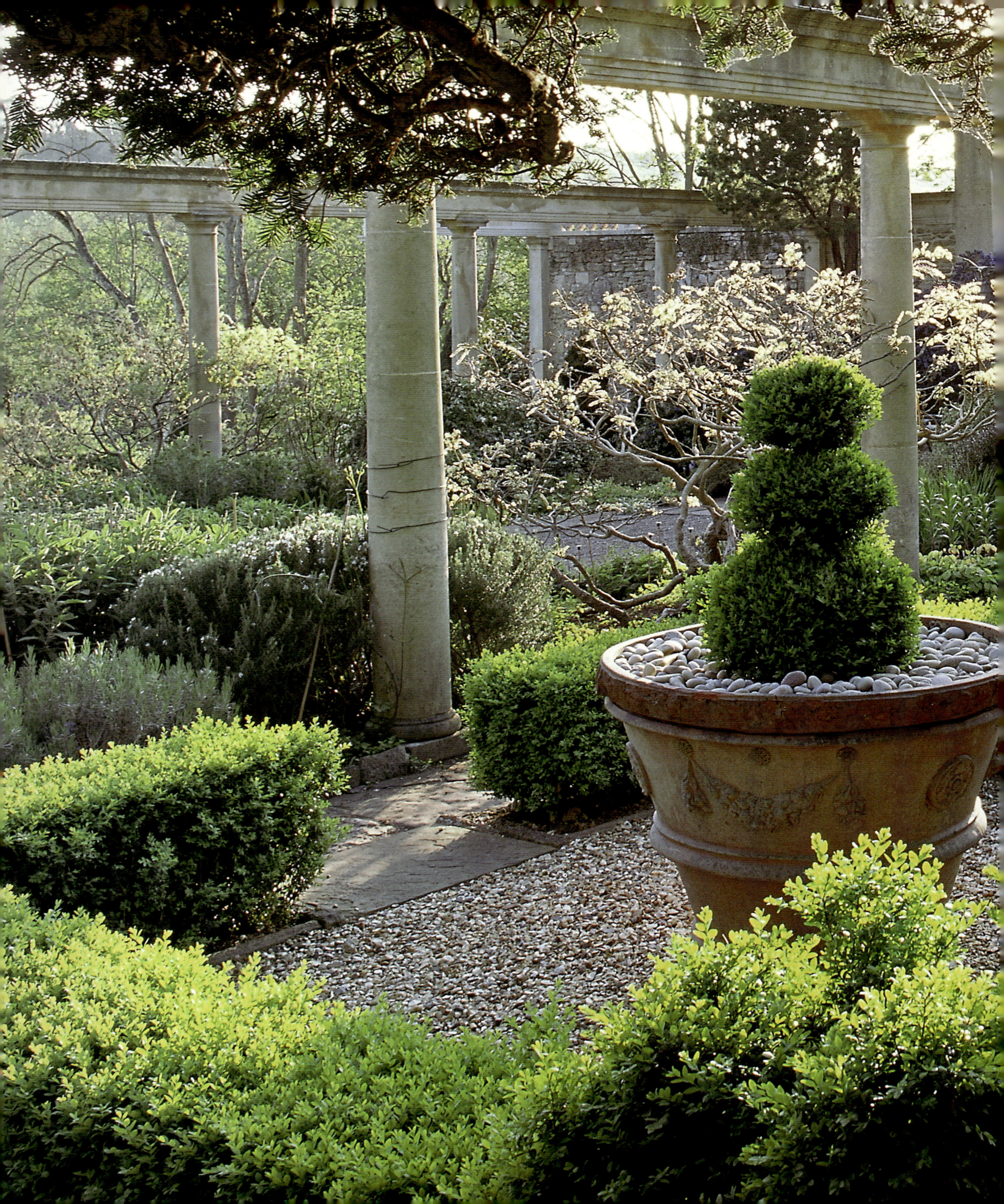

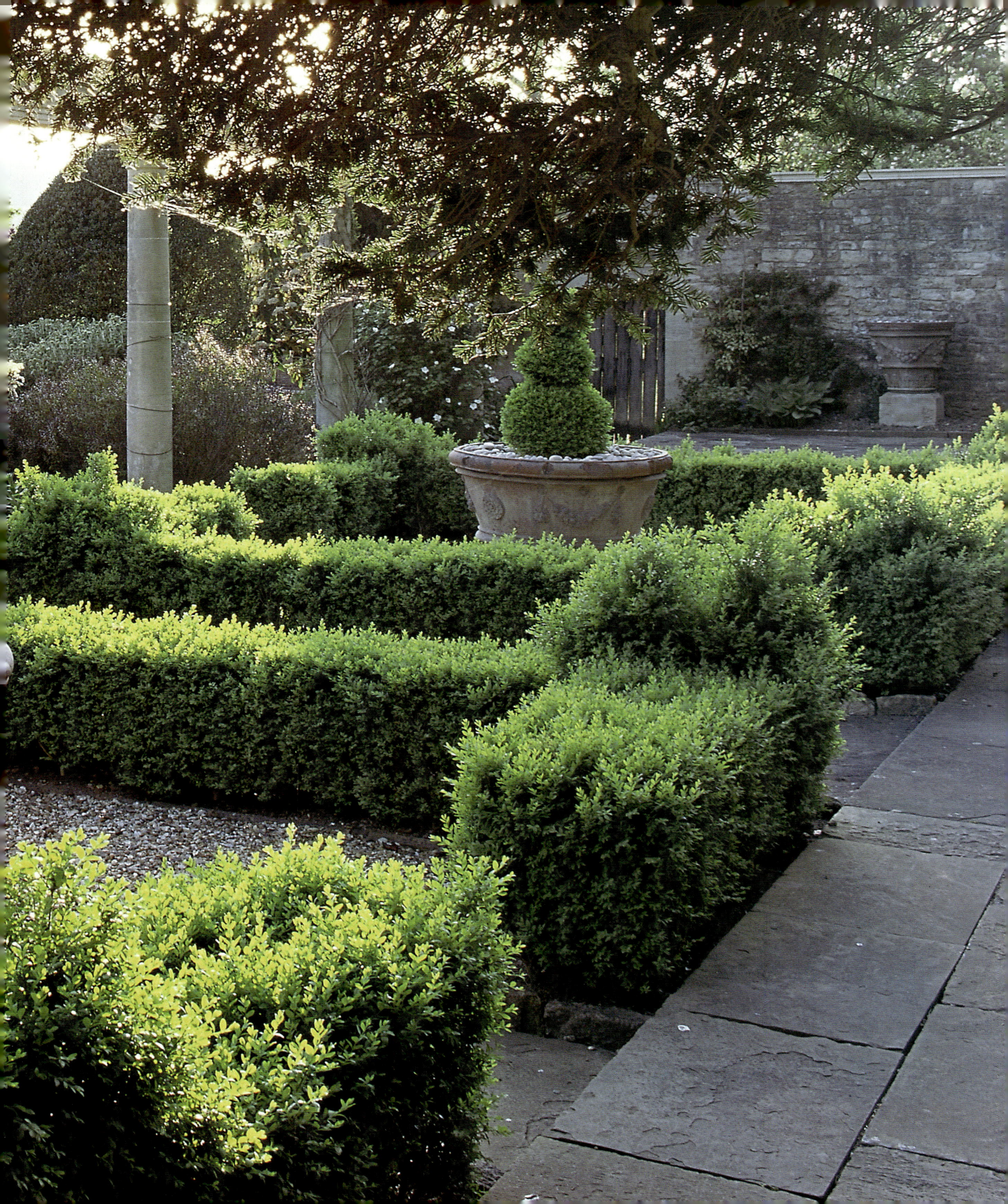

OBEN Ein Teil von Harold Petos 100 Meter langer Steinpergola im Garten von West Dean in der Grafschaft West Sussex.

GEGENÜBER Eine sommerliche Szene von The Grove, wo David Hicks den Garten mit dem Swimmingpool gestaltete. Die Umrandung aus geschnittener Rosskastanie umschließt diesen Gartenteil nahezu völlig, gibt aber doch einen Blick in die Landschaft frei. Um den Pool eher wie ein Zierbecken erscheinen zu lassen, ist er mit schwarzen Fliesen belegt. In der weiten Entfernung ist ein verschwindend kleiner Blickpunkt zu erkennen, eine schmale Lücke in einer Baumreihe.

er eine italienisch anmutende Loggia und stellte verschiedene Statuen und architektonische Fragmente auf. Teilweise hatte er das Material von Reisen durch Europa mitgebracht (siehe Seite 29).

Der Garten ist dicht strukturiert und wunderbar bepflanzt. Peto konstruierte auch die 100 Meter lange Pergola von West Dean in Sussex. Italienisch beeinflusste Gärten – mit üppiger Ausstattung an Pergolen, Säulen, Loggien und klassischen Skulpturen, aber nur wenig Blumen – waren überaus beliebt bei den vermögenden Landbesitzern in der Viktorianischen Zeit und im frühen 20. Jahrhundert. Viele von ihnen verbrachten ihren Urlaub in Italien; Sir George Sitwell, der Renishaw baute, hatte ein Anwesen in der Toskana.

In zahlreichen formalen Gärten lieferte die Gebäudegestaltung auch Anregungen für die Gartenplanung, und wo das geschah, geriet diese Einheit in der Regel zum Vorteil. Ein gutes Beispiel liefert Ascott, wo George Devey neben dem Gebäude auch die Architektur des Gartens entwarf wie etwa das Haus am Ende des Madeira-Wegs oder eine Hütte am Seerosenbecken. Lutyens gestaltete verschiedene Häuser und ihre Gärten, so etwa Munstead Wood in Surrey und Folly Farm in

Berkshire. Weiterhin baute er Haus und Garten von Great Dixter um. Es sollte nicht vergessen werden, dass Zweckgebäude im Garten – also solche, die einen konkreten Nutzen haben und nicht vordergründig Zierde sind – häufig helfen, dem formalen Garten eine Atmosphäre zu geben. Dabei spielt es keine Rolle, ob sie quadratisch oder rechteckig sind.

So verleihen die zierlichen Gebäude im Garten von Great Dixter einerseits Schutz, andererseits dem Senkgarten einen Maßstab, dem Exotischen Garten (vorher Rosengarten) eine solide Seitenbegrenzung.

Ein moderner formaler Garten, der zahlreiche Facetten dieses Stils zeigt, ist The Grove in Oxfordshire. Der unlängst verstorbene Gartenplaner und Innenarchitekt David Hicks machte aus nur 0,8 Hektar Land einen höchst zufriedenstellenden Garten, allein mit reduzierter und klarer Linienführung sowie qualitätsvollen Materialien. Mit Hecken und ausgesparten Durchblicken in die Landschaft ließ er den Garten größer erscheinen, als er tatsächlich ist. Die Idee von der geborgten Landschaft kam spätestens mit William Kents Schöpfung von Rousham auf. In dem rechtwinkeligen Becken spiegeln sich die umlaufenden, geschnittenen Rosskastanien, ein versteckter Winkel in Gebäudenähe bietet Raum für geschnittene Sträucher in verschiedenartigen Containern. Sie werden zu grünen Kleinarchitekturen vor einer gemauerten Wand.

Die Liste Englischer Gärten mit formalem Charakter ist nahezu endlos, denn der formale Stil hat in England einen fruchtbaren Boden gefunden. Mal sind die Gärten stark architektonisch geprägt, mal orientieren sie sich an der Pflanze, aber immer garantieren sie dem Gärtner Stabilität, Balance und eine ruhige Gleichförmigkeit. Mit Hilfe moderner Maschinen und Geräte kann der Arbeitsaufwand deutlich reduziert werden, sodass der formale Garten bis heute an Reiz nichts eingebüßt hat.

WEITERE GÄRTEN MIT FORMALEN ELEMENTEN

Folly Farm, Berkshire
Old Rectory, Burghfield, Berkshire
Cliveden, Buckinghamshire
The Manor, Hemingford Grey Cambridgeshire
Peckover House, Cambridgeshire
Lyme Park, Cheshire
Cotehele, Cornwall
Mount Edgcumbe, Cornwall
Trevarno Gardens, Cornwall
Holker Hall, Cumbria
Calke Abbey, Derbyshire
Hardwick Hall, Derbyshire
Castle Drogo, Devon
Tapeley Park, Devon
Audley End, Essex
Misarden Park Gardens, Gloucestershire
Hinton Ampner, Hampshire
How Caple Court, Herefordshire
Leeds Castle, Kent
Penshurst Place, Kent
Blickling Hall, Norfolk
Houghton Hall, Norfolk
Canons Ashby, Northamptonshire
Castle Ashby, Northamptonshire
Cottesbrooke Hall, Northamptonshire
Kirby Hall, Northamptonshire
Cragside House, Northumberland
Seaton Delaval Hall, Northumberland
Ashdown House, Oxfordshire
Greys Court, Oxfordshire
Barrington Court Garden, Somerset
Montacute House, Somerset
Somerleyton Hall, Suffolk
Ham House, Surrey
Loseley Park, Surrey
The Courts Garden, Wiltshire
Hanbury Hall, Worcestershire
Harewood House, Yorkshire

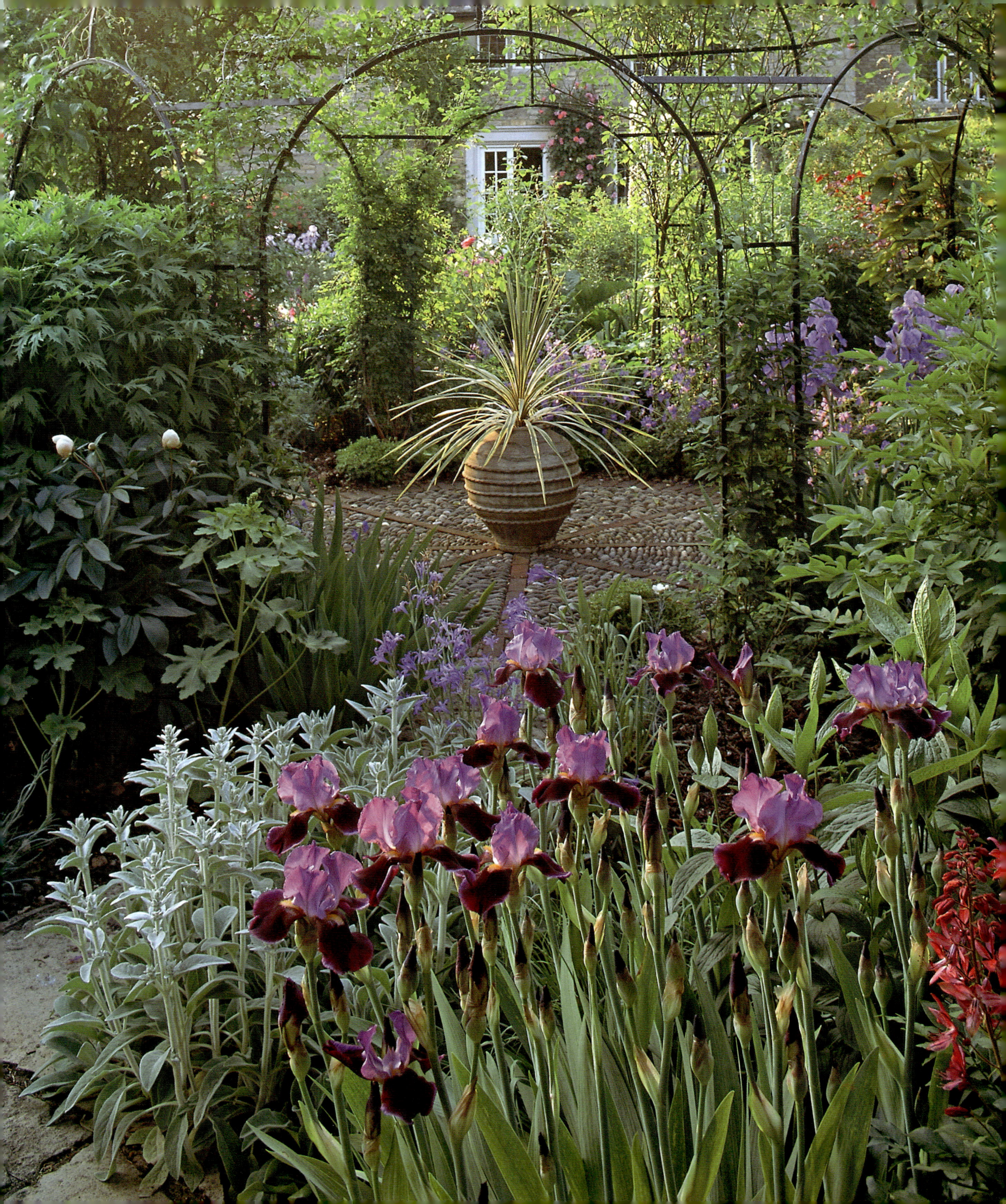

2

BLÜTENFÜLLE

Auch der oberflächlichste Beobachter wird feststellen, dass der Englische Garten farbenprächtig und blütenreich ist, besonders im Frühling und Sommer. Das ist auf eine Reihe günstiger Faktoren zurückzuführen, wie etwa Englands geografischer Lage, Klima und Bodenverhältnisse. Es ist aber auch vielen einzelnen Menschen zu danken, die eine Passion teilen und die man daher als eine große Gemeinschaft bezeichnen könnte, auch wenn manche diese Bezeichnung unpassend finden mögen. Zucht und Anbau von Pflanzen als Freizeitbeschäftigung nimmt zwar wegen der starken Konkurrenzangebote der Freizeitindustrie ab, es gehört aber durchaus noch zu den Lieblingsbeschäftigungen der Engländer und sorgt mit dafür, dass unser Land sich so darbietet.

England reicht etwa vom 1. bis zum 6. Längen- und vom 50. bis zum 56. Breitengrad. Der südlichste Punkt, Land's End, liegt auf der Höhe von Prag, aber aufgrund der Insellage sind die Winter weit weniger streng als in der Tschechischen Republik. Von drei Seiten ist das Land von Wasser umgeben und Teile der südlichen und westlichen Küste werden vom Golfstrom beeinflusst. Sogar im Landesinneren haben wir normalerweise einen milden, feuchten Winter und kühlen Sommer, obgleich wir seit den 90er Jahren des vergangenen Jahrhunderts höhere Sommertemperaturen haben und die Wintermonate trockener sind. An den Küsten ist der Februar der kühlste Monat, im Inland ist der Januar ebenso kalt. Die niedrigsten Temperaturen liegen im Inneren Englands durchschnittlich bei –10 °C, an der Ostküste sowie im Süden und Westen bei –5 °C. An Regen fiel im Jahr 2004 im feuchtesten Gebiet der Grafschaft Cumbria 2000 Millimeter, 950 Millimeter dagegen in Plymouth an der Südküste, 764 Millimeter in Birmingham in der Mitte, in York im Nordosten 639 Millimeter und in London 593 Millimeter. Die trockenste Gegend liegt in East Anglia und Essex an der südlichen Ostküste, wo 573 Millimeter Regen jährlich niedergehen. An der Südküste scheint die Sonne mit durchschnittlich 1.750 Stunden am meisten, in den Bergen Nordenglands dagegen lässt sie sich nicht einmal 1000 Stunden pro Jahr blicken.

Der Boden in England ist hinsichtlich der Konsistenz und des Säuregehalts sehr unterschiedlich. So bewegen sich die pH-Werte zwischen 4,5 und 8, wobei sie in den meisten Gärten zwischen 5,5 und 7,5 liegen, also schwach sauer bis schwach alkalisch sind. An Bodenarten kommen Sand-, Lehm-, Schlick-, Torf-, Kalk- und Tonböden vor und natürlich Kombinationen aus diesen Bestandteilen, beispielsweise also sandiger

GEGENÜBER Blick in einen Privatgarten in Gloucestershire mit einer äußerst kunstvollen Bepflanzung aus Bartiris und Woll-Ziest *(Stachys byzantina)*. Zierliche Bögen bringen ein vertikales Element in den Garten.

UNTEN Orangefarbene Cannas mit gelben, weißen und roten Dahlien als Sommerbeetbepflanzung im Garten von Great Dixter in East Sussex.

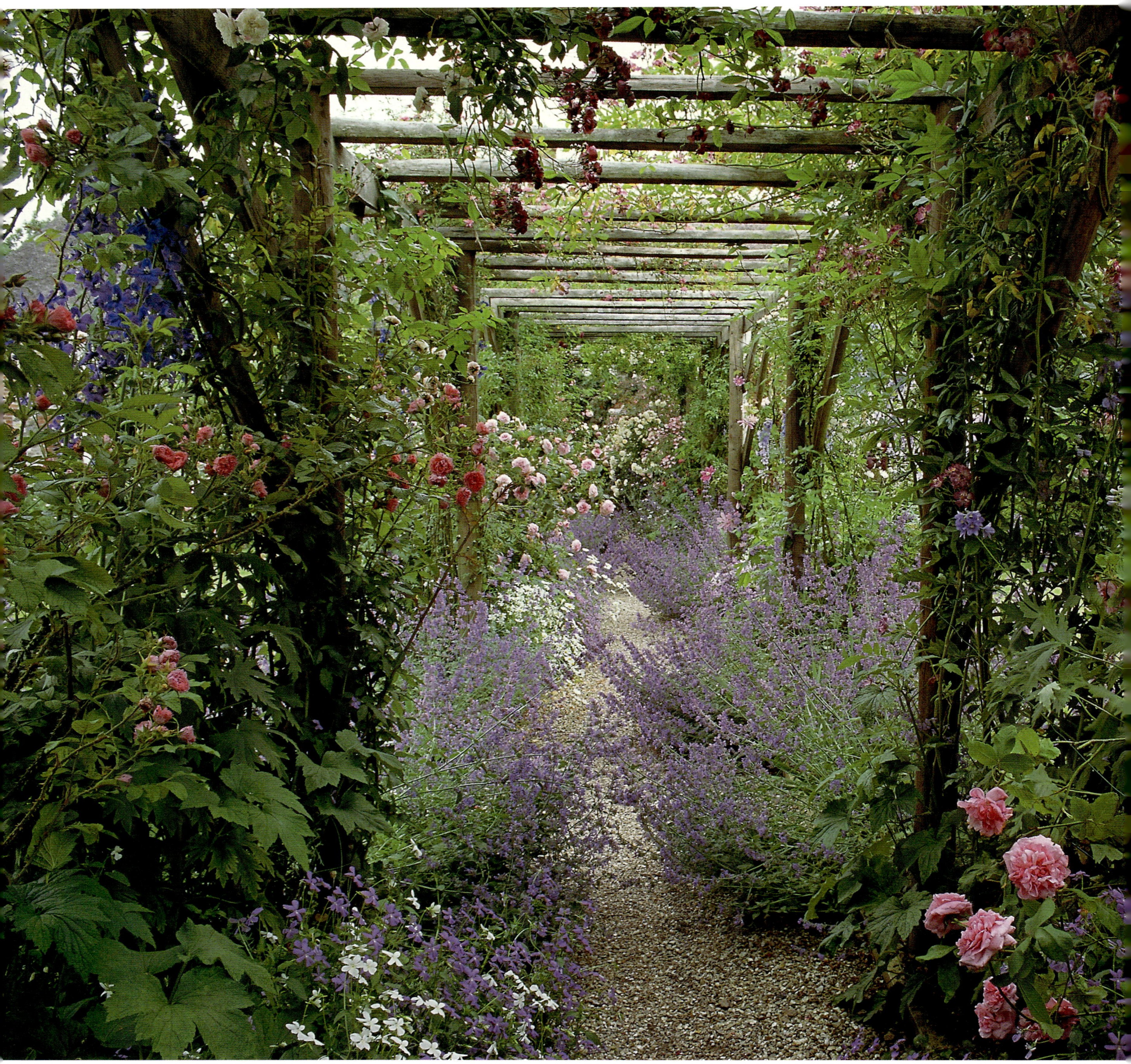

Diese Pergola verleiht einem ländlichen Garten unprätentiös Stärke und Richtung. Rechts wächst blauvioletter Rittersporn, *Nepeta* 'Six Hills Giant' schauen in den Weg und links am Fuß der Pergola wächst *Viola cornuta*. Die Kletterrose auf der Pergola heißt 'Violette', die Rose vorne rechts 'Comte de Chambord'. Rosen sind ein wichtiger Bestandteil von Pergolen, denn ihre Blüten nicken häufig in Richtung des Betrachters. Der Garten wurde gestaltet von Wendy Lauderdale.

Lehm oder Böden mit einem hohen Kalkschotteranteil, die damit sehr steinig und alkalisch sind. Der Boden ist neben dem Klima ein entscheidender Faktor für die Auswahl von Pflanzen, aber es gibt nur wenige Gegenden in England, wo der Verwendung von Gartenpflanzen Grenzen gesetzt sind. Die geografische Lage, das Klima und die Bodenbeschaffenheit der gemäßigten Zone und der höher gelegenen Gebiete der Subtropen eignen sich für die allermeisten Gartenpflanzen. Für Pflanzen, die Temperaturen bis −10 °C tolerieren, finden sich nahezu überall in England geeignete Standorte. Einschränkungen kann es in Bergregionen oder in Lagen geben, die überaus stark Wind und Regen ausgesetzt sind. In unseren Städten, Vorstädten und Dörfern dagegen, wo künstliche Standortfaktoren wie Wärmeentwicklung, Schattenwurf und Windschutz durch Gebäude auftreten können, überleben auch sehr empfindliche Pflanzen. Generell jedoch können wir subtropische Pflanzen auch in England nicht das gesamte Jahr über im Freiland lassen, vielleicht mit Ausnahme der Scilly-Inseln, Teilen der Grafschaften Cornwall und Devon sowie Stadtzentren, beispielsweise von London.

Gärtner dieses Landes, speziell jene in Nordengland oder höher über dem Meeresspiegel gelegenen Gebieten, haben schon vor Jahrhunderten mit der Schaffung von Mikroklimabedingungen erfolgreich empfindliche Pflanzen draußen überwintert. Mauern, Zäune, Hecken und sonstige Windschutzelemente spielen in der Gartengestaltung schon lange eine Rolle (siehe Kapitel 1), auch um wärmere, ruhigere Bereiche für Pflanzen zu schaffen. Dennoch gibt es Pflanzen, die ausgegraben und an einem frostsicheren Ort gelagert werden müssen, wie etwa die knollenbildenden Dahlien oder Cannas. Wenn empfindliche Pflanzen in mobilen Töpfen gezogen werden, ist der Wechsel an einen frostsicheren Ort noch einfacher. Weil hierzulande die Überwinterung empfindlicher Pflanzen relativ einfach ist, haben vor allem die englischen Gärtner eine besondere Affinität zu Pflanzen aus unterschiedlichen Klimazonen der Welt entwickelt. Seit dem 18. Jahrhundert suchen professionelle Pflanzensammler, aber auch Amateure auf der ganzen Welt nach Pflanzen, um die heimische Palette zu bereichern. Heutzutage bieten Gartencenter, Baumschulen und Spezialgärtnereien eine erstaunliche Vielfalt an Pflanzen an und darüber hinaus können Engländer ihrem Interesse an neuen Pflanzen für den Garten auch auf dem Festland nachgehen. Die Geschichte zeigt, dass man das Vorhandene immer um Neues bereichern wollte. So haben professionelle Züchter und Hobbygärtner neue Pflanzen hervorgebracht, besonders Einjährige, aber auch ausdauernde Stauden und Ziergehölze. Zahlreiche Gattungen – Rosen, Rhododendren, Petunien, Geranien und Fuchsien, um nur wenige zu nennen – sind über die Jahre durch Kreuzungen immens gewachsen. Dabei hat sich die Züchtung bei den Einjäh-

OBEN Im Mai stehen die immergrünen Azaleen unter Koniferen und Ahornbäumen in den Valley Gardens, Windsor Great Park, Grafschaft Surrey in voller Blüte. Sir Eric Savill legte diesen Garten an, als ihm der Platz im benachbarten Savill-Garten ausging. Er füllte das gewellte Waldstück mit seltenen Bäumen und Sträuchern.

RECHTS Ungestüm wachsende Sommerblumen in einem Cottage-Garten in der Grafschaft Oxfordshire: gelbe Studentenblumen *(Tagetes)*, Rudbeckia, Sonnenblumen *(Helianthus)* und Gladiolen mit orangefarbenen Dahlien und *Verbena bonariensis* rechts unscharf im Vordergrund.

rigen vor allem auf die Aspekte Blühwilligkeit, Uniformität und Kompaktheit konzentriert. Bei Stauden und Blühsträuchern dagegen waren Krankheitsresistenz, Blütenvielfalt, Blühdauer und Winterhärte wichtiger.

Zeugnis der traditionsreichen Pflanzenkultur Englands legt der jährlich erscheinende *RHS (*Royal Horticultural Society) *Plant Finder* ab, der etwa 75.000 Pflanzenarten und -sorten auflistet, die in der RHS angeschlossenen Gärtnereien angeboten werden. Obwohl dieses Verzeichnis sehr umfangreich ist, fehlen darin so manche kleine Gärtnerei und natürlich Pflanzen in Privatgärten, die dort seit Generationen vermehrt werden, aber aus irgendwelchen Gründen aus dem Sortiment gefallen sind und daher in keinem Katalog mehr auftauchen. So liegt die Zahl derzeit existierender Pflanzen höher als die oben genannte Zahl. Vielfach wissen nur wenige Gartenbesitzer um die Verwendungsmöglichkeiten und Bedürfnisse fast vergessener Pflanzen.

Erwartungsgemäß bilden Blühpflanzen ein zentrales Thema vieler historischer oder zeitgenössischer Gartenstile. Das trifft besonders auf eine Passion des 19. Jahrhunderts zu, die Beetbepflanzung mit empfindlichen Pflanzen. Sie hat sich in einigen öffentlichen Parks und Privatgärten bis heute erhalten. Auch die einst modische Verwendung subtropischer Pflanzen oder die Anlage von Cottage-Gärten auf dem Land zählen zu diesen Passionen (siehe Kapitel 4). So hilft uns die charakteristische Aus-

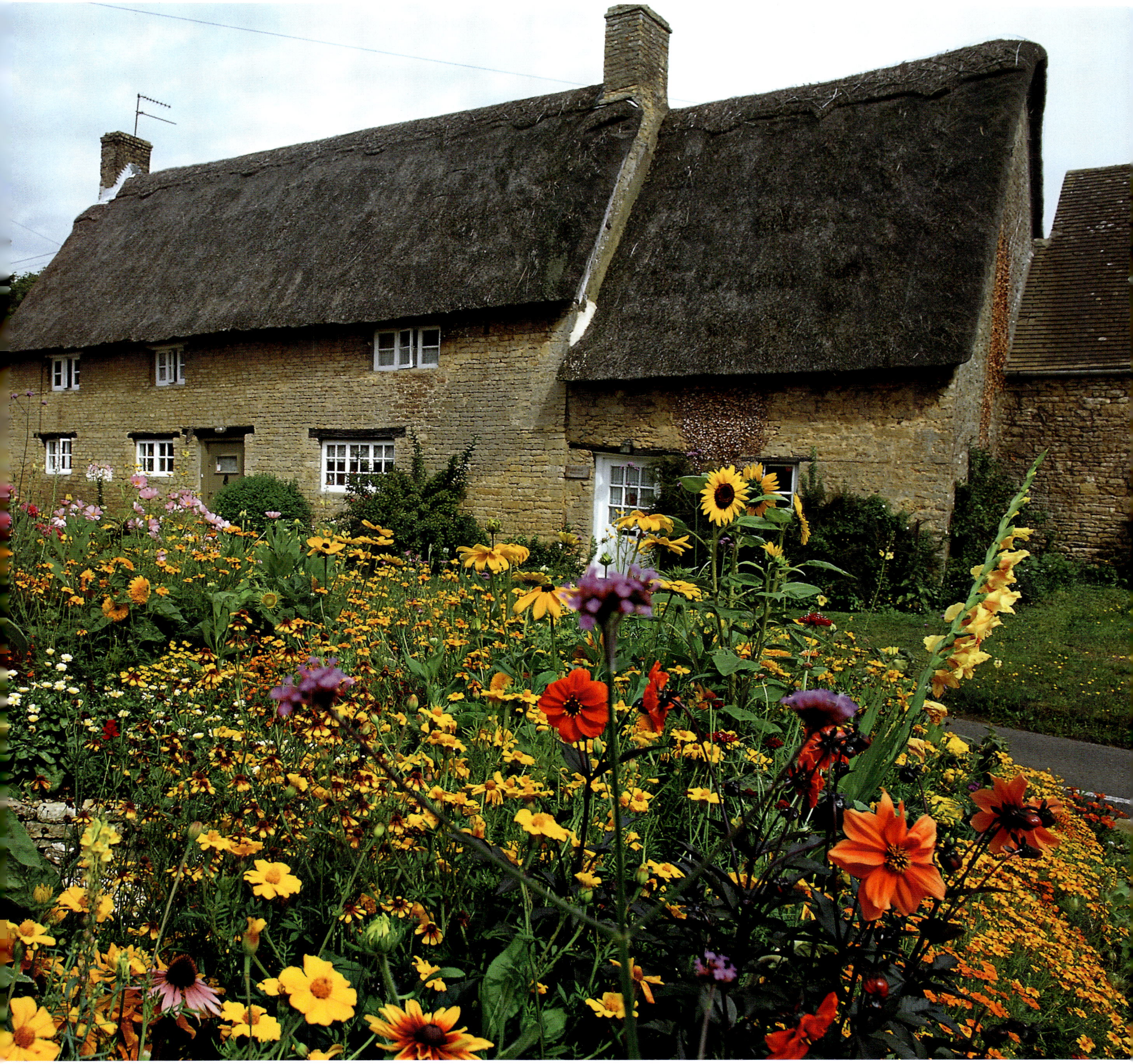

Eine Beetbepflanzung im Londoner Regent's Park im Frühling, die nahezu vollständig aus Tulpen besteht. Dieser Stil kam erstmals in der Mitte des 19. Jahrhunderts in Mode und bedeutete einen zweimaligen Wechsel der Pflanzen pro Jahr.

wahl und Anordnung von Pflanzen, einzelne Gartenstile zu unterscheiden. Dabei erschwert die ruhelose Dynamik des Pflanzenwuchses eine Kategorisierung in Stile und macht sie weitaus schwieriger als etwa bei architektonischen Elementen.

Das Auspflanzen von empfindlichen Pflanzen in Parks und Gärten kam im frühen 19. Jahrhundert auf und war eine Folge der steigenden Produktion fremdländischer Pflanzen. Viele von ihnen kamen aus Südafrika und Nordamerika und waren häufig frostempfindlich. Diese Pflanzen – wie etwa Geranien, Petunien, Verbenen, Salbei und Pantoffelblumen – waren, beziehungsweise sind farbenprächtig und leuchtend und übertrafen darin sicherlich die seinerzeit in Gärten verbreiteten Stauden. In der damaligen Zeit, als Arbeitskräfte günstig waren und Gewächshäuser aufkamen, gewannen ausschließlich mit diesen Blumen bepflanzte Beete schnell an Popularität. Daraus entwickelte sich wiederum die Idee, diese Pflanzen in reinen Farbgruppen zu konzentrieren und diese Farben gegeneinander in teilweise grellen Kontrast zu setzen. Da diese Beete nur in den frostfreien Sommermonaten für Aufmerksamkeit sorgten, machte man sich bald auch für die Zeit von Oktober bis Mai Gedanken. In den Jahren von 1850 bis nach 1860 entwickelten sich daher neue Konzepte der Beetbepflanzung für das Frühjahr. Diese wiederum erforderten eine stattliche Zahl zweijähriger Pflanzen, die bis Oktober zu einer respektablen Größe heranwuchsen und dann ausgepflanzt wurden, zusammen mit großen Mengen von farbenprächtigen, frühblühenden Zwiebelpflanzen wie etwa Tulpen.[1] Erwähnenswert in diesen Bepflanzungsentwürfen waren und

OBEN Eine Beetbepflanzung aus Knollenbegonien, in der panaschierte Grünlilien *(Chlorophytum)* Farbkleckse bringen. Hier im Regent's Park hat dieses Bepflanzungsmuster seit der Viktorianischen Zeit Bestand.

FOLGENDE SEITEN Frühlingsbeete aus Hyazinthen, Tulpen, Goldlack, Bellis und Veilchen im Pond Garden von Hampton Court Palace in der Grafschaft Surrey. Im Hintergrund ist das Banqueting House zu sehen. Im Sommer beherrschen Heliotrop, Geranien, Petunien und Studentenblumen das Bild. Die geschnittenen Linden im Vordergrund wurden 1704 als Windschutz gepflanzt.

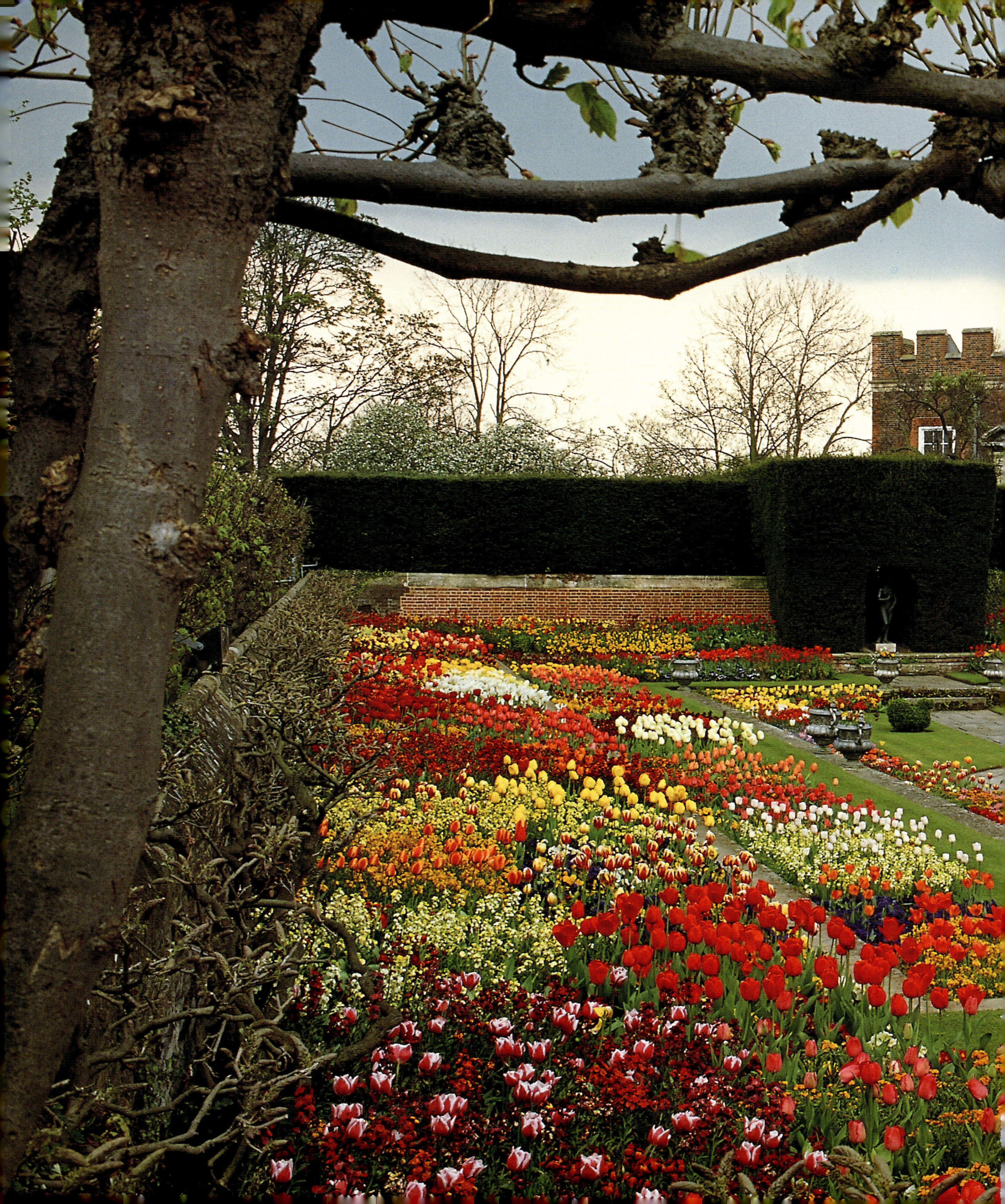

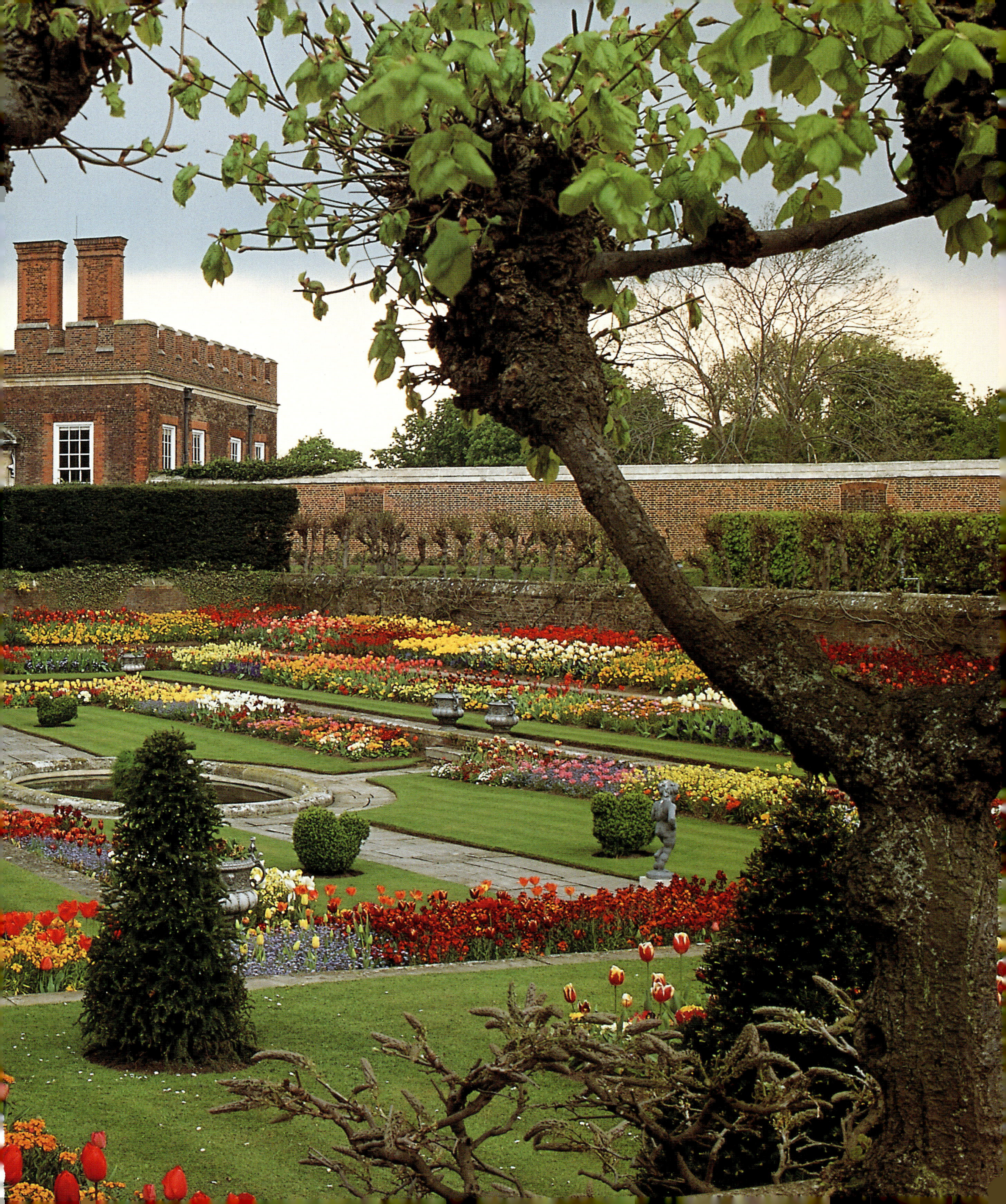

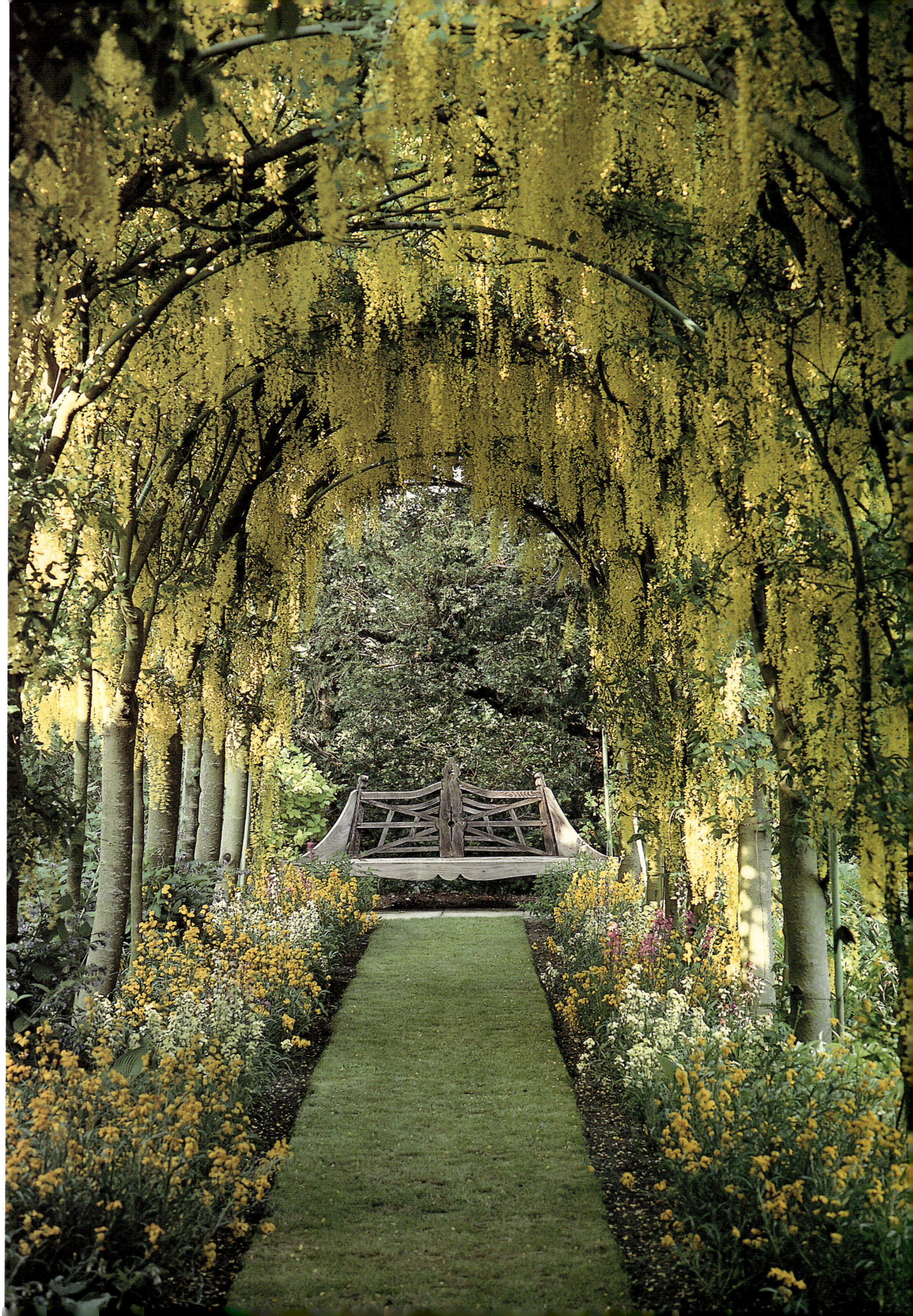

sind vor allem Goldlack *(Cheiranthus)*, Vergissmeinnicht *(Myosotis)* und Gänseblümchen *(Bellis perennis)*. Diese Art der Beetbepflanzung war in allen Schichten der Gartenbesitzer verbreitet und nahm im 19. Jahrhundert mit der Anlage von Vororten an den Stadträndern rapide zu.

Zur Viktorianischen Zeit wurde die Beetgestaltung fast zu einer Kunstform erhoben, als man bodendeckende, empfindliche Pflanzen wie etwa *Alternanthera* pflanzte und schnitt, um einen besonders glatten Teppich zu erhalten. Mit *Echeveria-*, *Sempervivum-* und *Sedum*-Arten ließen sich Initialen und Schriftzeichen formen. Aber innerhalb weniger Jahrzehnte geriet die kunstvolle Beetgestaltung in die heftige Kritik namhafter Sachkenner des Gartenfachs. William Robinson stand dabei in vorderster Front. Der Autor des richtungsweisenden Buches *The English Flower Garden* (1883) hatte nie zu denen gehört, die mit ihrer Meinung hinterm Berg hielten. Doch überlebte die kunstvolle Teppichbeetbepflanzung bis in die heutige Zeit, wenngleich sie vereinfacht wurde, aber dennoch viele Menschen in öffentliche Gärten und Parks lockt. Populär ist die ornamentale Beetgestaltung aber auch in solchen Privatgärten, in denen die Gärtner Pflanzen aus Samen ziehen und wo Töpfe elementar zum Garten gehören. Pflanzen für die Zierbeete eignen sich ausgezeichnet für die Containerbepflanzung.

Zwei der beeindruckendsten Beetgestaltungen aus der Viktorianischen Zeit finden wir in den Gärten von Waddesdon Manor (siehe Seite 30) und von Brodsworth Hall in Yorkshire. Hier, im Garten des italienisch anmutenden Herrensitzes, hat English Heritage wieder Beete ganz im Stil der Viktorianischen Ära angelegt. Im formalen Garten der Anlage finden sich die Beete beispielsweise mit niedrigen Buchshecken in der verschlungenen Form einer Acht. Massen von Tulpen, Hyazinthen, Bellis und Primeln blühen im Frühling, Geraniensorten des 19. Jahrhunderts und Fuchsien (zwischen anderen Pflanzen) im Sommer. Dabei sind die Farbmischungen immer ausgewogen. Zu den geschnittenen Immergrünen bieten sie einen willkommenen Kontrast, und obwohl sie sehr leuchtkräftig sind, ist ihre Gesamtwirkung keinesfalls verwirrend.

Nach 1860 kam auch die »subtropische« Beetbepflanzung in Mode. In gewisser Weise war die Schmuckbeetbepflanzung auch vorher schon als subtropisch zu bezeichnen, denn die meisten Pflanzen kamen aus dieser Klimazone. Aber nun wurden auch Pflanzen der Subtropen populär, die deutlich größer waren und exotische Blattformen hatten: Hanfpalmen *(Trachycarpus fortunei)*, Rizinus *(Ricinus communis)*, Yuccas und Agaven, Cannas und Bananen gehörten dazu. Nicht wenige waren der Farbspiele überdrüssig und umso dankbarer für die beruhigende Wirkung der Blätter, in Formen, die nie langweilig wurden. In Dörfern und Städten ist diese Art der Bepflanzung heute fast schon alltäglich. Sie wird häufig als »exotisch« bezeichnet, wobei sich aber auch winterharte Pflanzen darin finden. Einige Parks trauen sich solche exotischen Pflanzungen, wie etwa Cotswold Wildlife Park and Gardens in Oxfordshire, Athelhampton in Dorset oder Bourton House Garden in Gloucestershire.

GEGENÜBER Im Laubengang von Haseley Court in Oxfordshire ergänzen sich die Farbe des Goldregens *(Laburnum)* vortrefflich mit der Unterpflanzung aus Goldlack. Die »Spinnennetz-Bank« bildet einen wunderbaren Schlusspunkt. Da die Blätter des Goldregens im Mai noch nicht ganz entrollt sind, kommt der Effekt des goldenen Regens voll zur Geltung. Meinen Werdegang als Gärtner begann ich in diesem Garten und ich habe glückliche Erinnerungen an ihn und seine Schöpferin Nancy Lancaster.

FOLGENDE SEITEN
LINKS OBEN Eine reichblütige Sommerbepflanzung mit der bronzeblättrigen Dahlie 'Bishop of Llandaff' und *Verbena bonariensis* im Vordergrund. Im zentralen Beet des Cotswold Wildlife Park and Gardens in Oxfordshire wachsen die blaublütige Cineraria *(Pericallis cruenta)* und Japanische Banane *(Musa basjoo)*.

LINKS UNTEN Anna Hathaways Landhaus außerhalb Stratford-upon-Avon in Warwickshire. Stockrosen wurden bereits im 16. Jahrhundert in England eingeführt und so ist anzunehmen, dass die hier ansässige Ehefrau von William Shakespeare sie auch gekannt hat.

RECHTS Der ehemalige Rosengarten und heutige Exotische Garten von Great Dixter in der Grafschaft East Sussex. Hervorstechend sind *Canna* 'Erebus' auf der linken und *Canna* 'Wyoming' auf der rechten Seite. All dies ist zu sehen über die locker verteilten Blütenköpfe von *Verbena bonariensis* hinweg.

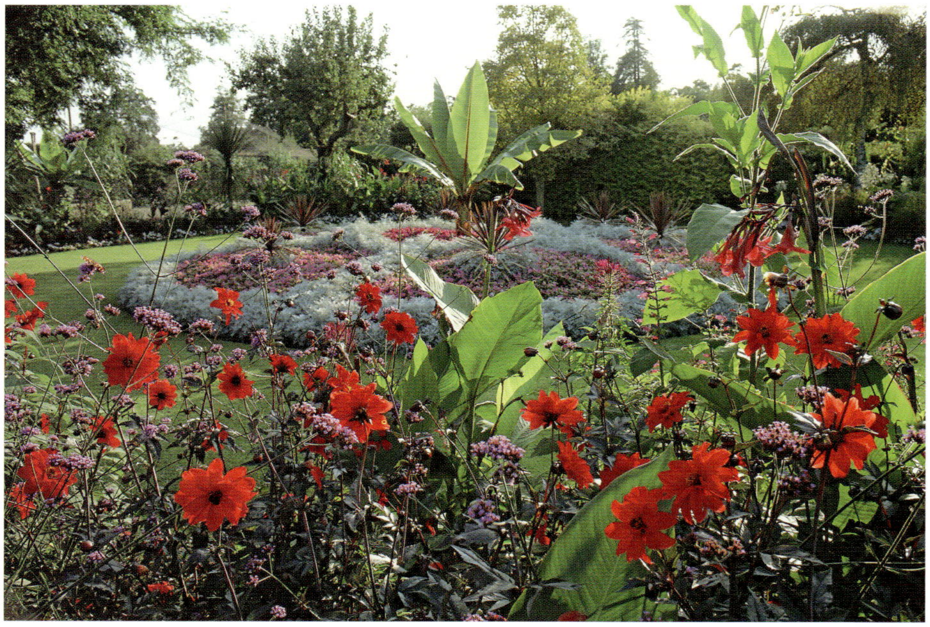

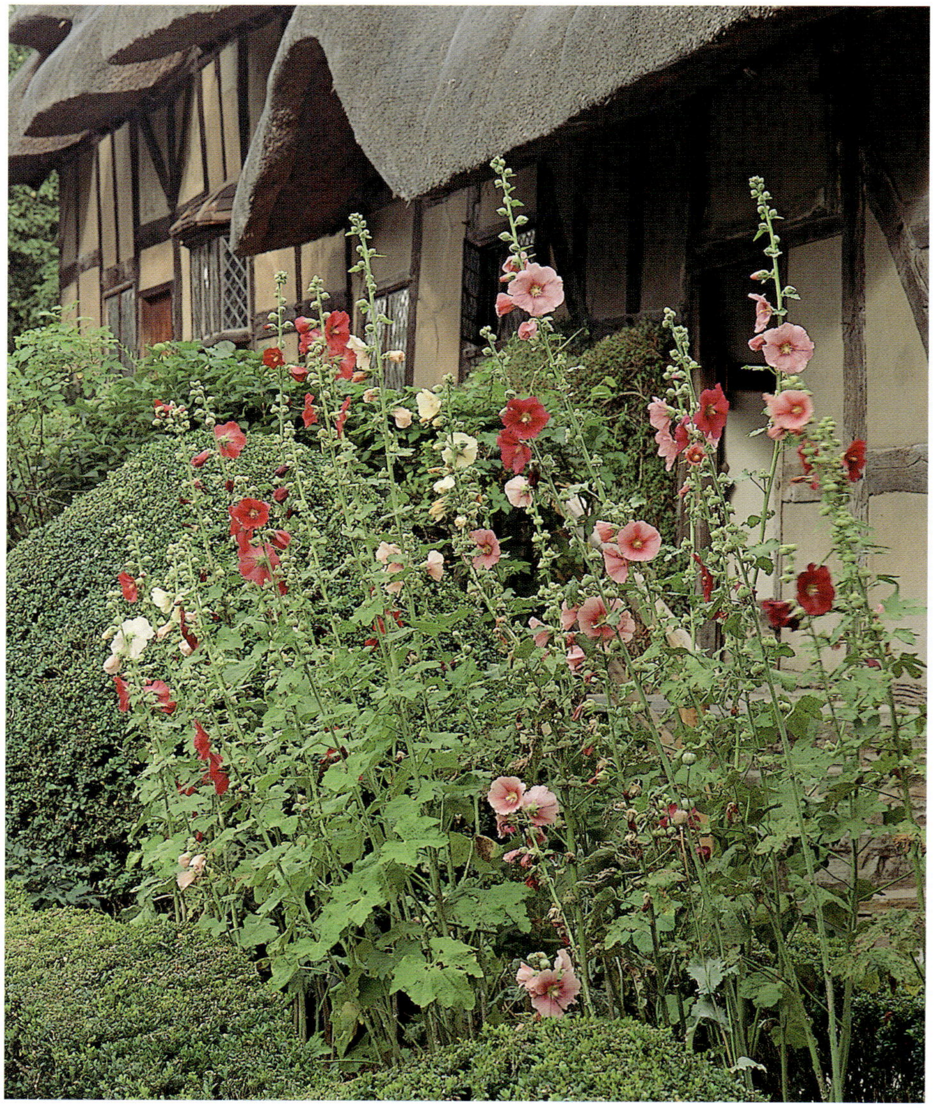

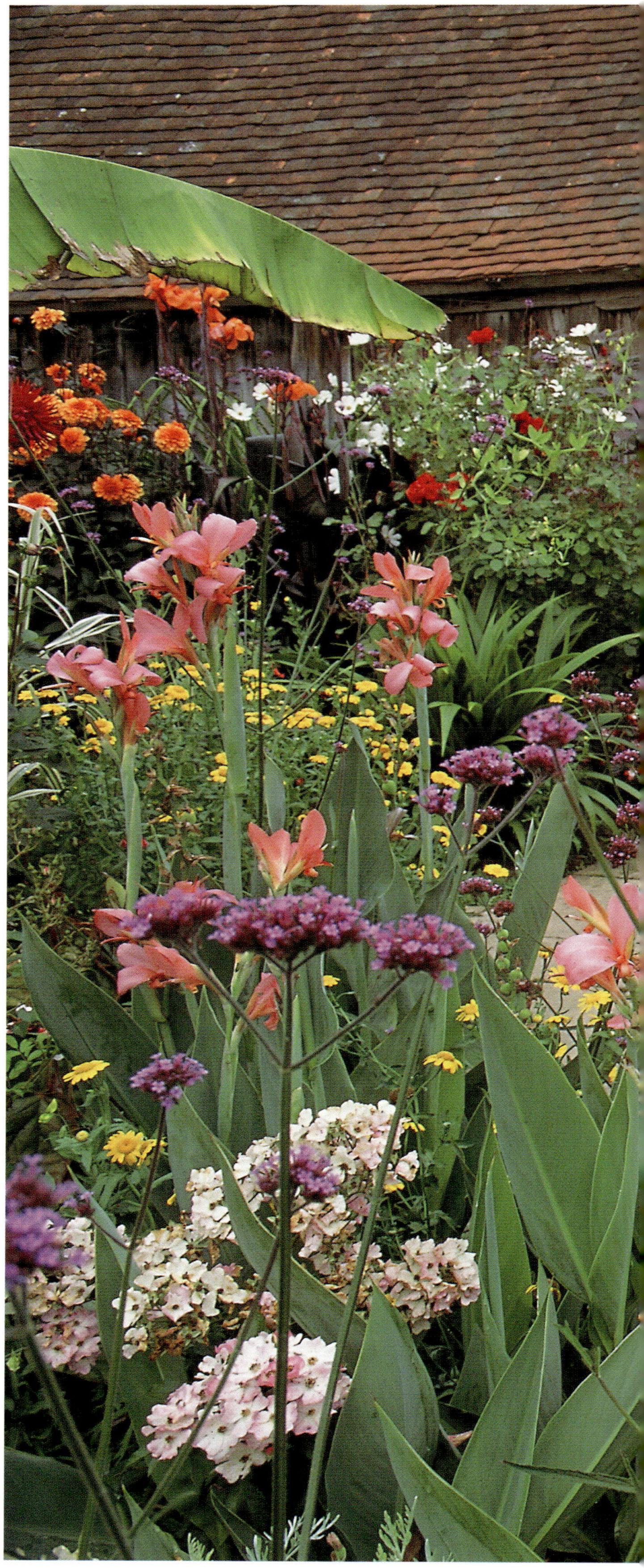

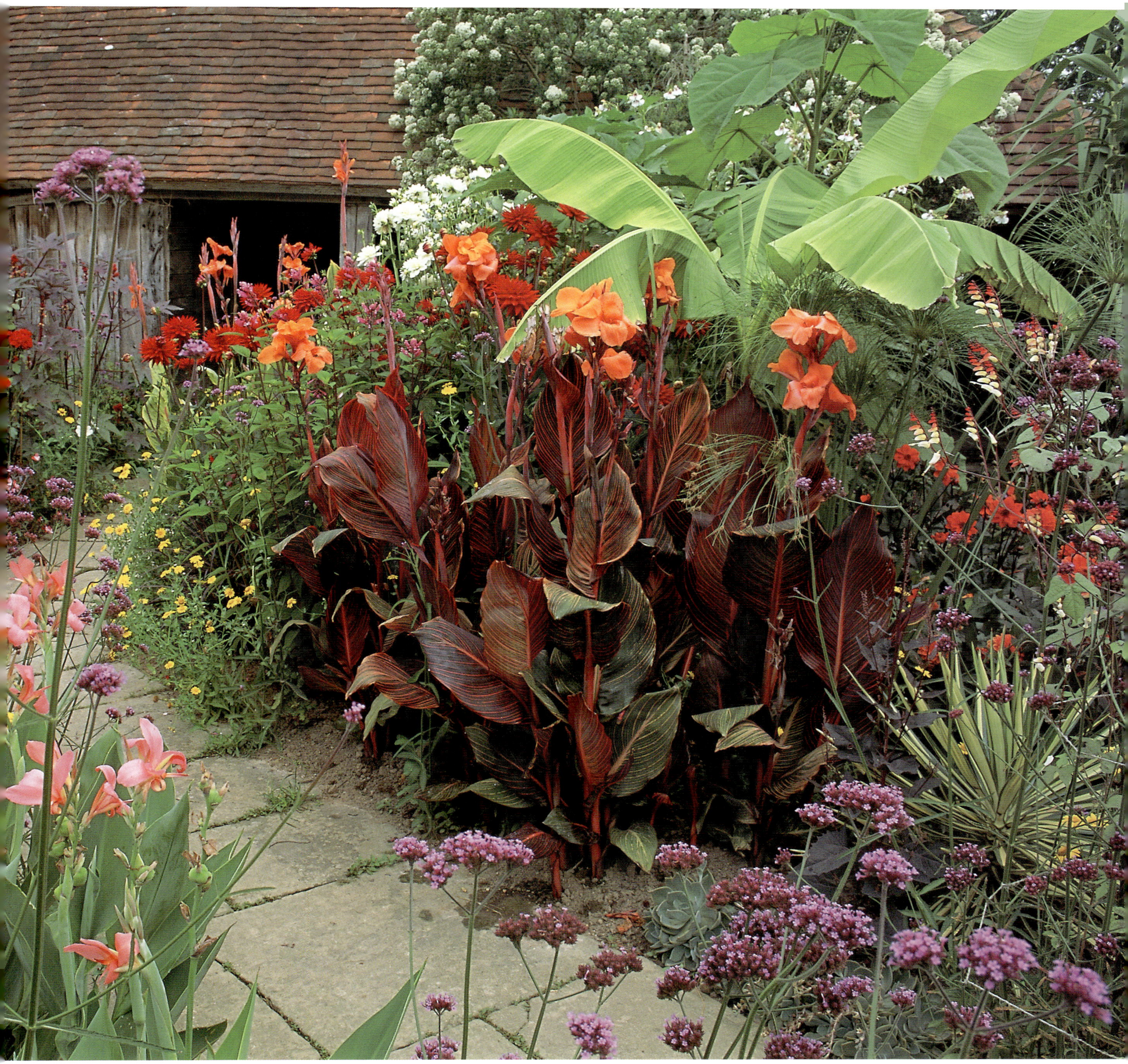

OBEN Eine Sammlung exotischer Pflanzen neben dem Haupteingang von Great Dixter, darunter die rotblütige, bronzeblättrige *Canna* 'General Eisenhower', Begonien und die rosaweißen Ähren von *Francoa*.

RECHTS Eine lebendige Variation des im 18. und 19. Jahrhundert beliebten Aurikel-Theaters in Bryan's Ground in Herefordshire. Die Aurikel stehen in handgeformten Terrakottatöpfen.

Christopher Lloyd wurde zum Protagonisten, als er in seinem Garten von Great Dixter, East Sussex alle Rosen des von Edwin Lutyens angelegten Rosengartens gegen Cannas, Dahlien, Verbenen und Bananen austauschte. Der exotische Garten von Ruston Old Vicarage in Norfolk färbt sich im Sommer in den leuchtendsten Farben, und die vielen großblättrigen Pflanzen fügen ihm einen dschungelartigen Aspekt hinzu. Große Teile der subtropischen Bepflanzung

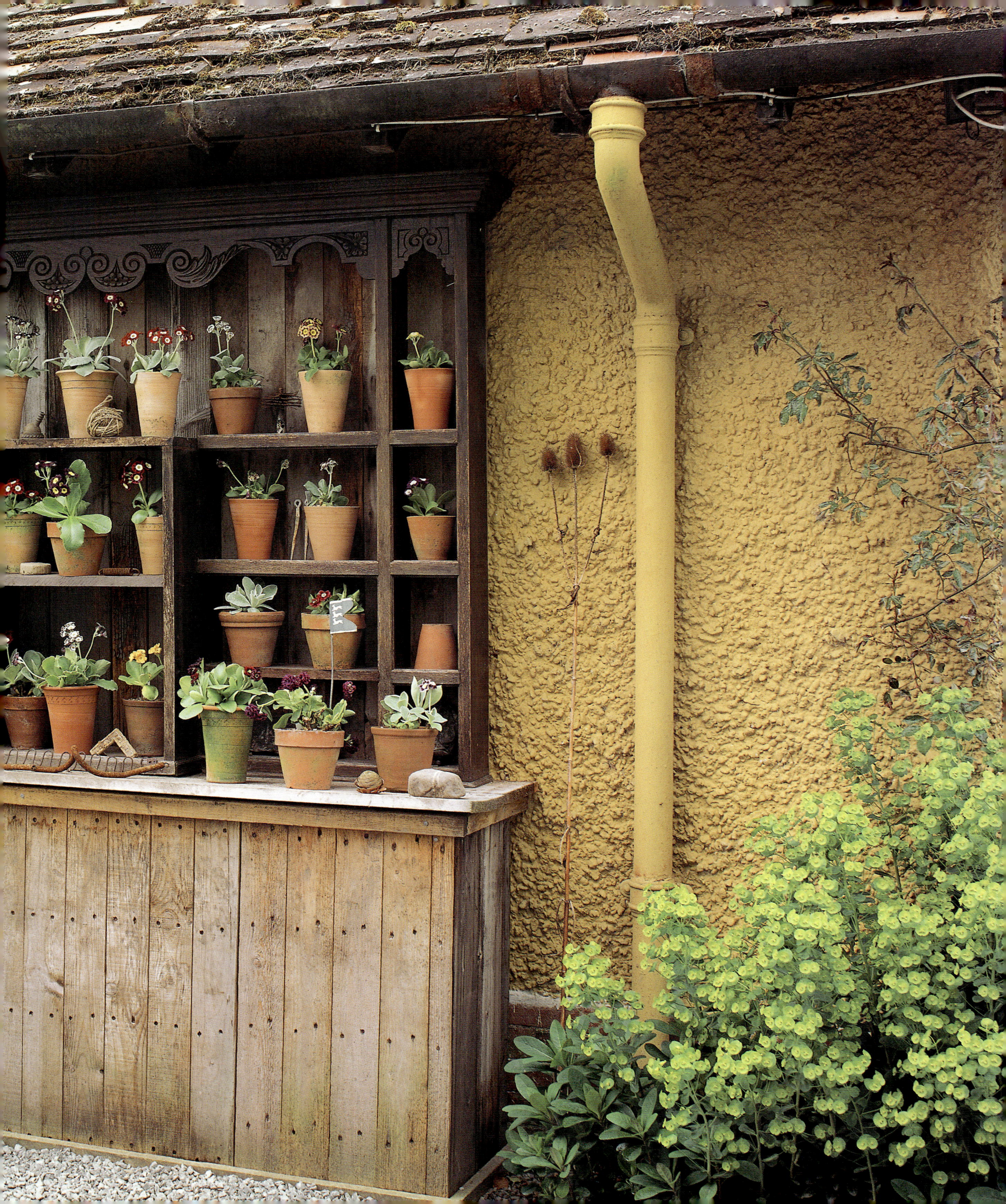

Crocus tommasinianus und Schneeglöckchen haben sich am Hang dieses Hampshire-Gartens selbst ausgesät. Um die Blüte im Folgejahr sicherzustellen, müssen die Blätter sechs Wochen nach Beendigung der Blüte stehen bleiben. Die »Ufer« dieses »Flusses« werden früher gemäht.

werden in jedem Jahr ausgetauscht. Mit der steigenden Zahl von Auslandsreisen erlebte auch die Verwendung von Containerpflanzen einen großen Aufschwung. Speziell ab den 1960er Jahren reiste man nach Südeuropa, wo Töpfe für den Garten schon lange populär waren. Auch im Zusammenhang mit den immer kleiner werdenden Gärten dachte man in England verstärkt an die Bepflanzung von Töpfen mit winterharten und empfindlichen Pflanzen. Gefäße kann man als kleine, vereinzelte Blumenbeete betrachten. Nur wenige Gärten in unserem Land blieben von diesem Trend unberührt und vielfach gehören sie zum wesentlichen Element zahlreicher geöffneter Gärten im Sommer. Einer der bekanntesten ist der von Bourton House in der Grafschaft Gloucestershire, wo die warmfarbenen Terrakottatöpfe eine geradezu künstlerische Ausstrahlung haben, bepflanzt mit Tulpen und Primeln im Frühling, gefolgt von subtropischen Pflanzen im Sommer. Diese Töpfe sind in bezaubernden Gruppen angeordnet. Zudem stehen großbauchige Vasen an der Südfront des

Hauses und kreisrunde, häufig reich verzierte Metallgefäße an vielen anderen Stellen, bepflanzt mit einer breiten Palette frostempfindlicher Pflanzen (siehe Seite 252). Exotische Pflanzen sind auch massenhaft in Cotswold Wildlife Park and Gardens anzutreffen. In etwas eingeschränkter Zahl, aber dennoch sehenswert präsentieren sich die Gefäßarrangements in der Nähe des Gebäudes von Old Rectory in Sudborough in der Grafschaft Northamptonshire, von Brook Cottage in Alkerton, Grafschaft Oxfordshire, von The Old Rectory in Burghfield, Grafschaft Berkshire und in Tintinhull, Somerset. Es überrascht nicht, dass alle, die ihre Beete hervorragend gestalten können, auch in der Gefäßbepflanzung erfolgreich sind. Gärtnerisches Können ist ebenso erforderlich wie ein erfinderischer Geist, um mit bepflanzten Töpfen eine brillante Wirkung zu erzielen.

Bis hierher beschrieb ich temporäre Lösungen, die zweimal im Jahr gewechselt werden mussten. Aber es gibt daneben natürlich auch Pflanzen, die sich für eine dauerhafte Massenpflanzung anbieten und Gärtner nut-

OBEN Eine alpine Wiese der Reifrock-Narzisse *(Narcissus bulbocodium)* in The Savill Garden von Windsor Great Park in der Grafschaft Surrey.

FOLGENDE SEITEN
LINKS *Scilla bifolia*, Narzissen und die weiße *Anemone nemorosa* in der offenen Waldlandschaft von Knightshayes in Devon.

RECHTS Narzissen in taufrischem Gras an der restaurierten Saxon Mühle von Docton Mill in der Grafschaft Devon.

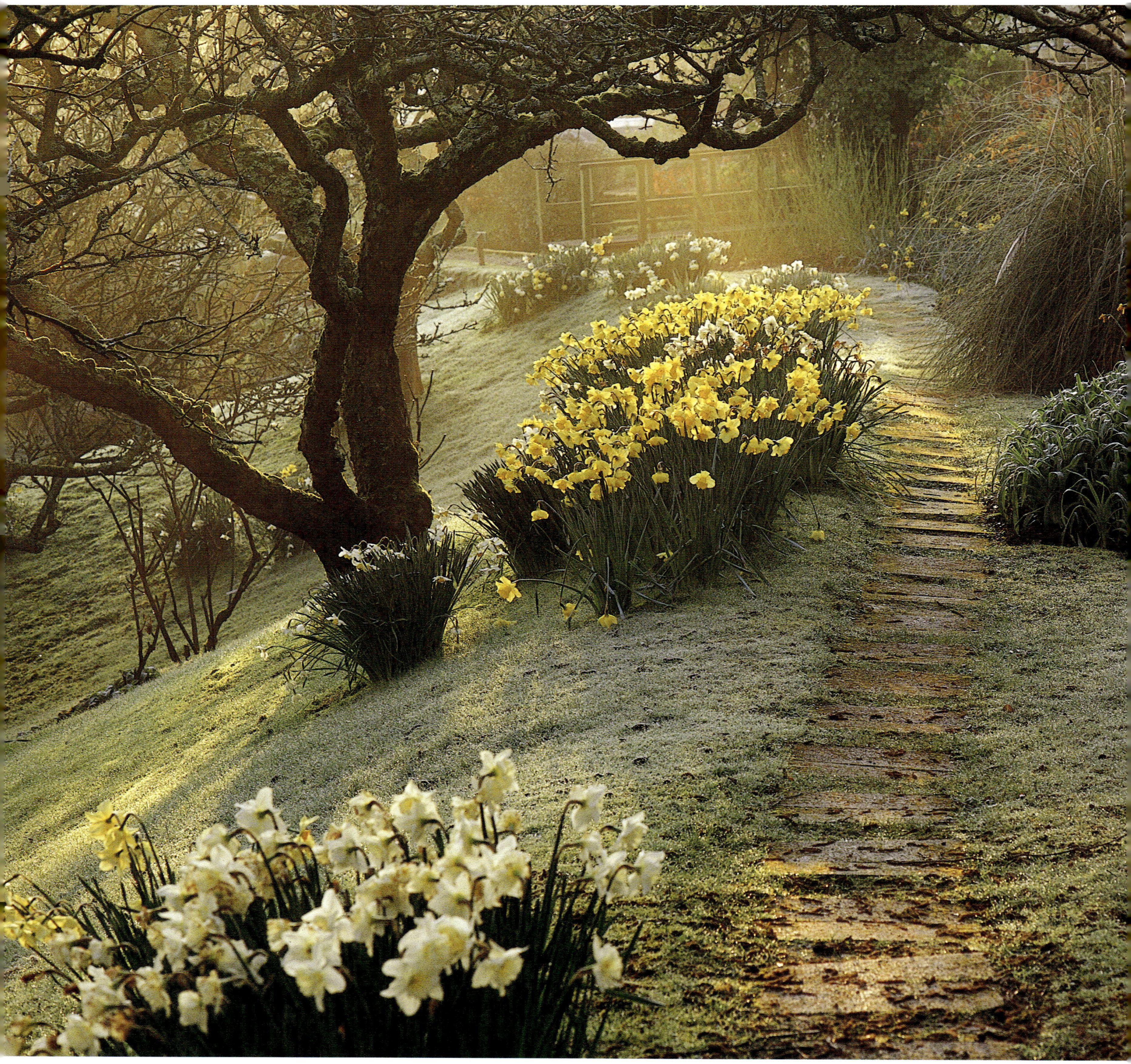

zen deren Vorteile. Das trifft besonders auf die im Frühling blühenden Zwiebelpflanzen zu, die zu Tausenden in der Natur wachsen. Eine der bezauberndsten Vorstellungen zur Zeit der Frühlingsblüte bietet die Reifrock-Narzisse *(Narcissus bulbocodium)* auf einer Bergwiese in The Savill Garden in der Grafschaft Surrey. In diesem feuchteren Gartenteil fühlen wir uns zur Zeit der Narzissenblüte an die Schneeschmelze in den Bergen erinnert. Hochgezüchtete Narzissensorten sind in Massen im Garten von Bradenham Hall in Norfolk zu finden. Dort wachsen sie im Gras unter blühenden Baumarten wie Japanischen Kirschen und Magnolien. Unter den seltenen Bäumen des Arboretums gedeihen naturnahe Nar-

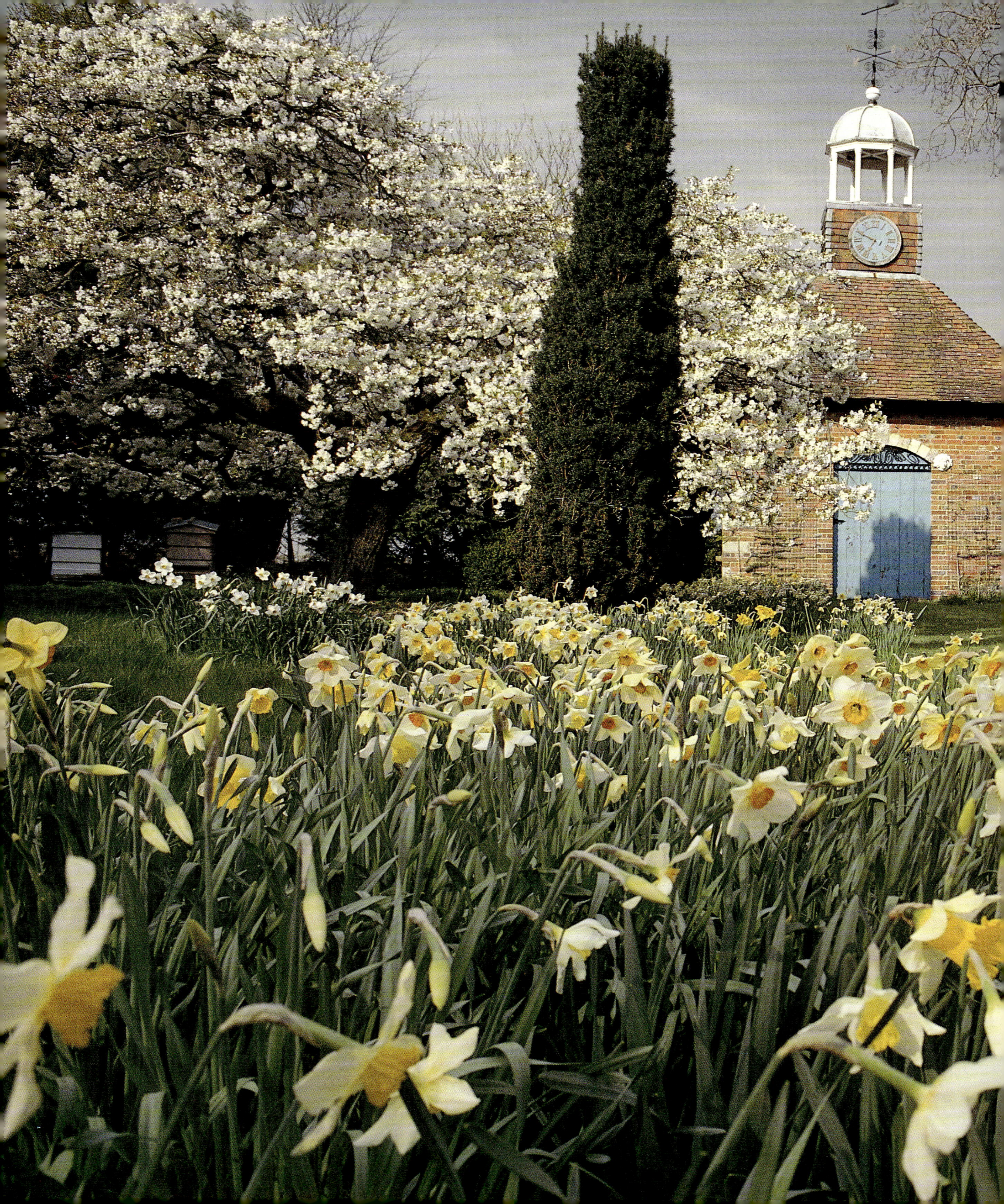

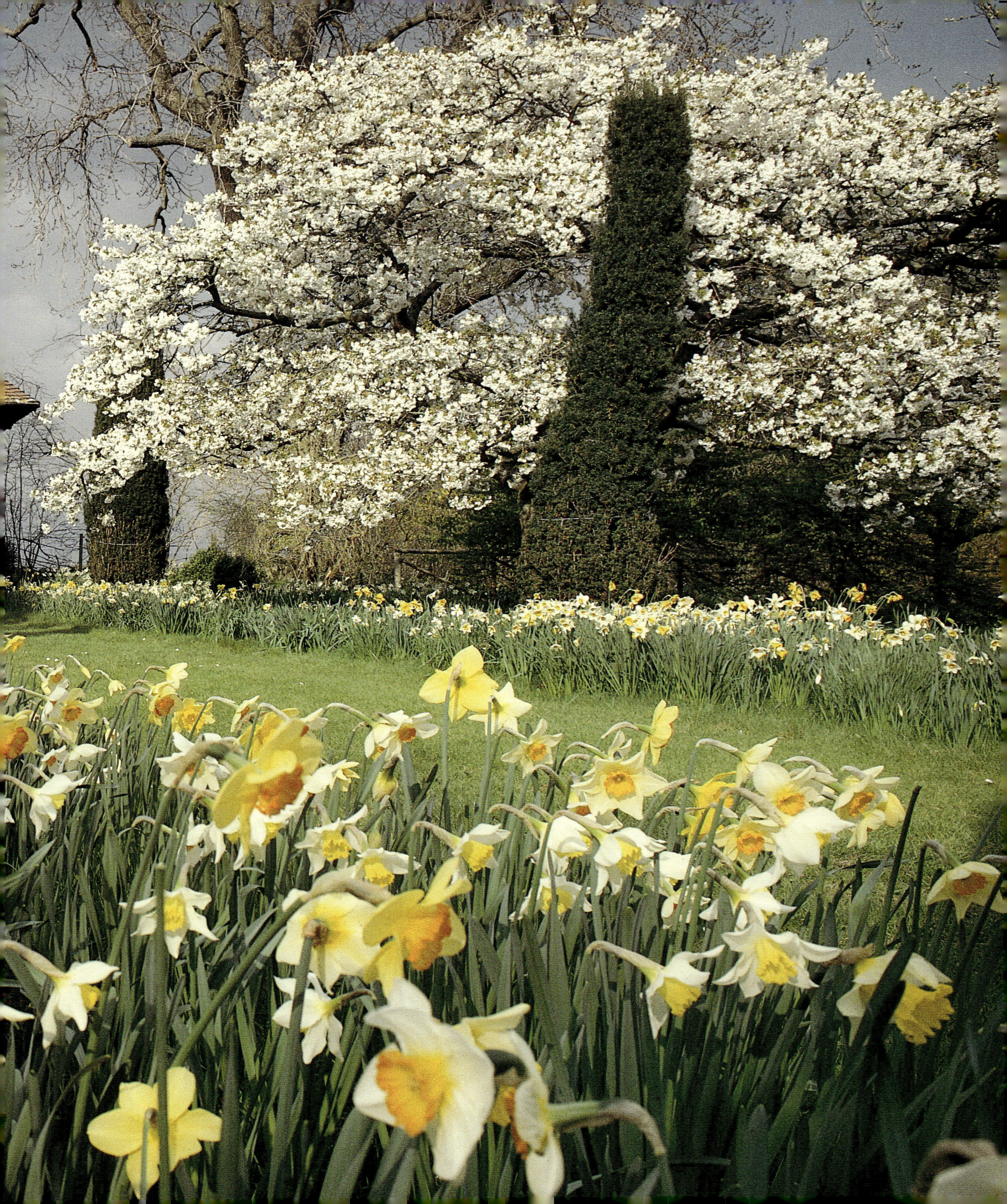

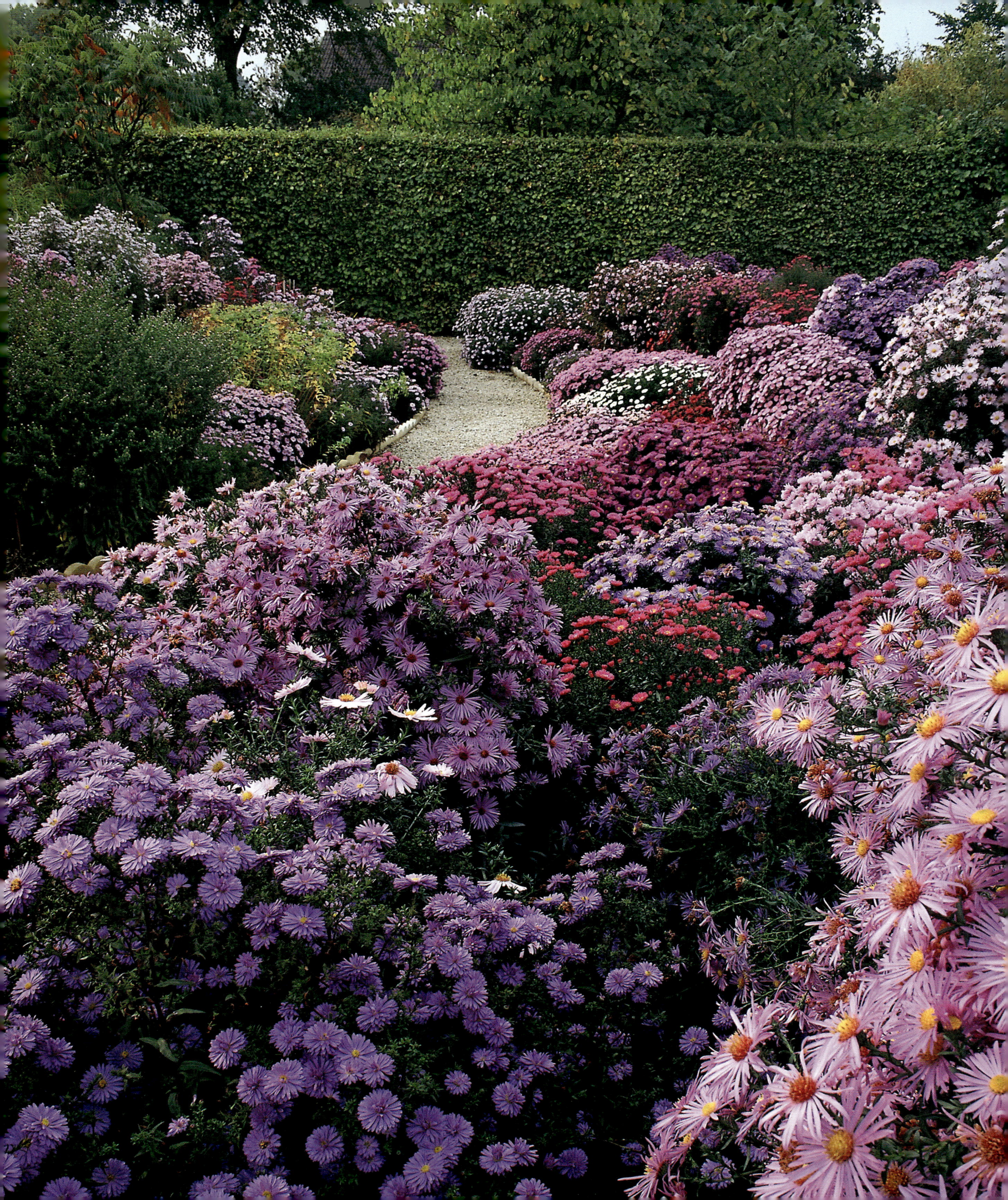

LINKS Die Aster 'Little Carlow' gehört zu den verlässlichsten Astern und hat den Vorteil, dass sie sich auch in partiellem Schatten wohlfühlt. Sie ist aus der *Aster cordifolius* hervorgegangen, wächst etwa 120 Zentimeter hoch und trägt violettblaue Blüten mit einem gelben Auge. Die Pflanze mit ihrer Blüte im Spätsommer und Frühherbst wird von Beetgestaltungskennern hochgelobt.

GEGENÜBER Der Picton Garden der Old Court Nurseries in Colwall in der Grafschaft Worcestershire mag der Garten einer Gärtnerei sein, der Waren zeigen soll – aber die Präsentation wirkt gestalterisch wunderbar. Der Blütenflor am Michaelstag (29. September) zeigt alle denkbaren Blau- und Rosatöne mit einer Tendenz zu Blau, was einem harmonischen Bild eher zugute kommt.

VORHERGEHENDE SEITEN Frühlingsblüte von Narzissen und Japanischen Kirschen im Garten von Bramdean House in Hampshire. Das Gebäude ist ein traditionelles »apple house«.

zissen, deren neunzig Sorten in großen Gruppen stehen und zeigen, dass eine Separierung weitaus wirkungsvoller ist als eine Vermengung einzelner Sorten.

In verschiedenen Gärten sind auch einzelne Staudenarten in Massen aufgepflanzt. Besonders effektiv gelingt das mit Arten, aus denen zahlreiche Zuchtformen entstanden sind, die dann eine breite Farbpalette ergeben. Ein herausragendes Beispiel liefert der Picton Garden der Old Court Nurseries in Colwall, Grafschaft Worcestershire, mit seiner beeindruckenden Asterbepflanzung.

Wenn sich ein bleibender Eindruck vom Englischen Garten im Kopf eines jeden Gartenbesuchers gebildet hat, dann der einer klassischen englischen Staudenrabatte, mit winterharten Pflanzen bepflanzt, von Stauden dominiert. Die Staudenrabatte blickt auf eine lange Tradition zurück, bildete sie doch schon als »mixed border« ein Element des Gartens im 17. Jahrhundert, wenngleich seinerzeit mit einer kleineren Pflanzenauswahl. Die älteste englische Staudenrabatte, ausschließlich mit Stauden bestückt, finden wir wahrscheinlich in den Gärten von Arley Hall in Cheshire und wurde vor 1846 angelegt. Entgegen der weit verbreiteten Meinung konnten kunstvolle Zierbeete die gemischte Staudenrabatte nie ganz aus dem Englischen Garten verbannen. Sie wurden lediglich weiter vom Gebäude entfernt platziert.

OBEN Schön modulierte Junifarben im Garten von Wollerton Old Hall in Shropshire.

RECHTS Die ältesten reinen Staudenrabatten des Landes sind die von Arley Hall in Cheshire. Vor 1846 wurden sie angelegt. Im Vordergrund sind die blauen Sterne von *Campanula lactiflora* 'Pritchard's Variety' und die Blütenkerzen von *Eremus stenophyllus* zu sehen. Man beachte auch die Eibenriegel und hinten die zu Schachfiguren geschnittenen Pflanzen. Die Beete wurden auf eine durchgehende Blüte von Juni bis September angelegt und im Saisonverlauf werden sie zusehends feuriger.

Nach 1870 erlebte die Staudenrabatte wieder einen Aufschwung, vor allem aufgrund des Einflusses von Gertrude Jekyll.

Es besteht Einigkeit darüber, dass Jekyll der Staudenrabatte dank der Verquickung von künstlerischem Anspruch und gärtnerischem Wissen zu neuem Ansehen verholfen hat. Zudem veröffentlichte sie ihre Erfahrungen und Erkenntnisse zu den meist im Sommer blühenden Pflanzungen sehr gekonnt. Ihre besonders beachteten Farbtheorien für die Beetgestaltung basierten auf ihrem Kunststudium, das sie als junge Frau absolvierte. Folgendes schrieb sie über ihre Sommerrabatte im eigenen Garten in Munstead Wood in Surrey:

> Die Bepflanzung der Rabatte soll ein bestimmtes Schema einer Farbzusammenstellung zeigen. Am ... westlichen Ende wachsen Blumen mit rein blauen, graublauen, weißen, blassgelben und blassrosa Blüten; sie stehen teilweise in Massen, teilweise in gemischten Gruppen. Dann geht die Färbung von einem starken Gelb in Orange und Rot über. In ihrer Mitte blüht die Rabatte in kräftigen, prächtigen Farben und weil sie in guter Harmonie zueinander stehen, wirken sie nie grell. Dann nimmt die Farbintensität in umgekehrter Sequenz von Orange über Tief- bis Blassgelb, Weiß und Blassrosa wieder ab; und wieder blaugraues Laub. Aber hier, am östlichen Ende, blüht es nicht reinblau, sondern purpurn und violett.

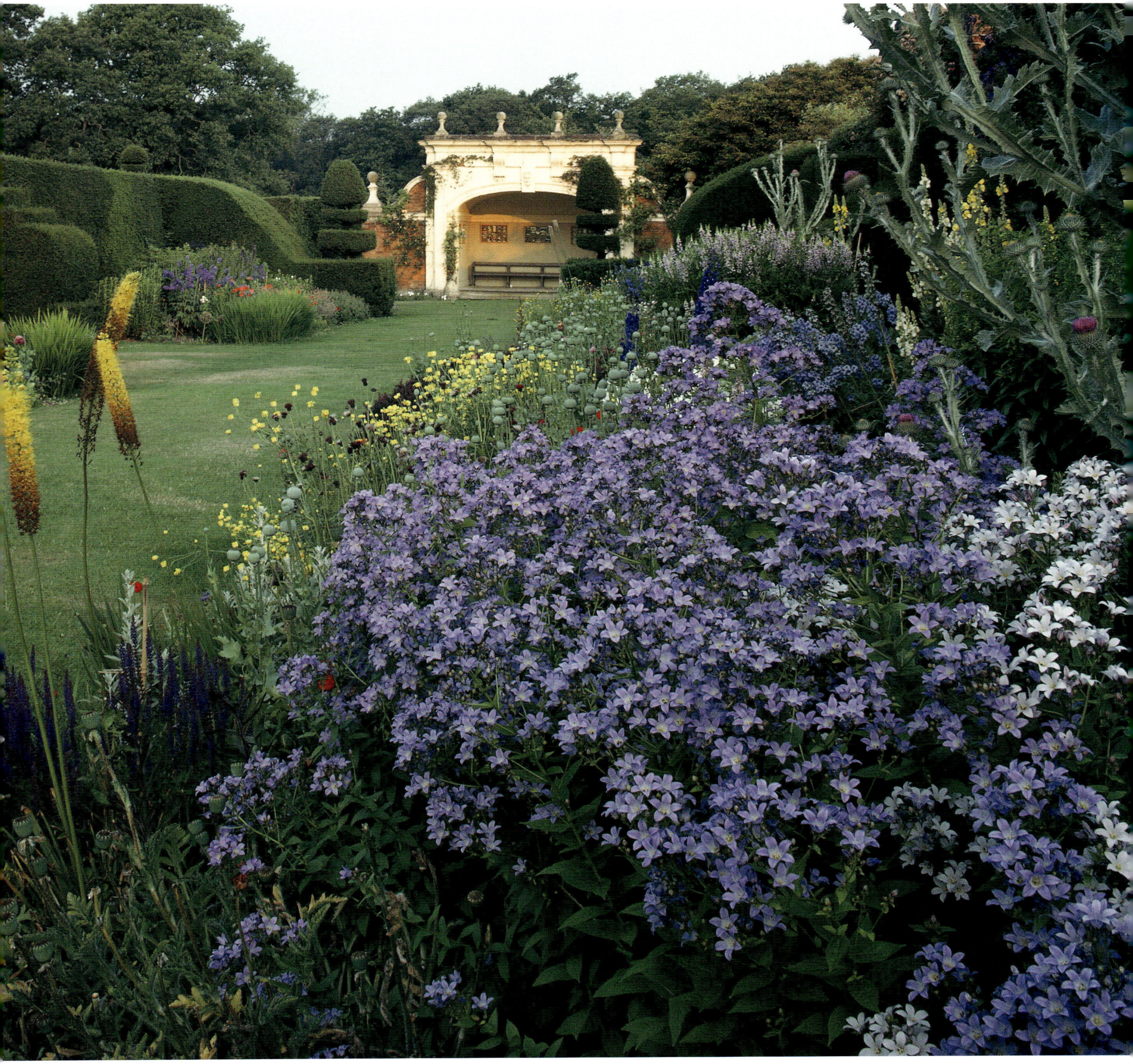

GEGENÜBER Bosvigo in Cornwall ist ein überaus geschickt geplanter Garten, in dem die Staudenblüte in Sommer und Herbst zu den Höhepunkten zählt. Dies ist für diese wegen der Waldlandschaften berühmten Grafschaft eher ungewöhnlich. Es gibt in dem Garten verschiedene Bepflanzungskonzepte, einschließlich einem rosa und einem grauen Garten und diesem leuchtenden Beet, in dem die feurigen Farben in ihrer Wirkung noch verstärkt werden durch teilweise dunkle Belaubung. Im Vordergrund blüht *Rudbeckia sullivantii*, dahinter *Crocosmia* 'Star of the East' die auch auf der gegenüberliegenden Wegseite steht. Im hinteren Beet ist die rote Dahlie 'Bishop of Llandaff' und die dahinter die gelbblühende *Helianthus* 'Triomphe de Gand' zu sehen.

UNTEN »Nun ist das Auge wieder satt geworden, in dieser Zeit der vielen Farben und hat, nach dem Gesetz der komplementären Farben, einen großen Appetit auf Grau- und Purpurtöne. Eine Farbbrillanz ist nicht möglich ohne die Vorbereitung mit eingefügten Komplementärtönen«, schrieb Gertrude Jekyll[3]. Ein Blick auf den feurigsten Abschnitt des klassischen Jekyll-Beets im Garten von The Priory in Kemerton in der Grafschaft Worcestershire. Sogar der essbare, rubinrote Mangold kam aus Farbgesichtspunkten auf die Pflanzenliste.

Von einem anderem Punkt aus – eine große, nur mit Gras bewachsene Partie erlaubt diesen Blick – erscheint die Rabatte als Gesamtbild, in dem die kühlen Farben an den Rändern die brillante, feurige Farbwirkung der Mitte unterstützen. Wenn man dann auf dem breiten Weg an der Rabatte entlang geht, wird einem der Wert dieser Farbzusammenstellung erst richtig bewusst. Jeder Abschnitt wird zu einem eigenen Bild, an dessen Farbspiel sich das Auge schult und gespannt ist auf das, was folgt. Wenn man einen Moment am Ende steht, vor dem Grau und Blau und seine Augen füllt mit diesen kühlen Farben, werden sie geradezu gierig auf die dann folgenden Gelbtöne. Diese vermengen sich harmonisch mit Zinnoberrot und Scharlachrot, Blut- und Weinrot und dann folgt wieder Gelb. Nun ist das Auge erneut satt vor lauter warmen Farben und hat, nach dem Gesetz der Komplementärfarben, einen starken Appetit auf Grau- und Purpurtöne. Farben erreichen eine wirkliche Brillanz, die ohne die Vorbereitung durch die Komplementärfarben undenkbar wäre.[2]

Die große Rabatte von The Priory in Kemerton, Worcestershire wurde nach dem Zweiten Weltkrieg von Peter Healing bepflanzt, nachdem er in William Robinsons Buch *The English Flower Garden* das Kapitel zur Farbe von Gertrude Jekyll gelesen hatte. Damals, gegen Ende des Krieges, kämpfte Healing als Soldat in Deutschland. Zu einer Zeit, in der warme Farben unpopulär waren, legte er eine bemerkenswerte Rabatte

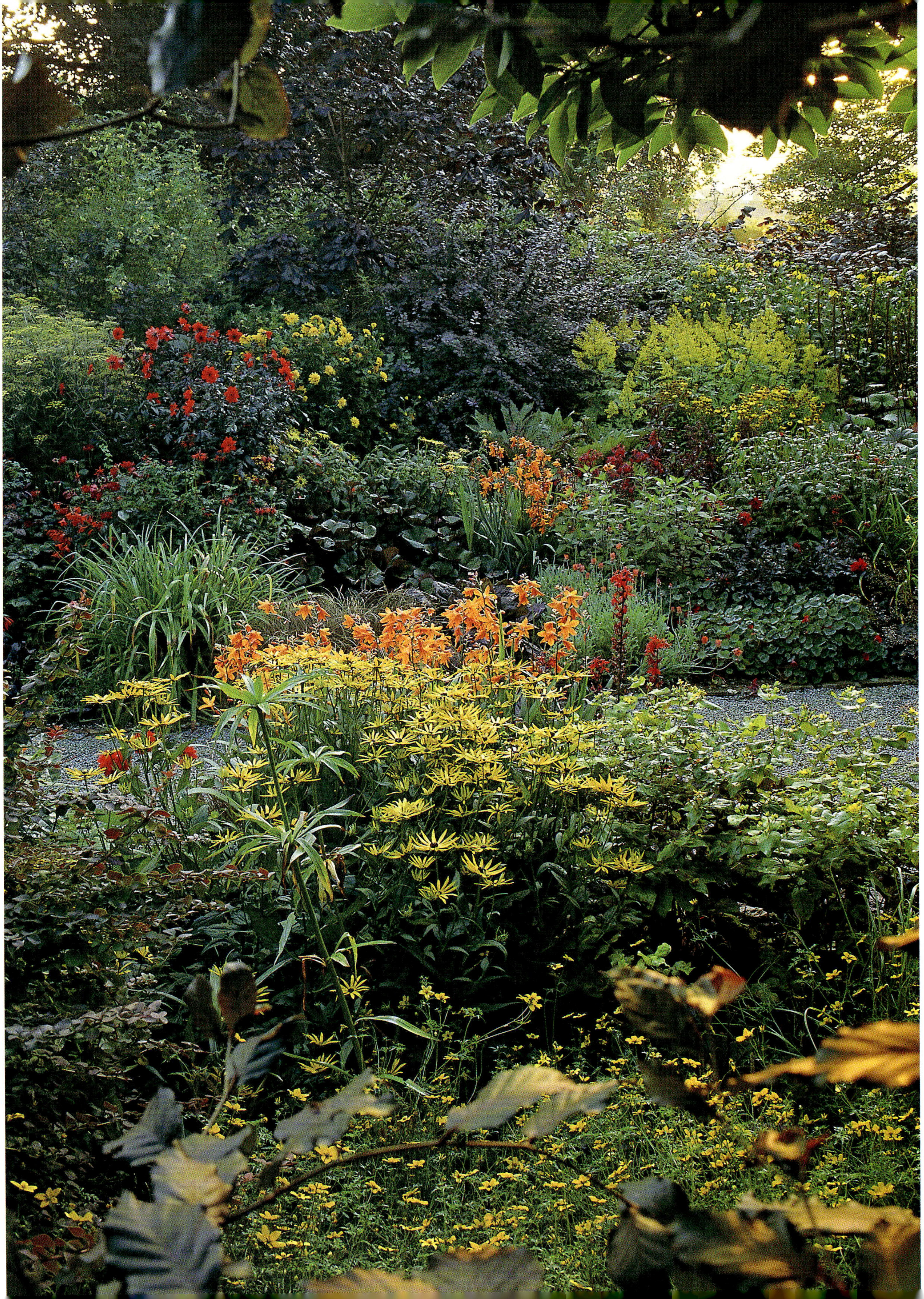

RECHTS Die große Staudenrabatte von Waterperry Gardens in Oxfordshire. Mit den pinkfarbenen Astern, *Rudbeckia* und *Solidago* hat sie ihre beste Zeit im Herbst.

GANZ RECHTS Staudenbeete im Garten von Cothay Manor in der Grafschaft Somerset mit *Echinacea pallida* im Vordergrund. Diese korrespondieren mit der rosafarbenen Indianernessel *(Monarda)* und die Lücke dazwischen schließt *Physostegia virginiana* 'Alba', deren Farbe wiederum von der Malve *(Lavatera* x *clementii* 'Barnsley') in der Mitte des Rasenweges gespiegelt wird.

UNTEN RECHTS Eine gelungene, vertikal betonte Pflanzung im Garten von The Garden House in der Nähe des Buckland Monachorums in Devon. Gräser und Fackellilie *(Kniphofia)* stehen im Vordergrund, dahinter *Lobelia, Macleaya* x *kewensis* und *Buddleia davidii*.

UNTEN GANZ RECHTS Eine Symphonie von Blau- und Rosatönen in einer Rabatte von Wollerton Old Hall in Shropshire. Dieser formale Garten ist in den letzten 20 Jahren entstanden und eine ausgezeichnete Ergänzung des Gebäudes aus Holz und Stein aus dem 16. Jahrhundert. Besonders auffällig sind Rittersporn, bodenbedeckender Storchschnabel und die überhängenden Blütenähren von *Veronicastrum*.

(90 x 6 Meter) vor einem Hintergrund aus Eiben an. Ganz im Sinne von Jekyll begann er mit kalten Farben, die sich sukzessive erwärmten bis zu einem Freudenfeuer aus Crocosmia, Dahlie, Fackellilie *(Kniphofia)*, Schafgarbe *(Achillea)* und Rudbeckia, um dann wieder abzukühlen.

Sehr viele Gärtner taten es Jekyll gleich, oder versuchten es zumindest. Von Zeit zu Zeit kamen ihre Ideen aus der Mode, weil die Pflege sehr viel Zeit kostete, die Farbkombinationen großes Können erforderten oder einfach Pastelltöne gerade beliebter waren. Aber seit etwa 20 Jahren gewinnen Jekylls Konzepte erneut an Boden, denn kräftige Farben sind wieder populär und die feststellbar höheren Sommertemperaturen in der jüngeren Vergangenheit lassen die Farben noch intensiver erscheinen.

In den 1970er und 1980er Jahren fanden die Bücher von Gertrude Jekyll dann ein dankbares Publikum aus Menschen, die weg wollten von den Nachteilen und der Engstirnigkeit des pflegeleichten Gartens, der in diesen Jahren vorherrschend und vor allem durch Bodendeckerbegrünung gekennzeichnet war.

Ihre Ideen wurden auch auf kleine Gärten angewandt und in zahlreichen, von Gartengestaltern verfassten Büchern aufgegriffen. Großartige

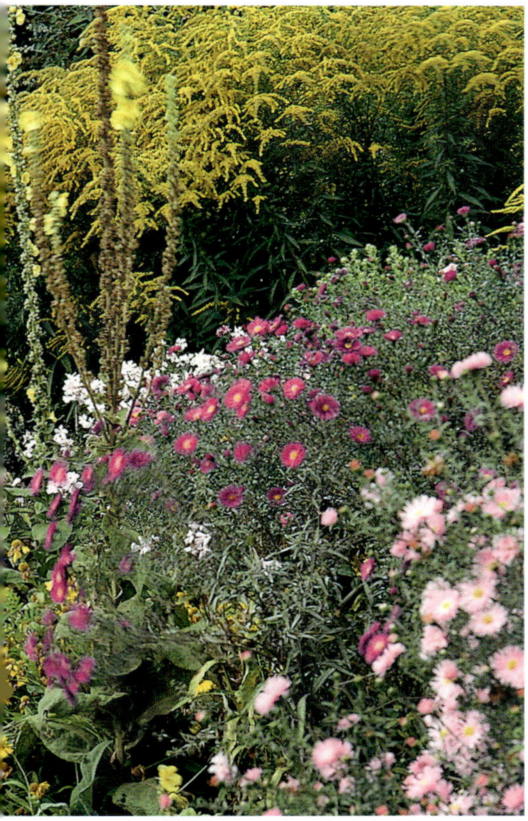
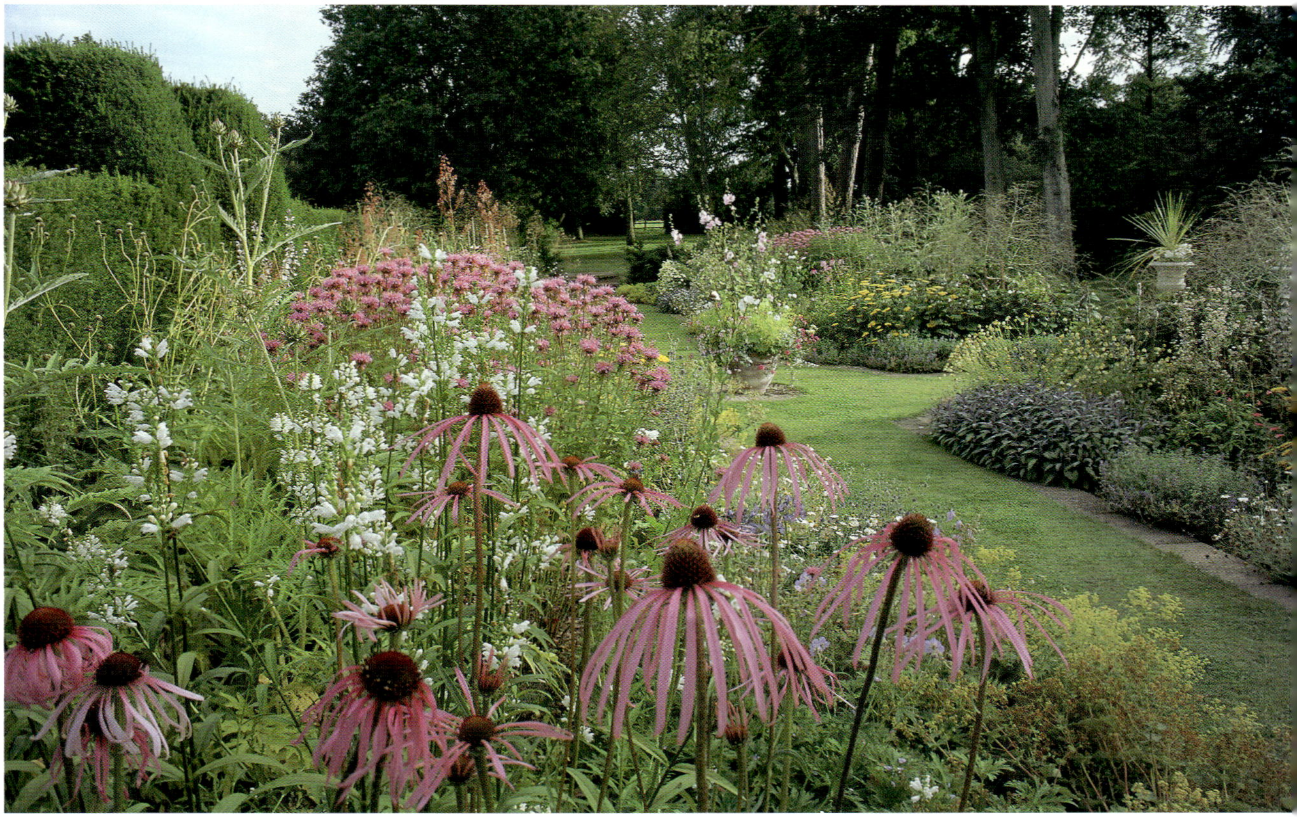
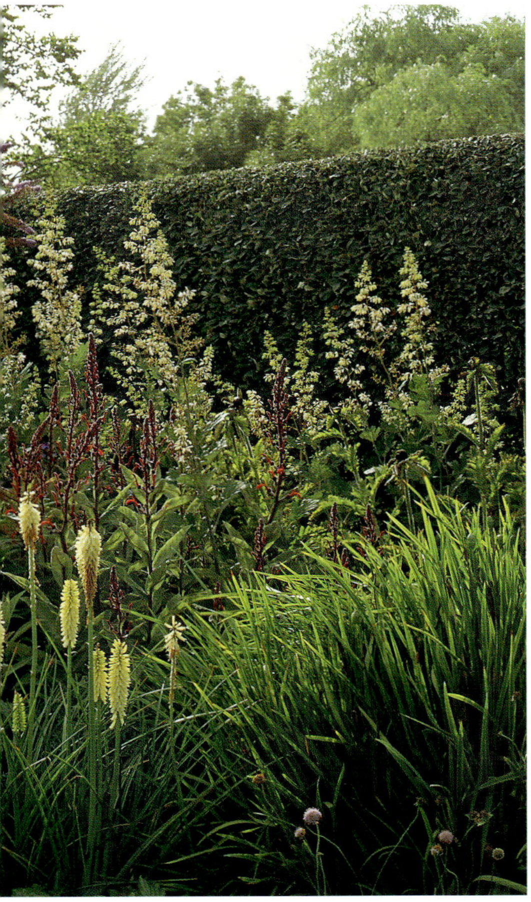
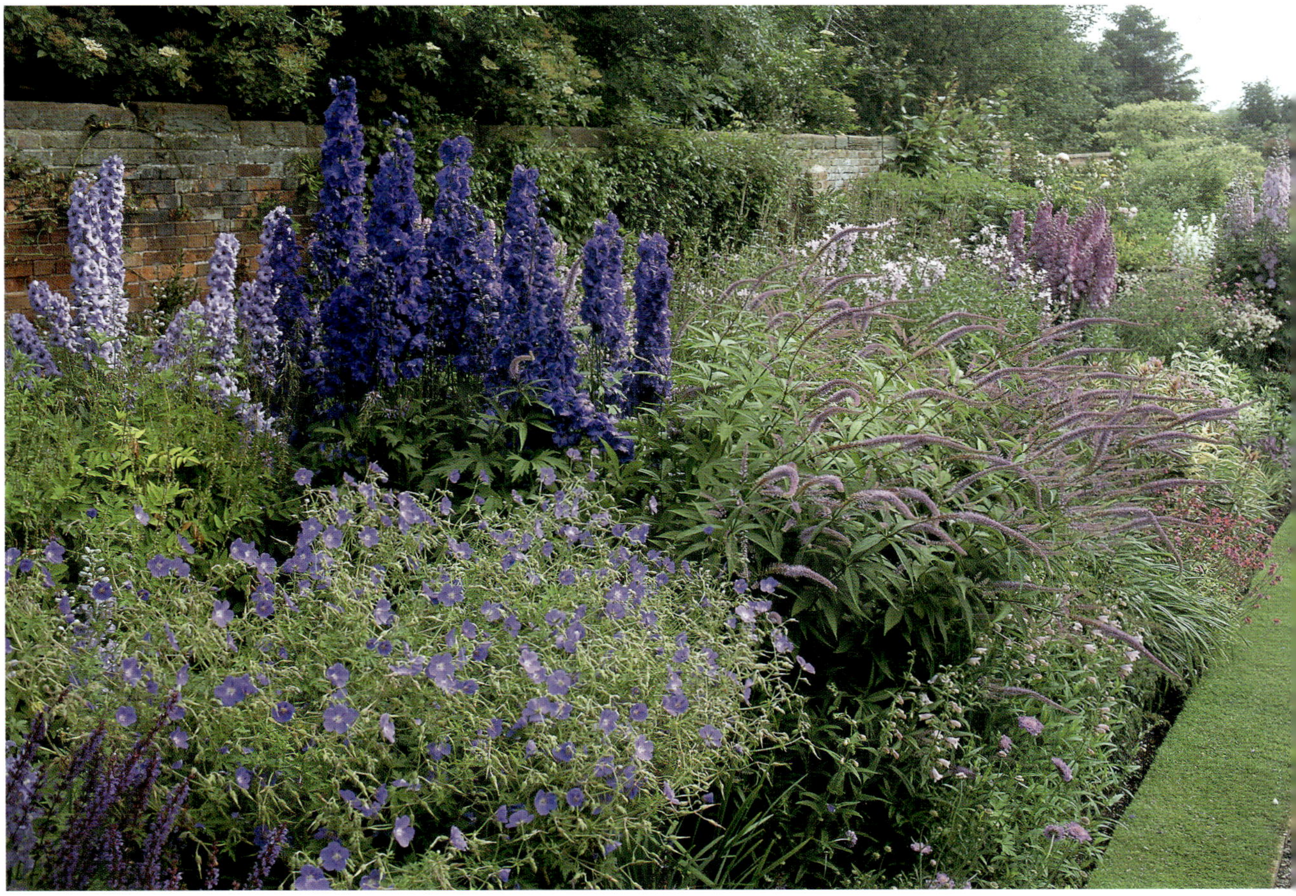

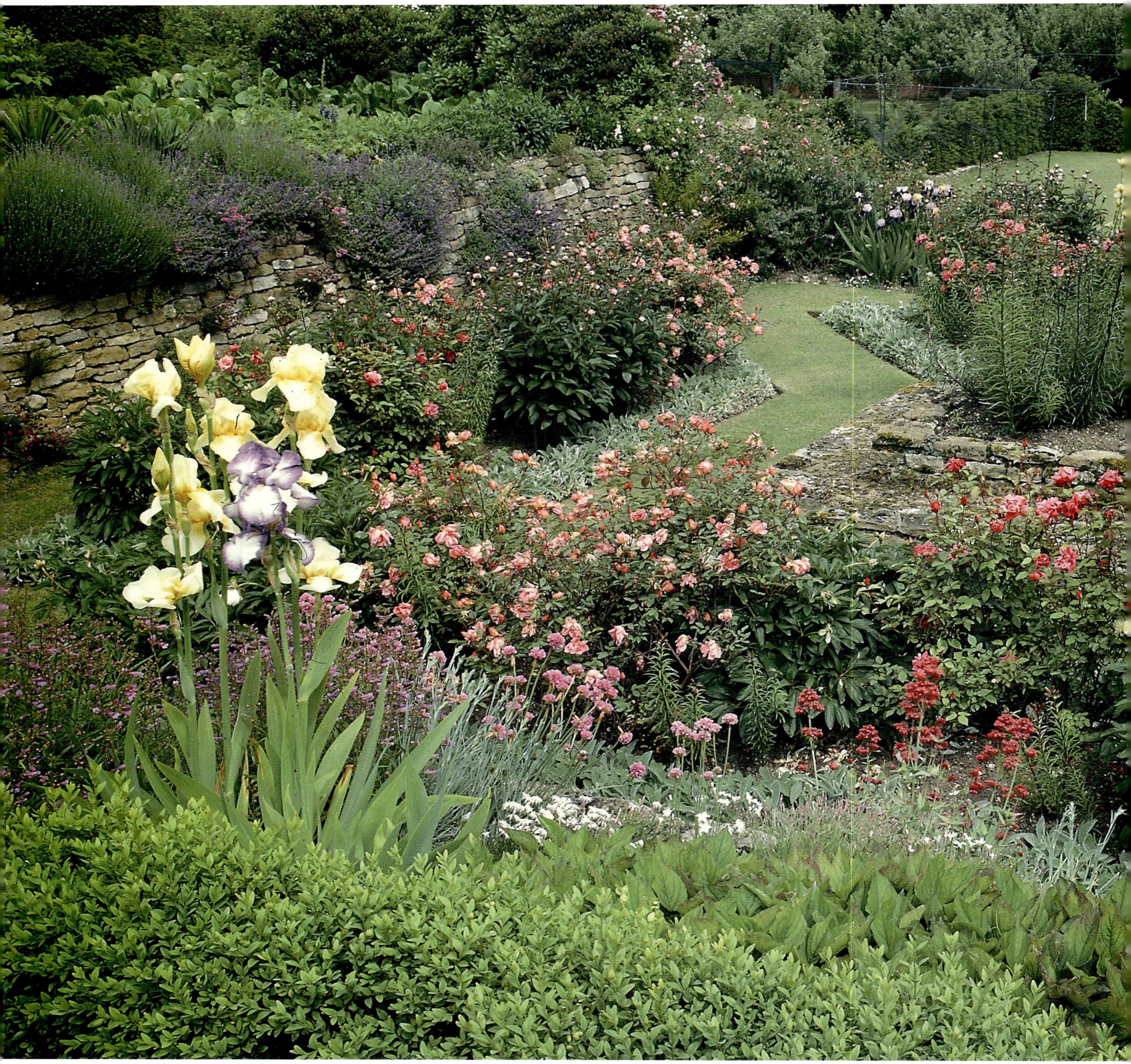

Der Rosengarten von Upton Grey in Hampshire, getreu nach den Originalplänen von Gertrude Jekyll von 1909 restauriert. Nach ihren Aufzeichnungen heißen die Rosen 'Mme Laurette Messimy' (China-Rose 1887) und 'Mme Lombard' (Teerose 1878). Bei der rosa und weiß verblühenden Pfingstrose handelt es sich um 'Sarah Bernhardt', auf dem Sockel in der Mitte beginnt *Lilium regale* bald mit der Blüte. Ros Wallinger, die mit der Restaurierung nach 1984 begann, hat ein Buch über den Garten geschrieben (siehe Kapitel »Ausgewählte Literatur« auf Seite 378).

Jekyll/Lutyens-Gärten wurden rekonstruiert, wie beispielsweise die Gärten von Hestercombe in Somerset und von The Manor House, Upton Grey in Hampshire, den die Eigentümer 1984 in den Zustand von 1909 zurückversetzten.[4]

Blasse und leicht kombinierbare Farben waren dort besonders beliebt, wo man mit grellen, kräftigen Farben nicht umzugehen wusste, und in der Tat haben zahlreiche Gärten ihren besonderen Reiz in dieser zurückhaltenden Farbgestaltung. Margery Fish beispielsweise hat sich darauf verlassen (»Wir haben alle unsere Vorlieben. Meine liegen in den Pastellfarben, weil ich mit ihnen einen Aufruhr entfachen kann, ohne Missstimmung zu erzeugen«[5]) und viele Gärtner neben ihr, besonders die zurückhaltenderen, arbeiten lieber mit ihnen.

Als es nach dem Zweiten Weltkrieg möglich und populär wurde, Gärten zu besichtigen, war auch beim National Trust eine Neigung zu gedeckten Farbmustern festzustellen.

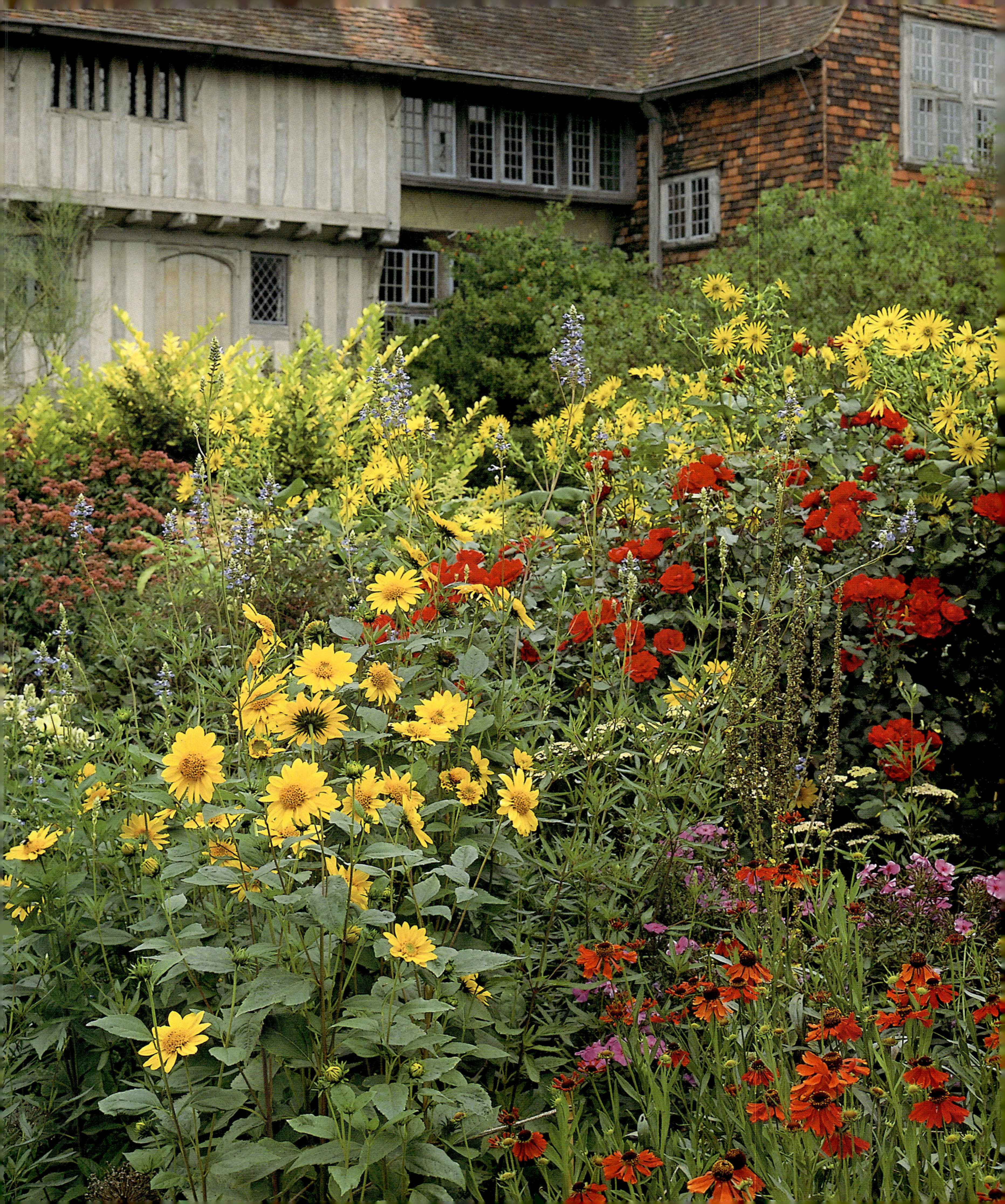

OBEN Penelope Hobhouse, Gartengestalterin und ehemalige Schlossherrin von Hadspen und Tintinhull, legte diesen Garten in der Grafschaft Dorset 1993 an. Der ummauerte Garten hinter dem Gebäude ist überaus farbenfroh und voller interessanter Pflanzen, die aus den Kiesflächen emporragen. Im Hintergrund wachsen hochstämmige Scheinakazien *(Robinia pseudoacacia).*

LINKS Das Long Border von Great Dixter im Spätsommer. Selbstaussäende Pflanzen wie die Königskerze *(Verbascum)* sind verblüht und einige Stauden, beispielsweise *Helenium* 'Moerheim Beauty' (in der Ecke unten rechts), blühen nun ein zweites Mal, nachdem rechtzeitig die verwelkten Blüten des ersten Flors entfernt wurden.

Es ist durchaus bemerkenswert, dass die Staudenrabatte bis in die heutige Zeit überlebt hat, denn die von Gertrude Jekyll und anderen angelegten Beete fordern einen hohen Einsatz. Diese Beete schauen nur in drei oder vier Monaten prächtig aus und brauchen daher stets ergänzende Pflanzen, um die Blütezeit zu verlängern. Lilien gehören dazu und andere im Sommer blühende Zwiebelpflanzen, oder auch *Clematis*. Eine solch aufmerksame Detailarbeit kann man auch heutzutage in Gärten beobachten, wie etwa in Arley Hall und Great Dixter, wo im »Long Border« eingesäte oder gepflanzte Einjährige sowie im Sommer blühende Zwiebelpflanzen für »Erfrischung« sorgen. Die Eigentümer von East Ruston Old Vicarage geben einer gemischten Rabatte den Vorzug vor einer reinen Staudenrabatte. Sie fügen andere Elemente ein wie etwa Sträucher, Kletterpflanzen und Einjährige. Ohne diese Zutaten haben Staudenrabatten ihren Höhepunkt nur während eines recht begrenzten Zeitraums. Nichtsdestotrotz schauen viele Gärten hinreißend aus, wenn sie in voller

OBEN Im privaten Garten an einer umgebauten Scheune in Oxfordshire gibt es vorwiegend Staudenbeete, allerdings auch Sträucher, wie etwa Rosen und Halbsträucher, zu denen Lavendel und Salbei gehören. Solche Pflanzenkombinationen sind in sehr vielen Gärten in England zu sehen.

RECHTS Diese gespiegelten Beete finden wir im Garten von Bramdean House in Hampshire. Direkt am Weg ist die Katzenminze *Nepeta* 'Six Hills Giant' zu sehen, kombiniert mit dem karmesinroten Storchschnabel *Geranium psilostemon* und der Gelben Wiesenraute *Thalictrum flavum*.

Blüte stehen. Dabei wird jeder Gartenbesucher seine eigenen Favoriten haben: die doppelte Rabatte von Westwell Manor in Oxfordshire vielleicht oder die gespiegelte Rabatte von Bramdean House in Hampshire; die Pflanzungen von Forde Abbey in Dorset mit den Säuleneiben, die großen, reinen Staudenrabatten von Newby Hall in Yorkshire, die bis ans Wasser führen oder solche in den beiden besten Gärten in Northamptonshire, Coton Manor und Cottesbrooke Hall. Broughton Castle in Oxfordshire und Kiftsgate Court in Gloucestershire verfügen ebenfalls über Rabatten mit charmanten Farbgestaltungen. Dann gilt es auf die weithin bekannten Staudenrabatten von Rodmarton Manor in der Grafschaft Gloucestershire hinzuweisen. Zu beiden Seiten begleiten sie einen Steinweg zum »Long Garden« und werden von geschnittenen Eibenriegeln unterbrochen. In den Wegeverlauf ist ein rundes Becken eingelassen, bevor er an einem Sommerhaus aus Naturstein endet. Und im ummauerten Garten von Nymans in Sussex wächst eine sehenswerte Staudenpflanzung mit höheren Sträuchern im Hintergrund zu beiden Seiten eines schmalen Pfades. All diese Gärten sind, wie die Medien versprechen, stets »einen Umweg wert«.

Pflanzungen in Rabatten nach den Regeln von Gertrude Jekyll werden gegenwärtig eher selten angelegt, zumal im Hinblick auf die Pflanzen-

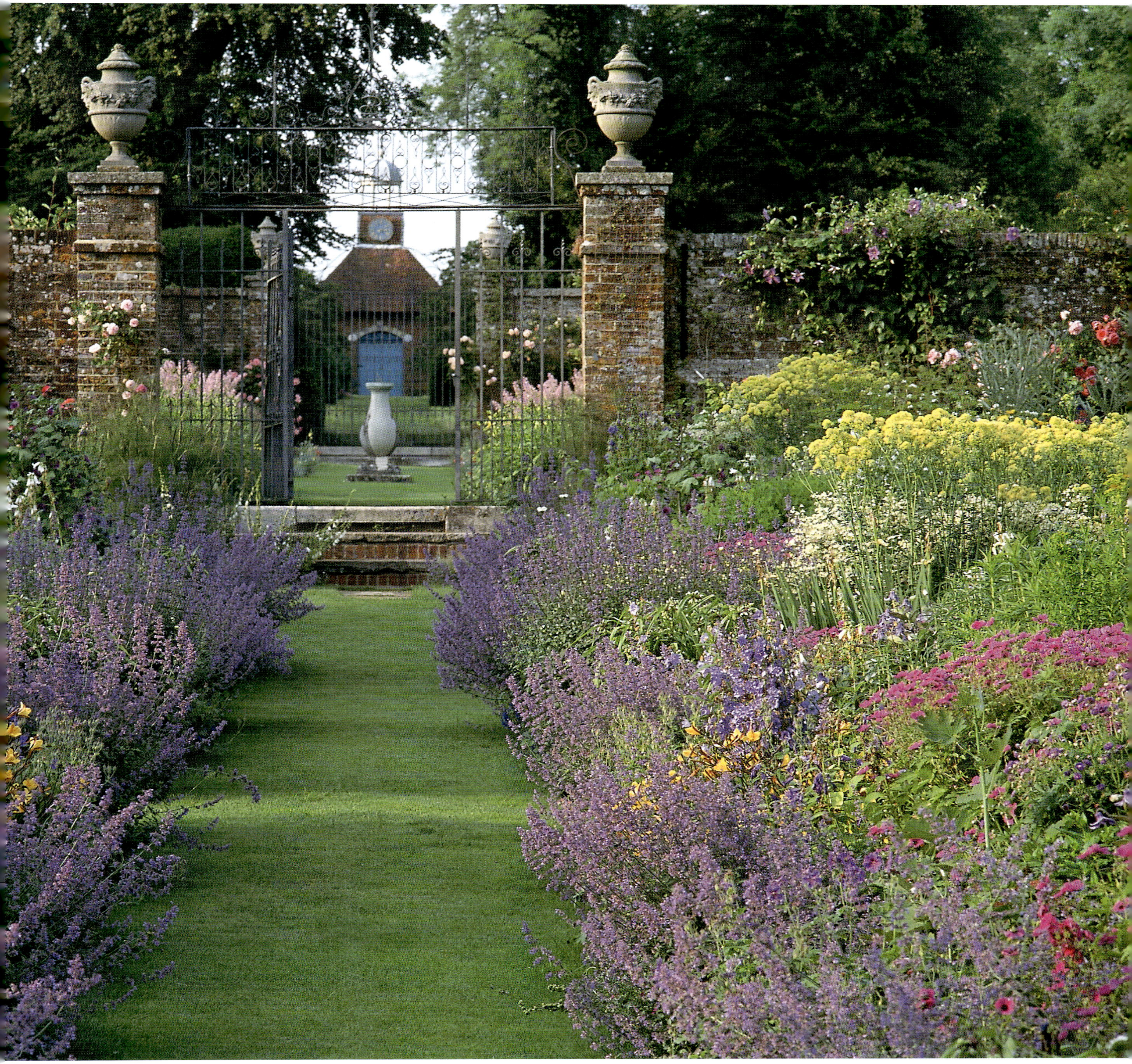

OBEN Der in einen steilen Hang terrassierte Garten von Sleightholme Dale Lodge, Yorkshire in der Nähe des Nationalparks North York Moors. Dieses Beet wurde nicht exakt geplant, steckt aber voller Lebendigkeit und zahlreicher, nicht alltäglicher Pflanzen.

GEGENÜBER OBEN Staudenbeete beidseitig eines Wegs im Garten von Rodmarton Manor in Gloucestershire, in denen besonders *Salvia turkestanica, Aruncus dioicus* (crèmefarben links) und *Thalictrum flavum* (mit gelben Büten rechts) auffallen. Eibenriegel unterbrechen die Beete, im Weg liegt ein Wasserbecken, im Hintergrund ist das Sommerhaus zu sehen. Die bemerkenswerte Qualität dieses Gartens steht der des wunderschönen, im Arts-and-Craft-Stil gebauten Hauses aus dem Jahr 1906 in nichts nach.

GEGENÜBER UNTEN In dieser gemischten Rabatte von Broughton Castle in Oxfordshire dominiert die Farbe Rosa. Dafür sorgen die Rosen 'Fantin-Latour' links, 'Albertine' an der Wand und 'Marguerite Hilling' rechts sowie *Geranium endressi* am Weg. Weiterhin blühen in einer weißen Wolke *Crambe cordifolia* (links) und gelb *Alchemilla mollis*. Von der Bank unter dem Fenster ist der »Ladies Garden« zu sehen (siehe Seite 19).

FOLGENDE SEITEN Herterton House ist ein durchstrukturierter Garten, angelegt von seinen jetzigen Besitzern. Er liegt in der wilden Landschaft Northumbrians und besteht aus verschiedenen Bereichen, die mit Hecken gefasst und mit Pflanzenfiguren gekennzeichnet sind. Diesem Blumengarten liegt als Struktur die Kunst von Piet Mondrian zugrunde. Die Farben wurden mit Bedacht verteilt: kühle näher am Haus, warme in weiterer Entfernung. Von dem nachträglich gebauten hohen Gazebo aus lassen sich der Garten und die Landschaft gleichermaßen betrachten.

auswahl heute häufig Sträucher und Rosen gefragt sind. Aber ihre Methode, Pflanzen in freien Formen zu gruppieren anstatt blockweise, oder das Setzen von höheren Pflanzen in den Vordergrund, während niedrigere Arten von vorne in die hintere Beethälfte verschwinden, wird nach wie vor wirkungsvoll angewendet.

Gertrud Jekyll ist zumindest teilweise verantwortlich für die Idee der einfarbigen Themen in Beeten oder Gärten. Verschiedene Gartengestalter nahmen sie auf, geradezu aufsehenerregend tat dies Vita Sackville-West in ihrem »White Garden« in Sissinghurst.

Natürlich forderte Gertrude Jekyll niemals, dass die Blüten nur aus einer Farbe zu bestehen haben. Dies wäre im Übrigen auch unmöglich, denn allein die Textur beeinflusst schon unsere Farbwahrnehmung.

Jekyll forderte umso mehr auch Farben wie Grün, Graugrün und blasse Blau- und Rosatöne. Die Kunst bestünde darin, so Jekyll, in das zentrale Thema Weiß kleine Variationen einzuweben, etwa mit dem Hauch Rosa einer Hostablüte oder mit weiß panaschierten Blättern im Hintergrund. So würden die Augen Erholung finden von einer sehr konzentrierten Seherfahrung. In den großen Landhausgärten wurden häufig getrennte Räume für bestimmte Farbgruppen geschaffen und das mit Erfolg. Die Farbrabatten – gelb, blau und malvenfarbig – im 1,5 Hektar großen um-

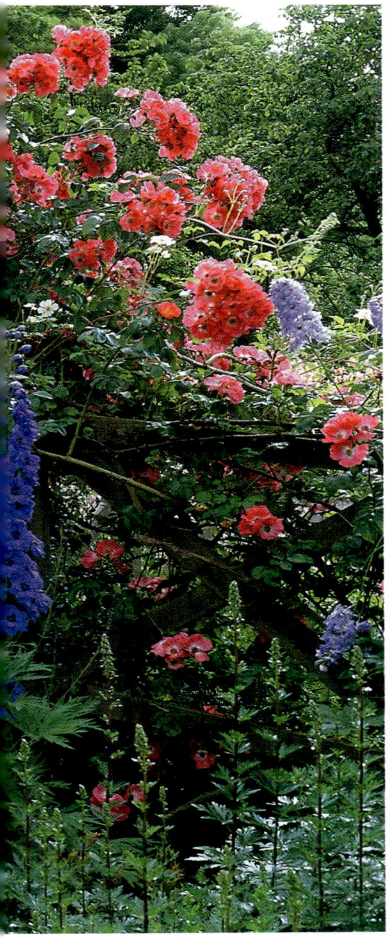

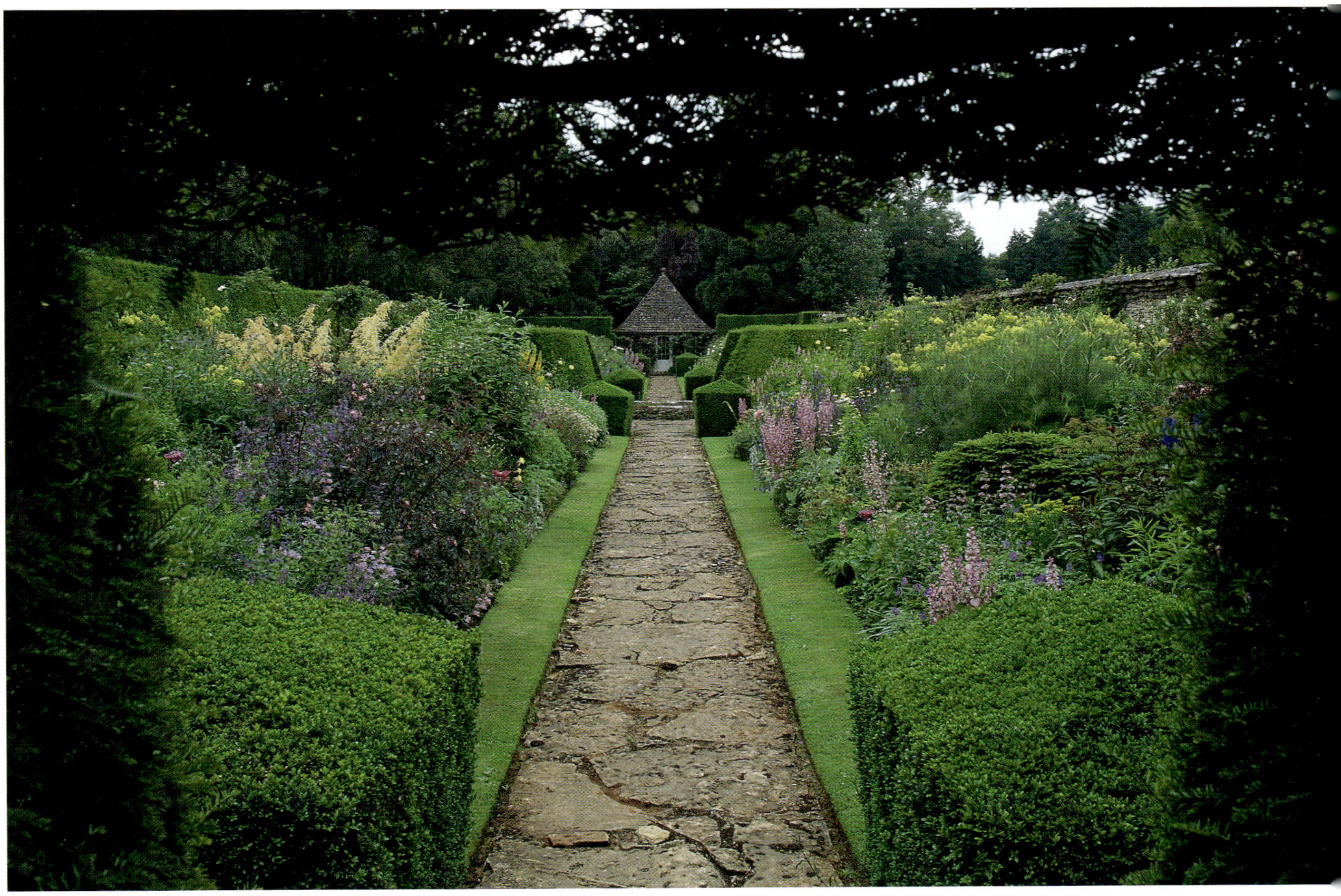

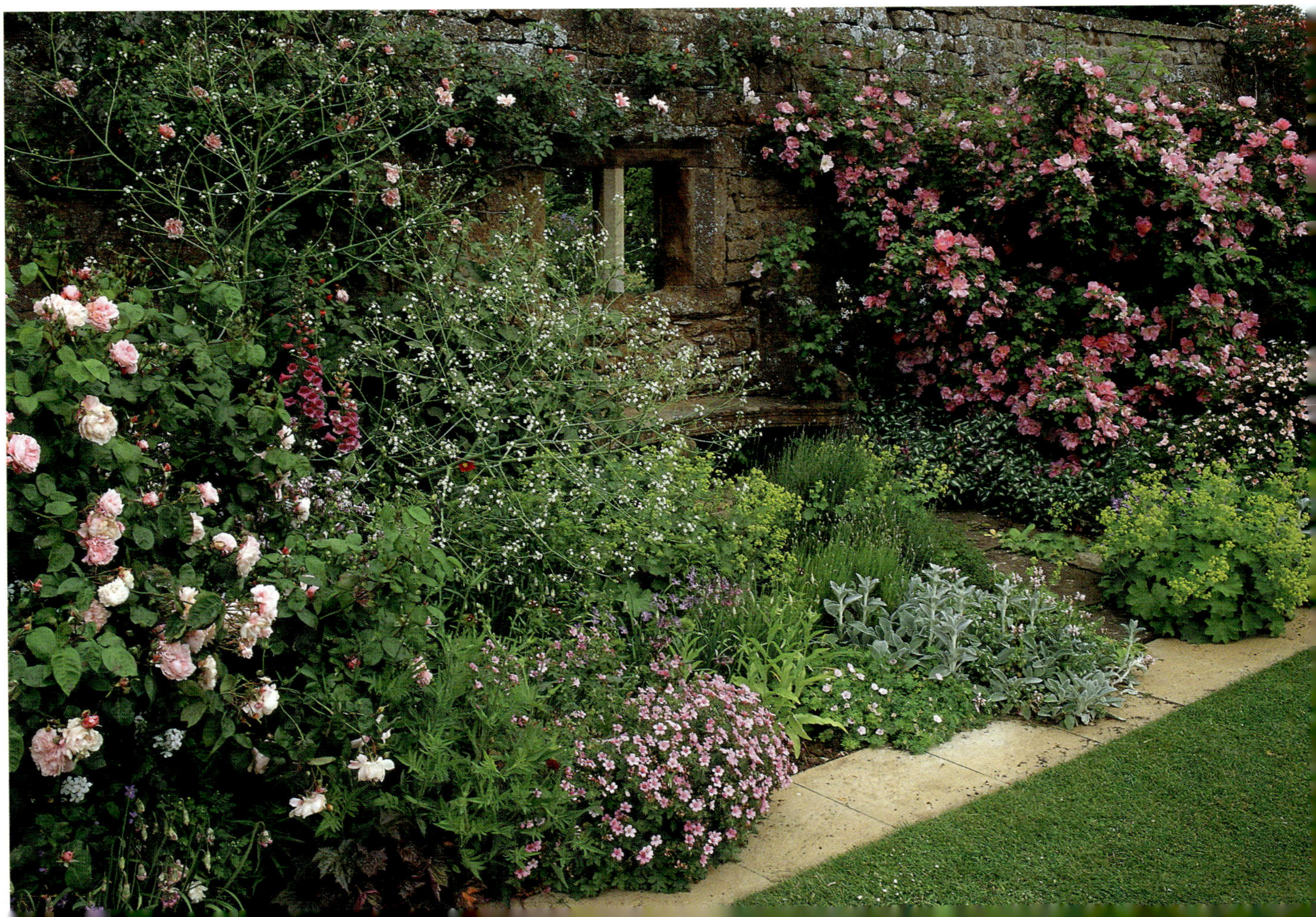

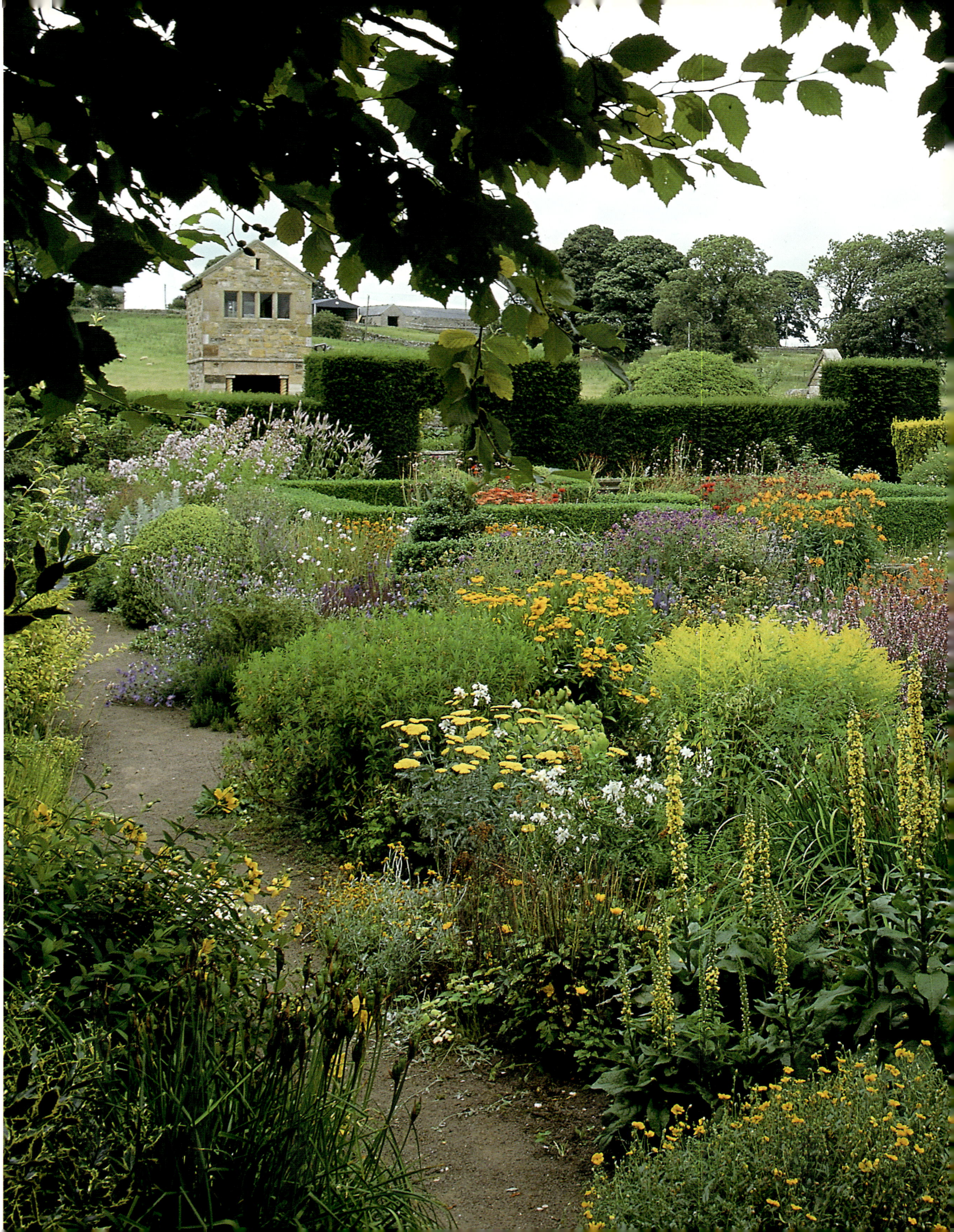

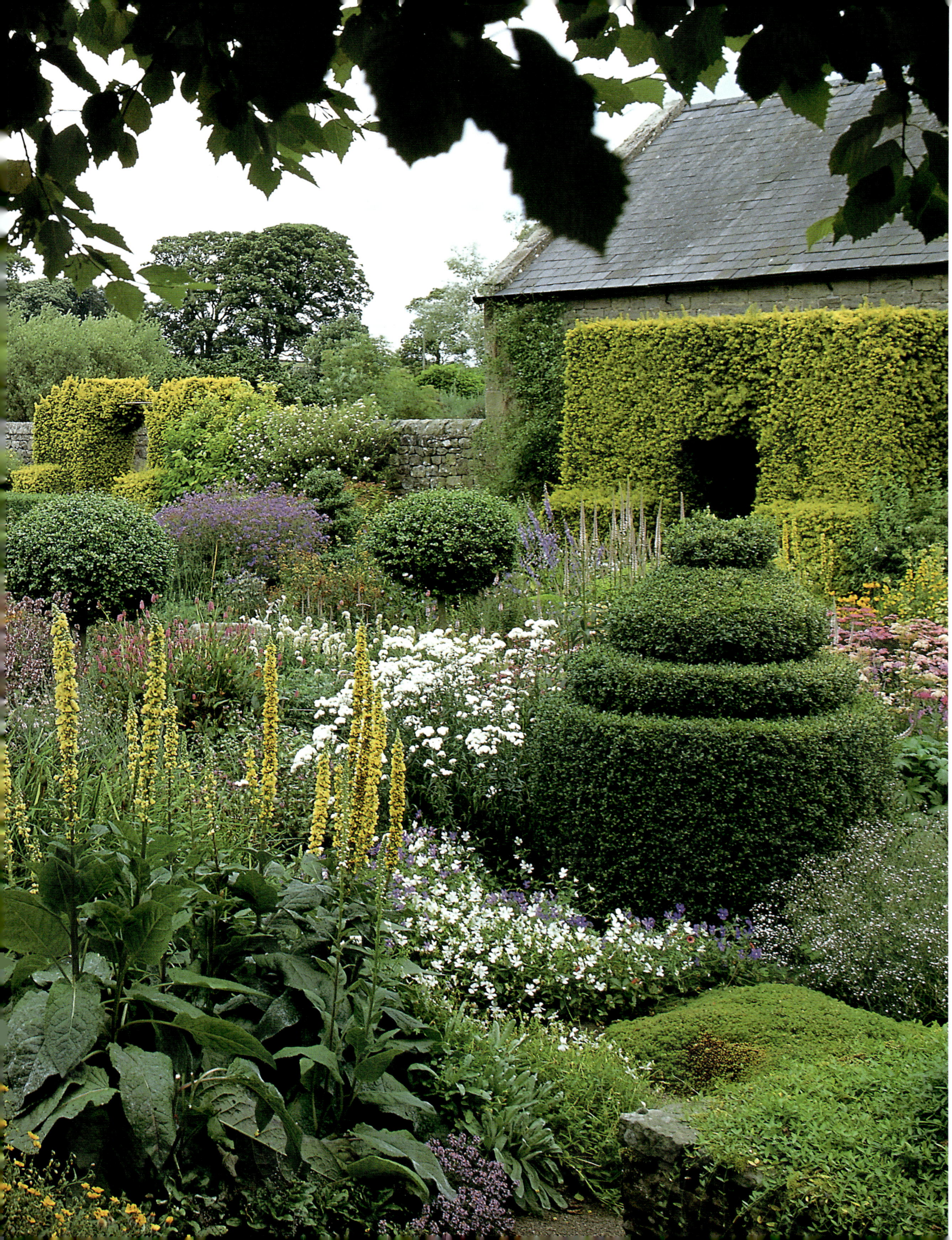

GEGENÜBER Der Weiße Garten von Sissinghurst, in dem der Rosenbogen von *Rosa mulliganii* wie eingeschäumt wirkt. Erstaunlich ist die Bandbreite von Weiß, in das sich mal ein blauer, mal ein gelber Hauch mischt. In monochromen Gärten spielen Form und Textur der Blätter eine große Rolle.

UNTEN Die Rote Rabatte von Hadspen in Somerset, gestaltet von Nori und Sandra Pope. Sie befürworten eine sich »verändernde Einfarbigkeit«. In der einen Farbe Rot arbeitet das Ehepaar mit *Geum* 'Mrs J. Bradshaw', Kapuzinerkresse (*Tropaeolum majus*), *Rosa* 'Lilli Marleen', *Dahlia* 'Bishop of Llandaff', *Arctotis* x *hybrida* 'Flame' und *Lychnis chalcedonica*. Agapanthus, Neuseeländer Flachs (*Phormium tenax*) und Kapuzinerkresse liefern Blattmasse.

mauerten Garten von Parham Park in West Sussex zum Beispiel beweisen dies ebenso eindrucksvoll wie der weiße Garten und die purpurfarbene Rabatte von Wartnaby Gardens in der Grafschaft Leicestershire.

In der jüngeren Vergangenheit legten einige Gartengestalter mutige Bepflanzungskonzepte vor, in denen zwar eine breite Farbpalette vertreten ist, aber auch die Farbe Grün eine Rolle spielt. Dabei gilt Grün als Farbe mit einer eigenen Wirkung, übernimmt aber auch die Funktion eines Puffers zwischen zwei Farbthemen. So wurde die englische Bezeichnung »Colourist« für eben jene Gartengestalter gebräuchlich, die ausgiebig mit der Farbe von Blättern und Blüten experimentieren. Einen wesentlichen Einfluss übten Nori und Sandra Pope aus, die den ummauerten Garten und die Waldflächen von Hadspen Gardens in der Grafschaft Somerset von 1987 bis 2005 pflegten. Zu ihren Farbideen sind Bücher und Artikel erschienen.[6, 7] Ein Experimentierfeld für höchst kunstvolle Farbarrangements war der 8000 Quadratmeter große, alte Küchengarten mit seiner schönen 213 Meter langen, geschwungenen Backsteinmauer, die an dem höchsten Punkt nach Süden zeigt.

In den Beeten hinter dieser Mauer wurden Stauden[8] und Strauchrosen gepflanzt, mit dem Verlauf der Mauer änderte sich die Farbgestaltung. Dort gab es beispielsweise eine violette, eine graue und eine doppelte, gelbe Rabatte.

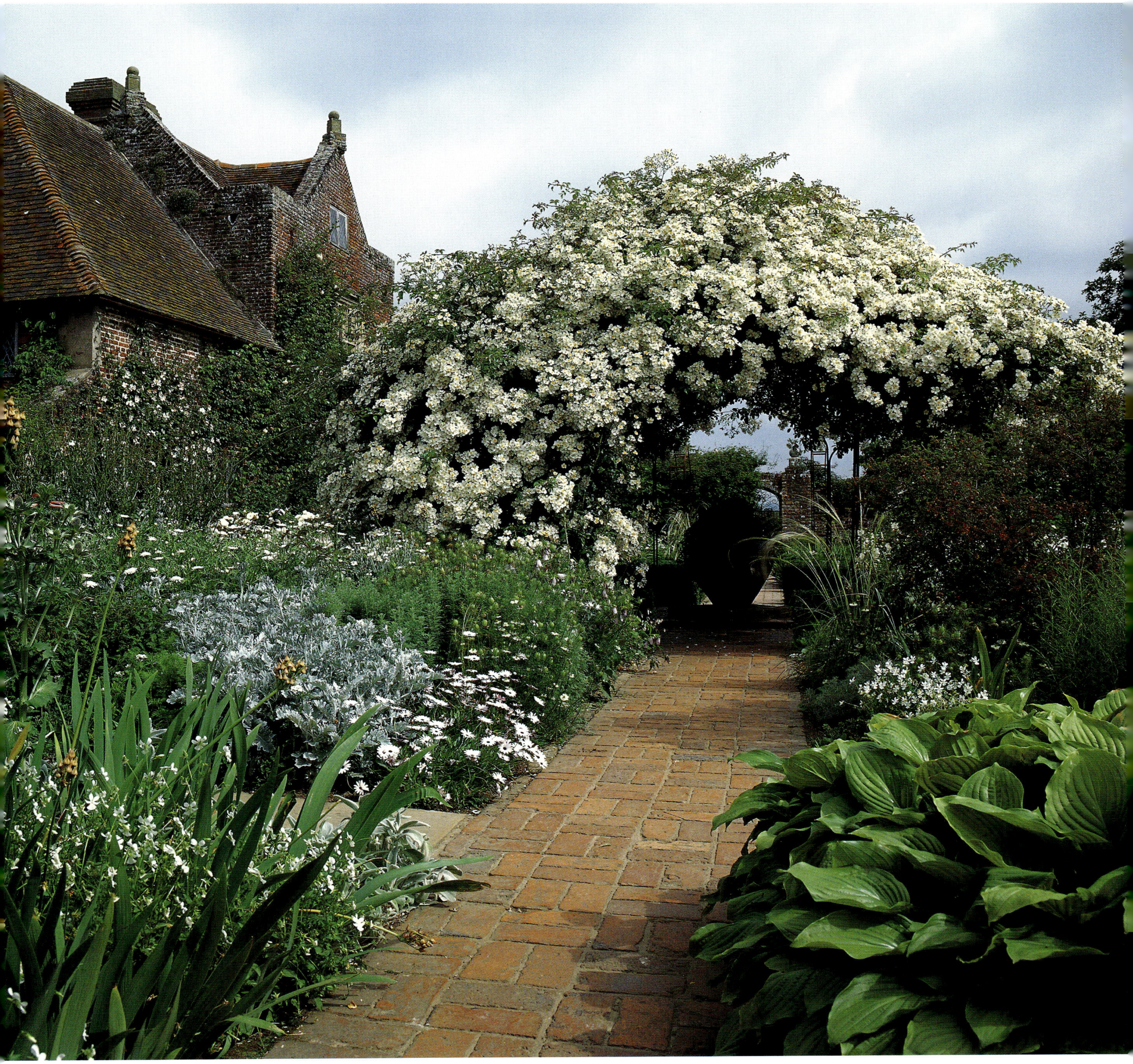

OBEN Eine gelbe Rabatte im Garten des Clare College in Cambridge, in dem nun auch Blautöne vorkommen. Für das Gelb sorgen vor allem das margeritenblütige Weidenblättrige Ochsenauge *(Buphthalmum salicifolium)*, die hohe Nachtkerze *(Oenothera biennis)* sowie die kompakte Studentenblume *Tagetes* 'Lemon Queen'

Nach Ansicht der Popes, die sie in ihren Büchern schilderten, sollten substanzielle Kontraste im Garten nur sparsam eingesetzt werden. Vielmehr liege in der Harmonie der Schlüssel zur guten Gartengestaltung. Dabei arbeiten die Gärtner mit Metaphern aus der Musik, was außerordentlich anregend ist. Allerdings kommen nicht zwingend Pastelltöne heraus. »In einem System aus der Schaffung dramatischer Spannung, Steigerung der Aufmerksamkeit und Beeinflussung von Stimmung befürworten wir eine Bepflanzung in einer sich entwickelnden Einfarbigkeit.«[9] Für das »Weniger ist mehr« sprachen sich die Popes aus und in ihren monochromen Pflanzungen konnten sie die Verschiebung von Farbnuancen, die Farbsättigung und die Veränderung von Hell zu Dunkel ausgezeichnet beeinflussen. »Wenn man nur eine Farbe verwendet, wird man aufmerksamer für Blätter- und Blütenformen, Rhythmus und Struktur der Bepflanzung treten stärker hervor und, natürlich, die emotionale Wirkung der einzelnen Farbe ist stärker wahrzunehmen.«[10]

Und so arbeiteten sie. In sieben Monaten des Jahres. Und um all das zu erreichen, nutzten sie auch den ein oder anderen gärtnerischen Kunstgriff, schnitten beispielsweise Stängel einiger Stauden zurück, etwa beim Phlox, um so den Blühzeitpunkt zu verändern. Wie abenteuerlustig und einfalls-

OBEN Eine der bravourösen Pflanzungen von Nori und Sandra Pope in Hadspen, Somerset. In den gelben Beeten finden sich die Wolfsmilch (*Euphorbia polychroma*, vorne links), vorne rechts die Pfingstrose *Paeonia lutea* var. *ludlowii*, die gelbblättrige *Lonicera nitida* 'Baggesen's Gold' und das gelb gezeichnete Pampasgras *Cortaderia selloana* 'Aureaolineata' (syn. 'Gold Band'). Bei der hohen Pflanze in der linken Bildhälfte handelt es sich um einen Wurzelschössling des Blauglockenbaums (*Paulownia tomentosa*), der hart zurückgeschnitten wurde und somit größere Blätter als gewöhnlich getrieben hat.

RECHTS Eine Bepflanzung aus gelben und blauen Tönen in höchster Qualität im ummauerten Garten von Packwood House in Warwickshire. Dahinter erhebt sich das Haus aus dem 16. Jahrhundert. Die tiefgelben, großen margeritenartigen Blüten gehören zu Alant *(Inula)*, die kleineren unten zu Kamille *(Anthemis)*, sehr hoch wachsen das rosa Mädesüß *(Filipendula)* und Federmohn *(Macleaya cordata)* mit der beigefarbigen Blüte. Diese leuchtenden Beete stellen einen bemerkenswerten Kontrast zum Topiary Garden mit den geschnittenen Eiben nebenan dar (siehe Seite 52).

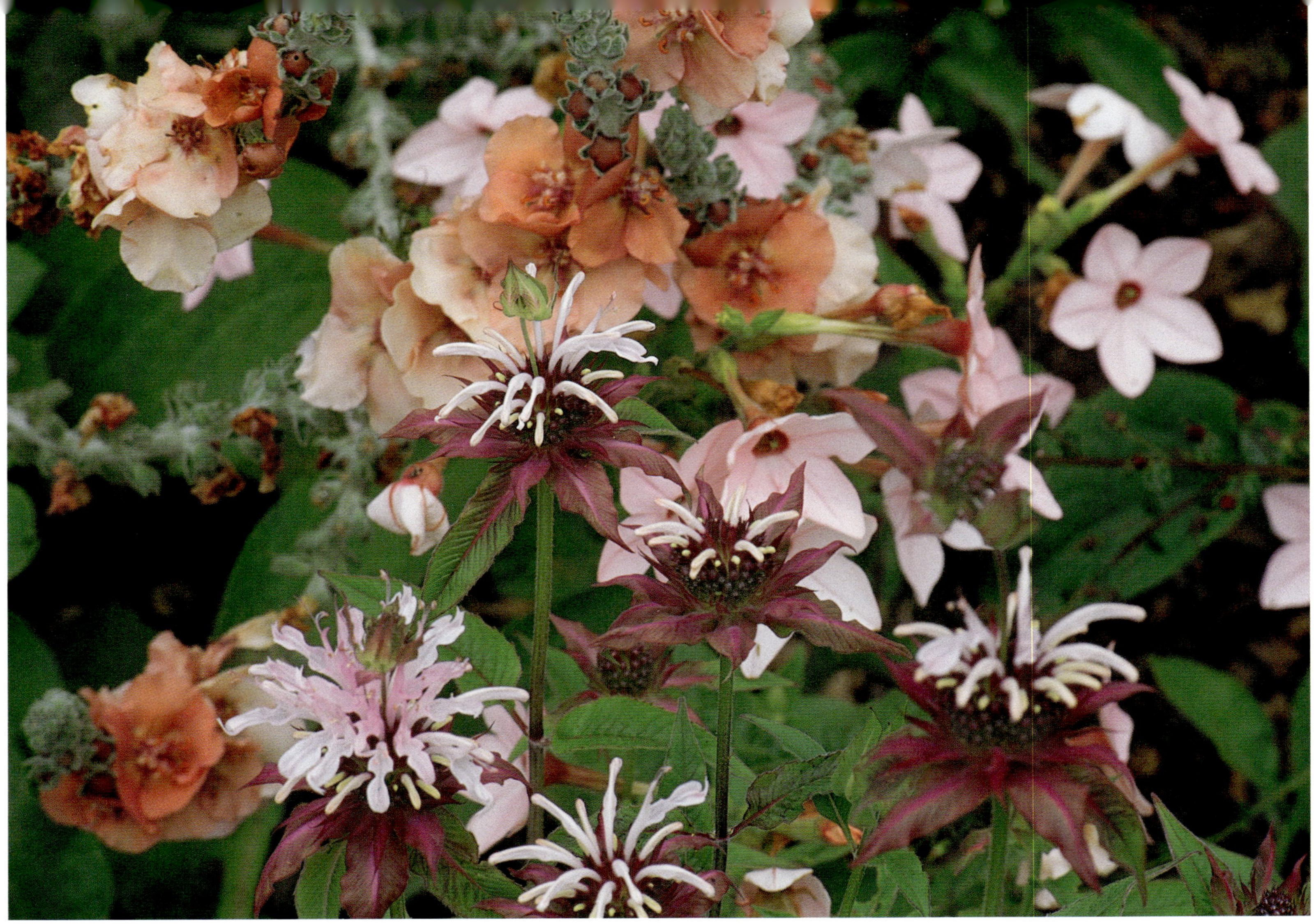

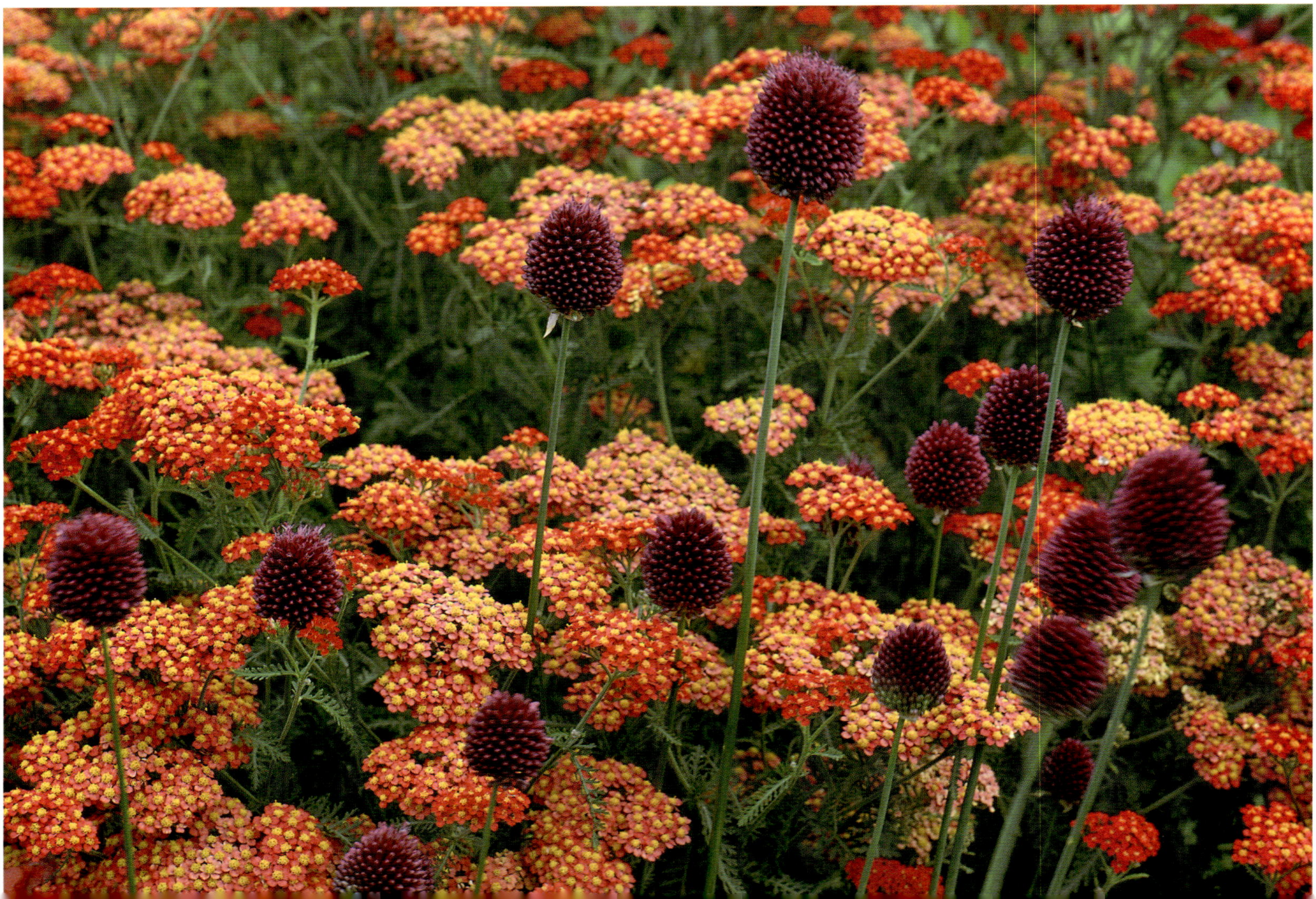

OBEN Purpurblättrige Sedum, rotblühende Crocosmia und bläulich blühendes Helmkraut *(Scutellaria incana)* wachsen zusammen mit der silbergrünen Blattschmuckpflanze *Helichrysum petiolare* 'Limelight' in Carol Kleins Garten von Glebe Cottage Plants in Devon.

OBEN LINKS *Verbascum* 'Helen Johnson' (Königskerze), *Monarda* 'Beauty of Cobham' (Indianernessel) und die pinkfarbene *Nicotiana* x *sanderae* 'Domino Salmon Pink' in Hadspen. Die apricotfarbene Königskerze »wärmt« die Begleitpflanzen.

UNTEN LINKS Die flachen Blüten der Scharfgarbe *Achillea* 'Terracotta' schaffen einen wichtigen Kontrast zur kugeligen Blüte des Zierlauchs *Allium sphaerocephalon*, aufgenommen in einer reizvollen Hochsommersituation auf Scampston Hall in Yorkshire.

FOLGENDE SEITEN
OBEN Eine Pflanzung in Rosatönen des begabten Gartengestalters Rupert Golby mit *Verbena* 'Sissinghurst', der etwas dunkleren *Verbena* 'Kemerton', *Diascia vigilis* und den rosa Glocken von *Penstemon* 'Evelyn'. Die blaugrauen Samenstände vom Mohn fügen interessante Formen ein.

RECHTS Duftwicke an einem einfachen Holzgestell im ummauerten Garten von West Green House in Hampshire.

reich ein Gärtner auch immer sein mag, so ist es doch die Jahreszeit, die maßgeblich die Farbplanung beeinflusst. Im Frühling beispielsweise herrschen frische Grüntöne, Weiß, Gelb und ein tiefes Blau vor (woraus wiederum der Nutzen von roten Tulpen als Gegengewicht resultiert). Im Frühsommer dagegen erwarten wir blauviolette, tiefrosa, weiße und purpurfarbene Töne, im Hochsommer dominieren Orange, Purpur, Apricot und Crème, während im Herbst Karminrosa, Strohgelb sowie malvenfarbene und bronzene Töne vorherrschen. Innerhalb dieser Kategorien bringt die Erfindungsgabe des Gärtners viele Variationen hervor, aber die Kategorien sind unveränderlich. Damit deutet sich die Begabung an, mit der Nori und Sandra Pope Bepflanzungsmuster für sieben Monate entwickelten, die alle auf einer Farbe basierten. Die breiteste Auswahl an Pflanzen finden wir in der Gruppe, die zwischen Juli und September blühen. Von Norden bis Süden unseres Landes kämpfen kreative Gärtner mit einer kaum fassbaren Menge an Pflanzen, die in dieser Zeit ihren Höhepunkt haben.

Eine weitere Farbexpertin ist Marylyn Abbott, die 1993 den Garten von West Green House in Hampshire übernahm. Zu diesem stattlichen Haus aus dem 18. Jahrhundert gehört ein kleiner Park mit einem See, eine Reihe neoklassizistischer Architekturelemente von Quinlan Terry und ein großer ummauerter Garten aus dem 18. Jahrhundert. Dieser birgt eine Reihe einzelner Gärten, die zum Teil überaus spannend bepflanzt sind, besonders mit den Tulpenmassen im Frühling. Auch hier sticht eher Farbharmonie ins Auge als Farbkontrast. »Die Beete sind nie statisch, sie werden alle fünf Jahre vollkommen umgestaltet ... sie bringen Kombinationen aus Purpur und Rubinrot zusammen, die Farben von Stahl, dann Schattierungen der Erde in verschiedenen Pflanzbereichen.«[11] Auch Marylyn Abbott hat ihre Ansichten über ihre Gärten (sie besitzt auch einen in Australien) und zur Bepflanzung nach Farben zu Papier gebracht.[12]

Natürlich sind all diese Gärtner nicht nur mit der Blütenfarbe befasst. Laub und Textur sind ihnen wie der Pflanzenwuchs ebenso wichtig. Sie wissen um die Wichtigkeit von Verknüpfungen und Zusammenhängen und wägen sie ab. Sie sorgen für ein vollendetes, zufriedenstellendes Bild, die sich von den zahlreichen Gärten deutlich unterscheiden, die durch wahllos zusammengefügte einzelne Elemente entstehen. Auch aus diesem Grund besuchen Laien die berühmten Gärten, denn sie wollen diese Zusammenhänge kennen lernen.

Der Autor Tim Richardson äußerte sich, bezugnehmend auf jüngere Artikel in der Zeitschrift *Country Life*, zu den Gärten des frühen 20. Jahrhunderts: »Vielleicht lag es an den Möglichkeiten, die sie der Individualität und Originalität bot, dass die Staudenrabatte zur nationalen gärtnerischen Obsession wurde und bis heute blieb ... Damals wie heute war sie ein gartenbauliches Labor, in dem jegliche Pflanzenkombination probiert werden konnte und so ist sie nach wie vor der überragende Schaukasten des gärtnerischen Könnens.«[13] So ist es.

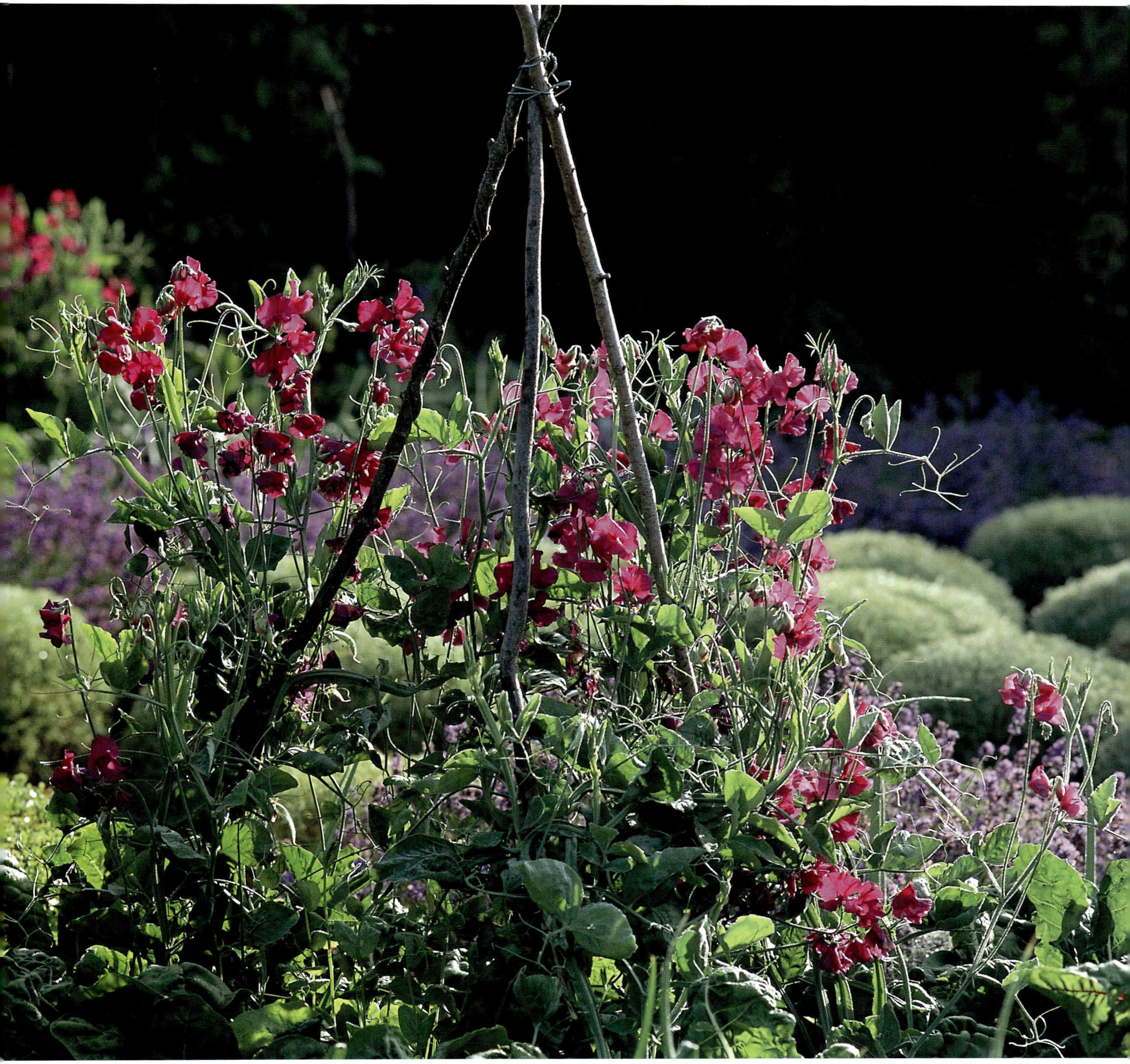

Das alles kann man pflanzen, wenn man in weitgehend frostfreien Gegenden seinen Garten hat. Die grüngelben Köpfe von *Aeonium canariense*, die roten Blüten von *Lampranthus spectabilis* 'Tresco Fire' und die hellere Sorte *L.s.* 'Tresco Peach' gibt der mittleren Terrasse von Tresco Abbey auf den Scilly-Inseln einen fremden, exotischen Flair.

Dauerhafte Pflanzungen mit frostempfindlichen Pflanzen gibt es in Englischen Gärten natürlich auch. Verständlicherweise finden wir sie in Teilen des Landes, in denen Frost eine Seltenheit ist. Zu diesen Anlagen gehören etwa Abbotsbury Sub-Tropical Gardens in Dorset, Overbecks Garden in Devon und Tresco Abbey auf den Scilly-Inseln. Sie liegen alle nah an der Küste und profitieren von einem bemerkenswert milden Mikroklima.[14] Die Gärten sind recht naturnah angelegt, teilweise sogar dschungelartig, und während der Blütezeit überaus farbenprächtig. Da die Sonne im Sommer in diesen Gebieten besonders viel Kraft hat, entwickeln die Blüten hier intensivere Farben als andernorts.

Ein Wassermangel im Sommer oder gar auf den Klimawandel zurückzuführende Trockenperioden trieb Menschen wie etwa Beth Chatto von Beth Chatto Gardens in Elmstead Market, Essex und Christopher Holliday an, nach trockenheitstoleranten Pflanzen zu suchen. Christopher Holliday konzentrierte sich dabei auf Pflanzen mit rauen oder sogar stacheligen Blättern, die auch ohne Blüten eine lebhafte Ausstrahlung haben (siehe Seiten 187–189).[15] Viele dieser Pflanzen kommen aus

Das gefüllt und mit einem gelben Hauch blühende Schneeglöckchen *Galanthus nivalis* 'Lady Elphinstone' wird von Enthusiasten hoch gelobt und gilt als die Frühlingsfreude eines jeden Schneeglöckchen-Liebhabers.

Südeuropa und dem Nahen Osten, wo heiße, trockene Sommer die Regel sind.

Gärten mit mediterranem Flair sind auch in Denmans in West Sussex und in East Ruston Old Vicarage in Norfolk zu finden. Interessanterweise war es für die Engländer lange Zeit überaus wichtig, sich der Herausforderung immer neuer Pflanzenzüchtungen zu stellen. So hat die Bezeichnung »plantsman« ein positives Image für uns. Wir nennen so die vielen Menschen, ob Männer oder Frauen, die sich intensiv und meist erfolgreich mit dem Pflanzenanbau befassen. Häufig beschäftigen sie sich mit seltenen Pflanzen oder solchen, die schwierig zu vermehren sind. Wir Engländer sind stolz, dass wir in der Lage dazu sind. Über Jahrhunderte hat sich eine Tradition entwickelt, sich mit der Pflanze zu beschäftigen, was so weit ging, dass Gestaltung untergeordnet, wenn nicht gar nebensächlich behandelt wurde. Das Gärtnern in England wird gespeist durch einen unstillbaren botanischen Wissensdurst und es gibt immer Menschen, für die Pflanzen die einzige Richtschnur der Gartengestaltung darstellen. Sie schaffen den Pflanzen ideale Wuchsbedingungen (und seien es Kästen für Zwiebelpflanzen oder Aluminium-Gewächshäuser) und setzen sie dorthin, wo sie am besten beobachtet werden können. So beschrieb die Landschaftsarchitekten Sylvia Crowe 1958 in *Garden Design*: »Zwei Dinge gelten für Gartenpflanzen. Zum einen ist es der Vorteil eines Gartens, Pflanzen ziehen zu können. Zum anderen sind Pflanzen ein wesentliches Material für die Gestaltung des Gartens.«[16] Verschiedene Gattungen und Arten reizen die Pflanzenexperten besonders. Schneeglöckchen, Funkien *(Hosta)*, Dahlien, Farnarten und alpine Pflanzen sind solche Kandidaten – je größer die Herausforderung, desto besser. Aber wir finden auch Menschen mit einem darüber hinausgehenden Interesse, etwa Besitzer von Waldgärten, für die nicht nur Moorbeetpflanzen interessant

OBEN Eine für den Juli überaus farbenprächtige Bepflanzung finden wir im Sommergarten von The Old Rectory, Duntisbourne Rouse in der Grafschaft Gloucestershire. Der Garten wurde von der Gartengestalterin und Autorin Mary Keen entworfen. Wie Carol Klein hat sie ein geschultes Auge und ausgezeichnete Pflanzenkenntnisse, was nicht häufig zusammen vorkommt. Die »Wächter« um den bepflanzten Kupferkessel sind *Buxus sempervirens* 'Graham Blandy'.

GEGENÜBER Im selben Garten blüht die Tulpe 'Carnaval de Nice' vor dem panaschierten Silberblatt *Lunaria annua* 'Alba Variegata' und der tiefroten Pfingstrose *Paeonia delavayi*.

sind, sondern auch Kamelien oder Magnolien. Andere wiederum haben sich auf Bäume generell spezialisiert. Die meisten Gärten jener Menschen, die wir »plantsmen« nennen, sind schöne und interessante Orte. Und es hat immer schon Menschen gegeben, die Pflanzenwissen und gestalterisches Können in sich vereinen. Lawrence Johnston, der Schöpfer von Hidcote war einer, Vita Sackville-West aus Sissinghurst eine andere. In der heutigen Zeit gehört zweifelsfrei Beth Chatto dazu, aber auch Mary Keen, eine Gartengestalterin und Autorin mit einem exzellenten Pflanzenwissen, die ihren Garten in The Old Rectory, Duntisbourne Rouse in Gloucestershire hat. Carol Klein, die in der Chatto-Tradition arbeitet, ist mit ihrer Gärtnerei Glebe Cottage Plants in Devon zu nennen. Carol Skinner von Eastgrove Cottage Garden (siehe Seiten 163–164) und Vanessa Cook gehören dazu. Cook entwarf einen schönen Garten, der wunderbar in den ländlichen Kontext passt und nahe zur ihrer Gärtnerei Stillingfleet Lodge in Yorkshire liegt. All diese Gärtnerinnen müssen bei ihrer Taufe von einer guten Fee gesegnet worden sein.

ANDERE BLUMEN-REICHE GÄRTEN

(Gärten von Pflanzenliebhabern eingeschlossen)
Toddington Manor, Bedfordshire
Mariners, Berkshire
Abbots Ripton Hall, Cambridgeshire
Anglesey Abbey, Cambridgeshire
The Crossing House, Cambridgeshire
Docwra's Manor, Cambridgeshire
Hardwicke House, Cambridgeshire
21 Lode Road, Cambridgeshire
Peckover House, Cambridgeshire
Lyme Park, Cheshire
Caerhays Castle, Cornwall
Copt Howe, Cumbria
Dalemain, Cumbria
Halecat, Cumbria
Dove Cottage, Derbyshire
Hardwick Hall, Derbyshire
Coleton Fishacre, Devon
Marwood Hill, Devon
Overbecks, Devon
Cranborne Manor, Dorset
Glen Chantry, Essex
Eastleach House, Gloucestershire
Brandy Mount House, Hampshire
Spinners, Hampshire
Abbey Dore Gardens, Herefordshire
Stockton Bury Gardens, Herefordshire
Blickling Hall, Norfolk
Bradenham Hall, Norfolk
Houghton Hall, Norfolk
Cottesbrooke Hall, Northamptonshire
Bide-a-Wee Cottage, Northumberland
Cragside House, Northumberland
Wallington, Northumberland
Kingston Bagpuize House, Oxfordshire
Pettifers, Oxfordshire
The Dower House, Morville, Shropshire
Pashley Manor, Sussex
The Courts, Wiltshire
Burton Agnes Hall, Yorkshire

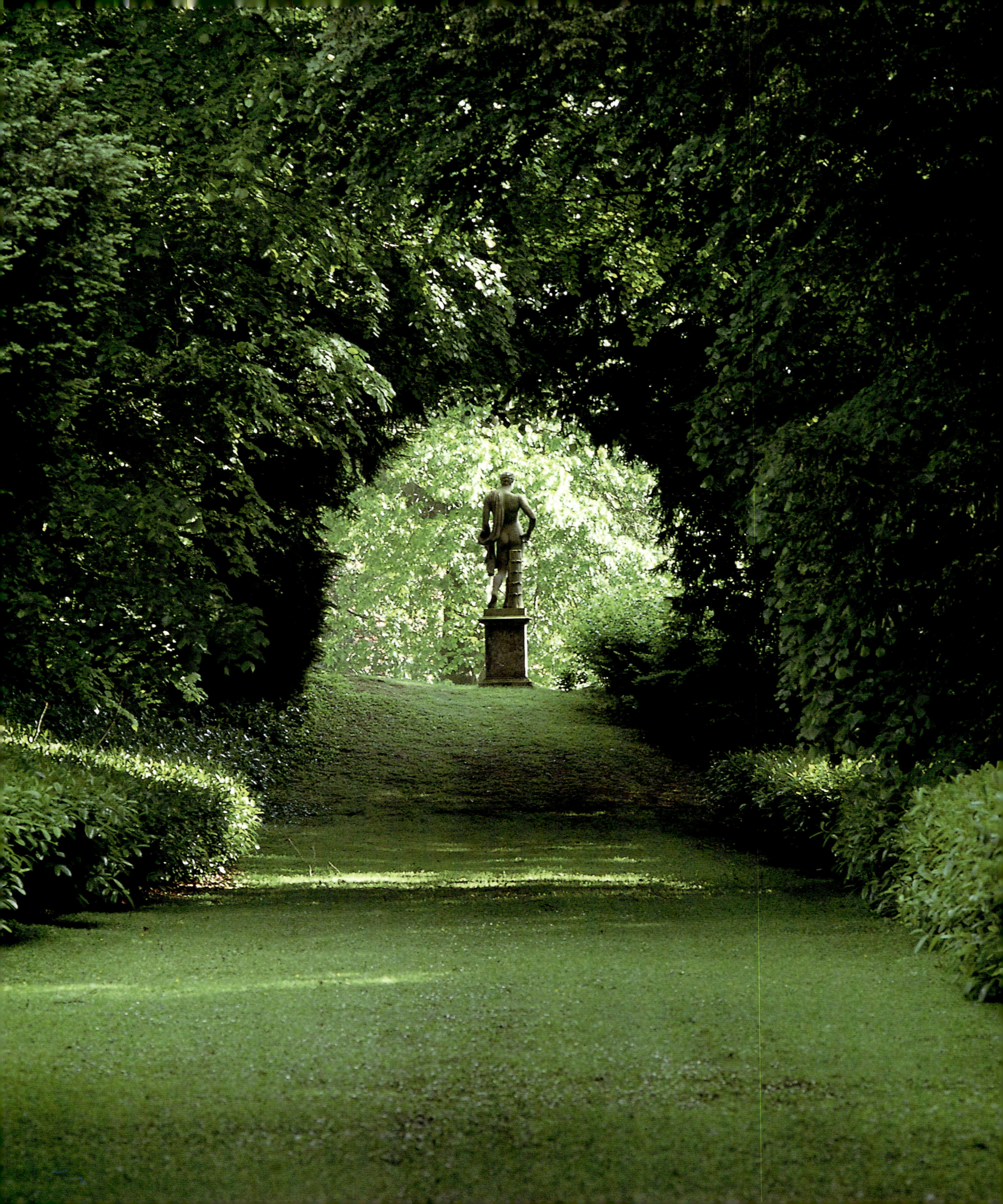

DER LANDSCHAFTSGARTEN

3

Es gibt einen Gartenstil in England, der aufgrund seiner historischen und gestalterischen Bedeutung nach mehr als 200 Jahren in zahlreichen Zeugnissen erhalten ist. Der »Landschaftsgarten« entstand als eigenständiger Stil ab dem 2. Jahrzehnt des 18. Jahrhunderts und bestimmte die Landschaftsgestaltung der wohlhabenden Landbesitzer länger als 80 Jahre. Kraftvoll und klar grenzten sich die Grundsätze dieses Stils von allem anderen ab. Die Idee dahinter erschien plausibel und immer noch sind annähernd 100 Gärten dieses Stils zu der ein oder anderen Zeit im Jahr für die Öffentlichkeit geöffnet.

Der Landschaftsgarten gilt als Reaktion auf die strenge Geometrie des barocken Gartens des 17. Jahrhunderts, der stark von holländischen, französischen und italienischen Gärten (siehe Seite 22–29) beeinflusst war. Um 1700 ging der Formalismus in der Gartenkunst zurück, die Idee des Landschaftsgartens als bedenkenswerte Stilrichtung gewann schnell an Bedeutung. Reaktionen auf die Tyrannei der geraden Linie lassen sich zurückverfolgen in die Zeit des späten 17. Jahrhunderts, wo sich nachdenkliche Gärtner wie etwa William Temple zu Wort meldeten. Auch gegen die kunstvoll angelegten Knotengärten und Parterres formierte sich Widerstand, vor allem von Schriftstellern wie John Evelyn, Alexander Pope und Joseph Addison. Diese Männer gaben der Idee des Landschaftsgartens das intellektuelle Fundament. Pope stellte für seinen Garten in Twickenham drei Regeln auf: Der Gärtner sollte »den Umgang mit Kontrast, die Handhabung von Überraschungen und das Verbergen von Grenzen« beherrschen. Ein Garten sollte die Selbstbetrachtung anregen und Emotionen im Betrachter wecken. Diese Autoren überredeten im frühen 18. Jahrhundert die gebildete Schicht, bei der Gestaltung ihres Landes Arkadien zuzustreben. Der Traum von Arkadien, des Landschaftsmythos der Griechen vom irdischen Paradies, sollte in die Idee münden, den Sieg der Natur über die Kunst darzustellen.[1] (Ironischerweise forderten die kultiviertesten Gesellschaftskreise ein »Zurück zur Natur«.) Ein fortschrittlicher Garten spiegelte die idealisierte Landschaft eines Claude Lorrain oder Nicolas Poussin mit zahlreichen, aus der Antike entlehnten Tempeln und Monumenten. Diese sollten als Blickfang aufgestellt werden, um den Gang durch den Garten zu einem anregenden Erlebnis werden zu lassen. Das war der »Naturalismus«, in dem die Natur sauber, ordentlich und gezähmt erschien. Während der ersten Hälfte des 18. Jahrhunderts ebneten sich die Landbesitzer, häufig mit professioneller Unter-

GEGENÜBER Die Statue des Apollo am Ende des Long Walk im Garten von Rousham House in Oxfordshire.

UNTEN Man kann nicht oft genug auf die ab 1980 geleistete Restaurierung des Landschaftsgartens Stowe in Buckinghamshire hinweisen. Sie war überaus komplex und umfassend, sodass sie auf die Restaurierung weiterer Gärten, nicht nur Landschaftsgärten des 18. Jahrhunderts, erheblichen Einfluss hatte. Hier ist die Rotunde aus dem Jahr 1721 mit der kürzlich erneuerten Venusfigur zu sehen.

stützung, ihren Weg zu einem neuen Stil. Philosophie und die Lehren der Klassiker unterstützten dieses Streben.

    Der Landschaftsgarten hatte bestimmte Inhalte. Ein See mit geschwungenem Ufer (häufig aus einem vorhandenen rechtwinkligen Kanal hervorgegangen), lockere Baumpflanzungen, Fahr- und Spazierwege, die durch das Gelände mäandern. Der Garten sollte nicht mehr völlig überschaubar sein, vielmehr von besonderen Plätzen stets anders wahrgenommen werden. Pavillons, Obelisken und Statuen wurden in Blickrichtungen gestellt, um Spaziergänge zu beleben und eine weitere Betrachtungsebene einzufügen. Mancherorts gewannen Motive der Gotik die Überhand über die der Klassik, speziell im späteren 18. Jahrhundert. Um all diese Ziele zu erreichen, mussten besonders im flachen Land Erdskulpturen (die man damals nicht so genannt hätte) aufgeschüttet werden. Tausende Tonnen Boden wurden bewegt, um der Landschaft Kontur zu verleihen, um

Hügel und Seen zu schaffen. Die radikale Abkehr von früheren Stilen bedeutete, mit Ausnahme des Gebäudes, dass es im Garten keine geraden Linien mehr gab.

Harte Ingenieursarbeit steckte hinter diesen Gärten, die Pläne basierten auf detaillierten Untersuchungen und sie waren sehr, sehr kostspielig. Dieser Stil war für die selbstbewusste Aristokratie, die das Land für diese Gärten besaß und den Mut, notfalls Häuser oder ganze Dörfer aus dem Weg zu räumen. Wie angetan mussten die Bauherren von dieser Mode gewesen sein, dass sie ihre Knotengärten, Parterres und Alleen wegrissen, um Wiesen, großen Seen oder geschwungenen Wegen Platz zu machen! Es ist eine seltsame Vorstellung, dass sich der Landadel selbst überreden musste, den Garten zu einer idealisierten klassischen Landschaft umzugestalten. Dann kam die Einführung des so genannten Aha in den Garten, englisch *ha-ha*. Diese dem Auge verborgene Geländestufe

Ein Zufall der Geschichte fror den Garten von Lyveden New Bield in Northamptonshire im Zustand vom Ende des Elisabethanischen Zeitalters Anfang des 17. Jahrhunderts ein. Ein großer Teil des Grabens und der modulierten Parkteile, wie der spiralförmige Aussichtshügel, wurden in jüngster Vergangenheit vom National Trust freigelegt. Dieser Garten ist von bewegender Atmosphäre und geschichtlicher Bedeutung.

zwischen Rasen und Wiesenlandschaft wurde durch Natursteine oder Ziegel abgefangen und diente vor allem der Abwehr von Vieh. Mit diesem Aha in Gebäudenähe konnte der Garten nahtlos verschmelzen mit der Landschaft, in der friedlich Schafherden weideten, die nicht zu nah ans Haus kommen konnten. Das Aha erhielt seinen Namen von der verbalen Reaktion der Menschen, wenn sie die Geländekante entdeckten. In Dezaillier d'Argenvilles *Theorie und Praxis des Gärtnerns* Anfang des 18. Jahrhunderts war erstmals die Rede davon. Vermutlich wurde 1695 in Levens Hall das erste Aha in England gebaut.

Der Besuch eines Landschaftsgartens hatte damals einen ähnlichen Erlebniswert wie heutzutage ein Filmklassiker, vielleicht *Casablanca* oder *West Side Story*, voller Andeutungen und Symbole. Diese Anspielungen in den Gärten waren nicht schwer zu verstehen für die gebildete Oberschicht, die Homer, Vergil und Ovid gelesen hatte. Aber nach den etwa 250 dazwischenliegenden Jahren sind den meisten Besuchern diese Sinnbilder unverständlich, und so nährt sich die Freude an einem Spaziergang durch einen Landschaftspark des 18. Jahrhunderts vor allem aus der ästhetischen Empfindung. Hier schwingt auch unsere Vorliebe für natürliche Situationen mit, welche diese Parks in Hülle und Fülle bieten. Es versteht sich von selbst, dass alle, die vor einem Besuch einen Gartenführer lesen, Gärten wie Stowe oder Stourhead weitaus intensiver genießen können als die Unbelesenen.

Viele Landbesitzer mit Geld und dem Ehrgeiz, ihr Anwesen zu verändern, zeigten mit diesem Stil gegenwärtigen Wohlstand und Zuversicht in die Zukunft. Sich der Idee vom Landschaftsgarten zu unterwerfen, konnte nur uneingeschränkt, nie halbherzig geschehen. Aber auch wenn es sich um eine radikale Abkehr von allem Gewesenen handelte, wäre es ein Fehler zu meinen, dass der Garten seine Form verlor, keine Gestaltung zeigte. Weit gefehlt. Nun wurde sie von Hügeln und Tälern, Einzelbäumen und Baumgruppen, sich windenden Wegen, Licht und Schatten und architektonischen Einfügungen gebildet. Entgegen der verbreiteten Ansicht hat »Capability« Brown nicht generell alle Teile des vorherigen Gartens entfernt. So beließ er manchmal lineare Elemente wie Baumreihen, etwa die doppelte Ulmenallee von Wimpole Hall, Cambridgeshire. Und Blüten gab es in den Landschaftsgärten mehr als vielfach angenommen. Häufig blühten an den Rändern der Baumgruppen Sträucher wie Flieder, Rosen oder Heckenkirschen *(Lonicera)* und so weiter. Sie wurden nicht in Gruppen, sondern meist als Solitäre gepflanzt und brachten Farbkleckse in die doch sonst äußerst grüne Szenerie.

Es gab nur wenige große Gärten, die dem modischen Druck widerstanden. Die Gründe dafür lagen in geografischer Abgeschiedenheit, intellektuellem Einsiedlertum der Besitzer oder auch nur an historischen Zufällen. Hier ist der Garten von Lyveden New Bield in Northamptonshire zu nennen, der mit dem Tod des Eigentümers 1605 nach und nach hinter einem Gestrüpp von Brombeeren und Eschensämlingen verschwand und erst im späten 20. Jahrhundert vom National Trust restauriert wurde. Zu weiteren Überlebenden aus früheren Stilepochen gehören Westbury Court in Gloucestershire, Levens Hall in Cumbria, Boughton House in Northamptonshire, Bramham Park in Yorkshire und Melbourne Hall in Derbyshire.

So manches Anwesen wurden von seinen Besitzern völlig ohne professionelle Hilfe umgestaltet. Die Gruppe aus Professionellen, denen die Aufgabe zur Umgestaltung Englischer Gärten und Ländereien in »Landschaften« übertragen wurde, war klein. Mit jedem umgestalteten Garten nahm indes deren Reputation zu, ihr Ruhm verbreitete sich unter der wohlhabenden Elite des Landes von Mund zu Mund. Der berühmteste Landschaftsarchitekt war zweifellos Lancelot »Capabiltiy« Brown. Vorgänger mit ähnlicher Reputation hießen Charles Bridgeman und William Kent, nach Brown stach Humphry Repton hervor.

Charles Bridgeman wurde 1728 königlicher Hofgärtner, arbeitete aber auch in privaten Gärten, fegte darin Parterres weg, fügte Ahas ein und

Bramham Park in Yorkshire ist eines der seltenen übriggebliebenen Beispiele des französischen Stils. Der Park wurde wahrscheinlich von seinem Besitzer Robert Benson im frühen 18. Jahrhundert entworfen. Nach 1763 hat sich mit Ausnahme des Pflanzenwachstums kaum etwas verändert. Dies ist die »Four Faces Urn«, eine Vase mit vier zierenden Gesichtern, an der drei große Buchenalleen aufeinander treffen. Die rechte Allee führt zu einem Kanal, genannt der »T-pond«, über den der Blick hinwegschweift zu einem Tempel in der Ferne, dem »Temple of Lead Lads«. 3,2 Kilometer Buchhecken gibt es im Hauptgarten, vielfach sind sie 6 Meter hoch und 2 Meter breit. Nahe an der Hecke stehende Bäume sind im Heckenbereich astfrei, um dichten Heckenwuchs zu gewährleisten.

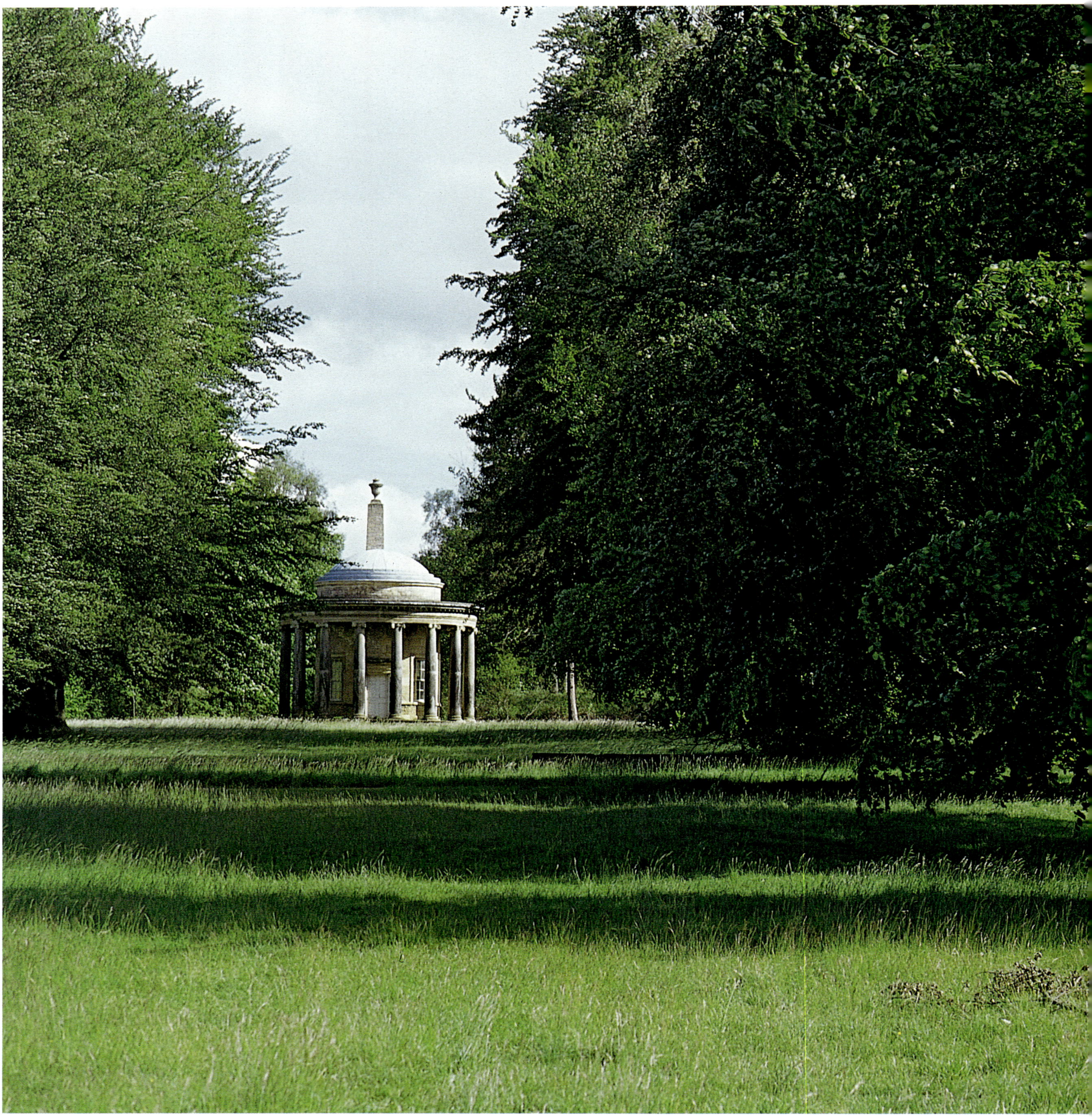

Das »Round House« von Bramham Park in Yorkshire wurde, so sagt man, William Kents Temple of Ancient Virtue in Stowe nachempfunden. Dahinter erhebt sich der Obelisk, an dem zehn Alleen in den Park ausstrahlen. Diese Allee wird von ausgewachsenen Buchen gebildet.

legte Seen an. Er arbeitete vor William Kent in Rousham und legte 1715 das bemerkenswerte Amphitheater aus Rasen in Claremont in Surrey an. Claremont war einer der ersten, im 20. Jahrhundert restaurierten Landschaftsgärten.

Auch ein rundes Becken mit einem Tempel auf einer naturhaften Insel darin legte er an. Dies gestaltete William Kent allerdings in einen See um. Er war auch der Erste, der nach Stowe geholt wurde. Dort legte er das Aha an, das den gesamten Garten umfasst. Seine Arbeit wurde häufig als Übergangsform vom französischen Stil zum Landschaftsgarten angesehen.

William Kent war ein Maler, Bühnenbildner und Architekt, der einige Jahre in Italien gelebt hat. Sein Einfluss war bahnbrechend. Über ihn meinte Horace Walpole: »Er übersprang den Zaun und sah, dass die Natur ein einziger Garten war.« Kent begann seine Arbeit für Lord Burlington in Chiswick House, London. Die klassische Villa lag in einem formalen Garten mit kleineren Gebäuden und zwei *Pattes d'oie*, einem Gänsefuß ähnlich ausstrahlenden Alleensystem. Kent verwandelte den Kanal in einen natürlichen See und fügte ein Aha, eine Grotte, Kaskaden und mäandrierende Wege durch Baumhaine ein. Er wollte unbedingt weg von den kanalisierten Gewässern. In seinen Gärten bekam Wasser stets eine geschwungene Uferlinie, wie in der Natur. Ihm war der Wechsel von Licht und Schatten während des Gartenspaziergangs wichtig. Er schätzte verstreute Baumgruppen als Blickrahmen oder Blickfang. Vielleicht nutzte ihm die Ausbildung als Bühnenbildner dabei, Landschaft in Szene zu setzen. Wenn ich durch einen Kent-Garten gehe, beispielsweise durch Rousham, entdecke ich stets diese subtile Dramatik darin.

Rousham hat einen Charme, mit dem sich meiner Ansicht nach kein Garten aus der ersten Hälfte des 18. Jahrhunderts messen kann. Er ist immer noch umgeben von Bauernland,

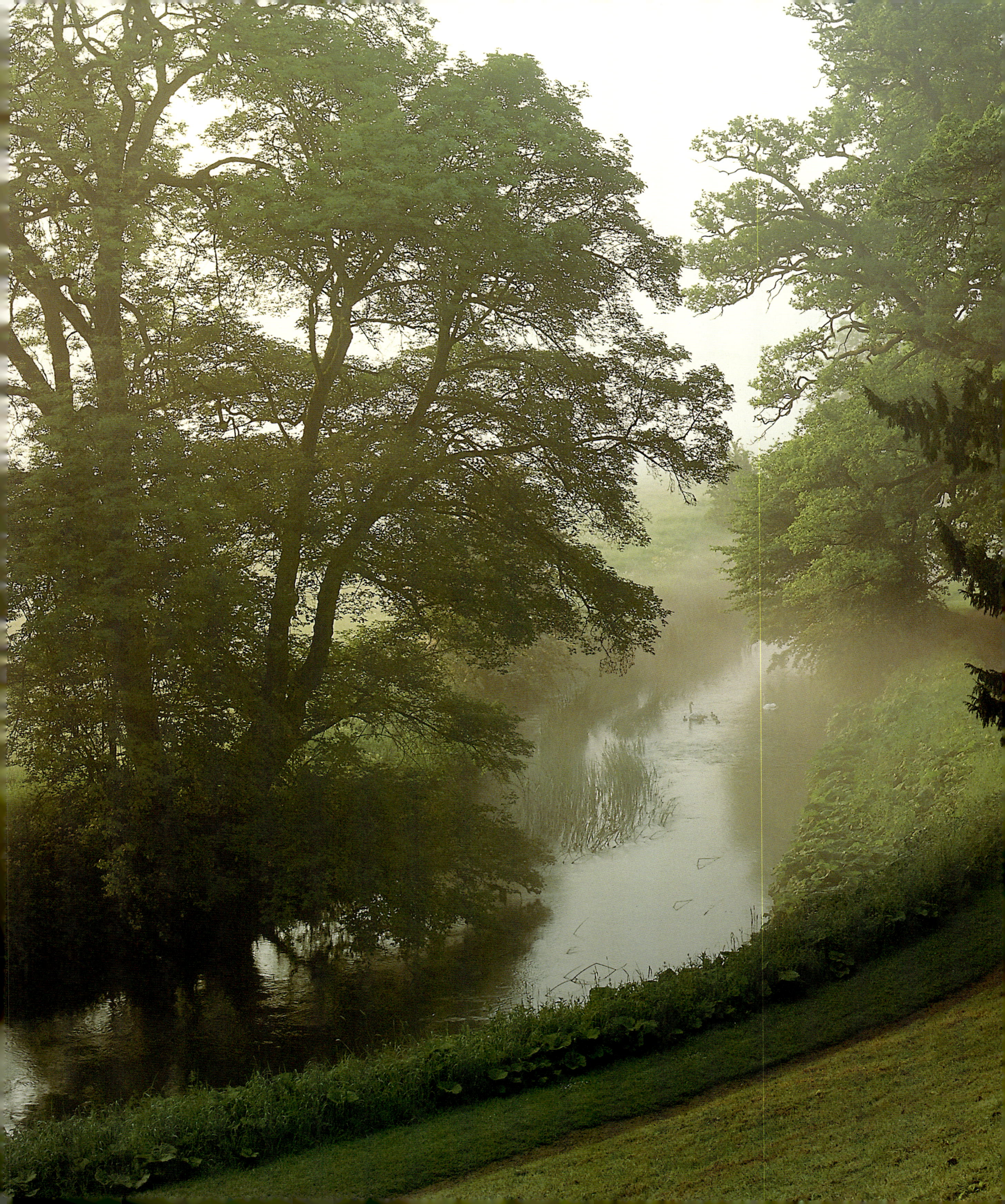

befindet sich in Privatbesitz und wurde seit 1741 nicht verändert. Rousham ist kleiner und weniger grandios als Stowe oder Stourhead, hat aber ebenso einen beachtlichen Figurenschmuck und architektonische Edelsteine, wie etwa das Arkadengebäude »Praeneste«, von dem wir auf den dahingleitenden Fluss Cherwell schauen. Bridgeman arbeitete hier zwischen 1725 und 1734, schuf unter anderem ein Amphitheater aus Rasen, aber maßgeblich ist hier William Kents Arbeit von 1737 bis 1741 zu spüren. Es ist wohl sein feinster Garten. Ruhige Becken finden wir hier, Kaskaden, schmale Wasserrinnen und verschwiegene Fußwege durch Baumhaine. Viele Orte bieten schöne Blicke in die Landschaft außerhalb des Gartens, besonders auf eine Mühle hinter dem Fluss und der Straße. Rousham ist eher klein – verglichen mit dem riesigen Stowe. Dort finden wir Landschaft par excellence, den Idealen des Stils verpflichtet. Bridgeman, Kent und Brown haben hier alle einmal gewirkt. Und die Gebäude im Garten stammen von den begehrtesten Architekten ihrer Zeit, zum Beispiel Sir John Vanbrugh und Robert Adam. Bridgeman wurde 1713 vom Eigentümer Stowes, Sir Richard Temple (später Viscount Cobham), mit

OBEN Obwohl weit über 250 Jahre alt, wirkt die Wasserrinne erstaunlich modern. Sie fließt durch ein Waldstück dem Temple of Echo von William Kent zu, der über dem Fluss liegt. Der Garten von Rousham ist ein zurückhaltender, friedlicher und allemal deutlich unterschätzter Landschaftspark. Verglichen mit den anderen bedeutenden Anlagen des 18. Jahrhunderts ist er eher klein. Weil es hier nach 1741 keine Veränderungen mehr gegeben hat, ist es der beste Ort, um die Genialität von William Kent zu studieren.

GEGENÜBER Die Verkörperung der ländlichen Ruhe Englands: der Cherwell-Fluss am Fuß des Landschaftsgartens von Rousham in Oxfordshire.

OBEN Rousham lässt William Kents Vorliebe für das Theater erkennen. Dies ist der »garden of light and shade«.

RECHTS William Kent, der von 1737 bis 1741 am Garten von Rousham arbeitete, schuf das so genannte Praeneste, ein Gebäude mit sieben Bögen. Zur Zeit Kents gab es dort Sitzgelegenheiten, um den Blick über den Fluss Cherwell in die Landschaft genießen zu können. Seit Schaffung des Gartens gehörten geschnittene Immergrüne zum festen Bestandteil. Rousham ist das Beispiel eines alten Gartens, an dem die Vision des Schöpfers erkennbar geblieben ist. Horace Walpole nannte Rousham »das engagierteste Werk von William Kent. Das ist Kentissimo.«

der Schaffung eines neuen Gartens beauftragt. Er legte ein fünfseitiges Aha an, verschiedene Becken, geschlängelte Wege und verschiedene Alleen, die in den Wald führten.

In den 1720er und 1730er Jahren folgte Kent, der Bridgemans oktagonales Becken in einen See verwandelte und die Elysischen Felder, ein Englisches Arkadien, anlegte. 1738 wurde eine Brücke im Palladio-Stil über das östliche Ende des einstigen Oktagon-Beckens errichtet, eine Kopie der Brücke im Garten von Wilton. Kent ließ auch den Temple of the British Worthies sowie den Tempel of Ancient Virtue bauen. In den 1740er Jahren war »Capability« Brown Obergärtner in Stowe. Zu dieser Zeit legte er das Grecian Valley an, ohne jegliche Bauten und nur mit Geländemodellierungen und Baumgürteln. Zur gleichen Zeit schuf James Gibbs einen gotischen Tempel und den klassischen Tempel der Königin. Stowe ist ein hervorragender Garten für einen beschaulichen Spaziergang, auf dem immer wieder neue Gebäude in den Blick kommen. Und mit den häufigen Verweisen auf die Klassik bleibt es ein wundersamer Ort. Die von Dominic Cole und Land Use Consultants durchgeführte Restaurierung war eine gigantische Aufgabe und galt für verschiedene andere Landschaftsgärten als Vorbild. Jeder Gärtner und Landschaftsarchitekt des 18. Jahrhunderts hatte große Achtung von Lancelot »Capability« Brown, dessen großartigsten Arbeiten in der zweiten Hälfte des 18. Jahrhunderts liegen (Brown starb 1783). Der Dichter William Cowper nannte ihn den »allgegenwärtigen Magier«, denn Brown wirkte angeblich in 170 Anlagen.

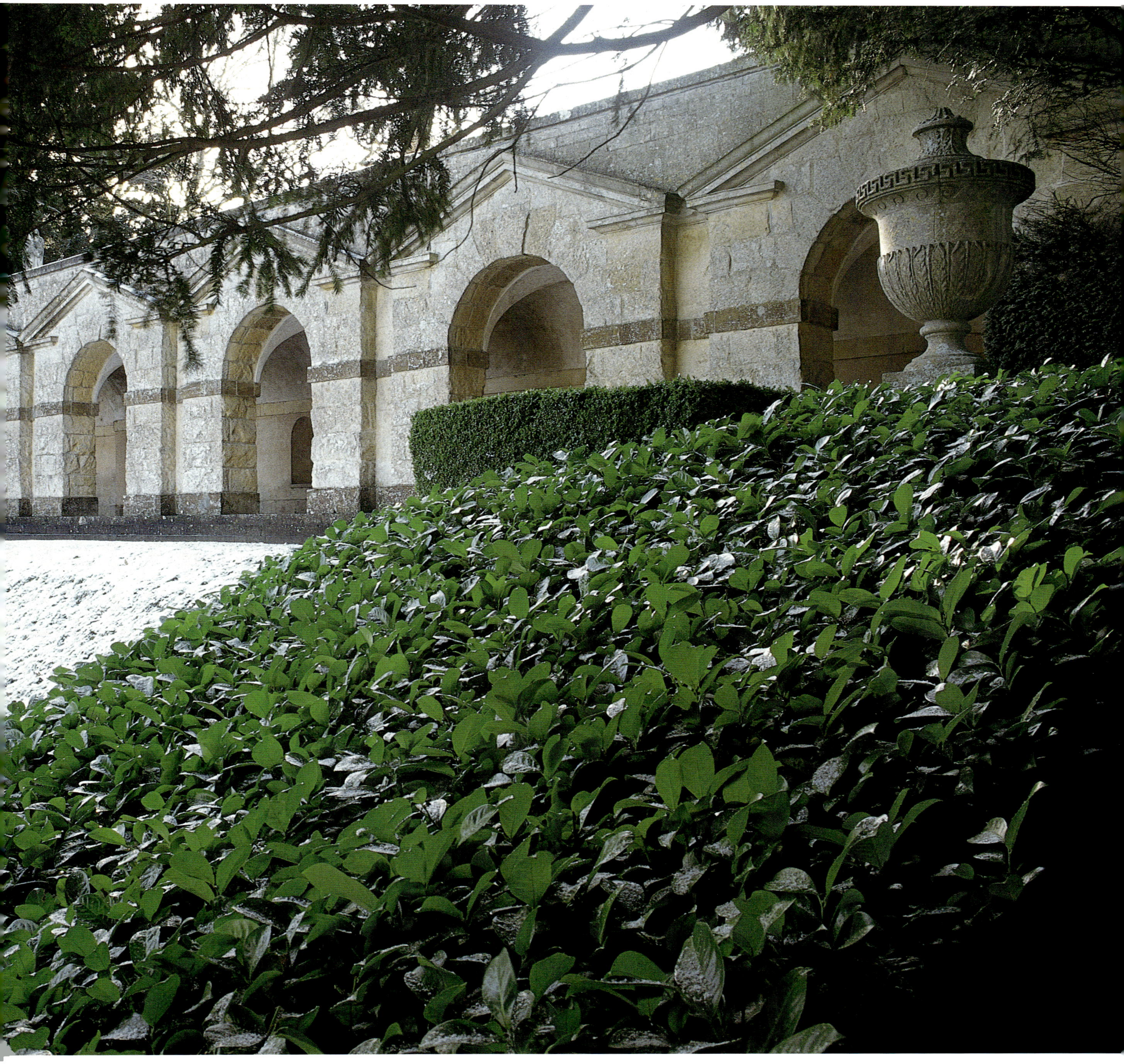

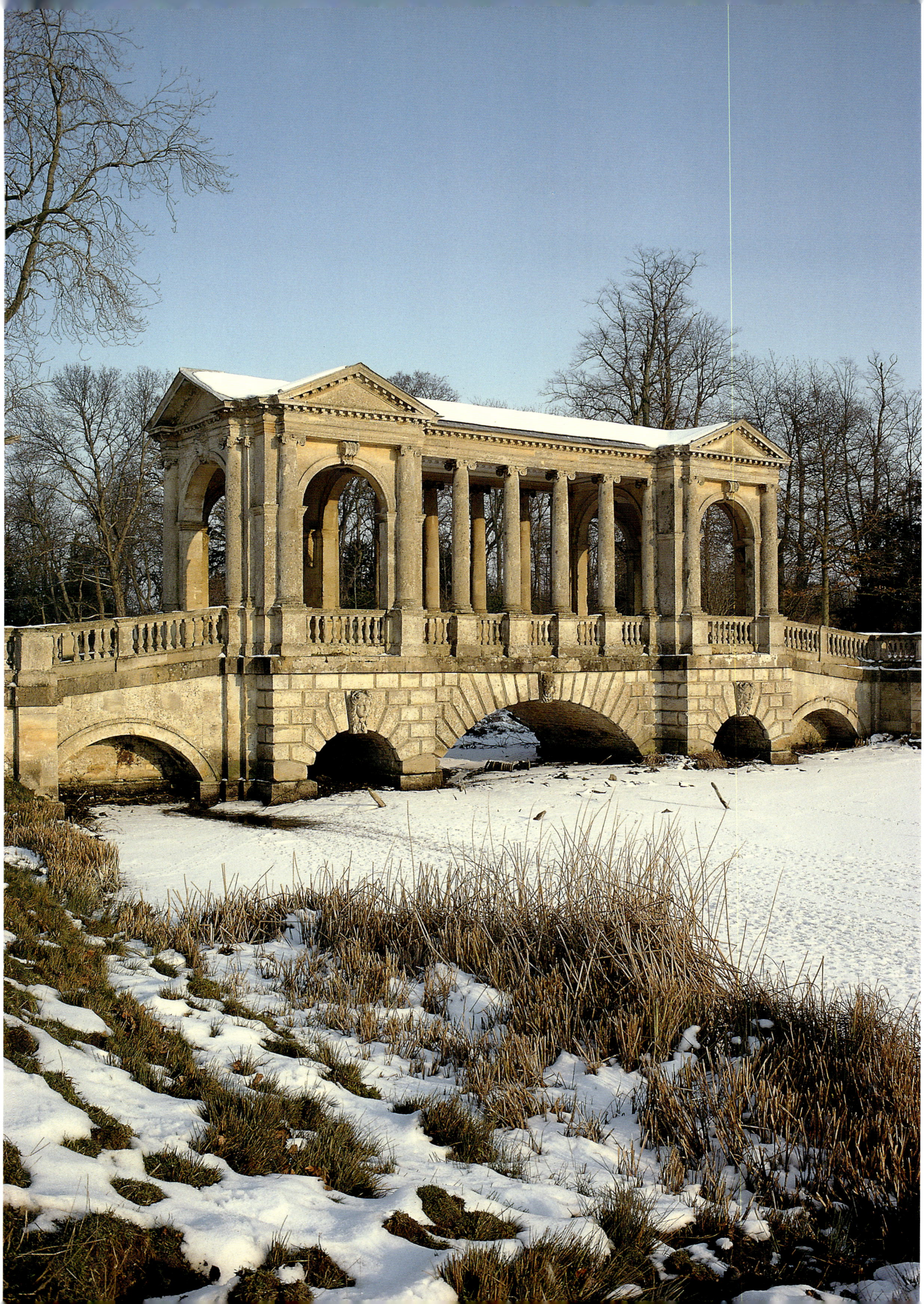

LINKS William Kents Temple of British Worthies in Stowe (alles Liberale!). Im Vordergrund ist Sir Thomas Gresham zu sehen, der Gründer der Börse in London. Unter den anderen Geehrten finden sich unter anderen William Shakespeare, der Dichter und Staatsphilosoph John Milton und Elisabeth I. Stowe ist berühmt wegen seiner Monumente und Gebäude, die zu Dutzenden wohlüberlegt in der Parklandschaft positioniert wurden. Dabei achtete man auf die Grundsätze, die der Pionier des Landschaftsgartens, William Shenstone, 1764 niederschrieb: »Wenn ein Gebäude oder ein anderes Objekt von einem erhabenen Punkt erspäht worden ist, so sollte der Fuß nie den gleichen Weg gehen, den das Auge vorher genommen hat. Verliere das Objekt aus den Augen, nähere dich auf Umwegen.«[2]

GEGENÜBER Die Palladio-Brücke im Landschaftspark Stowe in Buckinghampshire wurde 1738 erbaut und stellt eine Kopie der Brücke von Wilton House in Wiltshire dar. Sie überspannt das östliche Ende des Oktogon-Beckens, das William Kent in einen See verwandelte hatte.

FOLGENDE SEITEN John Vanbrughs 1710 errichtete große Brücke von Blenheim überspannte ursprünglich einen seichten Fluss, den Glyme. 50 Jahre später ließ »Capability« Brown den Fluss aufstauen, was sich auf die Maßstäblichkeit der Brücke nur positiv auswirkte. Die Baumpflanzungen gehen zu einem großen Teil auf den königlichen Gärtner Henry Wise zurück, einem der einflussreichsten und populärsten Gärtner des ausgehenden 17. Jahrhunderts.

Neoklassizistische Tempel waren zu dieser Zeit weniger gefragt, mehr dagegen Georgianische Architektur mit ihren sauberen, feinen Linien und exzellenten Proportionen.

Dazu passte Browns Landschaftsarchitektur ausgezeichnet. Er pflanzte Tausende Bäume in Gruppen, als Gürtel oder Solitäre, gelegentlich verpflanzte er große Exemplare. Bei einheimischen Bäumen war dies erfolgreicher als man annehmen sollte. Zu Browns bedeutendsten Aufträgen gehören Chatsworth in Derbyshire, Blenheim Palace in Oxfordshire, Audley End in Essex, Petworth House in West Sussex, Holkham Hall in Norfolk und Bowood House in Wiltshire. Im Park von Petworth änderte Brown in den 1750er Jahren den formalen Garten von George London, legte zwei bezaubernde Seen an, den größeren Upper Pond und kleineren Lower Pond. Er lichtete Baumgruppen aus, pflanzte Gruppen aus Eichen, Buchen, Esskastanien und Platanen in den umgebenden Hirschpark. Er fügte einen dorischen Tempel und eine ionischen Rotunde als Blickpunkte ein und legte ein Aha an. Zahlreiche schöne Ansichten gibt es hier, die auch der romantische Maler J. M. W. Turner in seinen Bildern festhielt.

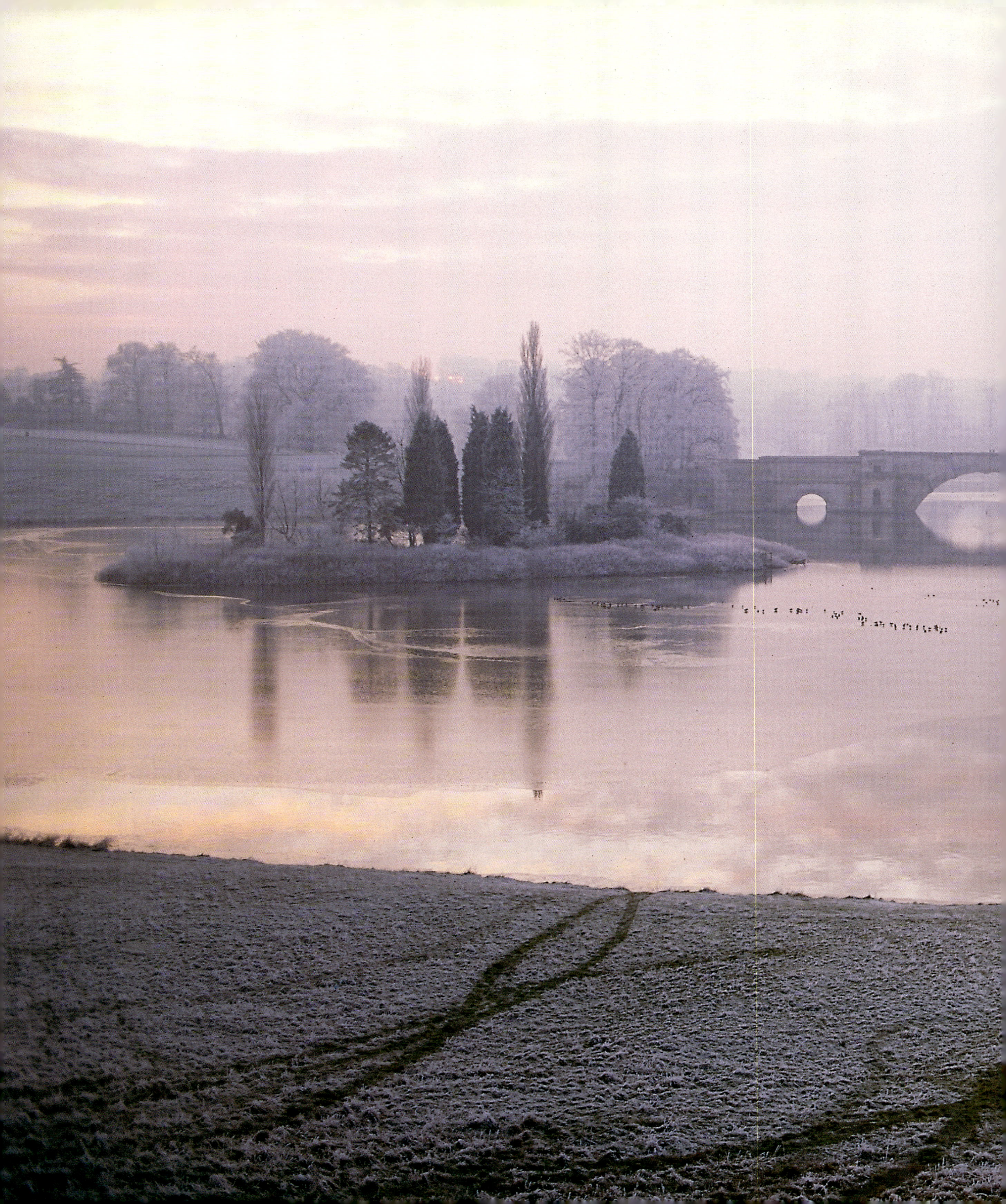

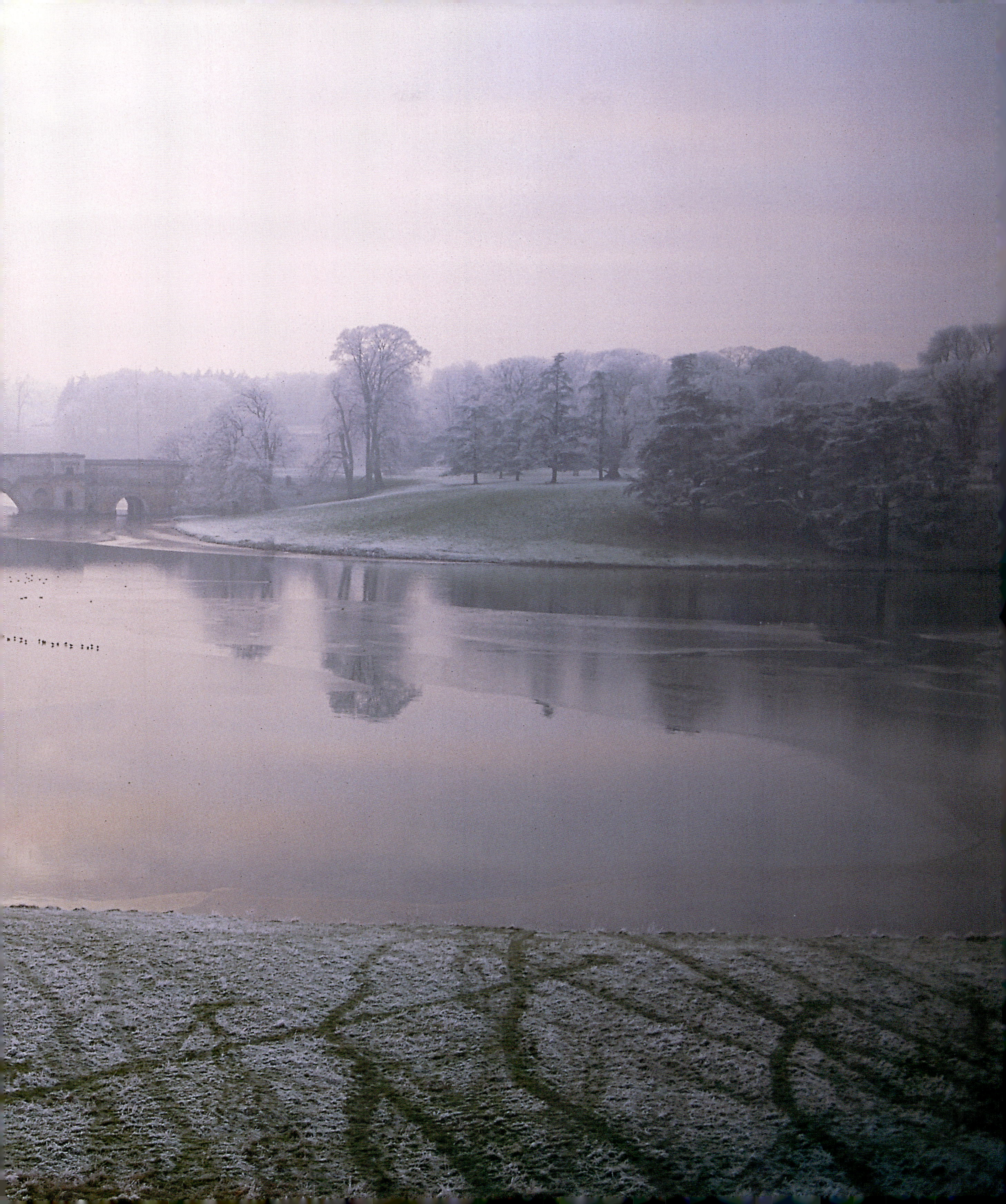

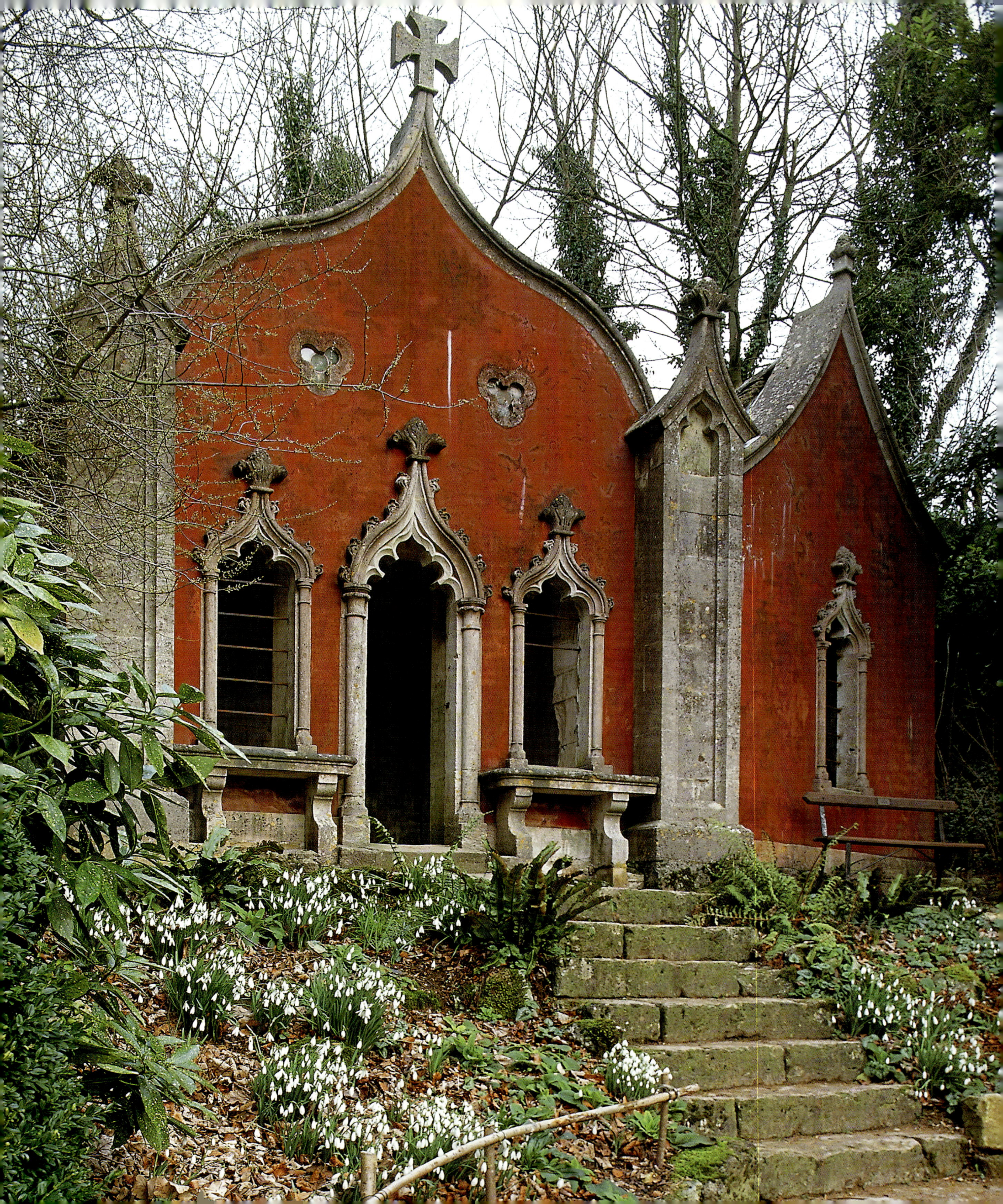

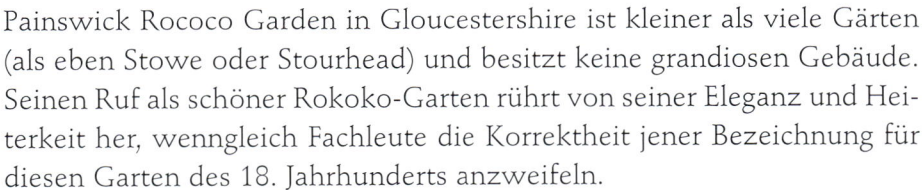

Painswick Rococo Garden in Gloucestershire ist kleiner als viele Gärten (als eben Stowe oder Stourhead) und besitzt keine grandiosen Gebäude. Seinen Ruf als schöner Rokoko-Garten rührt von seiner Eleganz und Heiterkeit her, wenngleich Fachleute die Korrektheit jener Bezeichnung für diesen Garten des 18. Jahrhunderts anzweifeln.

Unstrittig ist, dass die Gebäude nicht von der Klassik, sondern von der Gotik inspiriert, aber natürlich in kleinerem Maßstab gebaut sind. In der frühen 1980er Jahren war Painswick in einem sehr schlechten Zustand. Glücklicherweise hing im Gebäude ein Bild des Gartens von Thomas Robins aus dem Jahr 1748. Auch wenn die Korrektheit der Abbildung unklar war, begann der Besitzer nach vorherigen Untersuchungen von Gartenarchäologen 1984 mit der Restaurierung nach Vorlage des Bildes. Mit dem Fortgang der Arbeiten stellte sich heraus, dass nach der Vorlage ein eleganter, faszinierender Garten entstehen würde. Painswick liegt in einem steilen Waldtal, Wege führen zu den verschiedenen Gartengebäuden wie dem Red House und der Exedra. Bekannt ist der Garten auch wegen seiner Schneeglöckchen, seiner großen Zahl von *Galanthus* 'Atkinsii', benannt nach einem Herrn Atkins aus dem Dorf Painswick.

OBEN Der Tempel des Apollo (1744) in Stourhead in Wiltshire. Stourhead wurde von dem Bankier Henry Hoare II. angelegt, der sich stark von Claude Lorrain, dem berühmten Landschaftsmaler des 17. Jahrhunderts, inspirieren ließ.

OBEN LINKS Die Exedra, ein kleines Gebäude im gotischen Stil in Painswick Rococo Garden, wurde in den 1980er Jahren restauriert. Man versah den Holzrahmen mit einem Stahlkern, damit das Bauwerk länger hält als das Original. »Exedra« kann viel bedeuten, aber hier steht es für einen halbrunden Gartenpavillon. Zwischen der Exedra und dem Teich liegt ein wiederhergestellter geometrischer Küchengarten.

GEGENÜBER Das Red House im Painswick Rococo Garden in Gloucestershire. Hier verbirgt sich eine extravagante, heitere Bedeutung hinter dem Begriff Rokoko, der für einen Gartenstil bezeichnend war, der etwa zwischen 1720 und 1760 aufkam. In Painswick schloss er Serpentinenwege mit formal gestalteten Aussichtspunkten sowie farbige Staffagebauten in verschiedenen Baustilen entlang des Gartenrundwegs ein.

FOLGENDE SEITEN Das Pantheon (1754) in Stourhead von der anderen Seeseite aus. Dieser Landschaftsgarten sollte auf dem Weg um den See vollständig erlebt werden können. Im Laufe dieses Wegs tun sich immer neue Perspektiven auf – Gebäude, Bäume, Wasser zeigen sich –, was einen Ausflug erst interessant macht.

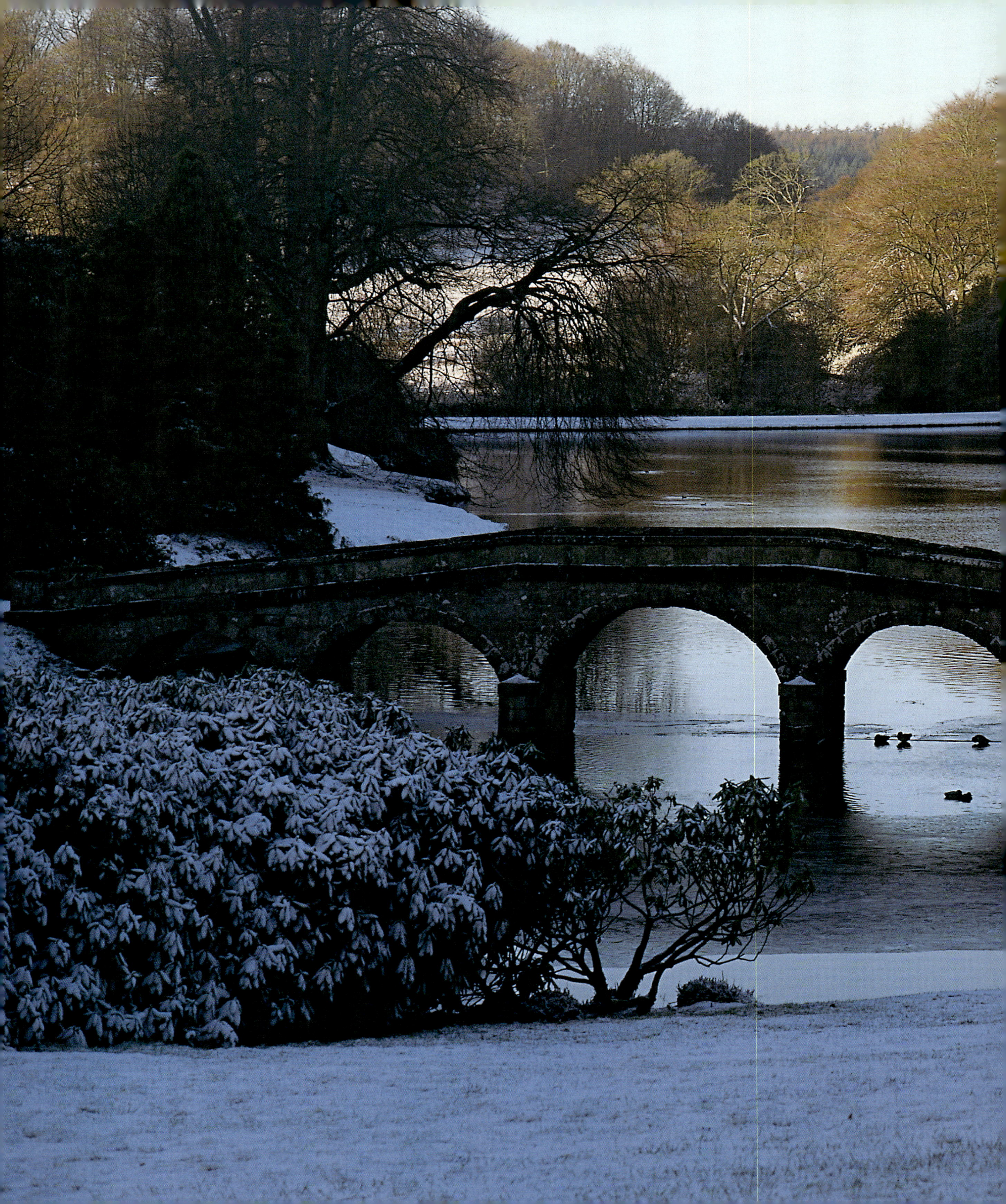

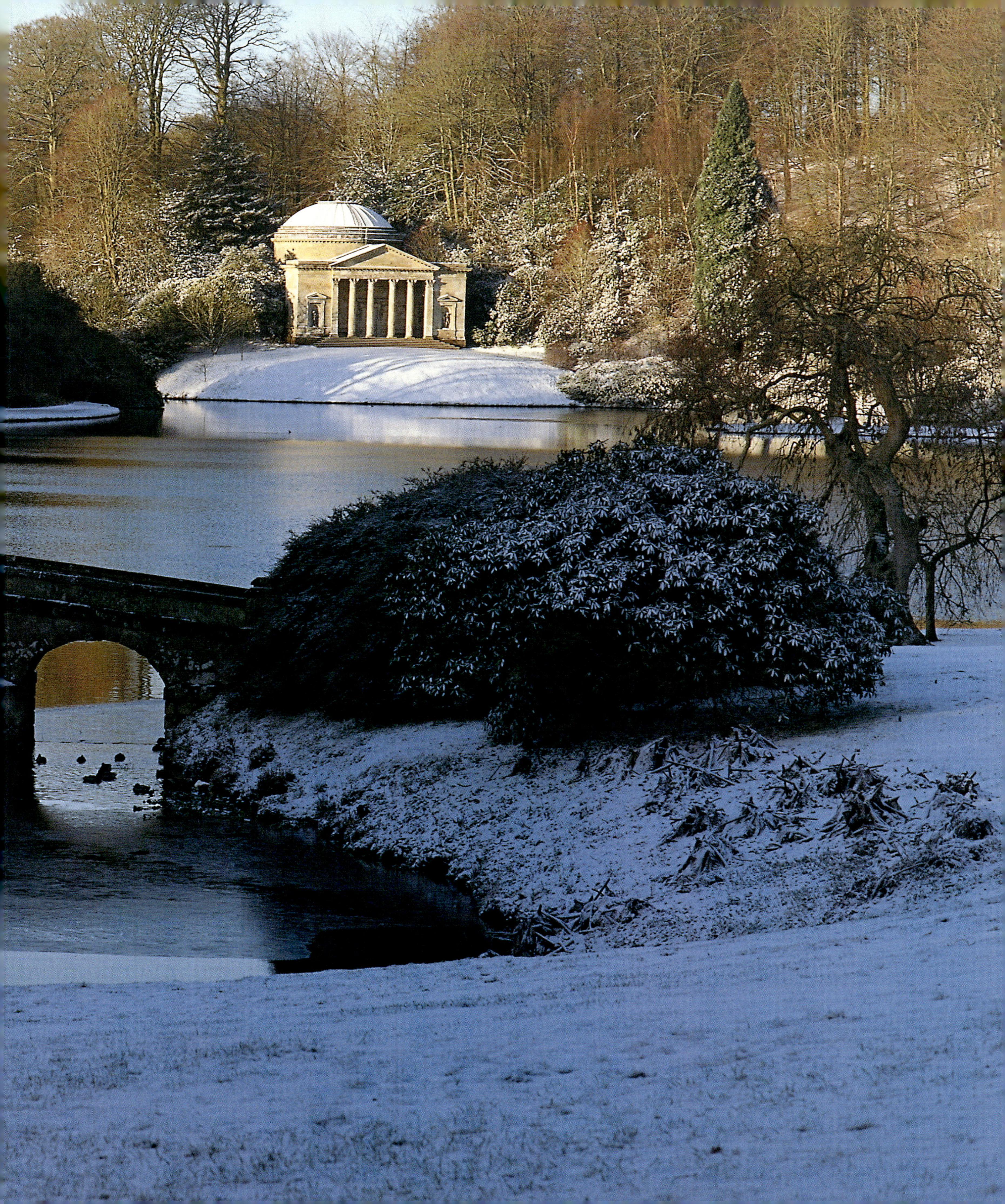

Die klaren Linien des »Mondteichs« mit den beiden halbmondförmigen Seitenbecken von John Aislabie in Studley Royal in North Yorkshire. Der Garten wurde von 1722 bis 1742 angelegt. In der Mitte des Teichs steht eine Neptun-Figur, ein beliebtes Motiv für einen solchen Platz.

Stourhead gehört zu den Gärten, die von einem Laien angelegt wurden. Henry Hoare war Bankkaufmann, der gleich nach dem Kauf des Anwesens 1741 den Fluss Stour aufstaute und um den entstandenen See an die Klassik angelehnte Gebäude errichtete. Der Temple of Flora, das Pantheon und der Temple of Apollo gehören dazu. Er pflanzte auch zahlreiche Bäume, wie später sein Enkel Richard. Zahlreiche Exoten, wie etwa die Tulpenbäume *(Liriodendron tulipifera)*, sind mittlerweile zu sehr großen Exemplaren herangewachsen.

Wie in Stourhead entdecken wir auch in Painshill bei einem Rundgang um den See entgegen des Uhrzeigersinns gelegentlich ein Gartengebäude, und wenn man sich diesem dann genähert hat, fesselt ein neues Element das Auge. Diese Elemente (von Henry Flitcroft) schließen klassische Tempel wie den Temple of Flora, den Temple of Apollo und das Pantheon ein, außerdem ein rustikales gotisches Cottage und eine Grotte. Walpole nannte den Blick vom Temple of Apollo »einen der pittoreskesten Szenen der Welt«. Es gilt dabei als sicher, dass Bilder von Claude Lorrain und Nicolas Poussin die Landschaftsgestaltung beeinflussten.

Gegen Ende des 19. Jahrhunderts pflanzten Hoares Nachkommen zahlreiche Rhododendren und Azaleen nahe am See. So und mit vielen exotischen Bäumen untergruben sie den Purismus der Landschaft, die Einfachheit der Natur aus Wald, Wasser und grünem Gras. Andererseits haben sie zweifellos Anteil an der fortdauernden Popularität des Gartens.

Den Hauptteil des Gartens von Studley Royal in North Yorkshire entwickelte John Aislabie zwischen 1722 und 1742, als er im Zusammenhang mit einem Finanzskandal in den Ruhestand geschickt und vorübergehend ins Gefängnis gesteckt wurde. Er platzierte einen teilweise formalen Wassergarten in das bewal-

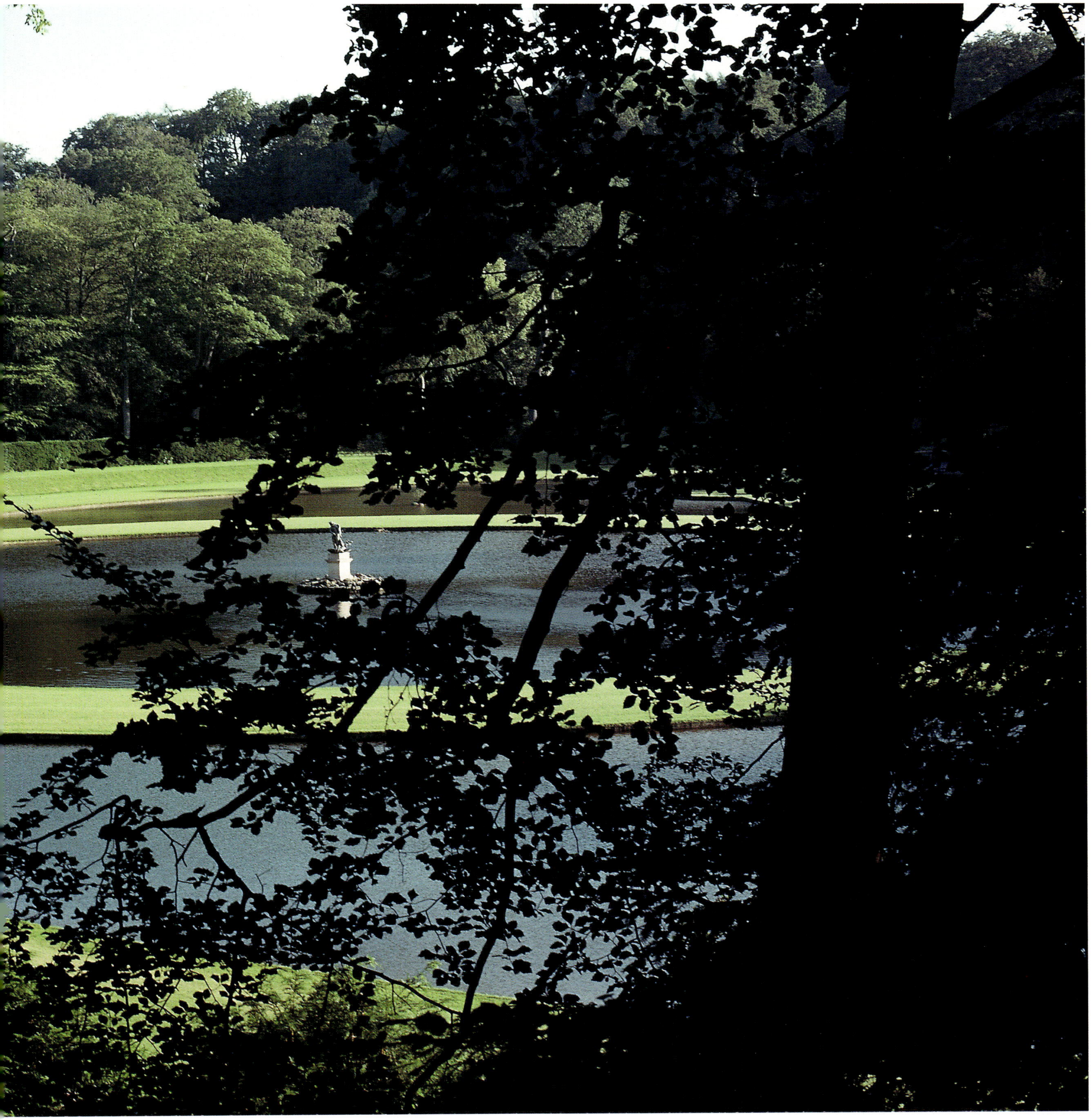

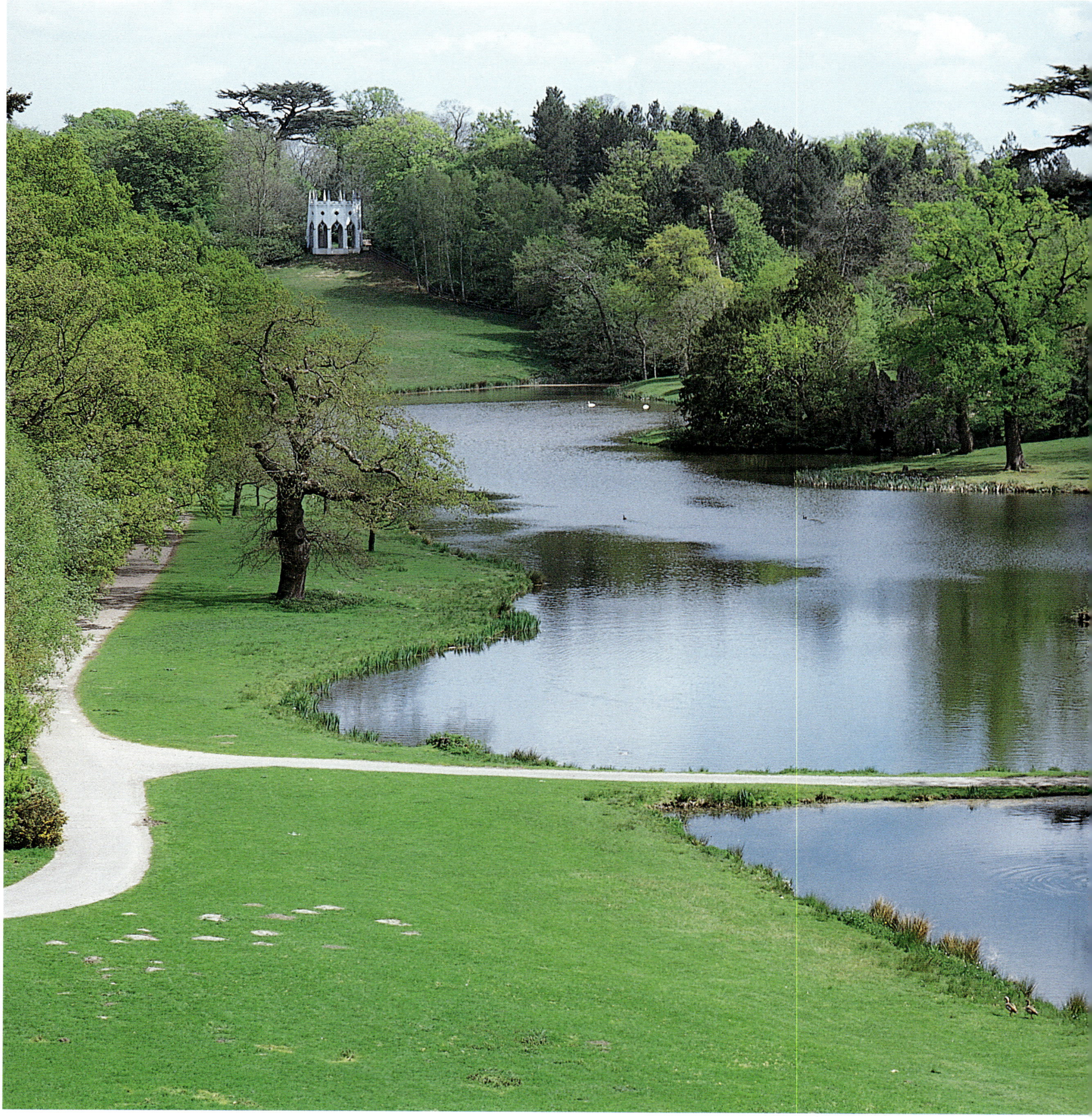

Painshill Park in Surrey und der zehnseitige Gotische Tempel, der aus Eselrückenbögen, Vierpass-Fenstern sowie einer fächerförmig gewölbten Decke gebildet wird und 1985 restauriert wurde. Der Holzbau soll wie aus Stein gebaut aussehen. Durch seine Öffnungen sind die meisten Parkteile zu sehen und von hier aus sieht der Besucher zum ersten Mal das Türkische Zelt und den Gotischen Turm. Rechts vom See ist die Grotte zu erkennen, die vom Besucher meist nur aus nächster Nähe bemerkt wird. Der Rundweg durch diesen Garten (die Kosten dafür ruinierten den Besitzer Charles Hamilton) ist voller Überraschungen und sorgt für unterschiedliche Stimmungen.

dete Tal des Flusses Skell. Neben Kanälen und einer Kaskade schuf er den wunderschönen, kreisrunden Moon Pond mit zwei halbmondförmigen Becken an jeder Seite, nur mit Rasen voneinander getrennt. In die Mitte des Beckens stellte er eine Neptunstatue und an eine Seite den klassischen Tempel of Piety. An den steilen Hängen darüber ließ er das Banqueting House errichten und einen achteckigen Turm, Blickfang und Aussichtsplattform zugleich. Sein Sohn erwarb einen weitaus spektakuläreren Blickfang, als er 1767 den Garten erweiterte und eine Klosterruine aus dem 12. Jahrhundert aufbauen ließ.

Painshill Park in Surrey wurde ab 1738 von seinem Besitzer Charles Hamilton angelegt, bis ihm als Folge dessen das Geld ausging und er das Anwesen 1773 verkaufen musste. Wie Kent war er viel gereist und hat seine Erfahrungen in die Gartengestaltung fließen lassen. Neben Lorrain und Poussin hatten es ihm die pittoresken Szenen von Salvator Rosa angetan. Und er hatte ein Verständnis für Bühnenbildner. Der Garten liegt über und im Tal des Flusses Mole. Parallel zum Fluss legte Hamilton einen geschwungenen See an mit einer Inselgruppe darin. Am Ufer steht eine stilisierte Klosterruine und als Aussichtspunkt ein gotischer Tempel aus Holz. Hier lag der kunstvolle *pleasure ground* (Vergnügungsplatz).

In weiterer Entfernung stellt der Garten eine Landschaft aus Baumgruppen und lieblichen Schneisen dar, bestückt mit weiteren Gartenornamenten wie dem Türkischen Zelt in Weiß und Blau und einem niedrigen gotischen Turm, den man durch Erklimmen eines Berghangs erreicht. Hier wachsen exotische Bäume. Anders als einige andere planende Landbesitzer dieser Zeit mochte Hamilton exotische Bäume

Das Türkische Zelt ist die wohl augenfälligste Staffagearchitektur in Painshill Park. Es hatte ursprünglich einen Ziegelboden, war aus robustem, gestrichenem Stoff gefertigt, mit Gesims und Ornamenten aus Pappmaché. Das restaurierte Zelt ist weitaus haltbarer konstruiert.

und Sträucher aus Nordamerika. Im Laufe der Zeit gingen einige Bauwerke verloren: der Temple of Bacchus, die fünfbogige Brücke am Ende des Sees und eine Klause, in der zur Zeit Hamiltons tatsächlich (für kurze Zeit) ein Einsiedler lebte. Diese Landschaft wurde mit so viel Selbstbewusstsein entworfen, dass Horace Walpole niederschrieb: »Er hat aus einem verfluchten Hügel einen wirklich schönen Ort geschaffen.« Mehr als jeder andere Landschaftsgarten des 18. Jahrhunderts, vielleicht Stourhead ausgenommen, kann uns diese Anlage über die Absichten der Schöpfer lehren. Auf dem Spaziergang ergeben sich laufend neue Ausblicke, in weiter Entfernung stehen interessante Bauwerke oder Ornamente, häufig in verschiedenen Architekturstilen. Nachdem man beispielsweise von einer erhöhten Bastion hinuntergeblickt hat, über einen steilen Weinberg hinweg (auf dem nach 100 Jahren wieder Wein angebaut wird), kommt man in einen von Sträuchern und Bäumen umgürteten grünen Raum, eine Art Amphitheater. Seitwärts zeigt sich dann der Gothic Temple, und wenn man sich diesem genähert hat, erspäht man durch die glaslosen Fenster den See und das Türkische Zelt auf der anderen Uferseite. Später, auf dem Rückweg, kommt majestätisch eine Grotte in den Blick, über die man vorher ahnungslos hinweggegangen ist. Zu diesen Effekten kommt es durch eine große Zahl verschiedener Bauwerke, durch Geländesprünge, künstliche Erdformen und eine geschickte Bepflanzung. Dies alles ist äußerst stimulierend und fesselnd zugleich. Zudem ist die Qualität der Restaurierung wirklich beeindruckend. 1980 kaufte das Elmbridge Borough Council mit viel Weitsicht 64 Hektar des Landes, einschließlich der meisten Waldflächen und *pleasure grounds* und den See. 1981 wurde eine Stiftung gegründet und ein Masterplan in Auftrag gegeben und die zurzeit noch laufende Sanierung begann 1984.

Gegen Ende des 18. Jahrhunderts nahm der Hang zu dramatischen Bildern in den Anlagen zu. Die wilde Natur sollte nachgeahmt werden, und so baute man Felsklippen ein, legte scheinbar verbotene Wege an, ließ reißende Bäche über Kaskaden herabstürzen. Das alles war gefragt, mehr als das gezähmte, sanft dahinlebende Arkadien. Die namhaften Protagonisten dieses Stils hießen Revd William Gilpin und Uvedale Price. Grotten ersetzten mehr und mehr klassische Statuen, exotische Bäume wurden immer populärer (die Douglasie, *Pseudotsuga menziesii,* wurde 1827 in England eingeführt, der Riesenmammutbaum, *Sequoiadendron giganteum*, hingegen nicht vor 1853). Scotney Castle in Kent, in den 1830er Jahren entworfen von Gilpins Neffe William Sawrey Gilpin, ist ein Beispiel dieses in England so genannten Picturesque Garden.

Der letzte große Gartengestalter des 18. Jahrhunderts war Humphry Repton (1752–1818), der die Geradlinigkeit zurückbrachte, indem er wieder Terrassierungen einführte. Mit weiterer Entfernung vom Gebäude nahm der Formalismus deutlich ab. Dieser Grundsatz hat sich bis heute erhalten, und vor allem bei der Gestaltung von Gärten auf dem Land wird er befolgt. Reptons Bepflanzung war dichter als die von Brown, ein Blick-

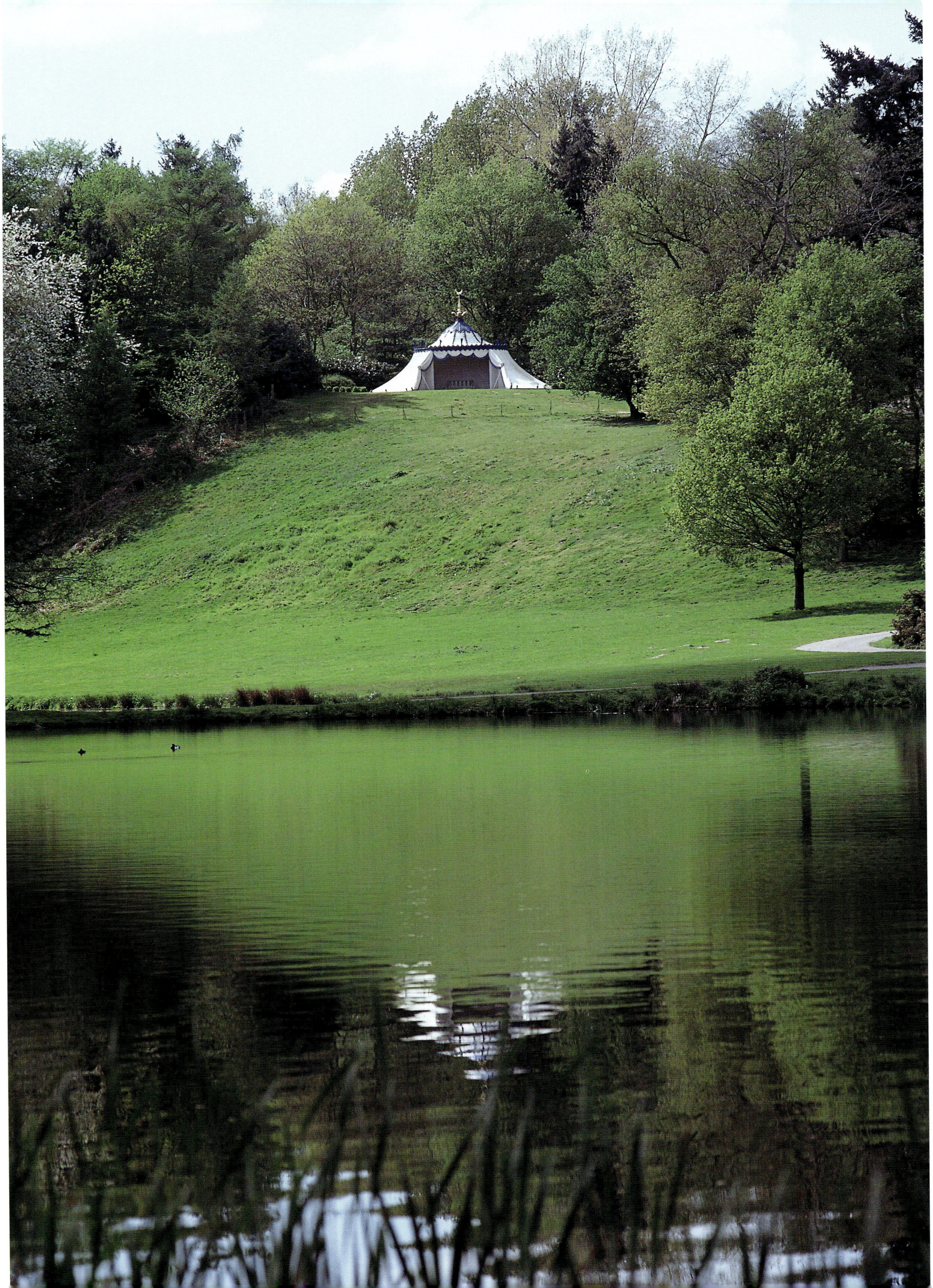

OBEN Thomas Daniells von der Kunst des Orients inspirierte Brücke mit einem Paar gusseiserner Brahmin-Bullen im Garten von Sezincote in Gloucestershire. Sezincote ist eines der bedeutenden Prachthäuser, die Samuel Pepys Cockerell für seinen Bruder Charles entwarf. In dem Garten sind verschiedene Elemente der Mughal-Zeit zu finden. Thomas Daniell war ein bekannter Künstler, der sich stark mit indischen Motiven beschäftigte. Sezincote profitierte gestalterisch von den Ratschlägen des renommierten Landschaftsarchitekten Humphry Repton.

GEGENÜBER Ein passender Garten für ein Gebäude im indischen Mughal-Stil. Der Springbrunnen unterhalb der auf dieser Seite gezeigten Brücke besteht aus einem Eichenstamm, umschlungen von einer dreiköpfigen Schlange. Die Blätter im Vordergrund gehören zu dem aus Japan stammenden Wein *Vitis coignetiae*.

SEITE 152 Von Hestercombe in Somerset ist der formale Garten am bekanntesten. Aber es gibt auch einen Landschaftsgarten, den der damalige Besitzer Coplestone Warre Bampfylde zwischen 1750 und 1786 anlegte. Hier stürzt Wasser von der bewaldeten Felsspitze in pittoresken Kaskaden abwärts.

SEITE 153 Moderne Land-Art in einem Garten des 18. Jahrhunderts. Die Erhebungen sollen dem Vernehmen nach weiblichen Formen nachempfunden sein. Sie stammen aus dem schlammigen Aushub aus dem Kanal von Stanway Garden in Gloucestershire.

fang hatte eher rustikal als klassisch zu sein, wie etwa die *cottages ornées*[3]. Anders als Brown ging Repton durchaus auf die Wünsche seiner Bauherren ein, was sich häufig in einem recht abenteuerlichen Eklektizismus äußert.

In Sezincote beispielsweise half er dem Künstler Thomas Daniell beim Bau eines von der indischen Mughal-Dynastie beeinflussten Gartens. Daniell hatte viele Jahre in Indien verbracht und produzierte Statuen von Elefanten und heiligen Kühen, fertigte Mughal-Torbögen, platzierte ein Wasserbecken neben einem dem Hindugott Souriya gewidmeten Tempel und einem Becken mit einer dreiköpfigen Schlange als Springbrunnen. Infolge dieser Arbeit wurde Repton vom Prince of Wales mit der Gestaltung des Pavillons in Brighton beauftragt. Letztendlich wurde dann doch John Nashs Entwurf realisiert. Reptons besondere Stärke war die Gestaltung von Wegen zum Gebäude, zu sehen etwa in der Zufahrt in Sheringham Park, Norfolk, wo erst spät und unvermittelt das Haus sichtbar wird.

Schönheit und Einzigartigkeit waren Reptons Schlagwörter. Berühmt wurden seine in Leder gebundenen »Red Books«, in denen er Vorher- und Nachher-Situationen in Wasserfarbe eintrug. Dabei verbarg sich die Nachher-Darstellung stets hinter dem Blatt mit der Vorher-Situation.

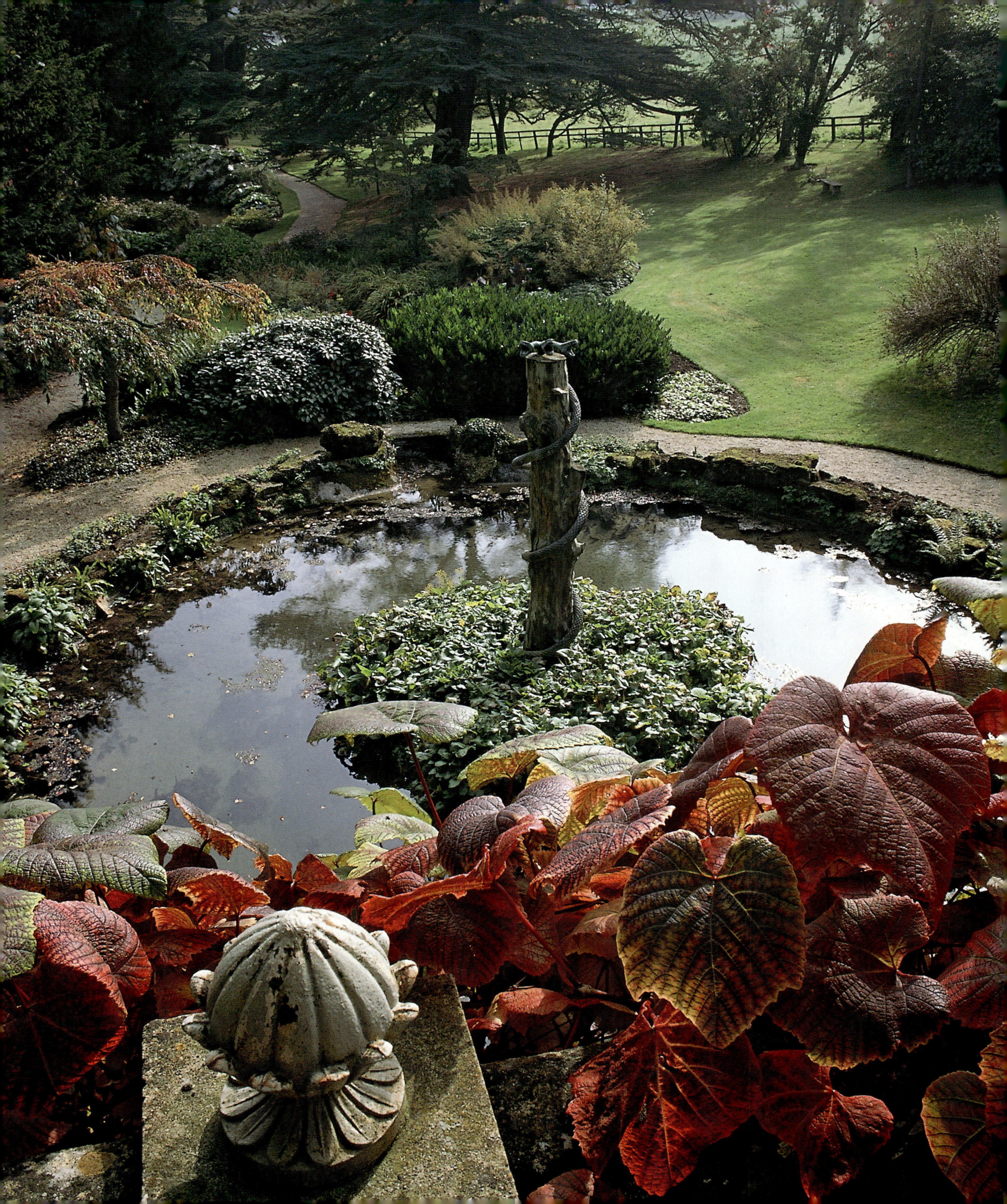

Vierhundert solcher Bilder malte Repton und die zweihundert noch vorhandenen sind nun im Besitz der Familien, für die er einst arbeitete. Er konnte schöne Seen und malerische Baumgruppe anlegen, seine Erdbewegungen bewegten sich dabei indes stets auf einem weniger grandiosen Maßstab als bei Brown. Für Ashridge in Hertfordshire fertigte er einen Plan für nicht weniger als fünfzehn separate Gärten, auch um auf die Schwemme exotischer Pflanzen aus Nordamerika und Asien zu reagieren.

Repton arbeitete zum großen Teil während der Napoleonischen Kriege, was möglicherweise den Grund dafür liefert, dass seine Aufträge weniger kostspielig und extravagant waren als die von Brown. Aber der Geschmack änderte sich natürlich auch. Repton legte das erste Rosarium, also einen formalen Rosengarten an. Interessanterweise meinte Repton einmal, ein Garten sei mehr Kunst als Natur – in weniger als einem Jahrhundert schlug das Pendel also wieder zurück. Im 20. Jahrhundert wurden einige Landschaftsgärten verändert, von Straßen durchkreuzt oder durch Golfplätze ihres Charakters beraubt. In der 2. Hälfte des Jahrhunderts setzte zudem das Wetter den Parks hart zu.

Das Aussehen vieler Landschaftsgärten des 18. Jahrhunderts wurde stark verändert durch das massenweise Ulmensterben in den späten 60er Jahren. Die Ulmenkrankheit zerstörte zum Beispiel Alleen in Blenheim, die aus der Zeit von Henry Wise stammten. Dann fielen dem großen Sturm vom 16. auf den 17. Oktober 1987 etwa 15 Millionen Bäume zum Opfer, in einer Linie östlich von Hampshire bis nach Norfolk. Da die Bäume zu dieser Zeit noch Laub hatten, übte der Wind einen weitaus stärkeren Druck aus als im Winter. Viele der verlorenen Bäume stellten sich als überaltert heraus, besonders die Buchen stammten häufig aus dem 18. Jahrhundert. Der Sturm vom 25. Januar 1990 betraf eine größere Fläche, die Wales und die Midlands sowie West- und Südengland einschloss. Da er aber im Winter über das Land ging, blieb der Schaden bei immerhin noch 3 Millionen Bäumen. Seitdem ist in diesen Gärten wohl überlegt nachgepflanzt worden. Der große Sturm von 1987 hatte die Einrichtung einer Datenbank bei English Heritage zur Folge, die den Titel *The Register of Parks and Gardens of Special Historic Interest in England* trägt. Alle geeigneten Gärten sind gelistet. Die meisten gehören dem Grad II an, 30 Prozent dem Grad II* (wie etwa Mapperton, Dorset) und 10 Prozent gehören in die Kategorie Grad I (wie Painshill) und sind von internationalem Interesse. Lokale Behörden müssen dieses Register bei Planungen berücksichtigen, und wenn es sich um historisch bedeutende Landschaften handelt, müssen sie sich an die Garden Historic Society wenden. Im 20. Jahrhundert kam es zu grundlegenden Restaurierungsarbeiten in einigen Gärten, darunter Claremont Landscape Garden, Painswick Rococo Garden und, wie erwähnt, Stowe. Hestercombe, weithin bekannt aufgrund der großartigen Zusammenarbeit von Lutyens/Jekyll (siehe Seiten 63–65), besitzt auch einen Parkteil aus dem 18. Jahrhundert. Dieser wurde in den 1990er Jahren restauriert. Die Kosten dafür waren immens, vor allem wegen der Bauwerke, die sehr feinsinnig wiederhergestellt werden mussten. Glücklicherweise konnten für die Restaurierungsarbeiten Gelder der National Lottery in Anspruch genommen werden. Eine große Gruppe von Experten der Gartendenkmalpflege war in der Grundlagenforschung zu den Gärten engagiert und sorgte für eine qualitätsvolle Restaurierung. Heute befinden sich die Gärten vielfach in einem besseren Zustand als vor 200 Jahren und erfüllen ganz und gar die Vision ihrer Schöpfer. Landschaftsgärten haben dem Besucher des 21. Jahrhunderts einiges zu bieten und zwar mehr als Einsamkeit und gute Orte für einen Spaziergang mit dem Hund. In Claremont, Rousham, Stourhead oder Stowe können wir die intellektuelle Stimmung am Beginn der Aufklärung ablesen, ebenso deutlich wie in der Malerei, Bildhauerei und anderen Kunstformen.

WEITERE LANDSCHAFTSGÄRTEN

Wrest Park, Bedfordshire
Cliveden, Buckinghamshire
Wimpole Hall, Cambridgeshire
Tatton Park, Cheshire
Chatsworth, Derbyshire
Sherborne Castle, Dorset
Cadland Gardens, Hampshire
Highclere Castle, Hampshire
Burghley House, Lincolnshire
Kenwood, London
Syon Park, London
Holkham Hall, Norfolk
Castle Ashby, Northamptonshire
The Alnwick Garden, Northumberland
The Harcourt Arboretum, Oxfordshire
Hawkstone Park, Shropshire
Prior Park, Somerset
Shugborough, Staffordshire
Trentham Gardens, Staffordshire
Euston Hall, Suffolk
Heveningham Hall, Suffolk
Ickworth Park, Suffolk
Sheffield Park Garden, Sussex
Gibside, Tyne & Wear
Charlecote Park, Warwickshire
Farnborough Hall, Warwickshire
Warwick Castle, Warwickshire
Corsham Court, Wiltshire
Longleat, Wiltshire
Wilton, Wiltshire
Croome Park, Worcestershire
Duncombe Park, Yorkshire
Harewood House, Yorkshire
Rievaulx Terrace, Yorkshire
Ripley Castle, Yorkshire
Scampston Hall, Yorkshire
Sledmere House, Yorkshire

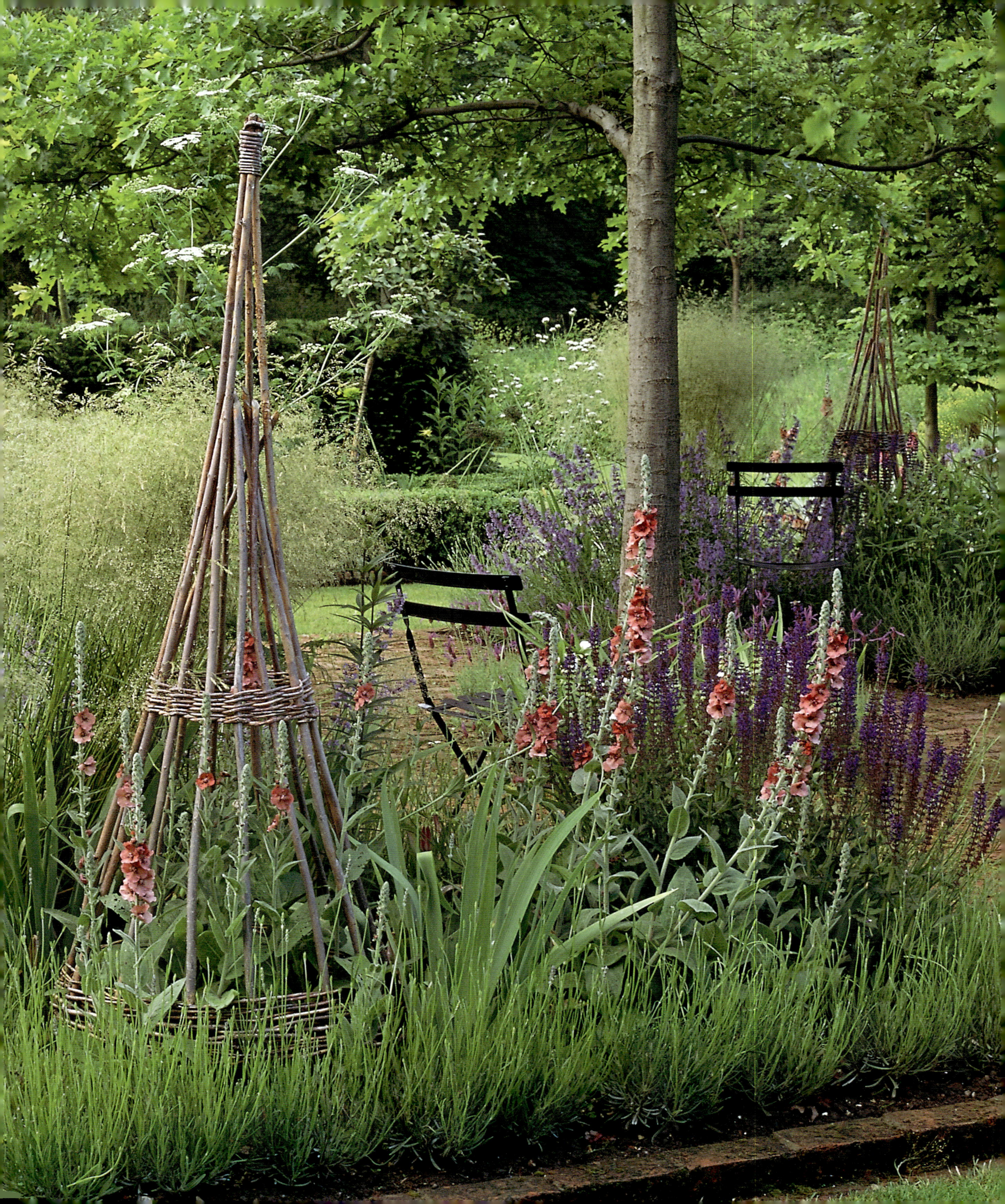

DER COUNTRY GARDEN

Der »Country Garden« ist eine in England gebräuchliche Bezeichnung für einen bestimmten, sehr attraktiven und bezaubernden Gartenstil aus dem 19. bis 21. Jahrhundert. Dabei liegen die Gärten nicht zwangsweise in der »countryside«, also auf dem Land. Die Bezeichnung umschreibt eher eine gewisse Atmosphäre. Da sich diese jedoch ohne ein Mindestmaß an Platz nicht schaffen lässt, finden wir die meisten Anlagen allein aus diesem Grund in ländlichen Regionen. Zur besseren Gliederung lassen sich vom »Country-Garten« verschiedene Typen charakterisieren. So gibt es den typisch »English Vernacular«, den »Cottage Garden«, den Naturgarten und den Waldgarten.

Der English Vernacular ist die Fortsetzung des so genannten »Gardenesque style«, ein Begriff, den der Landschaftsarchitekt John Claudius Loudon 1832 prägte. Dies war die Zeit, in der in den Vorstädten Villen und größere Häuser aus dem Boden schossen, zu denen aber ein adäquater Gartenstil fehlte. Man hatte es weder mit adeligen Landbesitzern noch mit Städtern zu tun, es musste etwas gefunden werden für die sich nun bildende landbesitzende Mittelklasse. Zu den charakteristischen Elementen des Gardenesque gehörten Inselbeete, Wasserbecken, Springbrunnen, Laubengänge mit Kieswegen, Gartenlauben und zudem Beete, in denen nur wenige Pflanzen standen. Deren spezielle Qualitäten beziehungsweise ästhetischen und botanischen Aspekte sollten voll zur Geltung kommen und weniger die Eigenschaften des großen gepflanzten Zusammenhangs.[1] Die zweimalige Bepflanzung pro Jahr war ein absolutes Muss. Es gab ausgedehnte Rasenflächen, nicht zuletzt deshalb, weil Edwin Budding Mitte des 19. Jahrhunderts den motorisierten Rasenmäher erfunden hatte. Pferde und Sense waren nun nur für hohes Gras zu gebrauchen. Dieser Stil war ordentlich, bisweilen gar niedlich, immer eine besondere Attraktion für Gärtner und, was besonders wichtig war, er konnte auch in kleinen Gärten angewendet werden.

Der English Vernacular hob sich durch eine weitaus weniger strenge Gestaltung vom Gardenesque ab. Er basierte stärker auf natürlichen Formen und wurde meist von den Besitzern selbst angelegt, ganz ohne professionelle Hilfe. In den 1960er und 1970er Jahren beispielsweise wurden Koniferen und Heide gerne als Bodendecker gepflanzt, zusammen mit zweifarbig belaubten Pflanzen, streng geschnittenen Sträuchern und nicht ganz winterharten Stauden. Dieser Stil war kaum als pflegeleicht zu bezeichnen, zumal der Rasen eine bedeutende Rolle spielte und allein

GEGENÜBER Diese einfachen, aber dennoch eleganten Weiden-Wigwams in einem Beet auf einer Klinkerterrasse wurden von Arne Maynard erstellt. Während die Königskerze *Verbascum* 'Helen Johnson' und der Salbei *Salvia* 'Mainacht' in diesem Privatgarten in voller Blüte stehen, beginnt der Lavendel demnächst erst.

UNTEN Subtropische Bepflanzung im Garten von Ascott in Buckinghamshire.

Gertrude Jekyll hätte sich bestimmt in diesem strohgedeckten Landhaus wohlgefühlt, mit Kletterrosen an den Fenstern und Stockrosen rechts und links des Gartenwegs.

sein Schnitt erhebliche Zeit in Anspruch nahm. So zeigt der English Vernacular nur mit der vollen Überzeugung und Einsatzfreude der Besitzer prachtvolle Ergebnisse. Von diesem Stil finden wir eine stattliche Zahl, meist in Vororten und Kleinstädten. Einige Besitzer öffnen im Sommer ihre Gartenpforten, meist im Verbund mit anderen in der Siedlung oder der Stadt. Die Gärten sind nicht sehr vornehm, sie wollen kein Kunstwerk sein, geben aber ein Zeugnis ab von der großen Lust der Besitzer an der Gartenarbeit. Zu bemängeln wäre lediglich, dass sie meist nicht an die ländliche Umgebung angepasst sind, in der sie häufig liegen.

Der im Englischen so bezeichnete »Cottage Garden« übt ebenfalls eine langanhaltende Faszination auf Gartenbesitzer in ganzen Land aus, obgleich er sich sehr vom English Vernacular unterscheidet. Aus der Taufe gehoben wurde dieser Stil in der zweiten Hälfte des 19. Jahrhunderts und dabei von jeher besonders von Menschen geschätzt, die ein frei stehendes Haus besaßen, das aber bedeutend kleiner war als ein Landsitz.

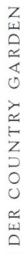

Gertrude Jekyll schrieb in dem 1899 veröffentlichten Buch *Wood and Garden:*

> Ich habe viel gelernt von den kleinen Cottage-Gärten, die unsere englischen Straßen- und Wegränder zu den schönsten in den gemäßigten Breiten machen. Man kann kaum den kleinsten Cottage-Garten betreten, ohne nicht irgendetwas Neues zu entdecken. Dies können zwei zufällig zusammenstehende Pflanzen sein, ein hübsch gemischtes Gewirr von Kriechpflanzen oder etwas, von dem man gedacht hat, dass es an einer Südwand wachsen müsste und nicht an einer, die nach Osten zeigt.[2]

Es mag verwundern, dass die große Gertrude Jekyll etwas lernen konnte von den Besitzern ländlicher Cottage-Gärten. Aber wenn sie hinter die Hecken schaute, die die Straßen von Surrey säumten, fand sie mit Sicherheit zahlreiche Gärten, aus denen Klugheit und Gefühl sprachen. Sehr viel konnte sie der Blütenfülle abgewinnen, die mit einer gewissen Genügsamkeit gepaart war. Weiterhin freute sie sich daran, wie nütz-

OBEN Die Hecke unterstreicht die Bewegungen des Reeddachs über den Fenstern dieses Landhauses in Gloucestershire. Sie ist eine Vorgängerin der gegenwärtig modernen »cloud topiary«, einem wolkenhaften Pflanzenschnitt.

FOLGENDE SEITEN Ein verfeinerter Cottage-Garten in Wiltshire, entworfen von Wendy Lauderdale. Die harmonischen Pastelltöne werden gebildet von der Rose 'Madame Isaac Pereire', einer Glockenblume *(Campanula persicifolia)* und ihrer weißen Sorte 'Alba' sowie vom mannshoch werdenden Meerkohl *(Crambe cordifolia)*.

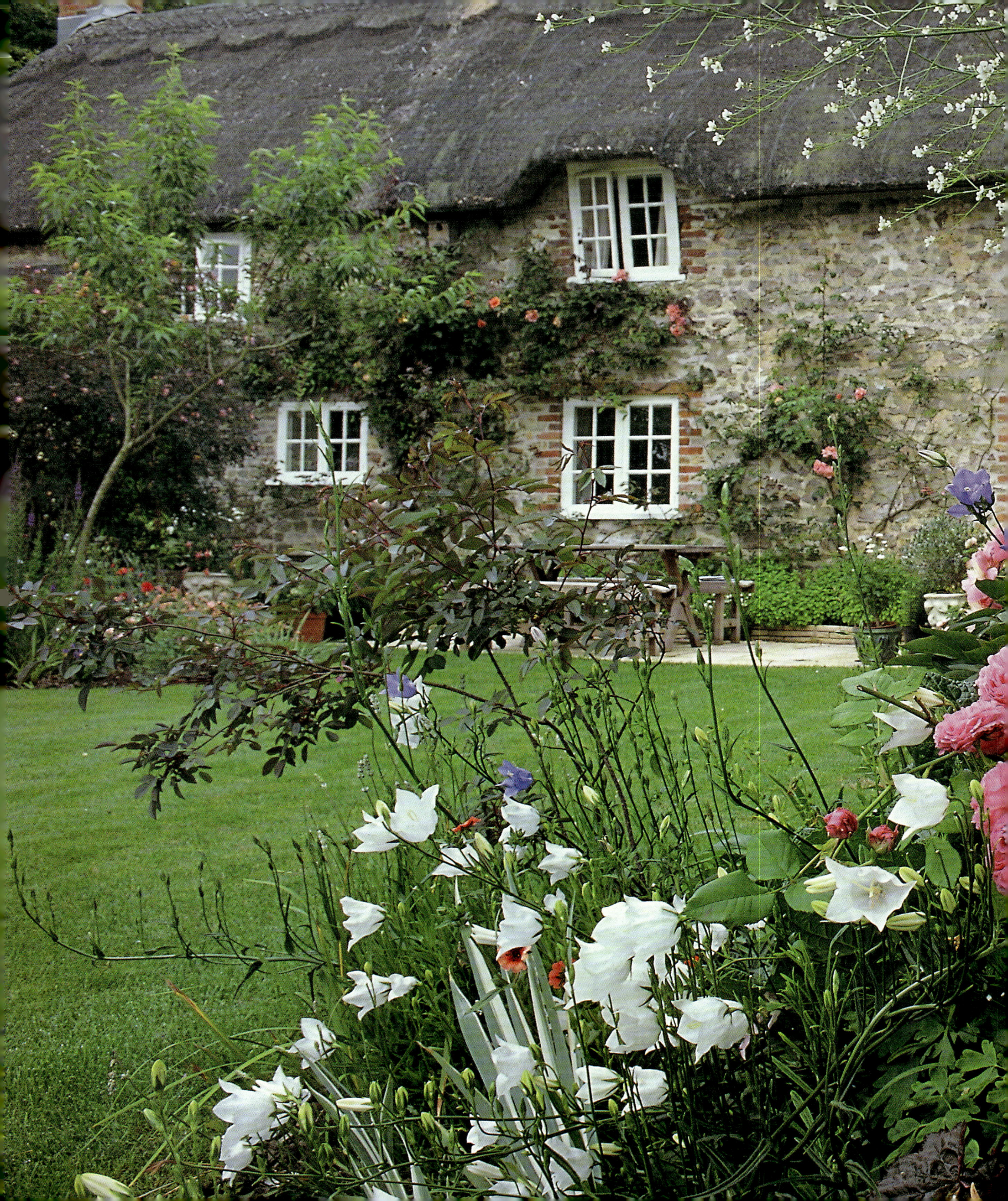

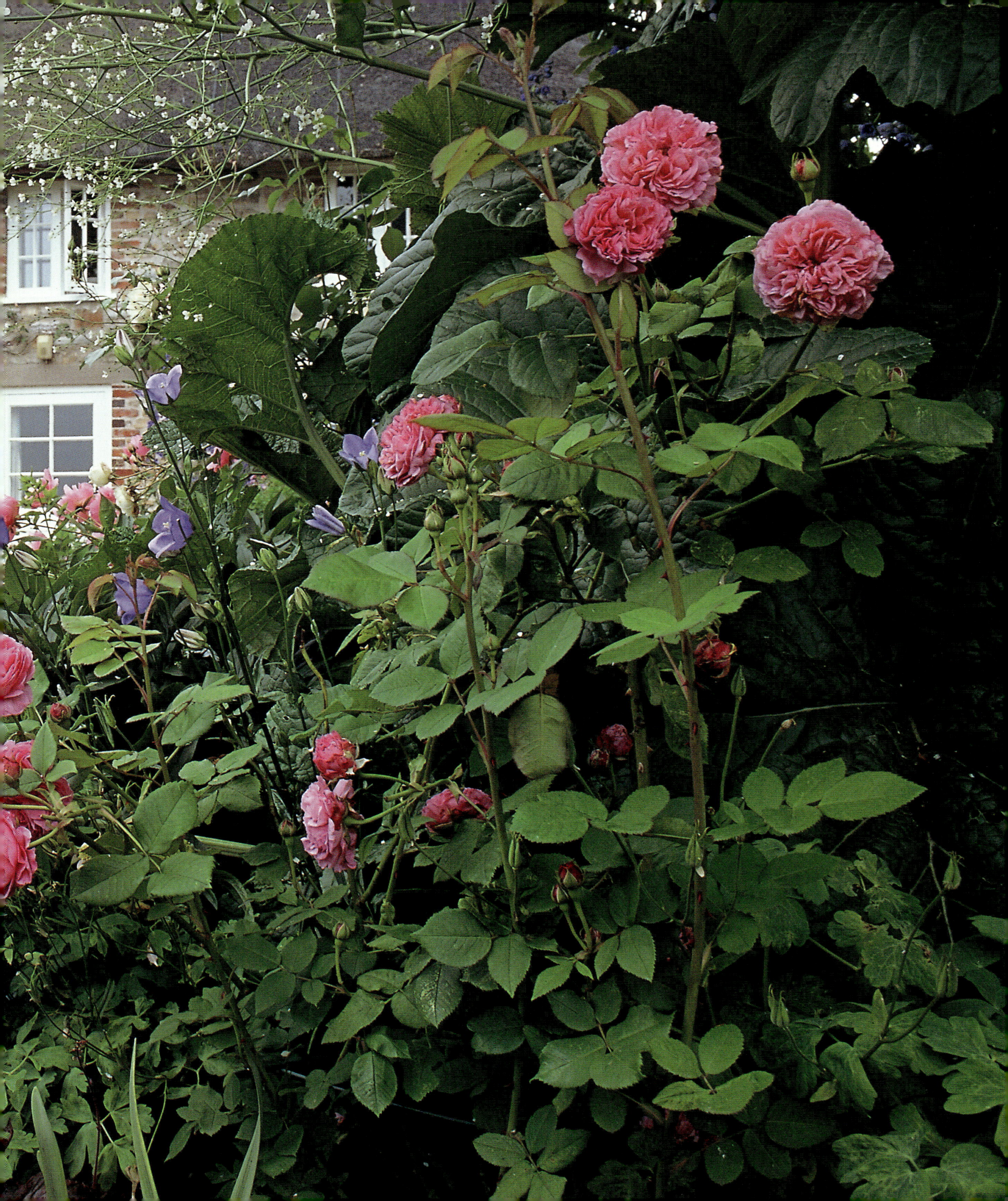

liche Kräuter zusammen mit duftenden Rosen gepflanzt waren oder an eine nüchtern gesetzte Reihe Kohlköpfe unter malerisch herabhängenden Apfelbaumzweigen.

Vita Sackville-West schrieb 1958 über den Cottage-Garten als »einem verworrenen System von Blumen und gepflasterten Wegen, wahrscheinlich der liebenswerteste Typ eines kleinen Gartens, den dieses Land je hervorgebracht hat«.[3] Sie selbst legte einen Cottage-Garten vor dem South Cottage von Sissinghurst an, dem Gebäude, in dem sie und ihr Gatte, Sir Harold Nicolson, ihr Schlafzimmer hatten. Ihr eigener Cottage-Garten war jedoch ein nach Farben geordneter Garten, komplexer und weitaus schwieriger zu pflegen als die anderen im Dorf. Die Pflanzenauswahl war bedeutend vielfältiger; sie blühten häufig, wie sie es nannte, in den »Farben des Sonnenuntergangs«. Unter der Verwaltung des National Trust haben sich diese Farbkompositionen bis heute erhalten.

Neben Gertrude Jekyll und Vita Sackville-West war Margery Fish für die Cottage-Gärtner der Nachkriegszeit die bedeutendste Protagonistin. Sie lebte von 1937 bis 1969 in East Lambrook Manor in Somerset. Dort verbrachte sie ihr Gärtnerinnen-Leben vor allem mit der Selektion von einst in Cottage-Gärten häufig vorkommenden Pflanzen. Dazu gehörten insbesondere gefüllt blühende Sorten von alten, gängigen Arten wie etwa dem Gänseblümchen. 1961 schrieb sie:

> Nirgendwo in der Welt gibt es so etwas wie den Englischen Cottage-Garten. In jedem Dorf und Weiler des Landes finden wir diese kleinen Gärten, immer farbenprächtig, aber nie grell und ganz offensichtlich geliebt. Es gibt nicht mehr so viele davon, weil die Häuschen aus Lehm und Ziegel mit ihren riedgedeckten Dächern und den kleinen, zurückgesetzten Fenstern nach und nach verschwinden … aber die Blumen bleiben, die bekannt geworden sind als die »Cottage-Blumen«, wegen ihrer Einfachheit und unerschütterlichen Qualitäten.[4]

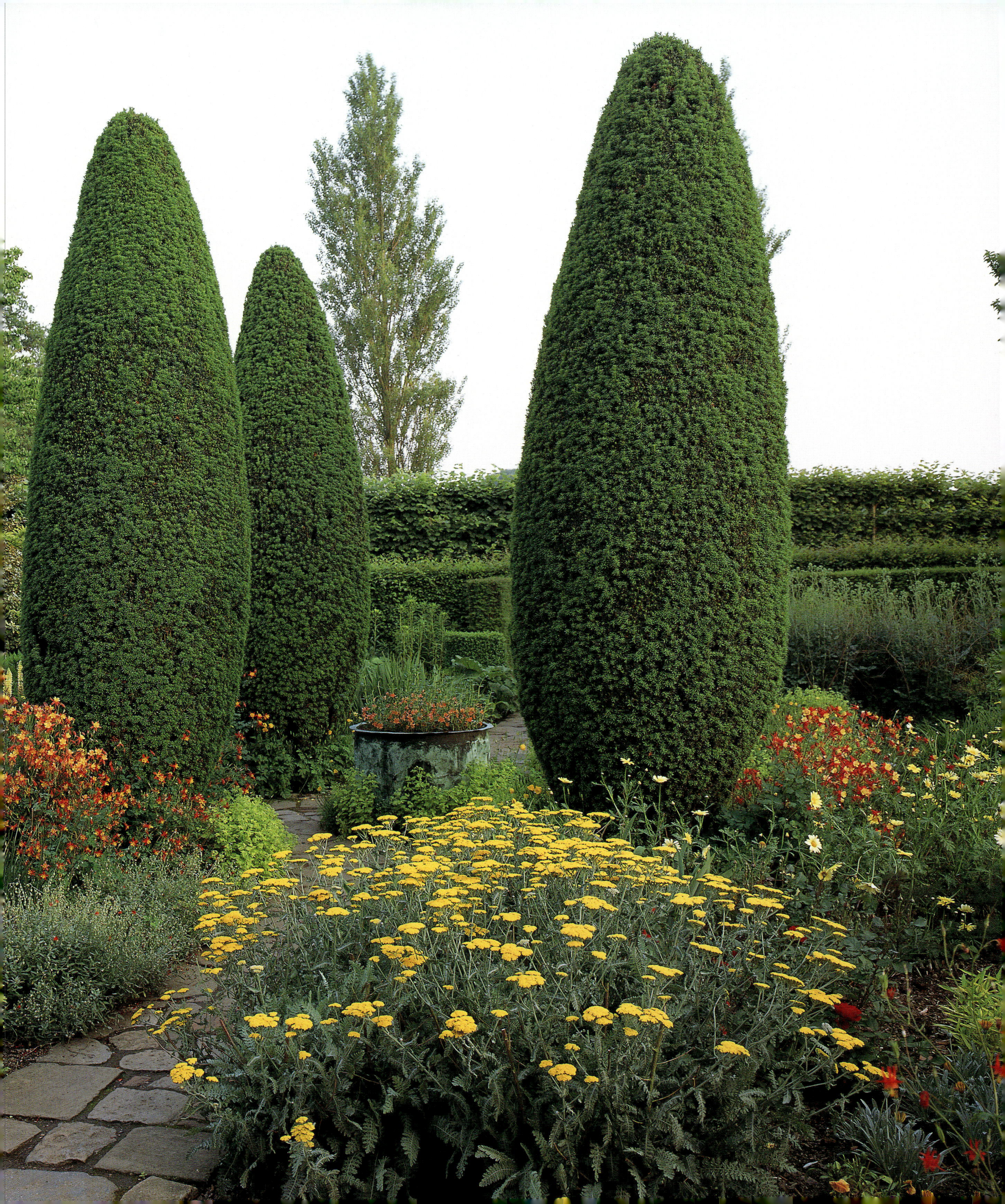

OBEN Dieses Beispiel des Cottage-Gartens hatte großen Einfluss auf diesen Stil. Magery Fish lebte hier in East Lambrook Manor in der Grafschaft Somerset von 1937 bis 1969. Von jedem Besitzer wurde der Garten vorbildlich gepflegt und stets in dieser üppigen, gemäßigt wilden Eleganz gehalten. Im Hintergrund lenkt der gelbbunte Hartriegel *Cornus controversa* die Blicke auf sich.

VORHERGEHENDE SEITEN Der South Cottage Garden von Sissinghurst in der Grafschaft Kent wurde seit Vita Sackville-West stets in »Sonnenuntergangsfarben« bepflanzt. Er wurde immer als »Cottage Garden« bezeichnet, aber wie der Autor Tony Lord schon sagte, »war das ebenso ein Cottage Garden wie Marie-Antoinette ein Milchmädchen war«.

Ihr größter Beitrag zum modernen Stil des Cottage-Gartens war wohl die dichte Art der Pflanzung und sie kannte jede Pflanze sehr genau. Sie schrieb treffend: »Pflanzen sind friedliche Kreaturen und sie schätzen die Gesellschaft von anderen. Die eng zusammen gesetzten Pflanzen eines Cottage-Gartens gedeihen gut und schauen glücklich aus.« Fish war eine große Befürworterin von bodenbedeckenden Pflanzen wie etwa den Geranium-Sorten, die sich für diesen Zweck eigneten.

Es überrascht kaum, dass die Idee des Cottage-Gartens die Gartenbesitzer angesprochen hat. Immerhin wohnte bis vor 200 Jahren die Mehrzahl aller Engländer auf dem Land und die Erinnerung eines Volkes verblasst nur langsam. Die Massenbewegung in die Städte zur Zeit der Industriellen Revolution kam unvermittelt und war meist recht schmerzhaft. So hielt sich die nostalgische Sehnsucht nach der guten alten Zeit mit ihren scheinbar unveränderten, althergebrachten Werten lange Zeit und besitzt heute noch eine starke Kraft. Ein Indikator für diese Sehnsucht ist die einstige Popularität zweier Aquarellmalerinnen des 19. Jahrhunderts, Myles Birkett Foster und Helen Allingham. Ihre Motive – kräftige Landbewohner und ihre Familien vor ihrem pittoresken, halb eingefallenen Cottage, davor ein Garten, in dem überreich Rosen, Rittersporn, Stockrosen und andere traditionelle Blumen entlang von simpel angelegten Wegen und Hecken blühten – sind nach wie vor beliebt. Diese Bilder haben sich tief im kollektiven Bewusstsein des Landes verankert und sie sind die Dosis, die immer wieder für den sehnsuchtsvollen Blick in die goldene Vergangenheit sorgen. Deshalb legen sich viele einen »Cottage-Garten« an. Ich gehöre auch dazu. Ein solcher Garten gibt mir Gelegenheit, eine große Zahl schöner Pflanzen in einer naturähnlichen, entspannten Situation zu genießen und wegzukommen von diesen immer seltsam unglücklich aussehenden, steifen Gruppierungen.

Seit dem Zweiten Weltkrieg fand dann ein umgekehrter Exodus statt, diesmal von der Stadt aufs Land und zwar von den wohlhabenden Menschen. Gelegentlich galt dies nur für die Wochenenden, vielfach aber für die ganze Woche. So blieb der von Gertrude Jekyll, Vita Sackville-West und Magery Fish propagierte Stil stets populär. Wir haben es dabei mit einer recht einfachen Art des Gärtnerns zu tun, die aber nicht frei von künstlerischem Anspruch ist. Wichtig ist das Gedeihen, die unaufhörliche Erneuerung, die ja für die Landwirtschaft stets bedeutsam war. In den Gärten zeigt sie sich etwa im regen Kompostieren und Mulchen, aber auch in der Verwendung einfacher Elemente wie Holzpergolen oder rustikalem Gartenmobiliar.

Der moderne Cottage-Garten gründet sich noch ernsthafter auf die Verwendung von Stauden als dies in den alten Cottage-Gärten der Fall war. Wir finden nun eine Mischung in den Beeten aus kleinen Sträuchern, Alten Rosen, kleinblütigen Clematis, Stauden (besonders Iris-Arten), Kräutern, Zwiebelpflanzen sowie harten und empfindlichen Einjährigen. Dann kommen häufig kunstvoll arrangierte Reihen mit Gemüse und einem oder zwei Obststräuchern dazu. Zu den traditionellen Stauden eines Cottage-Gartens, in Kultur gehalten von den gebildeten, oben genannten Gärtnerinnen, zählen Alpen-Aurikel *(Primula auricula),* Nelken *(Dianthus),* alte Sorten von *Primula vulgaris,* Echte Geißraute *(Galega officinalis),* Seidelbast *(Daphne mezereum),* Lupine, Akelei *(Aquilegia),* Rittersporne *(Delphinium* und *Consolida),* Einjähriges Silberblatt *(Lunaria annua)* und eine Sorte von Scharfer Hahnenfuß *(Ranunculus acris* 'Flore Peno'). Hinzu kommen Lavendel, Flieder und Pfeifenstrauch *(Philadelphus)* und eine Reihe selbst aussäender Einjähriger, wie etwa Klatschmohn. Weiterhin ergänzen nun Sorten der umfangreichen Gattungen von Storchschnabel *(Geranium),* Bergenie *(Bergenia),* Wolfsmilch *(Euphorbia),* Christrose *(Helleborus)* und Funkie *(Hosta)* die Sammlung. Züchter im 19. Jahrhundert hätten sie vermutlich nicht gezogen, nun erscheinen sie aber genau passend für den modernen Cottage-Garten. Und bei den einmal blühenden Alten Rosen verhält es sich ähnlich. Mittlerweile gibt es eine Fülle moderner Strauchrosen, die eine ähnliche Blütenform zur Alten Rose aufweisen, aber verlässlich remontieren.

Heutzutage sind Cottage-Gärten nicht nur auf ländliche Situationen beschränkt. Auch viele Stadtbewohner finden Gefallen an dem einfachen, dem Auge unaufgeregt entgegentretenden Bepflanzungsstil. Besonders jene Städter, die auf dem Land aufgewachsen sind, schätzen den Cottage-Garten. Die große Zahl dieses Gartentyps erklärt sich auch aus der Tatsache, dass er sich in einem kleinen Garten verwirklichen lässt, denn jede Pflanzenfigur oder Hecke lässt sich auf den zur Verfügung stehenden Platz zurechtstutzen. Aber davon abgesehen macht sich ein Cottage-Garten am besten, wenn er ein Haus von traditioneller Bauweise

RECHTS Ein Musterbeispiel eines modernen Cottage-Gartens: Eastgrove Cottage in Worcestershire. Achten Sie auf die Apfelbäume, die schönen Sträucher und Stauden in den ländlichen Umgebung.

FOLGENDE SEITEN Eine befestigte Terrasse, teilweise überwachsen von Thymian, führt in Rofford Manor, Oxfordshire zu einem modernen Aha. Es ist kaum möglich, sich darauf zu bewegen, ohne nicht auf den duftenden Thymian zu treten. Dieser von Michael Balston gestaltete Garten besitzt zahlreiche dekorative Elemente, wie die hölzernen Clematisgerüste, aber auch verschiedene mit praktischem Nutzen..

gleich welcher Größe umgibt. Jedes noch so willkürliche Gebäudedetail wird verbrämt durch die etwas wahllos scheinende Bepflanzung, die ohne klare strikte Linien auskommt und die Möglichkeit bietet, sich zu vermischen und auszusäen.

Ein hervorragendes Beispiel eines modernen Cottage-Gartens ist in Eastgrove Cottage in Worcestershire zu sehen. Zweifellos verhilft auch die wunderschöne ländliche Umgebung zu seiner Atmosphäre. Er liegt an einer Landstraße, wie das zur Hälfte aus Holz gebaute Haus aus dem 17. Jahrhundert. Hier wohnt Carol Skinner, eine ausgebildete Gärtnerin. Die großzügige Natürlichkeit der Blumenbeete unter den Obstbäumen ist das Ergebnis ihrer harten Arbeit. Sie wechselte die strenge Geometrie des ehemaligen Cottage-Gartens gegen geschwungene Linien aus, nur die Hecken blieben gerade.

Es gibt hier eine Reihe diskreter Orte, aber grundsätzlich kann man den Garten, wie bei Cottage-Gärten häufig, in einem Mal übersehen. Carol Skinner hat sämtliche gebauten Elemente des Gartens selbst angelegt. Dazu gehören etwa zwei Gewächshäuser aus Holz (sie betreibt mit ihrem Mann zusammen eine kleine Gärtnerei), Anzuchtkästen, eine Stützmauer am Steingarten und die im Fischgrätmuster verlegten Klinkerwege.

Die Bepflanzung passt zu dem »klumpigen, plumpen« Haus – und zu ihren Besitzern. Carol mag es nicht so vornehm und schätzt außerdem die Lage des Gartens neben Feldern und einer Waldschlucht richtig ein. Hier gibt es keine Pflanzen, die etwa mit auffälligem Laub Aufmerksamkeit erhaschen, aber andererseits wäre es auch falsch zu sagen, in diesem Garten herrsche *laissez-faire*. Ganz im Gegenteil. Die Beete sind wohlüberlegt bepflanzt, eine Absicht steckt dahinter.

Wo der Cottage-Garten endet und der so genannte Country-House-Garten beginnt, ist manchmal schwer auszumachen. Das kann schon allein an der unterschiedlichen Größe liegen, an der Gebäudearchitektur und den gebauten Gartenstrukturen oder auch an der Bepflanzung. Es sollte hier erwähnt werden, dass es in vielen Country-House-Gärten einen separaten Cottage-Garten gibt. Sogar so berühmte Gärten wie Chatsworth haben einen Cottage-Garten. Diese Country-House- oder Landhausgärten, zumindest aber jene, die man besuchen kann, sind von einer Größe, die einer Gliederung in verschiedene Bereiche oder Räume bedürfen. Hohe Hecken oder solide Mauern umschließen meist diese Räume, die vielfach Namen tragen: der Frühlingsgarten, der Sommergarten, der Kräutergarten oder vielleicht der Gemüsegarten. Mit der Entfernung vom Haus nimmt in der Regel die Gestaltungsintensität ab. Häufig sprießen weiter weg massenhaft Zwiebelpflanzen aus dem

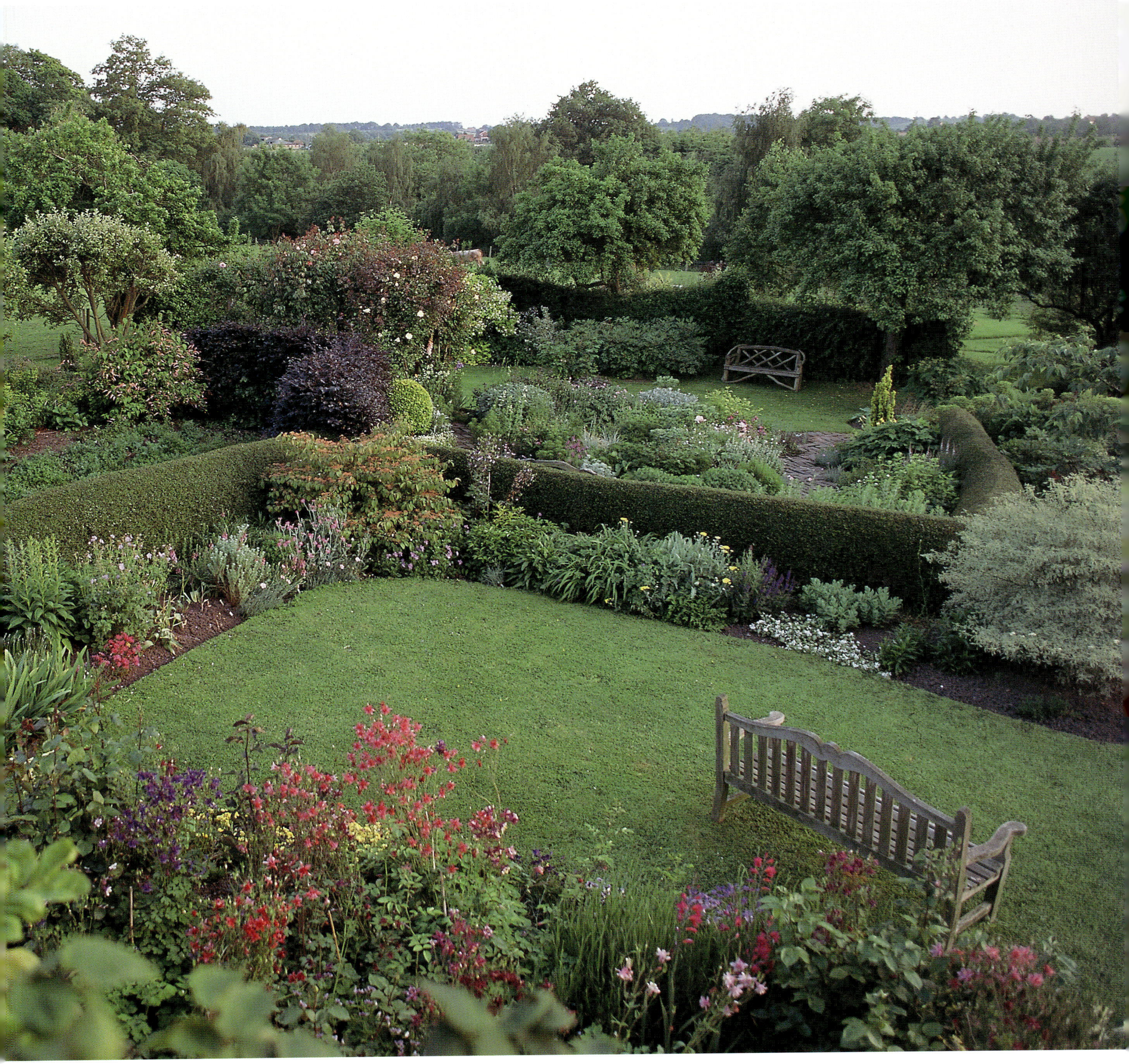

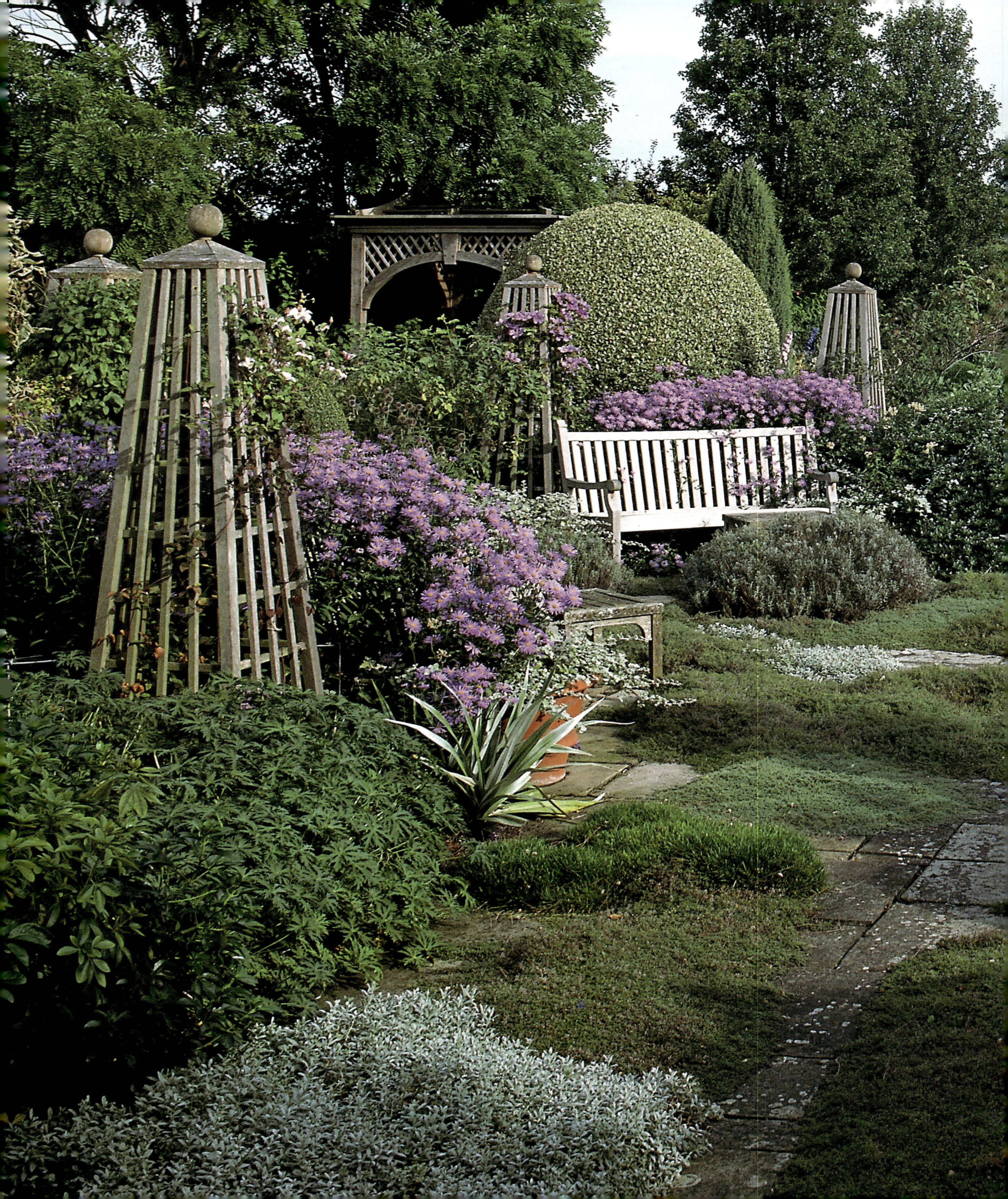

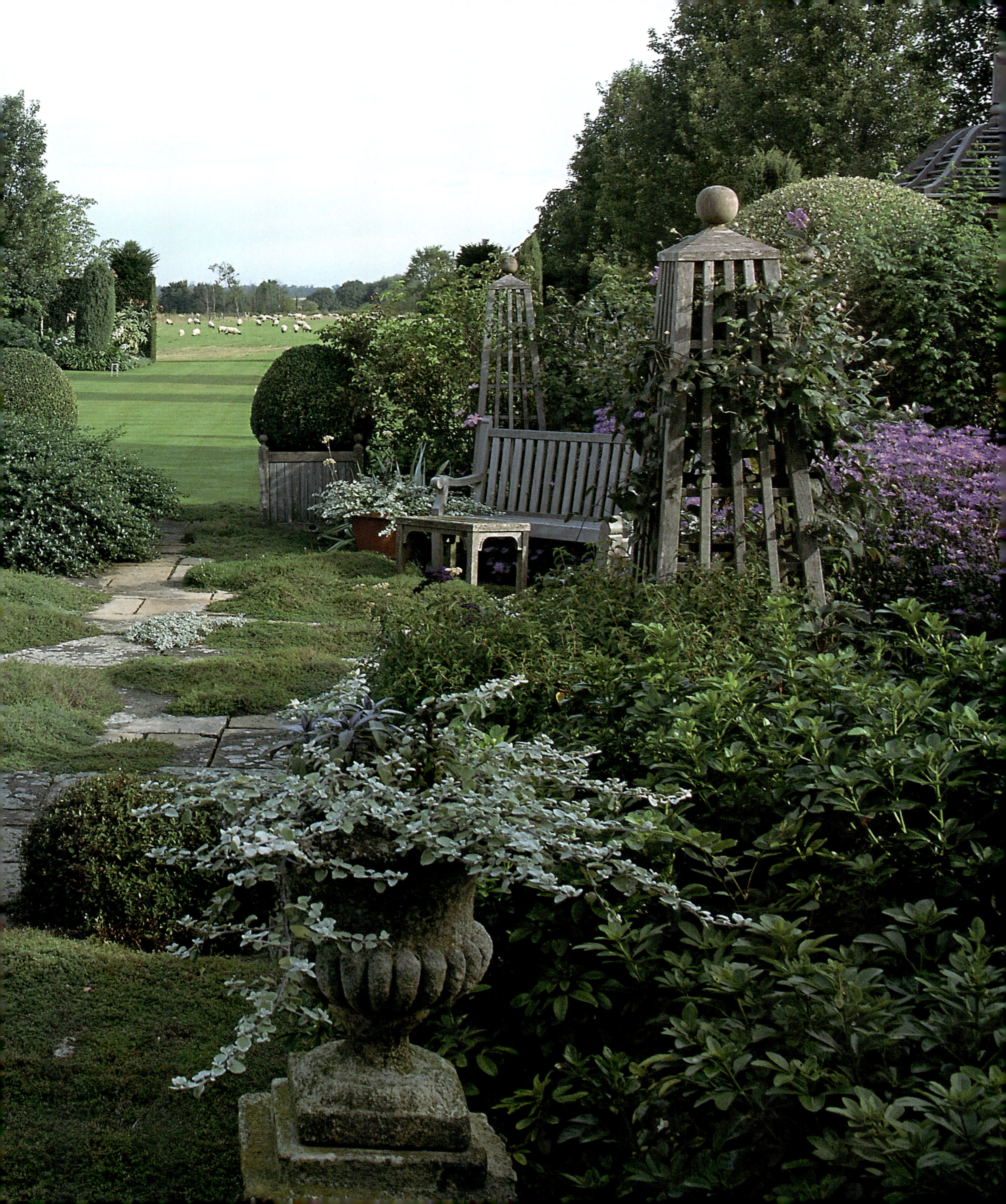

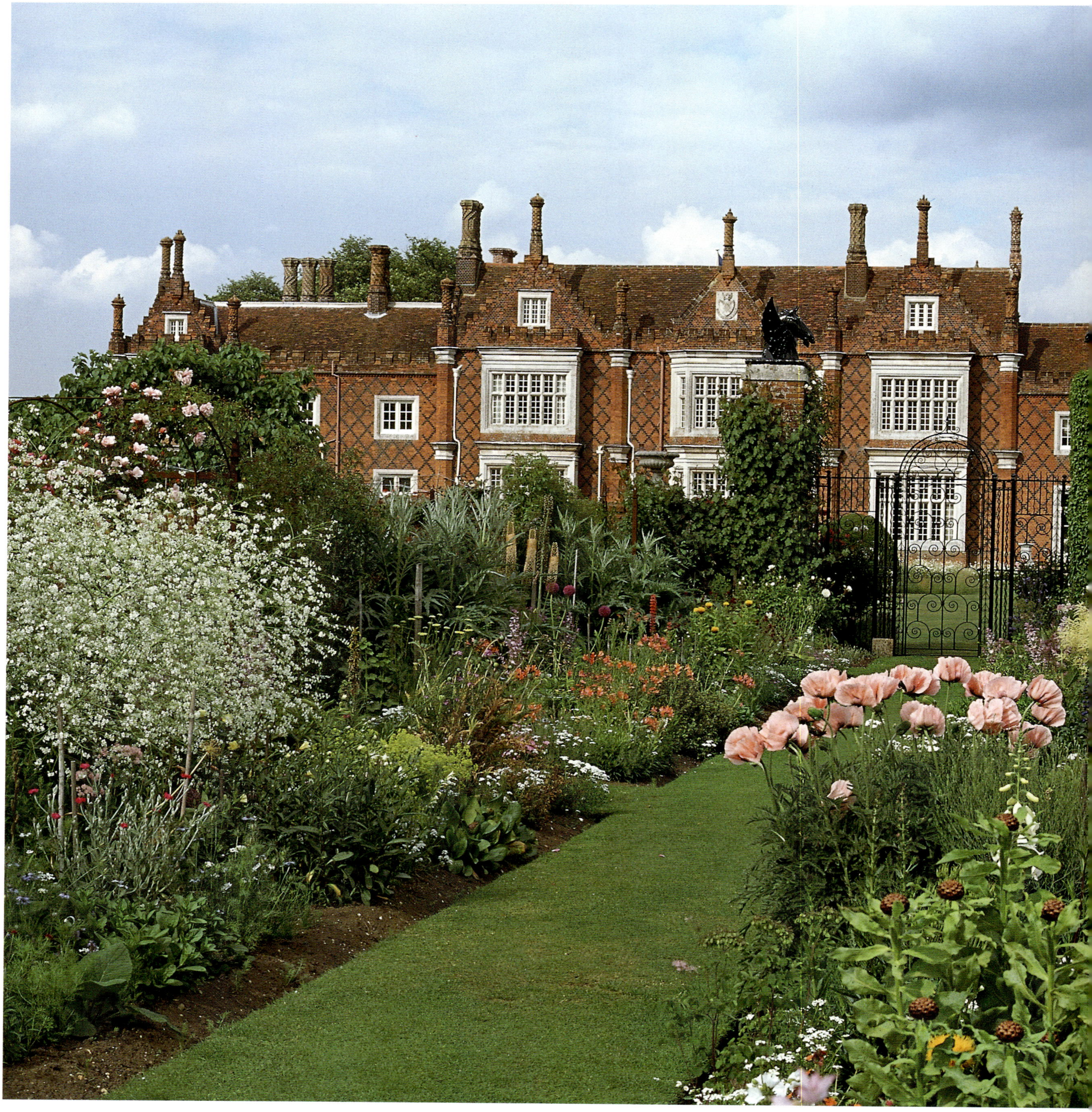

Die Schönheit dieser Szene auf Helmingham Hall in Suffolk wird maßgeblich geschaffen durch die hohe Qualität des Gartens. In diesem umschlossenen Gartenteil blühen im frühen Juni Orientalischer Mohn und Lauch im rechten Vordergrund, dahinter Geißbart *(Aruncus dioicus)*. Am linken Bildrand fällt der weißblühende Meerkohl *(Crambe cordifolia)* besonders ins Auge. Zwischen diesem Garten und dem Gebäude liegen ein Parterre und ein Graben.

Gras, im glücklichen Fall schließt sich noch ein naturnahes Waldstück an. Country-House-Gärten sind unter den Gärten, die für Besucher geöffnet werden, besonders zahlreich vertreten. Sie bilden vermutlich die Mehrheit. Ein sehenswertes Beispiel ist der Garten von Helmingham Hall in der Grafschaft Suffolk, wo die schöne Lage in einer Parklandschaft und das mit einem Graben umgebene Elisabethanische Gebäude (unvergleichlich wie sie nun mal sind) ergänzt werden durch eine besondere Qualität des Gartens. Nicht viele Menschen haben das Glück solcher Ausgangsvoraussetzungen, aber die hiesigen Eigentümer haben dann auch das Beste daraus gemacht. Schon im Mittelalter hat es hier einen Garten gegeben. Die jetzige Besitzerin Xa Tollemache, eine Gartenarchitektin, hat in diesem Garten sehr viel gelernt und ihn mit unermesslichem Fleiß gestaltet. Xa Tollemache legte 1982 einen Knoten-, Kräuter- und Rosengarten an, was wunderbar zu dem historischen Gebäude passte.

Die Marchioness of Salisbury beriet sie dabei. Sie hatte kurz zuvor einen schönen Knotengarten dicht am Old Palace von Hatfield House (siehe Seite 18) angelegt. Die Knoten in Helmingham sind »offen« und mit Pflanzen gefüllt, die vor 1750 in England eingeführt worden waren. Ein Knoten ist wie ein Gitter geformt, dem zentralen Motiv des Tollemache-Wappens. Der andere Knoten birgt die Initialen der Namen der Besitzer. Gleich daneben liegt der Rosengarten, voller im Juni blühender Strauchrosen, wie etwa 'Madame Plantier', 'Isaphan', 'Madame Hardy' und 'Tour de Malakoff'. Seit Kurzem wird hier die Blühsaison noch mit einigen Englischen Rosen von David Austin und zudem mit im Spätsommer blühenden Stauden verlängert. Xa Tollemache erhielt viel Anerkennung von vielen Rosenfreunden für die Gestaltung des Rosengartens und damit auch für die Werbung und Unterstützung, die sie mit dieser vorbildlichen Anlage der Rose angedeihen lässt.

Im ummauerten Garten herrscht eine friedliche Atmosphäre vergangener Zeiten. Hier mischen sich Blumen und Früchte, an schmiedeeisernen Bögen blüht im Frühsommer die Duft-Wicke *(Lathyrus odoratus)*, später hängen schwere Flaschenkürbisse daran. Die Kräuterbeete sind kreuzförmig angelegt. Blumen und Rosen bringen im Frühsommer zartere Farben hinein, im Spätsommer beherrschen glühendere Töne das Bild, Einjährige füllen die Lücken. Vor den Mauern liegen Beete mit verschiedenen Themen – Gras, Strauch, Farbe, Gemüse –, zwischen die sich Eibenriegel schieben, um das Auge gemächlicher von Beet zu Beet wandern lassen zu können.

Das Etikett »passend« kennzeichnet Helmingham am besten. Maßstäblichkeit und Proportionen der strukturellen Elemente sind gelungen, Großzügigkeit von Blüte und Duft bezaubernd und die Aura der Zeitlosigkeit allgegenwärtig. Darüber hinaus finden wir hier, wie in allen

An einer Seite der Terrasse von Gresgarth Hall in Lancashire blühen Rosen. Durch den großen Country Garden der in Italien geborenen Gartengestalterin Arabella Lennox-Boyd fließt das Flüsschen Artle Beck. In Hausnähe finden wir eine strengere, terrassierte Gestaltung, aber auch einen großen Teich (teilweise oben rechts zu sehen) und einen Sumpfgarten. Weiterhin besteht das Anwesen aus einem Nussbaumhain, einem Obst- und Küchengarten, einer Serie von Farbgärten, einem wilden Garten, einem Rhododendren-Hang, ein Serpentinenweg führt durch einen Waldbereich. Nahezu alles, was der Gärtner und der Gartenbesucher im Entferntesten haben möchte, findet er hier. Der Artle Beck füllt den Garten mit einem permanenten Geräusch und wird überspannt von einer Chinesischen Brücke. Das Gewässer trennt den intensiv gestalteten Garten vom vielfältig bepflanzten Waldgarten.

großartigen Gärten dieses Typs, eine starke visuelle Verbindung zwischen Haus und Garten. Obwohl der Graben trennend dazwischenliegt, ist das Gebäude doch stets sichtbar.

Viele Country-House-Gärten verfügen über zahlreiche eklektizistische Elemente. Highgrove in Gloucestershire gehört dazu, wo der Prince of Wales viele namhafte Experten um Rat gefragt hat: Lady Salisbury, Rosemary Verey, Sir Roy Strong sowie Julian und Isabel Bannerman zählten dazu. Natürlich hat sich der Prinz in der Gartengestaltung intensiv selbst weitergebildet.

In Highgrove sind die Interessen von Prinz Charles und die selbst auferlegte Verpflichtung der Öffentlichkeit gegenüber deutlich zu erkennen: Er betreibt nachhaltigen Gartenbau, achtet auf kunstvolle Gartengestaltung und nimmt seine Funktion als Gönner ernst. Sein Garten wird nach organischen Gesichtspunkten bewirtschaftet, links und rechts der Zufahrt sind Wiesen, aber dann auch formale Gartenbereiche und geheimnisvolle Waldzonen.

Ein weiterer eklektizistischer Garten ist der von Gresgarth Hall in Lancashire, dem Zuhause der Gartenarchitektin Arabella Lennox-Boyd. Alle Besitzer eines Country-House-Gartens bewundern diese Anlage.

Ein dritter ist Goodnestone Park in der Grafschaft Kent. Hier wohnt der Gartenbuchautor George Plumptre.

Es ist nicht leicht, die Anfänge des eher informellen Gartenstils zu finden, der ja einer großen Zahl von Country-Gärten zugrunde liegt. Mit »informell« meine ich den Aspekt der

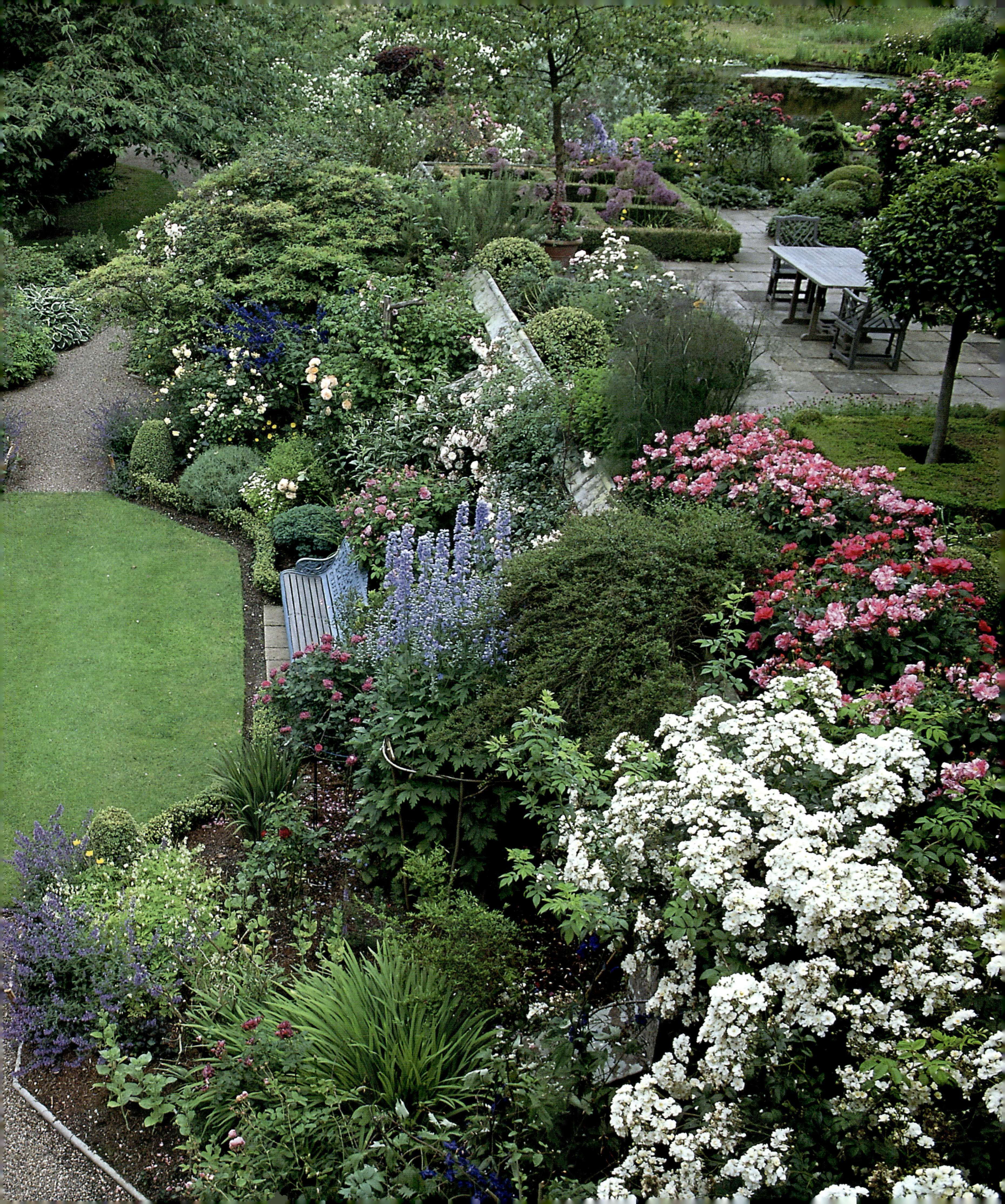

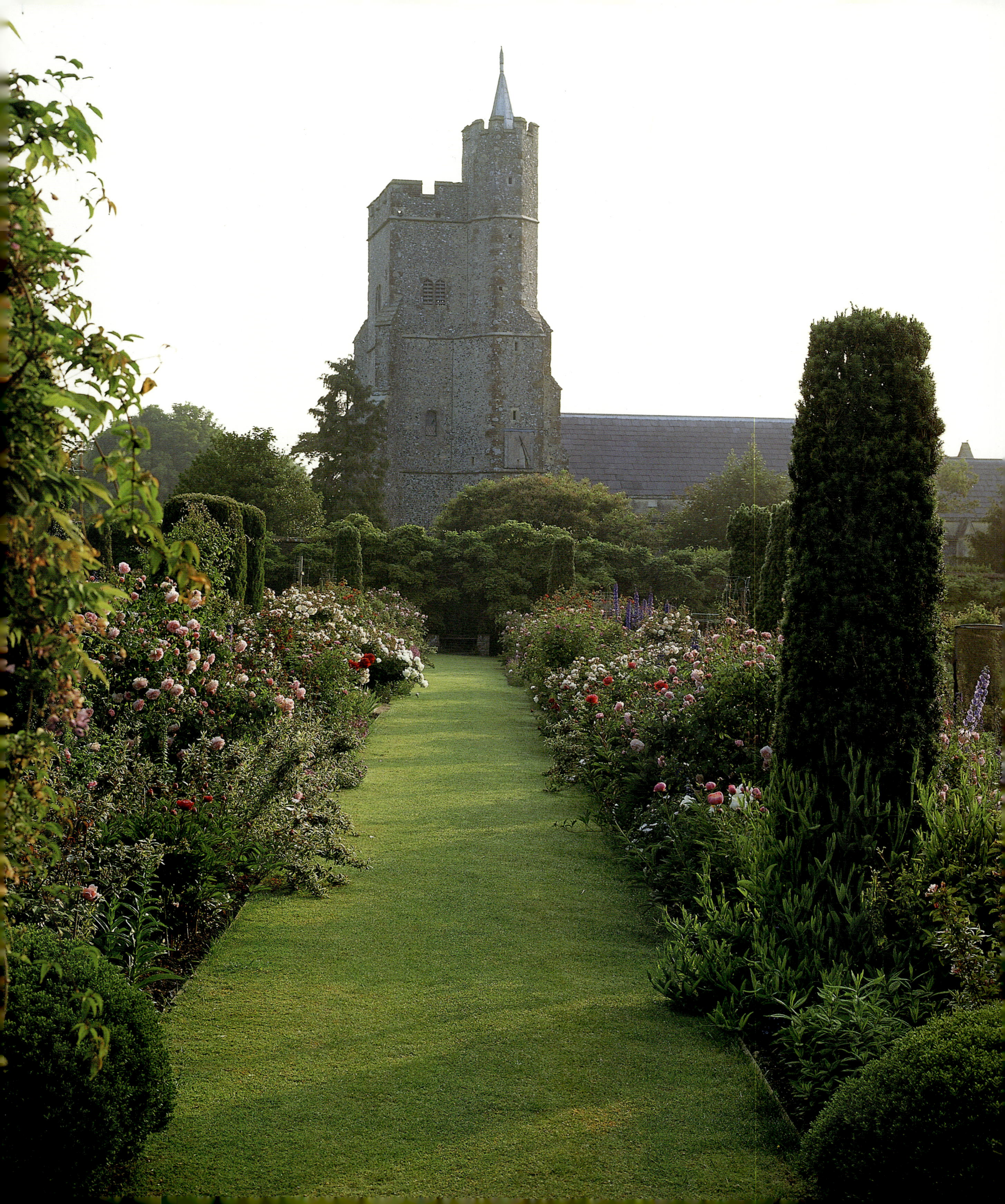

LINKS Ein ausschließlich mit Pfingstrosen bepflanztes Beet im ummauerten Garten von Goodnestone Park im frühen Juni.

GEGENÜBER In Goodnestone Park in der Grafschaft Kent finden sich um das Gebäude von 1704 Zeugen verschiedener Epochen: Ein Park des 18. Jahrhunderts, Terrassen aus der Viktorianischen Zeit, Wald aus der Zeit zwischen den Weltkriegen, ein Blumen- und Küchengarten aus den 1960er Jahren in einem alten, ummauerten Garten. Weiterhin gibt es seit Kurzem ein Millennium-Parterre, ein »goldenes Arboretum« und einen modernen Kiesgarten.

All das ist gute Werbung für die ständige Entwicklung eines Gartens, wenn er in der Hand einer Familie bleibt. Hier ein Blick in den großartigen ummauerten Garten, der aus drei Teilen besteht: dem »Alte Rosen«-Garten, dem Sommergarten und dem Küchengarten am hinteren Ende. Die Pfarrkirche ist ein beeindruckender, immerwährender Blickfang. Die Beete sind vorwiegend mit Rosen bepflanzt sowie mit Säuleneiben als vertikale Zeichen.

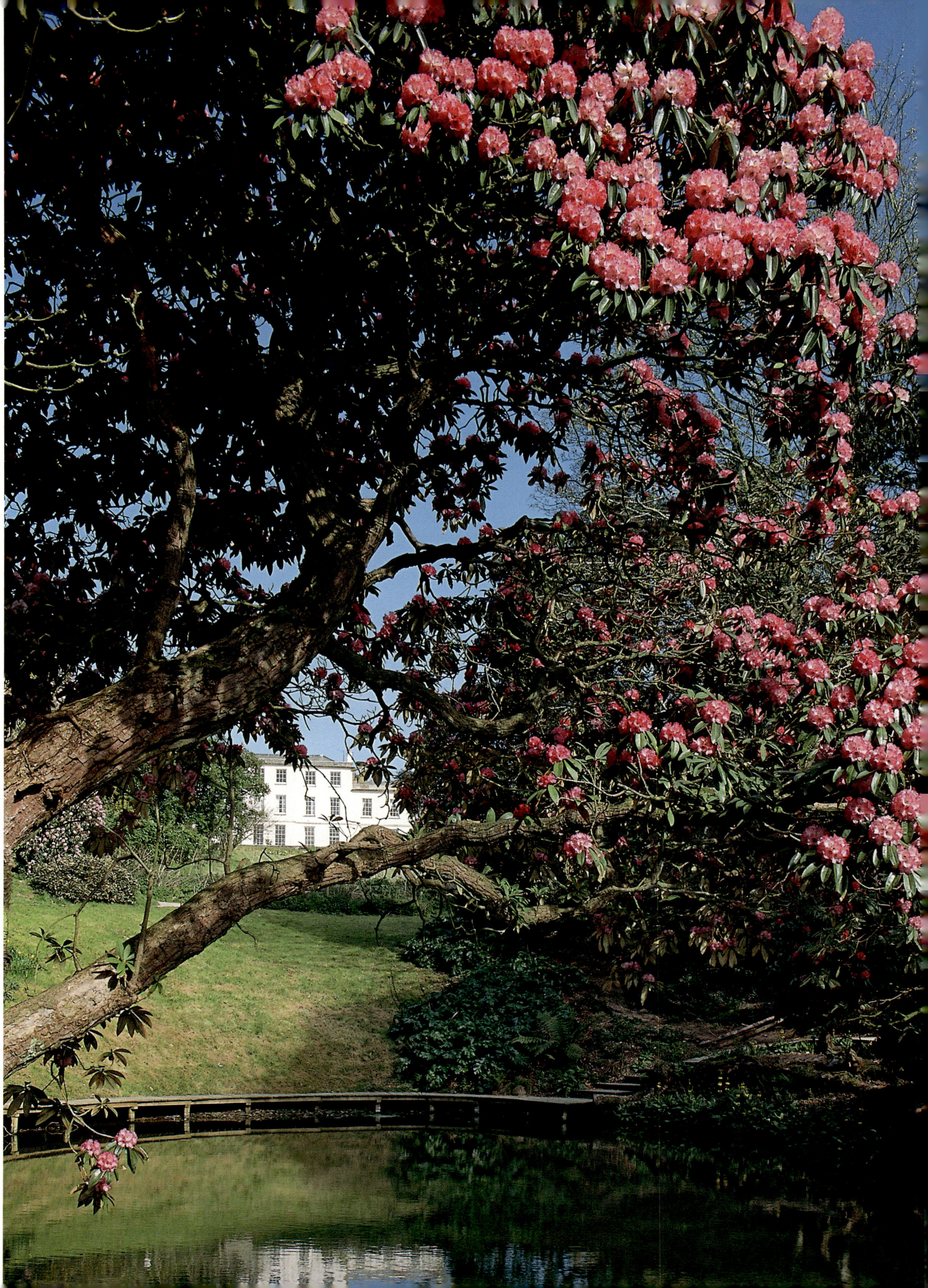

LINKS *Rhododendron arboreum* in den Gärten von Heligan in Cornwall. Diese Gärten gerieten während des Ersten Weltkriegs in Vergessenheit, wurden aber in den 1990er Jahren von Tim Smit (der danach im Eden-Projekt Ruhm erntete) ausgezeichnet restauriert. Einige der mächtigen Rhododendren in Viktorianischen »pleasure grounds« in Hausnähe wurden von Sir Joseph Hooker selbst aus Samen gezogen.

RECHTS Eine wunderschöne, ausgewachsene Magnolie (*Magnolia campbellii*) erhebt sich hinter Rhododendren im Garten von Lanhydrock in Cornwall. Dieser Garten, teils Wald, teils formaler Garten, stammt aus dem Jahr 1857 und wurde für den 1. Baron Robartes angelegt. Er untersteht jetzt dem National Trust.

FOLGENDE SEITEN Trebah gehört zu den großen Waldgärten in Cornwall. Lage und Topografie im Tal des Helford River (der auf diesem Bild zu sehen ist) bieten reichlich Spannung, aber auch viel Raum für Liebhaber subtropischer Pflanzen. Von 1981 an haben die jetzigen Besitzer den Garten mit viel Einsatz und Können vor der Verwahrlosung bewahrt. 1831 legte ihn Charles Fox als 10 Hektar großen gebäudenahen Garten an. Sein Bruder Arthur entwarf die Gärten von Glendurgan nebenan.

Geometrie, der außer in unmittelbarer Hausnähe keine führende Rolle in diesen Gärten übernimmt. Stattdessen bestehen sie aus sich windenden Wegen und unregelmäßig bepflanzten Staudenbeeten. Geschnittene Hecken fehlen häufig. Dieser informelle Gartenstil hat seine Wurzeln im Landschaftsgarten des 18. Jahrhunderts und wurde später befördert durch William Robinson (1838–1935) und seine Schriften. Besonders mit seinem Buch *The English Flower Garden* stellte er sich vehement gegen die Verfechter des formalen Gartens wie Reginald Blomfield und William Andrews Nesfield. Der Waldgarten gehört zu den Unterarten des »informellen Gartens«, wie auch Gärten im English Vernacular-Stil.

Um 1800, als die ersten Rhododendren aus dem Himalaya England erreichten, hat wohl niemand erwartet, dass im darauffolgenden Jahrhundert viele große Country-Gärten im Süden und Westen Englands und den anderen Britischen Inseln mit den Pflanzenschätzen des Fernen Ostens oder der östlichen Vereinigten Staaten gefüllt sein würden. Auf saurem Boden und in einer bewegten Waldlandschaft fühlen sie sich sehr wohl.

Aber so ist es gekommen. Um hier nur einige Gärten, die zu bestimmten Zeiten öffentlich zugänglich sind, zu nennen: Caerhays, Heligan, Lanhydrock, Trebah, Trengwainton und Trewithen in Cornwall oder Leonardslee,

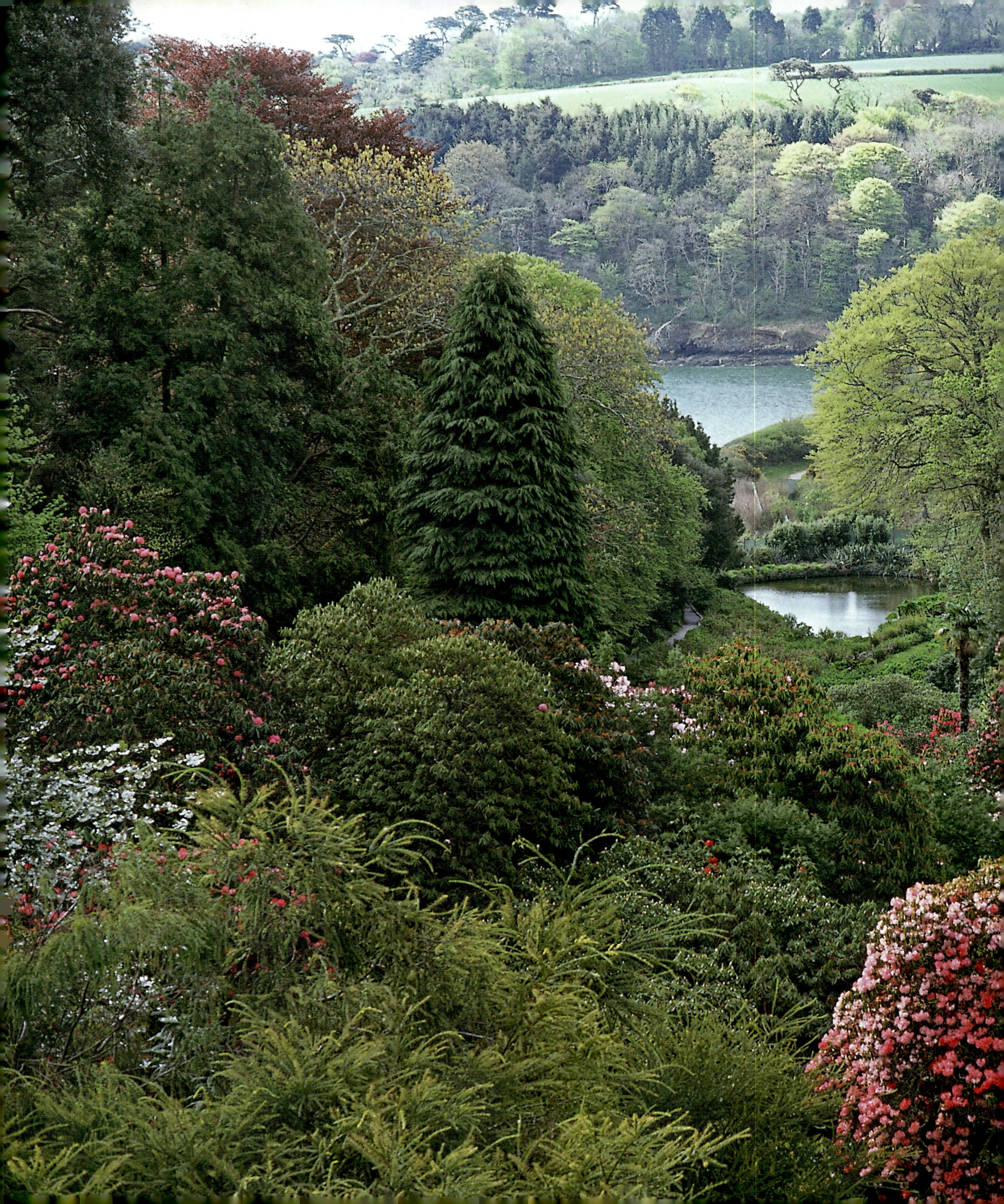

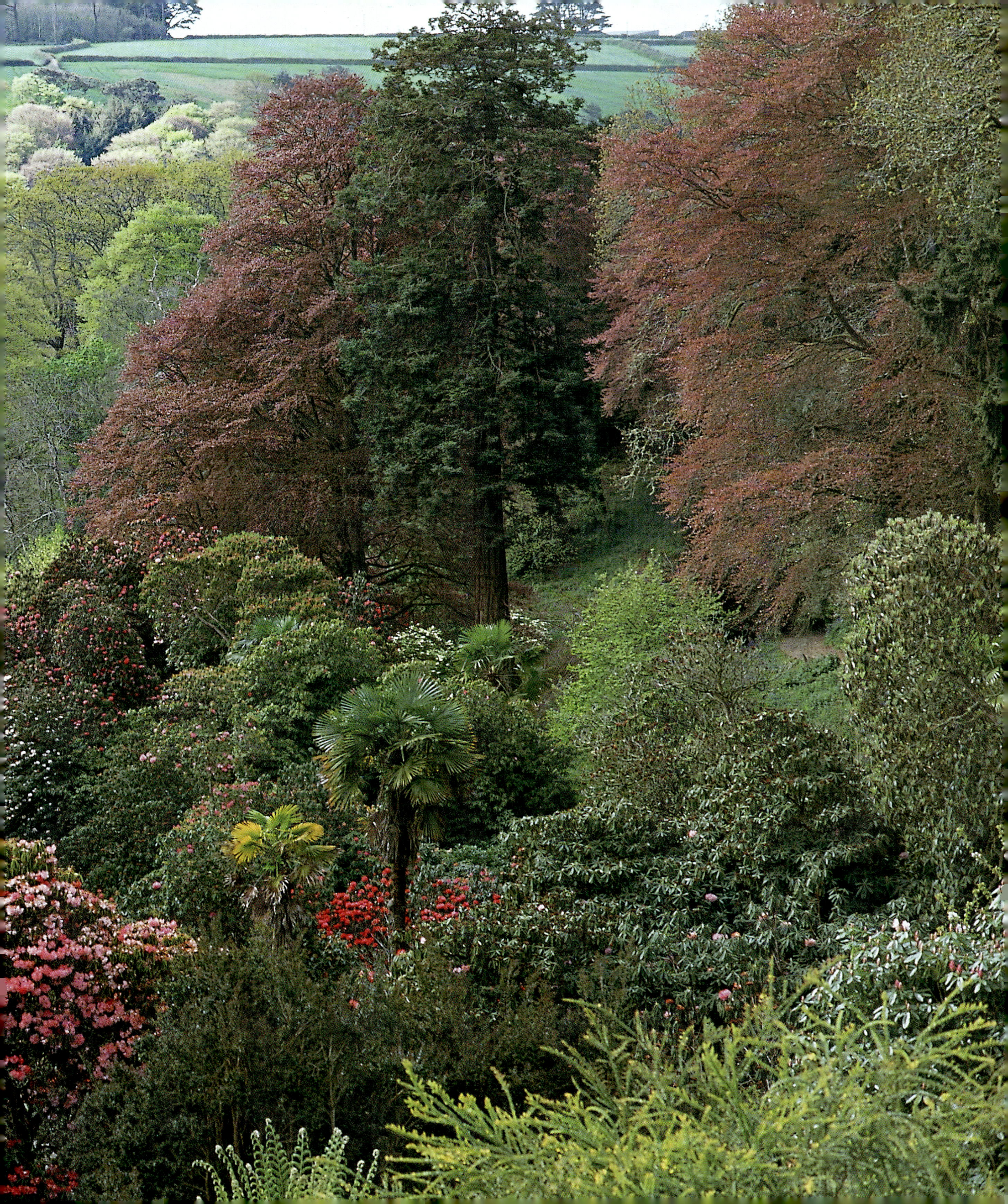

OBEN Trewithen ist ein weiterer berühmter Garten in Cornwall. Von hier kommt so manche Pflanze, wie etwa *Ceanothus arboreus* 'Trewithen Blue'. Dieser Garten ist auch wegen des schönen Hauses mit dem großen Rasen bekannt geworden, eingerahmt von riesigen Rhododendron. Wie man sieht, wachsen sie in diesem milden Klima ausgezeichnet.

GEGENÜBER High Beeches in West Sussex im Herbst. Dieser Garten wurde von Colonel Loder 1906 naturnah angelegt. Fremdländische Waldpflanzen wie etwa Rhododendron, Hartriegel *(Cornus)* und Magnolien wachsen in Lichtungen, weiterhin gibt es Wildblumenwiesen und den einzigen natürlichen Standort Englands mit Schwalbenwurz-Enzian *(Gentiana asclepiadea)*. Der Garten ist voller seltener ausgewachsener Pflanzen. Sie und vor allem der naturhafte Charakter – geschaffen von verschlungenen Wegen unter Bäumen und Sträuchern – machen die bezaubernde Atmosphäre aus.

Borde Hill, High Beeches und Wakehurst Place in Sussex – überall hier waren es wohlhabende Herren in der Viktorianischen Ära, die Zeit, Energie und ein Bedürfnis nach einer intensiven Beschäftigung hatten und daher mit der Kultivierung von importierten Pflanzen begannen. Hier hatten es ihnen die zahllosen Arten der Gattung Rhododendron besonders angetan. Sie wurden in höhergelegenen Regionen gefunden und so hatten sie im feuchten und milden Klima von Englands Süden und Westen gute Chancen, den Winter zu überstehen. Dort fanden sie auch den sauren Boden, den sie brauchen. Obwohl sich die Rhododendren raumgreifend entwickelten, fanden die Gartenbesitzer noch für andere Pflanzen aus ähnlichen Gegenden der Welt und mit den gleichen Bodenansprüchen – also *Magnolia,* Kamelie, *Enkianthus, Embothrium,* Kalmia, *Michelia* und *Pieris* – ebenfalls einen Platz.

Die kostbare Hinterlassenschaft dieser Pflanzenenthusiasten sind immer noch in Cornwall zu bewundern. Dort haben eine beträchtliche Anzahl der besten Gärten überlebt, teils in der Hand von privaten Eigentümern, teils unter Verwaltung des National Trust. Sie liegen häufig an klimatisch bevorzugten Hängen von Flusstälern oder in Meeresnähe.

Von Baumgürteln vor heftigen Atlantikstürmen geschützt, haben sich die exotischen Pflanzen erstaunlicherweise zu vollständig akzeptierten Begleitpflanzen in der englischen Landschaft entwickelt. Vor allem die Größe der Pflanzen beeindruckt. Viele der genannten Pflanzen sind mittlerweile sehr alt, dabei aber recht langlebig, und schließlich bietet das ausgeglichene, milde Klima Cornwalls ideale Lebensbedingungen. Hier sind 18 Meter hohe Magnolien zu finden, etwa von meiner Lieblingsart *Magnolia campbellii.* Ihre rosa Blüten werden zu flatternden Vögeln irgendwo am Himmel. *Rhododendron arboreum,* in England zu Recht »Baum-Rhododendron« genannt, wird in Cornwall häufig höher als in der Heimat Nepal.

Der Sturm von 1990 wütete brutal, schuf aber möglicherweise auch wieder die richtige Balance. So wurden viele Gärten Cornwalls um zahlreiche alte Bäume und wucherndes Gestrüpp entschlackt und die Besitzer profitierten danach von der ausgezeichneten Arbeit der Pflanzenzüchter in den ganzen Welt, besonders in den USA und Neuseeland. Jetzt können sie mit vielen neuen *Rhododendron yakushimanum* und *R. vireya*-Hybriden experimentieren, oder auch mit duftenden und kleinwüchsigen Kamelien. Eine Vielzahl von Magnolienarten bieten sich ihnen nun in einer breiten Farbpalette. Wenn die Pflanzenentdecker Ernest Henry Wilson oder George Forrest eine gelbblühende Magnolie aus Westchina nach England geschickt hätten, wäre dies unter den Honoratioren Cornwalls sicherlich einer Sensation gleichgekommen. So kam man nach 1990 auch dazu, die Bepflanzung zu verjüngen, sie zu entwickeln. Doch geht ein Gespenst um, *Phytophthora ramorum,* ein pathogener Mikropilz, der vor allem Rhododendren befällt und von dort aus seine Sporen in die höhere Etage alter Laubbaumarten wie Buche und Eiche schickt und sie zum Absterben bringt. Hier herrscht große Sorge, aber die Gartenbesitzer können bislang nur den Atem anhalten und auf neue Forschungsergebnisse warten.

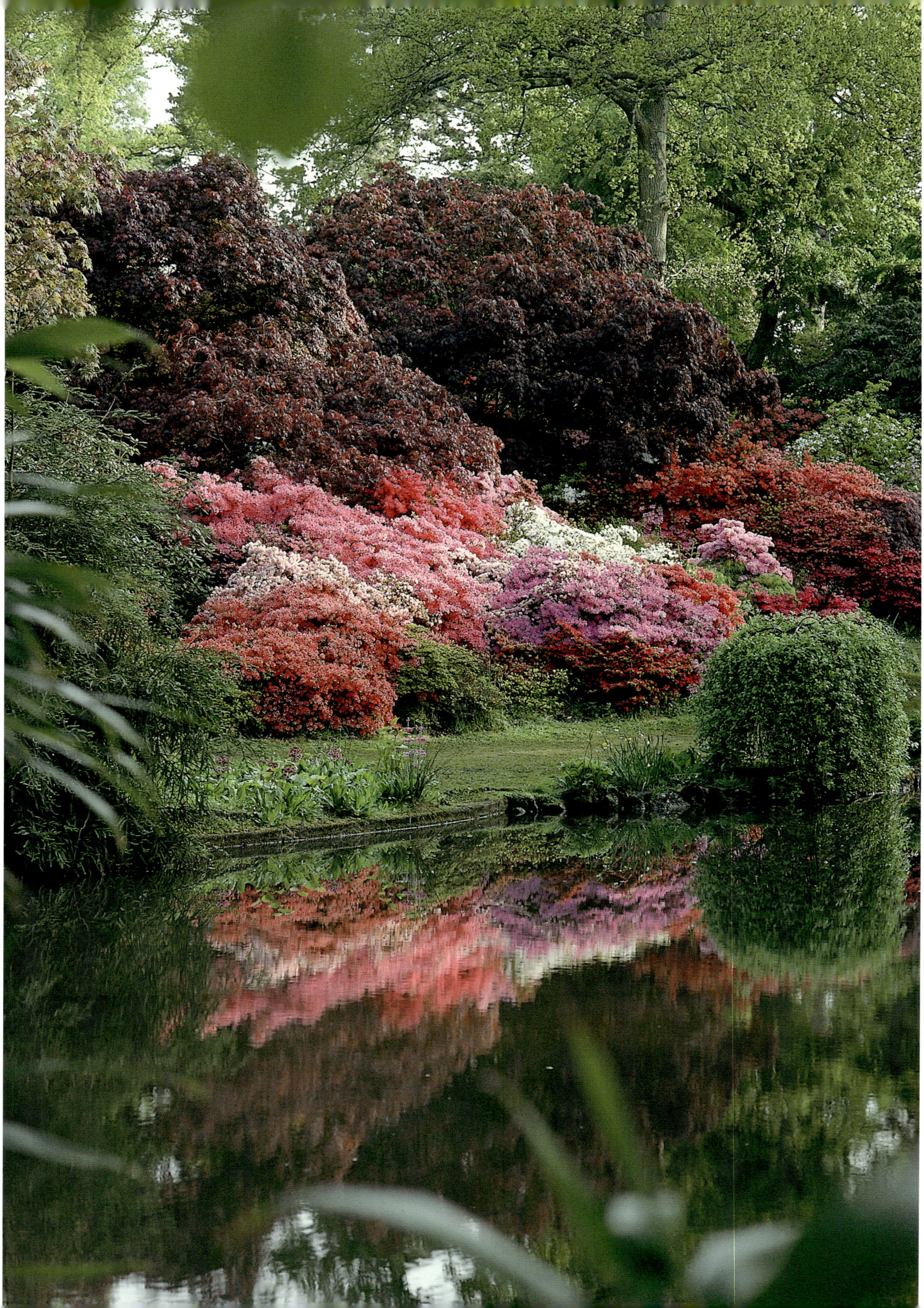

Exbury Gardens in Hampshire gehört zu den größten und edelsten Waldgärten Englands. Sie wurden nach 1918 von der Rothschild-Familie angelegt, die bekannt war für ihr Interesse an Pflanzen und die Züchtung neuer Rhododendren-Sorten. Ihre Sammlung wird die größte auf den Britischen Inseln sein. Aber die Gesamtgestaltung von Exbury mit seinen Teichen, Waldgebieten und Lichtungen ist ebenso bezaubernd.

Der große Charme der meisten Waldgärten mag darin liegen, dass mit Ausnahme einiger sich hindurchschlängelnder Wege und eng am Haus liegender Strukturen keine wesentlichen gestalterischen Eingriffe sichtbar sind. Die exotischen Sträucher aus Asien wachsen zwischen einheimischen Bäumen, in seit Langem vorhandenen Waldgebieten, im zeitigen Frühling zusammen mit Traubenhyazinthen und Schneeglöckchen. Grelle Farbzusammenstöße gibt es kaum, denn die beträchtliche grüne Blattmasse bildet stets einen wirksamen Puffer.

Zu den bekanntesten Gärten in Cornwall gehören Caerhays mit 25 Hektar und Heligan, ein Waldgarten wie auch ein restaurierter Viktorianischer Küchengarten. Weiterhin sind Glendurgan zu nennen, wie Heligan ein stark von Himalaya-Vegetation geprägter Schluchtgarten, sowie Trewithen, der einen sehr schönen ummauerten Gartenteil hat, wo man im Mai die azurblauen Blüten von *Ceanothus* 'Trewithen Blue' bestaunen kann.

In Hampshire finden wir Exbury Gardens, an der Grenze von Berkshire und Surrey in Windsor Great Park die Savill and Valley Gardens und in Sussex einige sehr schöne Waldgärten, etwa in Leonardslee, Borde Hill, High Beeches, Wakehurst Palace und Sheffield Park. All diese Gärten haben sich von den Sturmschäden erholt. Die meisten von ihnen liegen in einer schönen Landschaft – am Meer oder an Flusstälern in Cornwall oder vor der sanfthügeligen Landschaft der Downs in Sussex – und diese Landschaften bieten stets eine wunderbare Kulisse zu den Gärten.

In diesen Waldgärten machen die Rhododendren- und Azaleenbepflanzungen den größten Reiz aus. Die Bandbreite der Blütenfarben der Azaleen, in Form und Größe aber konsistent, lassen die Gattung ideal erscheinen für Massenpflanzungen in großen Gärten mit saurem Boden. Besonders beeindruckende Beispiele liefern die Savill and Valley Gardens und die Exbury Gardens in Hampshire. Im Garten von Castle Howard in Yorkshire finden wir eine Pflanzung mit den 50 Sorten der kleinwüchsigen 'Kurume'-Hybriden. Sie wurden nach dem Ort auf der Kyushu-Insel benannt, wo Ernest Henry Wilson sie 1918 entdeckte. Eine ähnliche spektakuläre Vorstellung bieten diese Azaleen im so genannten »Punchbowl« in den Valley Gardens in Windsor Great Park (siehe Seite 76). Zu Tausenden stehen sie dort, in Gruppen von zweihundert Pflanzen einer Sorte bieten sie, wie Jane Brown es ausdrückte, »einen der verblüffendsten Ansichten vom englischen Frühling. Von April bis Ende Mai reicht die Farbmischung vom Hellrosa der Apfelblüte bis zu tiefen Rosa- und Malventönen, von Weiß und Crème bis zu tiefroten, karminrosa und scharlachroten Blüten. Sie alle sieht man durch ein Flechtwerk von Lärchen und silbrig schimmernden Tannen.«[5]

OBEN Herbst in der Ahorn-Lichtung des National Arboretum von Westonbirt in Gloucestershire.

RECHTS Wie in High Beeches in West Sussex hat der Sturm von 1987 auch im benachbarten Waldgarten von Sheffield Park große Schäden verursacht. Aber der Park hat sich erstaunlich gut erholt, wird dank seiner wunderschönen Herbstfarben und seiner Gehölzraritäten, wie etwa dem Tupelobaum *(Nyssa sylvatica)*, zahlreich besucht. Er wurde 1776 von »Capability« Brown angelegt, später wirkte auch Humphry Repton hier.

Wie die Waldgärten sind eine Reihe von Arboreten in England der Öffentlichkeit zugänglich und sie ziehen im Frühling und Herbst ebenfalls viele Besucher in ihren Bann. Sie unterscheiden sich von den Waldgärten, weil sie eine Auswahl von ausgewachsenen, einzelstehenden Bäumen und Sträuchern zeigen. Da sie weniger auf eine Gesamtschau des Pflanzensortiments setzen, sind sie das aus Gehölzen bestehende Gegenstück eines Gartens von Staudenliebhabern. Das wohl schönste und berühmteste Arboretum ist das National Arboretum von Westonbirt in Gloucestershire. Es wurde 1829 von Robert Holford mit viel Bedacht angelegt und von nachfolgenden Generationen fortentwickelt, sodass sich zahlreiche schöne Eindrücke ergeben, speziell wenn sich im Herbst die Ahorn-Arten verfärben. Betreut wird es mittlerweile von der Forstverwaltung. In derselben Grafschaft liegt auch das Arboretum von Batsford Park.

In einem schönen, steilen Tal der Grafschaft Surrey schuf Dr. Wilfrid Fox ein 44 Hektar großes Arboretum. 1937 begann er seine Arbeit in Winkworth nahe Godalming und übergab die Anlage 1952 dem National Trust. Von diesem Arboretum hat man immer wieder herrliche Blicke in die bewaldete Landschaft Surreys. Es beheimatet eindrucksvolle Sammlungen beispielsweise von Ebereschen und Magnolien.

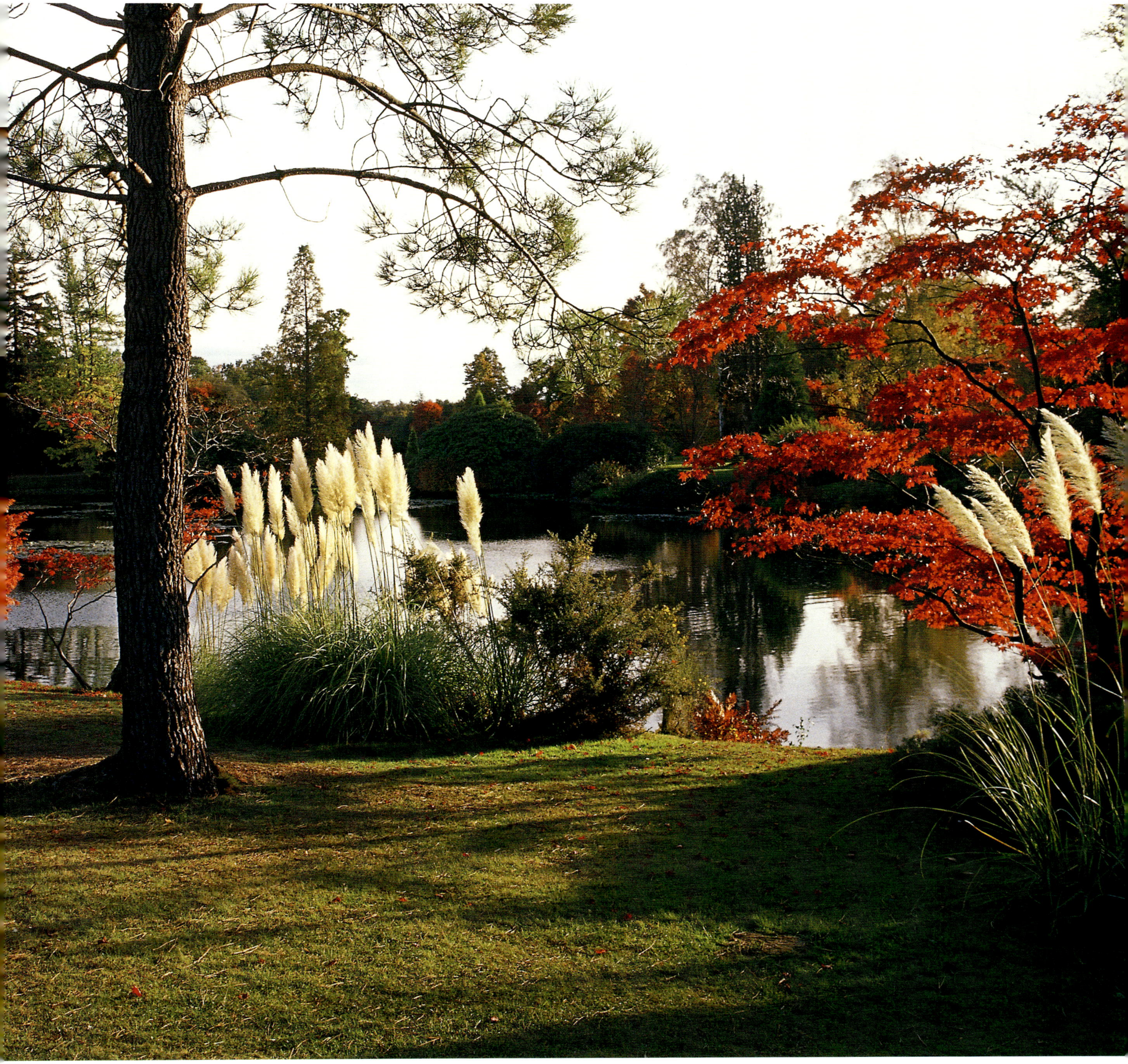

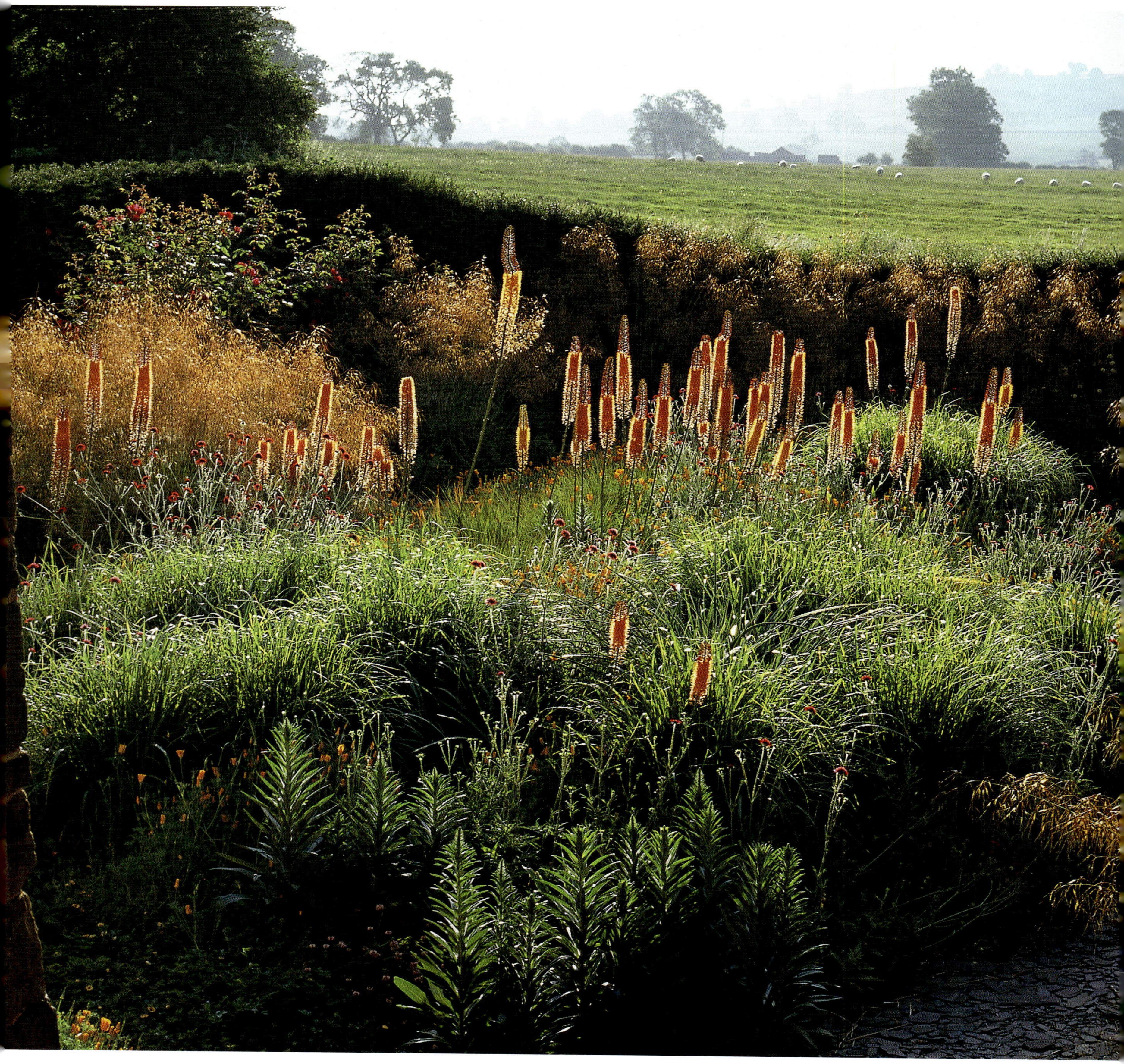

OBEN Auf Home Farm entwickelte Dan Pearson einen naturhaft aussehenden Garten. Hier ist der Thymian-Teppich zu sehen, der sich hinter der Terrasse erstreckt, mit dem Teich im Hintergrund. »Der Garten ist ein Abbild der Natur; wir verwendeten eine breite Pflanzenpalette, die aber den Eindruck macht, als hätte sie sich den Ort selbst erobert«, schrieb Pearson.[6]

LINKS Die geschnittene Hecke im Barn Garden der Home Farm in Oxfordshire zieht eine weitere Linie in die Landschaft aus Tälern und Höhen. Dan Pearson gestaltete diesen Garten. In der linken Ecke blüht rot *Rosa moyesii*, verstreut das Gras *Stipa gigantea* und besonders auffällig die langen kerzenartigen Blüten von *Eremus* 'Moneymaker' (gelb) und 'Cleopatra' (rotorange).

Das für den klassischen Gehölzliebhaber interessanteste Arboretum ist sicherlich das von Sir Harold Hillier ab 1953 angelegte, nahe der von ihm gegründeten Baumschule in Hampshire. Seit 1977 wird es vom Hampshire County Council verwaltet und genießt den Ruf, die größte Sammlung winterharter Sträucher und Bäume der Welt zu beheimaten. Auf 79 Hektar wachsen dort 12.000 verschiedene Arten und Sorten. Nicht weniger als elf nationale Sammlungen werden hier geführt, unter anderem von Eiche und Zaubernuss. Obwohl es als reine Schaufläche von Einzelpflanzen angelegt wurde, ist es ein zauberhafter Ort für einen Spaziergang. Außerdem gibt es dort einen großen, exzellent bestückten Wintergarten.

Beispielhaft für einen modernen, naturhaften Country-Garten ist der von Dan Pearson im Laufe eines Jahrzehnts angelegte Garten, genannt Home Farm in Oxfordshire. Man kann ihn nicht besichtigen – umso glücklicher sind wir, dass Dan Pearson über ihn geschrieben und in einer Fernsehserie präsentiert hat.[7] Pearson entwickelte die Idee eines naturhaften, wilden Country-Gartens, der stimmig in seiner bäuerlichen Umgebung liegt, in dem sich ein Thymianteppich ausrollt, geschnittene Linden und organisch geformte Hecken geben Blicke frei in die Landschaft hinter dem Garten. Pearson verwendete eine große Auswahl an Pflanzen,

Im Garten von Denmans in West Sussex verläuft ein Kiesstreifen durch den Garten und stellt ein ausgetrocknetes Flussbett nach. Einjährige und Zweijährige, wie etwa die Königskerze *(Verbascum)*, dürfen sich selbst aussäen. Außerdem sind Edeldisteln *(Eryngium* 'Miss Willmott's Ghost'*)* und die irisähnliche Binsenlilie *(Sisyrinchium striatum)* zu sehen. Geschaffen hat diesen Garten Joyce Robinson von 1946 an, weiterentwickelt hat ihn der Gartenarchitekt und Autor John Brookes, der auch jetzt hier lebt.

besonders beachtliche Mengen von Stauden, winterharten Gräsern und Massen von vergleichsweise kostspieligen Steppenkerzen *(Eremus)*.

Die Farbkombinationen sind alles andere als zufällig und wahllos, vielmehr frisch und belebend, allemal genau kalkuliert. Es ist alles sehr wohl überlegt, denn, wie er schreibt, »ist gestalterische Kontrolle unverzichtbar, sogar in einem Garten, der die zarte Zügellosigkeit der Natur nachahmt«.[8] In dem Garten finden wir die umgebende Landschaft gespiegelt: Die Gräser sollen die nahen Weiden imitieren; die geschnittenen Eiben erheben sich wie Hügel in der Umgebung und die Hecken an der Gartengrenze ziehen die Linien der Hügelketten in der Landschaft nach.

Kies fand man lange Zeit nicht in den traditionellen Cottage-Gärten, denn der Landbevölkerung fehlte dazu meist das Geld. Aber es ist ein sympathisches Material, angenehmer als manch anderer Baustoff und besonders passend, wenn er in der Region abgebaut wurde. Der wilde Garten von Denmans in Sussex ist vor allem bekannt geworden durch die Kiesspur, die wie ein ausgetrocknetes Flussbett durch den Garten verläuft. Vereinzelte Pflanzen wachsen aus ihr hervor, kommen und gehen.

Den Garten legte Joyce Robinson von 1946 ab an, er wurde aber dann von dem einflussreichen Gartengestalter John Brookes weiterentwickelt.

Brookes gehört der Generation vor Dan Pearson an, wohnt und arbeitet im so genannten Clock House des Gartens. Auf die Bepflanzung wurde stets großer Wert gelegt. Gruppierung, Form und Gestalt, Wiederholungen und Positionierung spielen eine große Rolle, und obwohl Brookes gerne dem Vorbild der Natur folgt, verfolgt er gestalterisch eine »Ausdünnung der Natur«. Weiterhin schätzt er Waldpflanzen und die Möglichkeiten, die Form und Textur der Blätter eröffnen. Im ummauerten Garten nutzen mediterrane Pflanzen, wie etwa das Myrthengewächs *Luma apiculata*, die lange Sonnenscheindauer von Sussex.

In den Gärten von Beth Chatto nahe Colchester in Essex wurde Kies genutzt, um damit einen kompletten Lebensraum für trockenheitstolerante Pflanzen zu schaffen. Es ist dabei wichtig zu wissen, dass Beth Chatto auf ein tiefes Verständnis von der Ökologie der Pflanzen zurückgreifen kann. Sie gehörte in den 1970er und 1980er Jahren zu den Pionieren des naturnahen Gärtnerns, also bevor es zur Mode wurde. Ihr

Klatschmohn *(Papaver rhoeas* 'Mother of Pearl') und Jungfer im Grünen *(Nigella damascena* 'Miss Jekyll White') im Kiesgarten von Beth Chatto Gardens in Essex, der auf einem ehemaligen Parkplatz entstand.

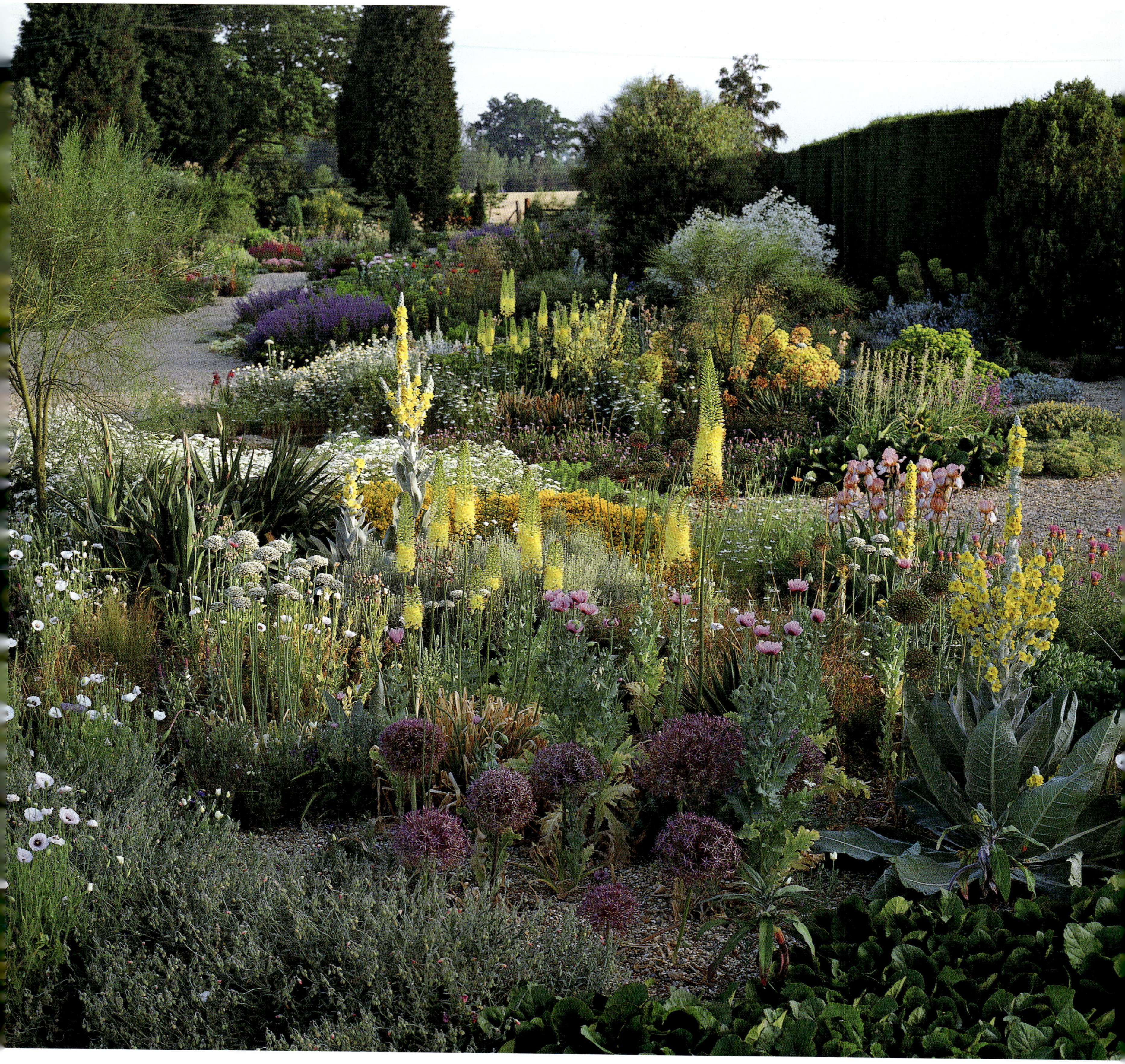

Beth Chatto hat ein großes Interesse an der Ökologie der Pflanzen. In ihrem Kiesgarten wachsen vorwiegend Pflanzen aus dem mediterranen Raum, die mit trockenem Klima und gut dräniertem Boden gut zurechtkommen. Besonders auffallend sind die großen Blütenkugel des Zierlauchs *(Allium christophii)*, die gelben Ähren der Steppenkerze *(Eremus stenophyllus)* und die gelbblütige Königskerze *(Verbascum bombyciferum)*.

ANDERE COUNTRY GARDENS

Cholmondeley Castle, Cheshire
Dunham Massey, Cheshire
Jodrell Bank Arboretum, Cheshire
Penjerrick, Cornwall
Trewidden, Cornwall
Brockhole, Cumbria
Holker Hall, Cumbria
Hutton-in-the-Forest, Cumbria
Sizergh Castle, Cumbria
Blackpool Gardens, Devon
Castle Hill, Devon
Killerton, Devon
Tapeley Park, Devon
Chiffchaffs, Dorset
Cranborne Manor Garden, Dorset
Forde Abbey, Dorset
Minterne, Dorset
Glen Chantry, Essex
Saling Hall, Essex
Stancombe Park, Gloucestershire
Rotherfield Park, Hampshire
Hergest Croft Gardens, Herefordshire
Emmetts Garden, Kent
Bressingham Gardens, Norfolk
Lexham Hall, Norfolk
Sandringham House, Norfolk
Coton Manor, Northamptonshire
Cottesbrooke Hall, Northamptonshire
Belsay Hall Gardens, Northumberland
Cragside House, Northumberland
Howick Hall, Northumberland
Dorothy Clive Gardens, Shropshire
Dunster Castle, Somerset
Greencombe, Somerset
Munstead Wood, Surrey
Standen, Sussex
Thorp Perrow Arboretum, Yorkshire

pflanzenökologisches Interesse führte 1991 zu der Entscheidung, den Besucherparkplatz auf armem Boden und gut dränierter Grasfläche in einen Kiesgarten umzuwandeln. Sie schrieb: »Einige Jahre lang hatte ich davon geträumt, mir einen Kiesgarten zu bauen, mit Pflanzen, die mit diesen Bedingungen zurechtkommen, anstatt jedes Jahr das gemähte Gras zu betrachten, wie es sich im Sommer wochenlang braun wie Biskuitgebäck verfärbt. Ich hoffte zu sehen, welche Pflanzen ohne künstliche Bewässerung überleben würden und war darauf vorbereitet, einige der vielen neuen Züchtungen zu verlieren, die ich noch nicht ausreichend auf Sommertrockenheit und Winterkälte und -feuchte getestet hatte.«[9] In ihrem Buch über den Kiesgarten erzählt Chatto, dass sie die jungen Pflanzen nicht wässerte, obwohl ihr Garten in der trockensten Gegend Englands liegt. Dies inspirierte so manchen Gärtner, in gleicher Weise zu verfahren.

Zunächst war der verdichtete Boden aufzubrechen, dann kamen Pflug und Egge zum Einsatz, spatentief wurde organisches Material eingebracht. Wie in Denmans erinnert der Kies an ein Flussbett. »Ich hatte ein ausgetrocknetes Flussbett im Kopf, als ich einen leicht gekrümmten Weg der Länge nach durch das Stück Land legte, brach die beidseitig entstehenden Beete mit gespurten Ein- und Ausgängen auf und ließ in dem zentralen Hauptweg größere Inselbeete entstehen, um die sich der Kies legt.«[10] Sie pflanzte eine große Auswahl an Halbsträuchern Südeuropas wie etwa Zistrosen. Aber auch Euphorbien gehörten dazu, Zwiebelpflanzen wie Lauch und Tulbaghia, Letzteres aus Südafrika. Für Höhe sorgten Wacholder und Gräser wie *Stipa*, die sich im Wind bewegten. Im folgenden Jahr mulchte sie die Fläche mit 12,5 Millimeter messendem und vor Ort abgebautem Kies in einer Stärke von 25 bis 50 Millimeter, abhängig von der Größe der Pflanzen. Weil die Pflanzen über den Winter zahlreiche Samenstände behalten, sieht der Garten auch in dieser Jahreszeit interessant aus. Beth Chatto hat den Garten nie gewässert, sogar in den zwei Jahren mit einem extrem trockenen, heißen Sommer nicht, die dem Jahr der Anlage folgten.

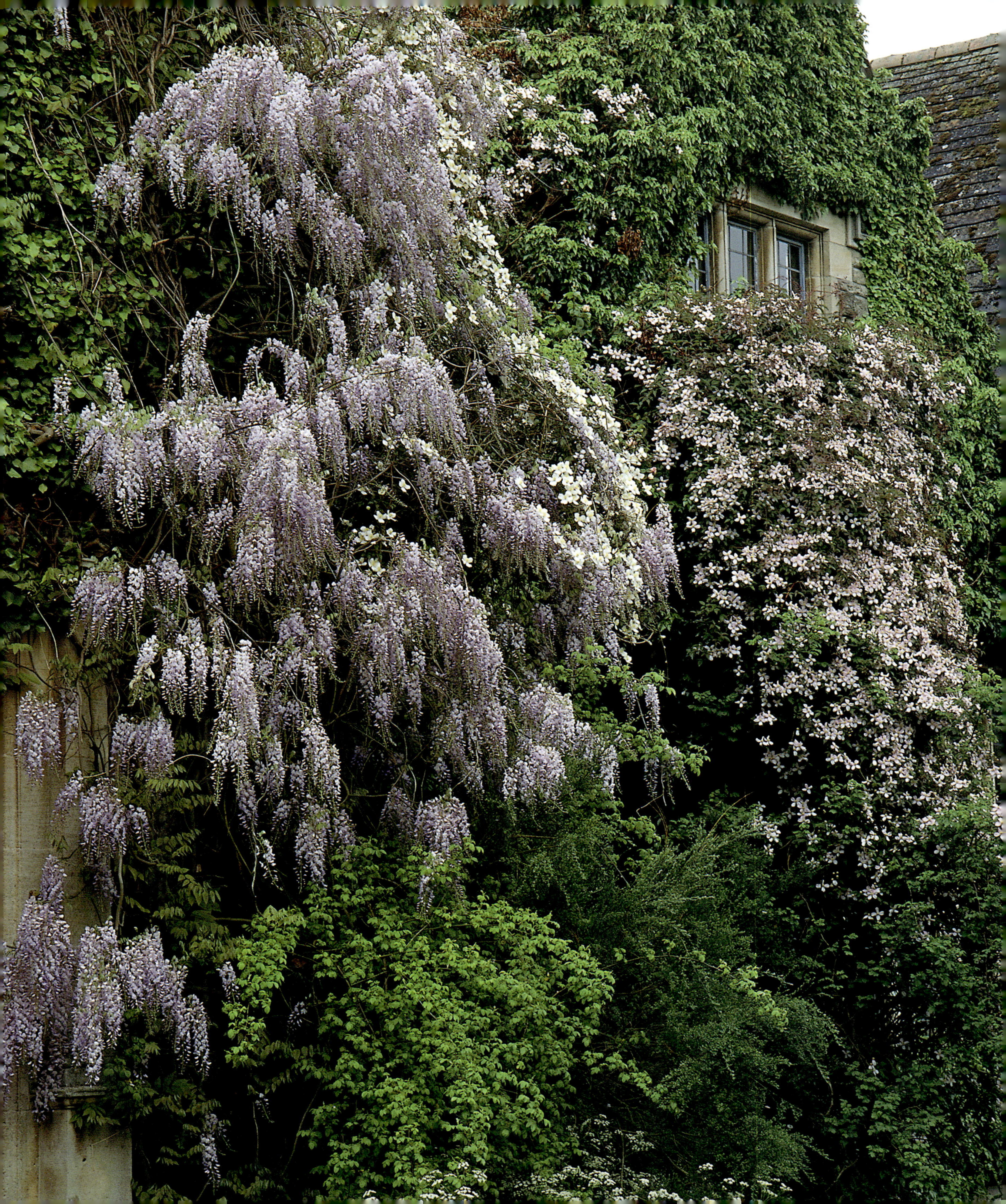

GÄRTNERN MIT DER NATUR

Am Beginn dieses Kapitels geht kein Weg daran vorbei, einige Begriffe zu klären, denn »der natürliche Garten« hat verschiedene Bedeutungen. Nur selten, wenn überhaupt, ist damit ein Garten gemeint, in dem ausschließlich einheimische Pflanzen wachsen. Die meisten Menschen würden dies auch kaum als Garten ansehen. Eher meint dieser Begriff einen Garten, in dem heimische Pflanzen wachsen (oder zumindest die verträglichen unter ihnen), in dem Chemikalien nur im äußersten Notfall verwendet und in dem wildlebenden Tieren so weit wie möglich Lebensmöglichkeiten geboten werden. Gestalterische Überlegungen können zugunsten der Bedürfnisse von Pflanzen zurücktreten (wenig gepflasterte Fläche beispielsweise) und die Pflanzungen selbst werden so gruppiert, wie sie in natürlichen Lebensgemeinschaften vorkommen. Das ist häufig leichter gesagt als getan. Erstens haben die Menschen über Jahrtausende natürliche Pflanzengemeinschaften verdrängt und es fehlen vielerorts die Vorbilder. Zweitens nehmen verschiedene Pflanzen überhand, wenn man nicht regulierend eingreift. Auch wenn das ein natürlicher Prozess ist, so wünschen wir uns für den Garten doch etwas anderes. Daher sind Gärtner, die sorgfältig eingreifen, erfolgreichere Naturgärtner als jene, die alles wachsen lassen.

Den Garten wenigstens etwas in natürliche Bahnen zu lenken, gehörte immer schon zu den Hauptbeschäftigungen des Gärtners. Wie konnte es auch anders sein? Alle Ratschläge in den Wind zu schlagen, führte noch nie zu langwährendem Erfolg, so viel steht fest. Sogar im 19. Jahrhundert, als fremdländische Pflanzen die Gärten überschwemmten, lernten die Gärtner schnell, was ihre Pflanzen brauchen. Besonders ihre Ansprüche an Boden und Klima galt es ernst zu nehmen und sie denen des Heimatstandorts anzupassen. Durch Experimente und Erfahrungen lernten sie, was wo wachsen kann. Beispielsweise fand man heraus, dass die aus Japan eingeführten Kamelien alkalische Böden nicht vertragen und dass sie durchaus das Gewächshaus verlassen können, in das man sie nach dessen Entdeckung zunächst kategorisch unterbrachte.[1] Erfolgreiche Gärtner sind immer die gewesen, bei denen sich Experimentiergeist mit einem angemessenen Respekt vor den Regeln der Natur verband.

In der jüngeren Vergangenheit haben vor allem die Folgen von intensiver Landwirtschaft und Zersiedelung der Landschaft auch auf die Grundsätze der Gärtner und Gartenarchitekten gewirkt. Die heimische Pflanzenwelt und natürliche Lebensräume sind bedroht und Menschen, die

GEGENÜBER Das Mansion House von Ashton Wold in Northamptonshire, wo die 2005 verstorbene Naturforscherin und Biologin Dame Miriam Rothschild zeitlebens wohnte. Es ist nahezu vollständig von Efeu und anderen Kletterpflanzen überwuchert. Die Pflanzen bieten Vögeln Nistmöglichkeiten und Schmetterlingen Nahrungsquellen.

UNTEN Endsleigh in der Grafschaft Devon wurde von Humphry Repton entworfen. Lichtnelke, Hahnenfuß, Rhododendron und Koniferen grenzen an Waldgebiete.

OBEN Gemähte Wege durch den romantischen Obstgarten von Westwell Manor in Oxfordshire.

GEGENÜBER Eine farbenprächtige Mischung »Farmer's Nightmare« aus einjährigen, einheimischen Wiesenblumen – Saat-Wucherblume *(Chrysanthemum segetum)*, Kornrade *(Agrostemma githago)*, Kornblume *(Centaurea cyanus)*, Klatschmohn *(Papaver rhoeas)* – im Garten von Chatsworth in Derbyshire.

FOLGENDE SEITEN Der »natürliche« Cottage-Garten von The Garden House, Buckland Monachorum in Devon, wurde von Keith Wiley unter den Eindrücken einer Kreta-Reise angelegt. Wilde Möhre *(Daucus carota)*, Kronen-Lichtnelke *(Lychnis coronaria)*, *Verbena bonariensis* und Kalifornischer Kappenmohn *(Eschscholzia californica)* sind dominierend (siehe Seite 214). Vor den Hügeln Cornwalls im Hintergrund ist die Kirche von St. Andrews zu sehen.

Das Gebäude (siehe Seite 190) wurde in den 1970er Jahren verändert, indem man das oberste Stockwerk entfernte. Damals wurde auch der Garten umgewandelt. Bald schon kleidete Efeu das Haus vom Boden bis zum Dach ein, um Bienen und Schmetterlingen während der Blütezeit im Herbst Nahrung zu bieten. Miriam Rothschild räumte Zierblumenbeete, pflanzte dort blühende, meist einheimische Sträucher und fruchtende Bäume. Wo sich vorher Rasen ausbreitete, säte sie Wildblumenwiesen an und auf einem ehemaligen Tennisplatz beschäftigte sie sich mit der Anzucht einjähriger Wildblumen. Sie betätigte sich auch in der Landwirtschaft, produzierte schließlich kommerziell Wildblumensamen und vermarktete erfolgreich die Mischung »Farmer's Nightmare«.

Der Einfluss von Miriam Rothschild auf die Berichterstattung der Medien und das dann sich ändernde Verhalten der Gärtner kann kaum überschätzt werden. In den vergangenen 20 Jahren sind viele Besitzer und Verwalter privater und öffentlicher Gärten ihren Ideen gefolgt und haben wieder eine Wiese angelegt, um der heimischen Natur einen Lebensraum zu geben, den sie einst auf Bauernland oder in den Gärten hatte.

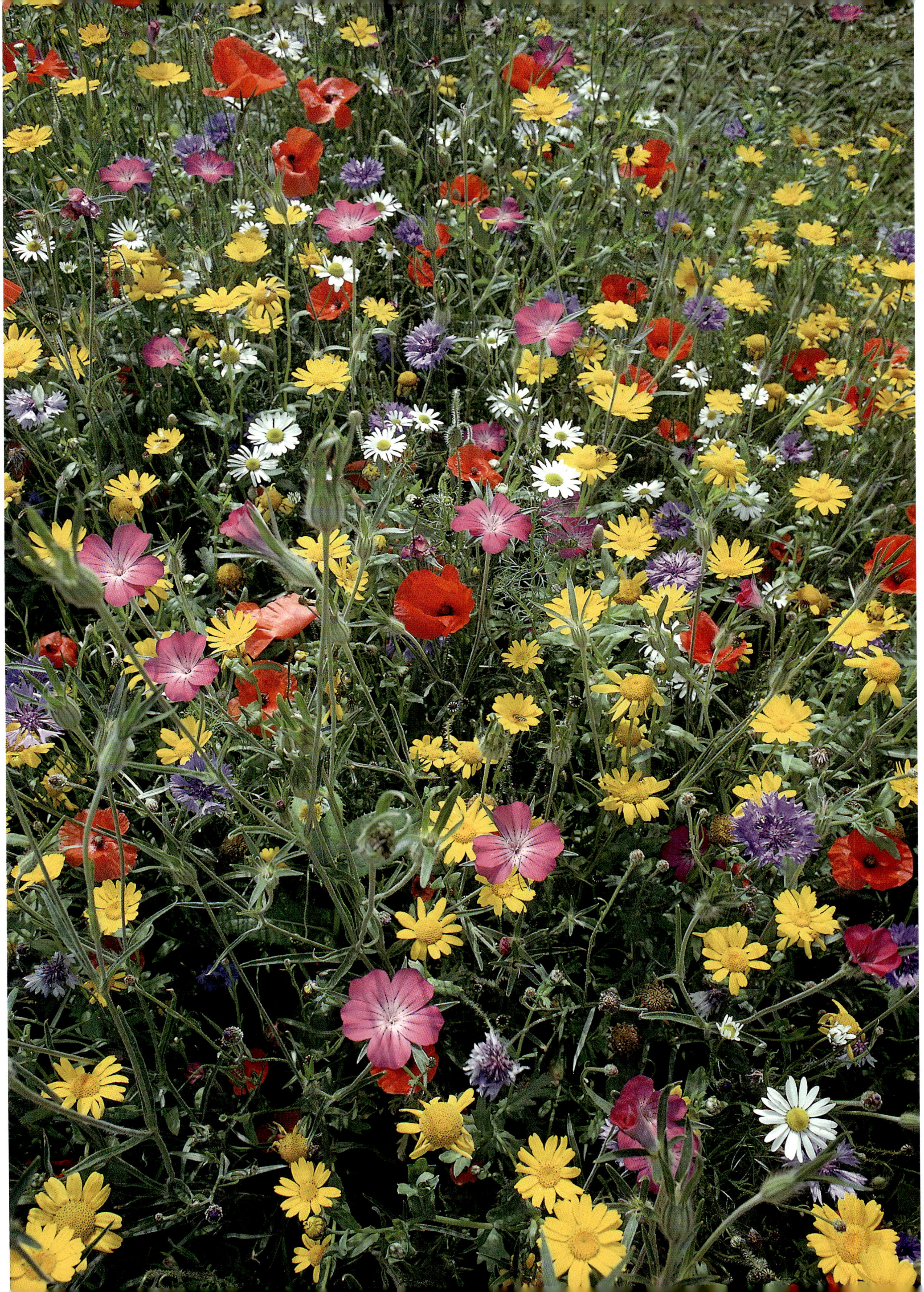

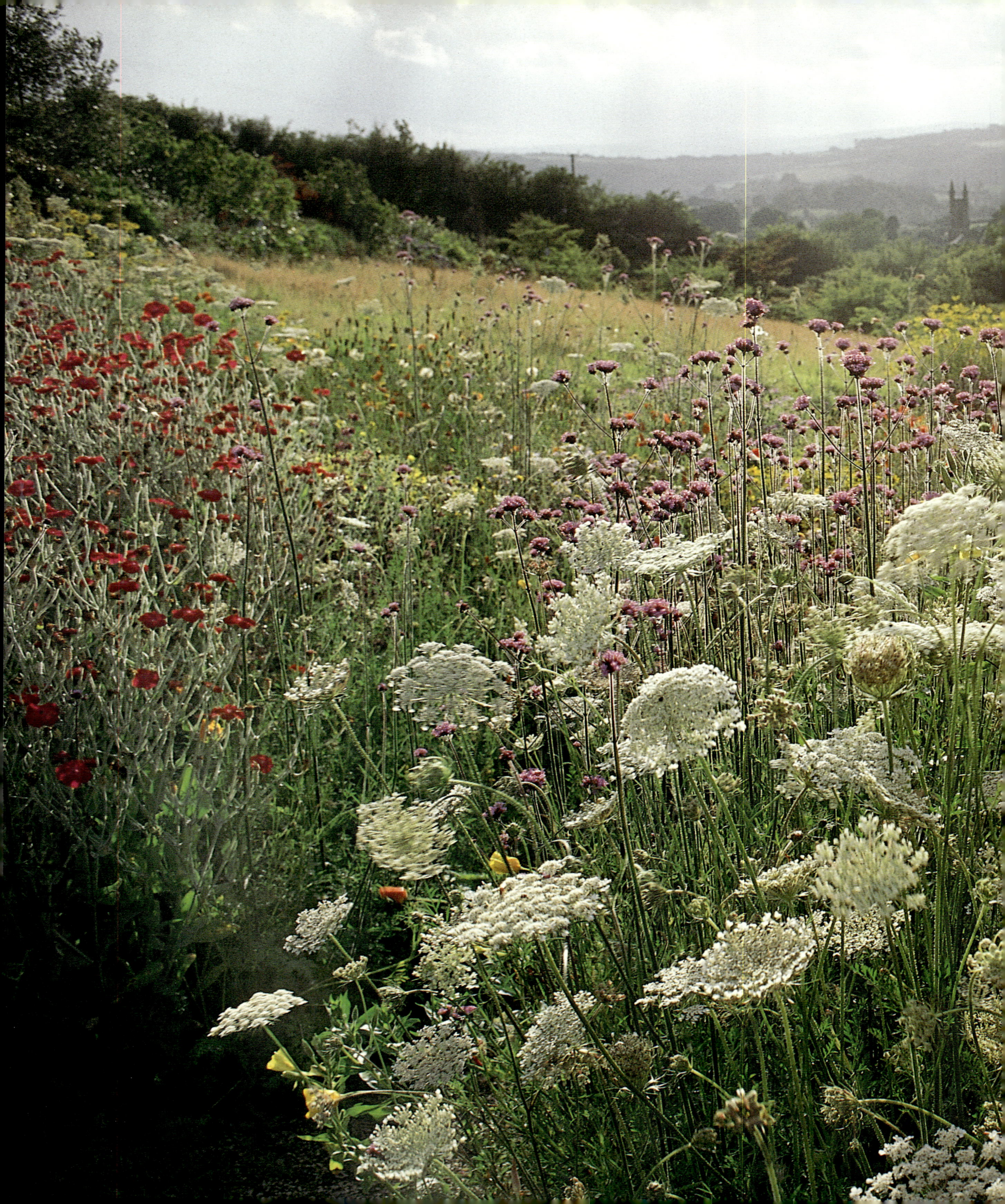

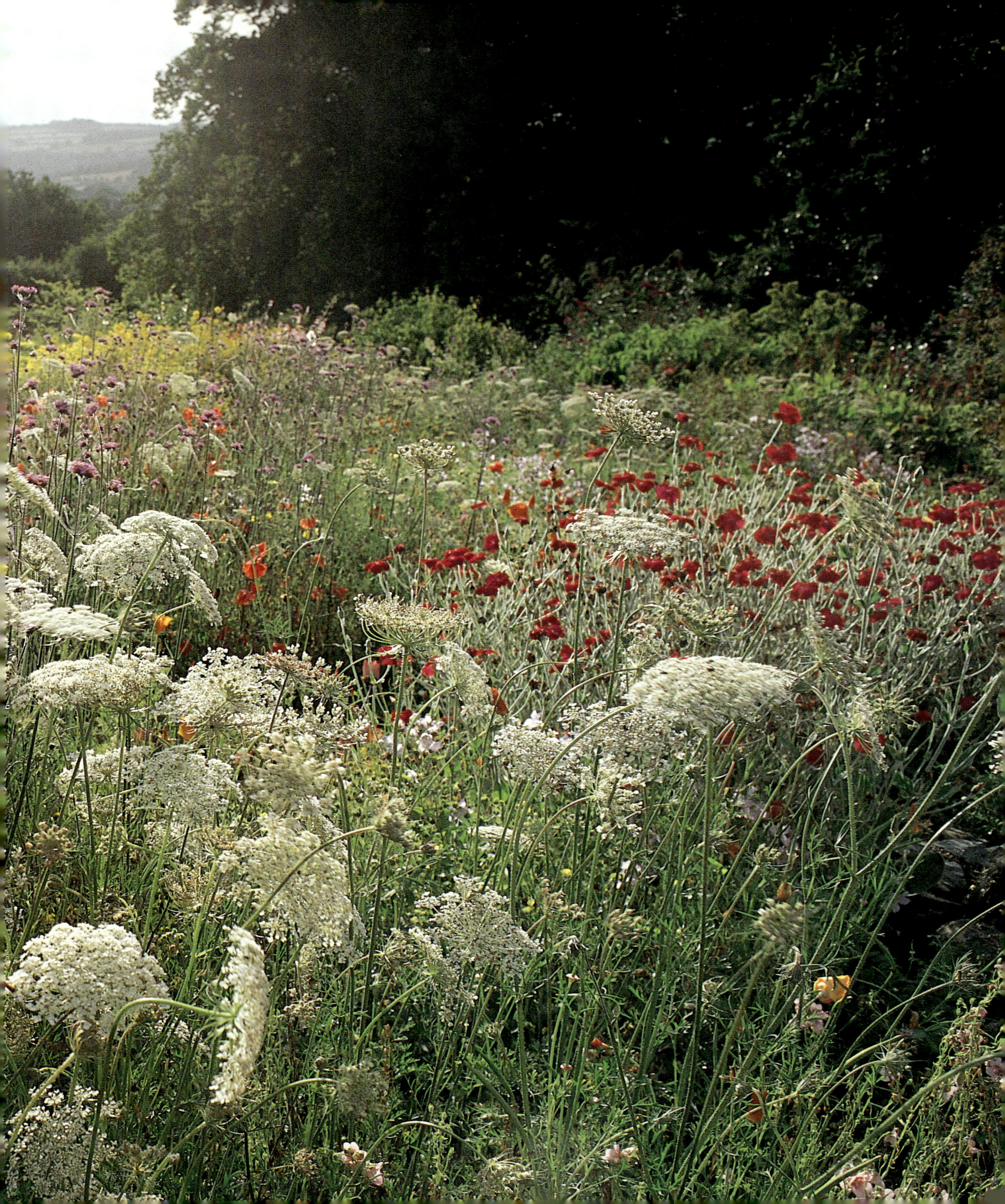

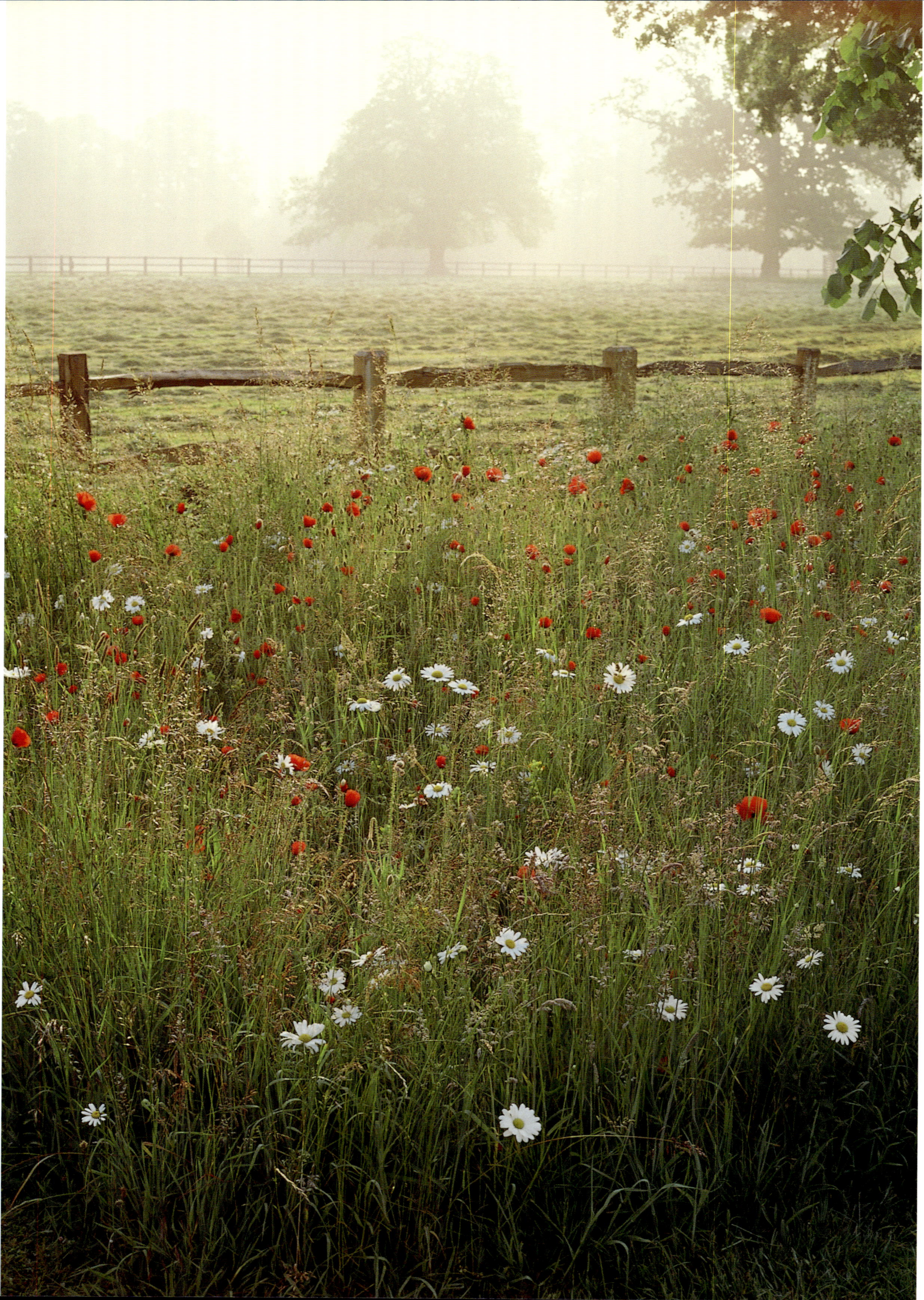

Nun sehen wir wieder Wildblumenwiesen in öffentlich zugänglichen Gärten, wie etwa in Sticky Wicket in Dorset, Coton Manor in Northamptonshire, The Garden House vom Buckland Monachorum in Devon und Highgrove in Gloucestershire.

Der Garten von Sticky Wicket zeigt, was erreicht werden kann, wenn die Verantwortung bei fähigen Menschen liegt. In dem 1 Hektar großen Garten wird in jedem der verschiedenen Bereiche die Natur gefördert, ohne dass dabei die Attraktivität für den Menschen vergessen würde. Unter anderem gibt es dort einen Froschgarten (mit Teichen und Feuchtwiesen), einen Runden Garten, der formal gestaltet ist, aber Blumen für Bienen und Schmetterlingen vorhält. Der Vogelgarten und der Weiße Garten bietet diverse Lebensräume, weiterhin gibt es eine Wildblumenwiese und eine Wiese aus heimischen Gräsern. Pam Lewis, die Besitzerin, hat zu diesem Thema zwei Bücher geschrieben.[2]

Als in England der Enthusiasmus für Wildblumenwiesen aufkam, entfernte man zunächst die oberste Bodenschicht, wenn sie nicht ohnehin schon nährstoffarm war. Damit wollte man verhindern, dass die wuchs-

OBEN In der Wildblumenwiese von Sticky Wicket in Dorset blühen Wiesen-Margerite *(Leucanthemum vulgare)*, Hahnenfuß, Kuckucks-Lichtnelke *(Lychnis flos-cuculi)* und der unverzichtbare Kleine Klappertopf *(Rhinanthus minor)*.

GEGENÜBER Zu beiden Seiten des Hauptwegs in Highgrove in Gloucestershire wird jährlich Miriam Rothschilds Wildblumenmischung ausgesät. Margerite und Klatschmohn sind natürlich ein fester Bestandteil.

OBEN Geflecktes Knabenkraut und Klappertopf in Sticky Wicket in Dorset. Der Kleine Klappertopf *(Rhinanthus minor)* lebt parasitär von Gräsern, was wiederum einheimischen Blumenarten bei deren Blüte nutzt. Er wird vielfach in Wiesengärten eingesät.

RECHTS Wirkungsvoll liegen sich die Wiese und das sorgfältig angelegte Long Border von Great Dixter gegenüber. Bei dem blühenden Baum in der linken Bildhälfte handelt es sich um eine Scheinakazie *(Robinia pseudoacacia)*.

starken, groben Gräser die eher zierlichen einheimischen Wildblumen überwucherten. In einem Teil von Sticky Wicket hat man dies auch so gemacht. Aber als dann bekannt wurde, dass der heimische Kleine Klappertopf *(Rhinanthus minor)* als Parasit auch von Gräserwurzeln lebt, wurde die Anlage von Wildblumenwiesen weitaus unproblematischer. Wo der Kleine Klappertopf vorkommt, wird nun die oberste Bodenschicht nicht mehr abgetragen.

Zu den berühmtesten Gartenwiesen des Landes muss sicherlich die von Great Dixter in East Sussex gezählt werden. Seit etwa 80 Jahren stellt sie eine Attraktion dar. Die Eltern von Christopher Lloyd, besonders seine Mutter, war den Ideen von William Robinson zugetan, die er in seinem 1870 veröffentlichten Buch *The Wild Garden* beschrieben hatte. Dort warb er unter anderem dafür, Stauden und Zwiebelpflanzen in Graspartien zu pflanzen. Diese Gedanken floss in die Gestaltung der Wiesen auf Great Dixter ein. Nun finden wir hier sechs Wiesentypen, darunter einen entwässerten Graben, die Grasflächen an einem alten Pferdeteich, eine alte Obstwiese und eine nordamerikanische »Prärie«, die mit Samen aus Minnesota (USA) angelegt wurde. Diese bunte Zusammensetzung der Wiesen ist stets beeindruckend. Besonders Orchideen oder Zwiebelpflanzen wie die Schachblume *(Fritillaria meleagris)* und Gelbe Narzisse

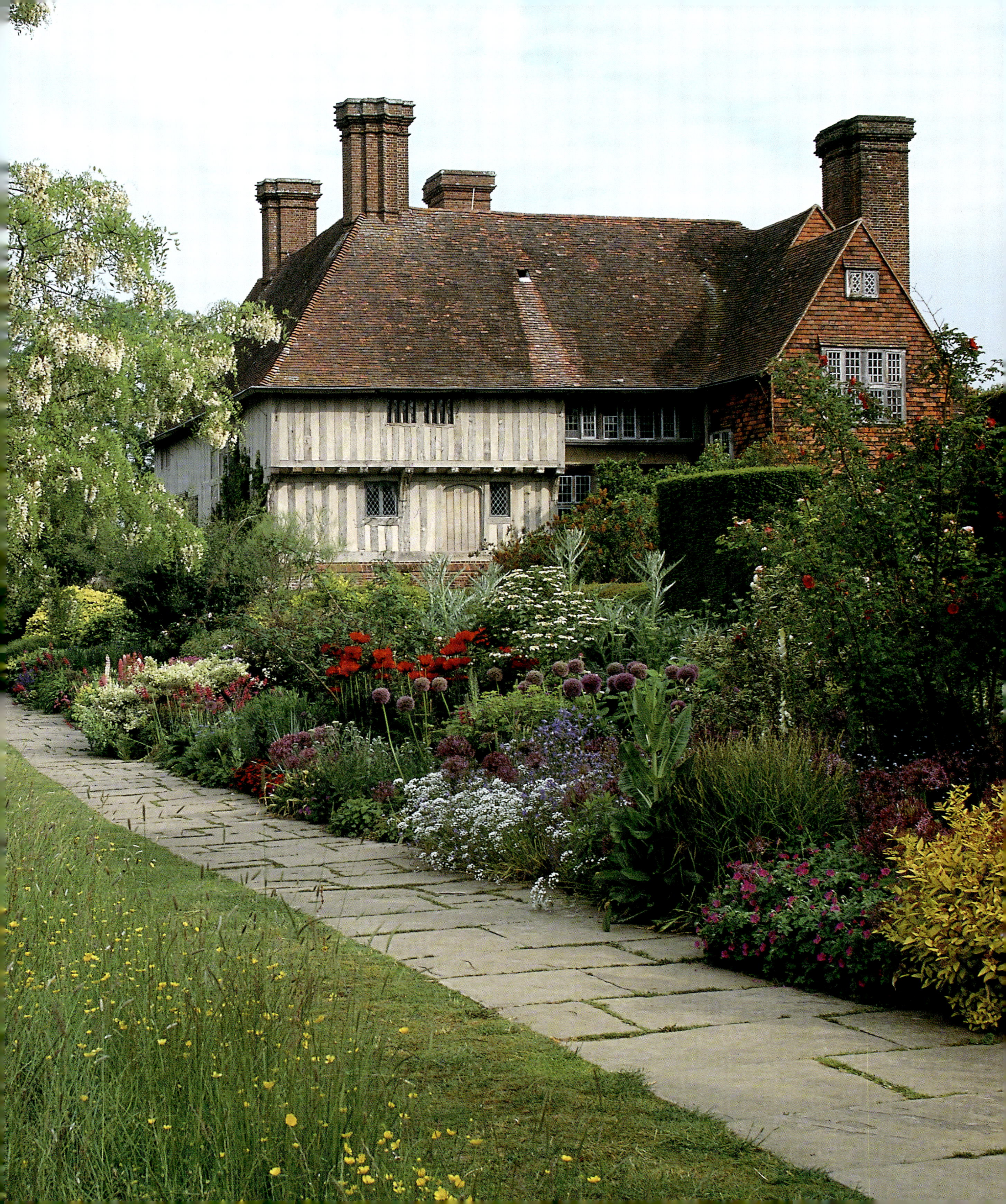

LINKS *Erythronium revolutum* 'Knightshayes Pink' im Garten von Knightshayes in Devon. Auch Wildblumen anderer Länder (hier Nordamerika) können eine natürliche Atmosphäre schaffen.

RECHTS OBEN Hasenglöckchen und Farn unter Eichenbäumen von Coughton Court in Warwickshire. Verschiedene Country Gardens (Coton Manor in Northamptonshire ist ein weiterer) verfügen über Waldareale, deren Grund im Mai vollständig bedeckt ist mit dem heimischen Hasenglöckchen *(Hyacinthoides non-scripta)*. Heutzutage kämpfen Gärtner, die auf die Erhaltung natürlicher Pflanzengemeinschaften bedacht sind, gegen das wüchsigere Spanische Hasenglöckchen *(Hyacinthoides hispanica)*.

RECHTS UNTEN Das heimische Schneeglöckchen *(Galanthus nivalis)* hat sich in den Waldgebieten von Burford Priory in Oxfordshire flächig ausgebreitet.

FOLGENDE SEITEN Die Randbereiche des Gartens von Hartland Abbey in Devon sind im Mai bedeckt mit Bärlauch, Hahnenfuß und Hasenglöckchen.

(Narcissus pseudonarcissus) gehören zu den Besonderheiten. Zu beiden Seiten des Wegs Richtung Veranda wachsen in jedem Frühling Massen von Krokus und Narzissen.

Dann ist die Situation mit der alten Obstwiese gegenüber einer der sehenswertesten Staudenrabatten des Landes eine wahre Lektion darüber, mit welchen Stilen in einem einzigen Garten gespielt werden kann.

Great Dixter gehört zweifellos zu den besten Gärten für »Naturgärtner«, die am Anfang stehen und sehen möchten, was in überschaubarer Zeit erreicht werden kann. Da aber nicht alle Pflanzen einheimisch sind (es gibt hier viele holländische Krokusarten oder *Gladiolus byzantinus*), stellt der Garten eine Brücke dar zwischen einem konventionellen Garten und einem Schutzgebiet für Wildblumen. Christopher Lloyd schrieb: »Mit den Dixter-Wiesen verfolge ich zunächst gestalterische Absichten und ich mähe sie dann, wenn es mir (und der Wiese) gefällt, und ich kann Pflanzen hinzufügen oder umsetzen, wann ich will, und auch nicht einheimische Pflanzen einbringen, um die Gesamtwirkung zu steigern.«[3]

Obwohl eine Wiese ihre Schönheit wohl am ehesten in einer ländlichen Umgebung entfalten kann, passt sie auch in die Gärten der Vorstädte, Dörfer und Städte. Stets kann sie den Eindruck vermitteln, sie sei eine Art Wiedergutmachung und weniger ein ungeplantes Produkt. Sogar in der kleinsten »Wiese« werden

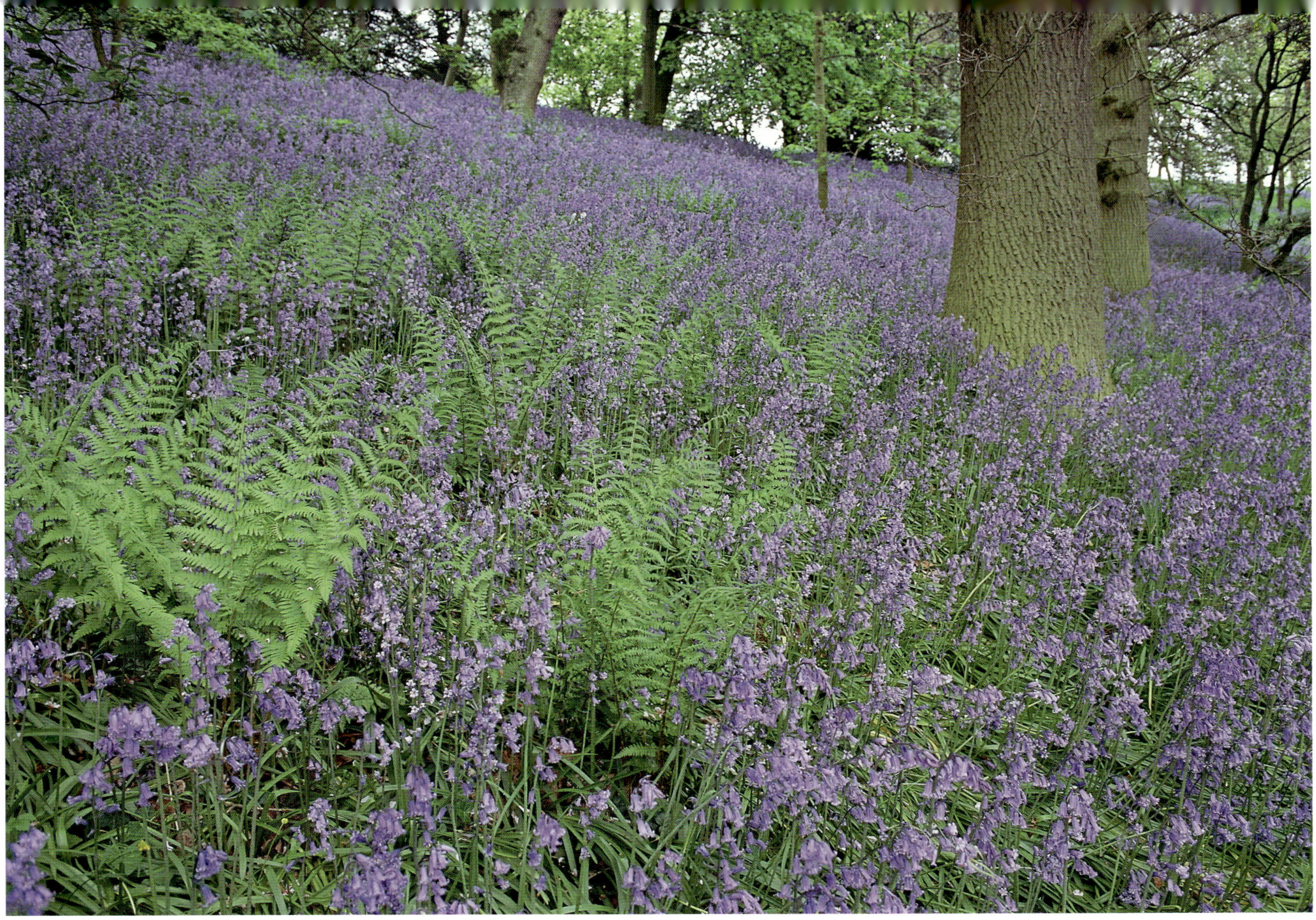

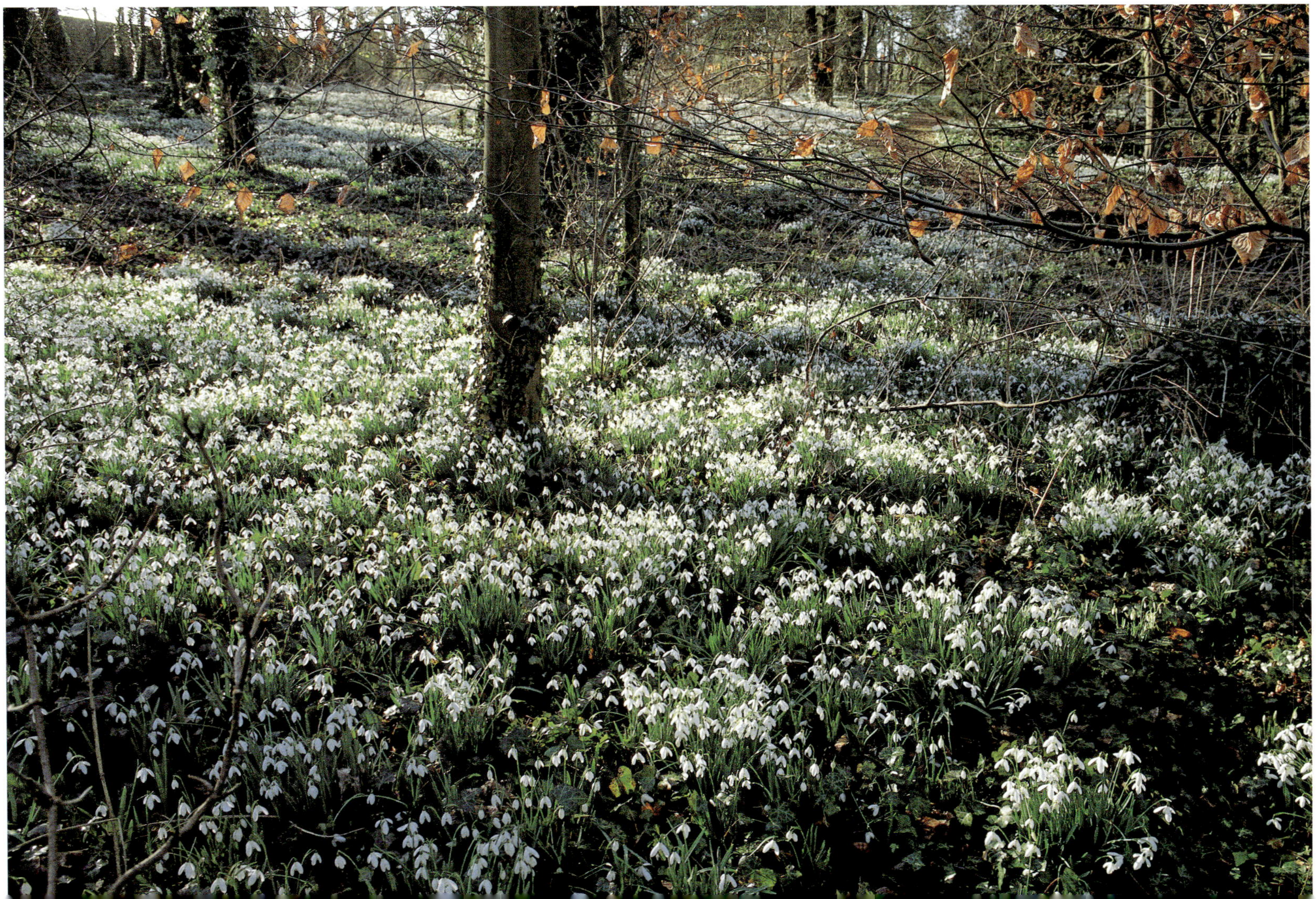

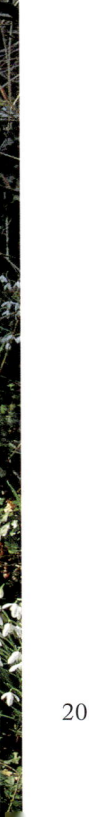

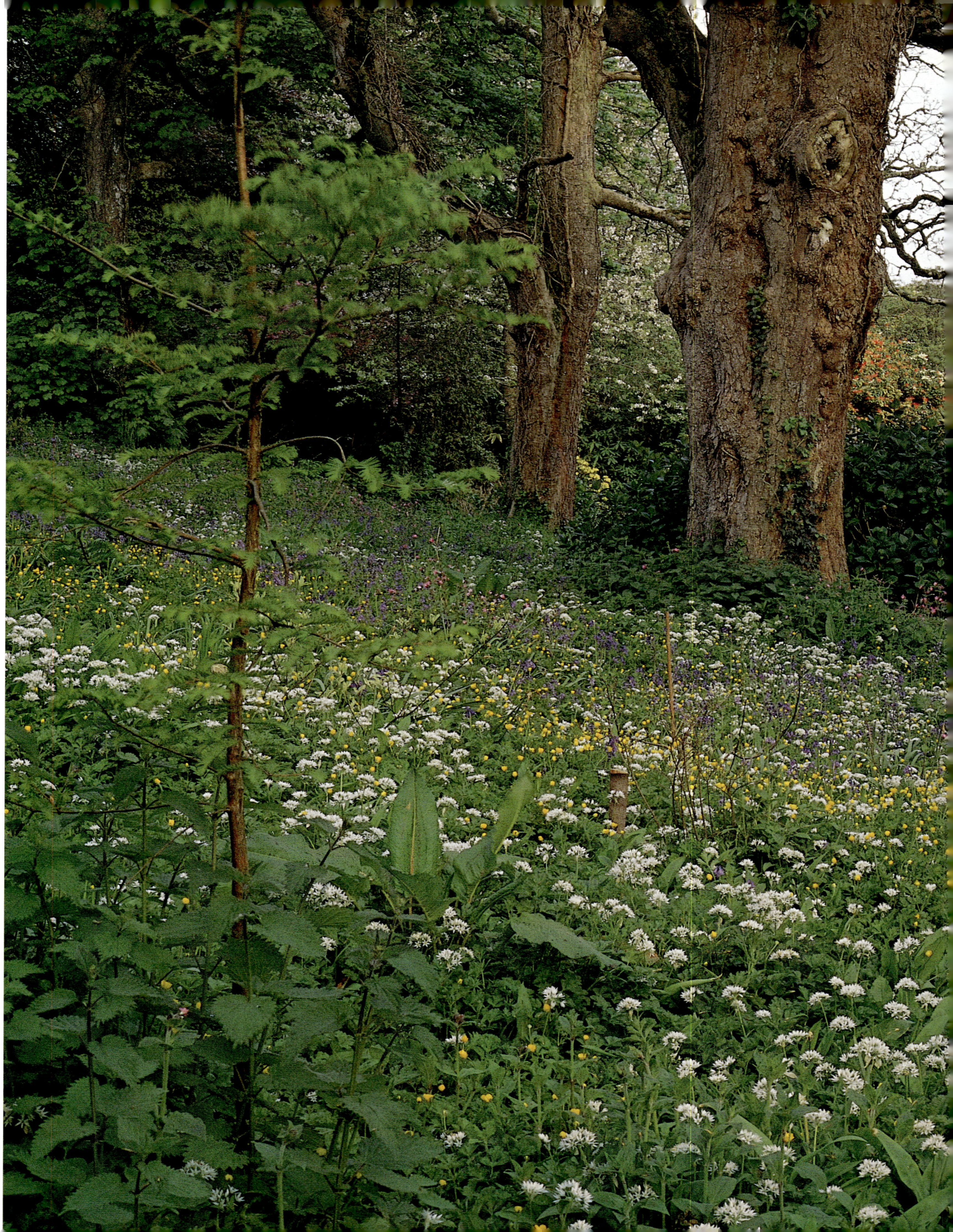

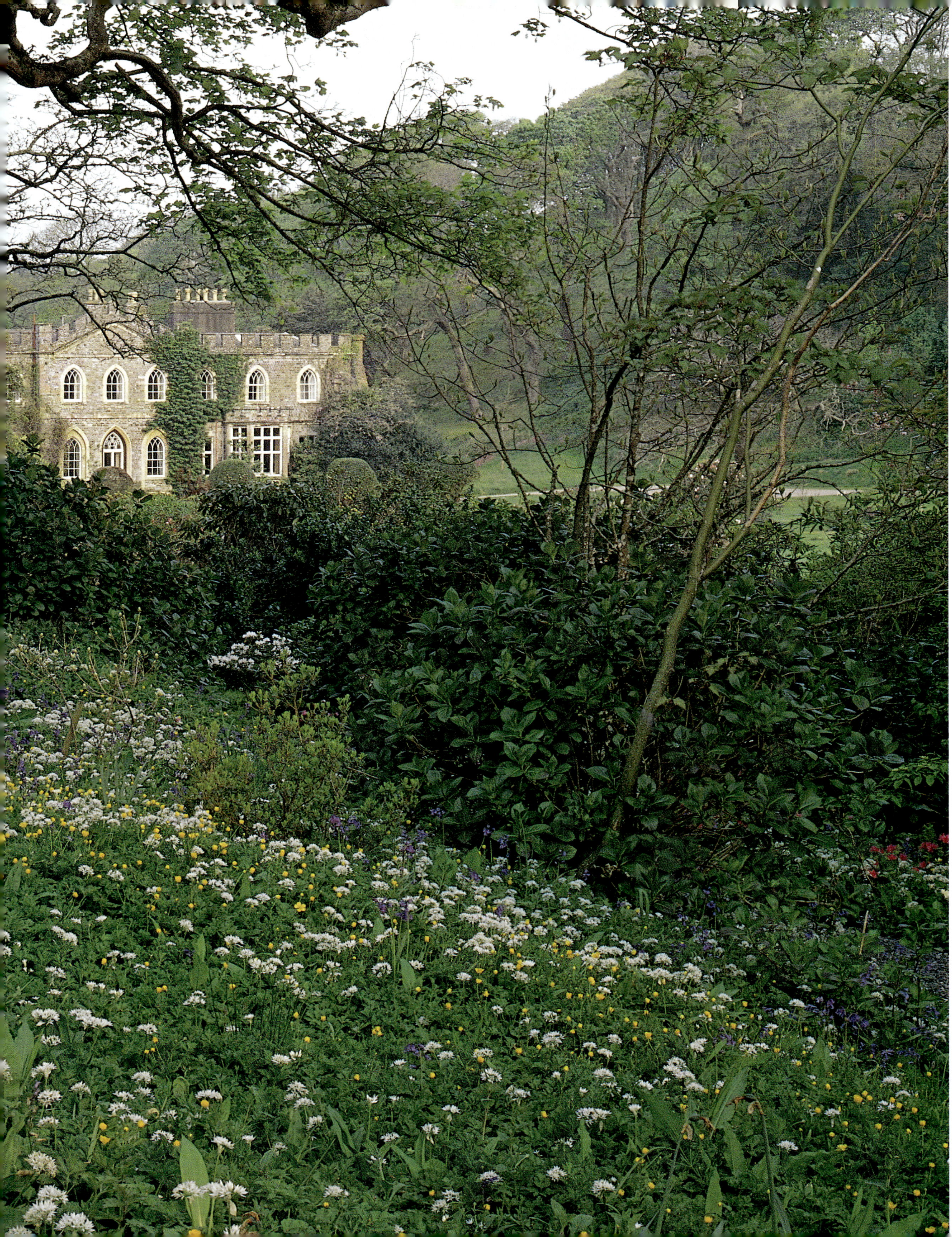

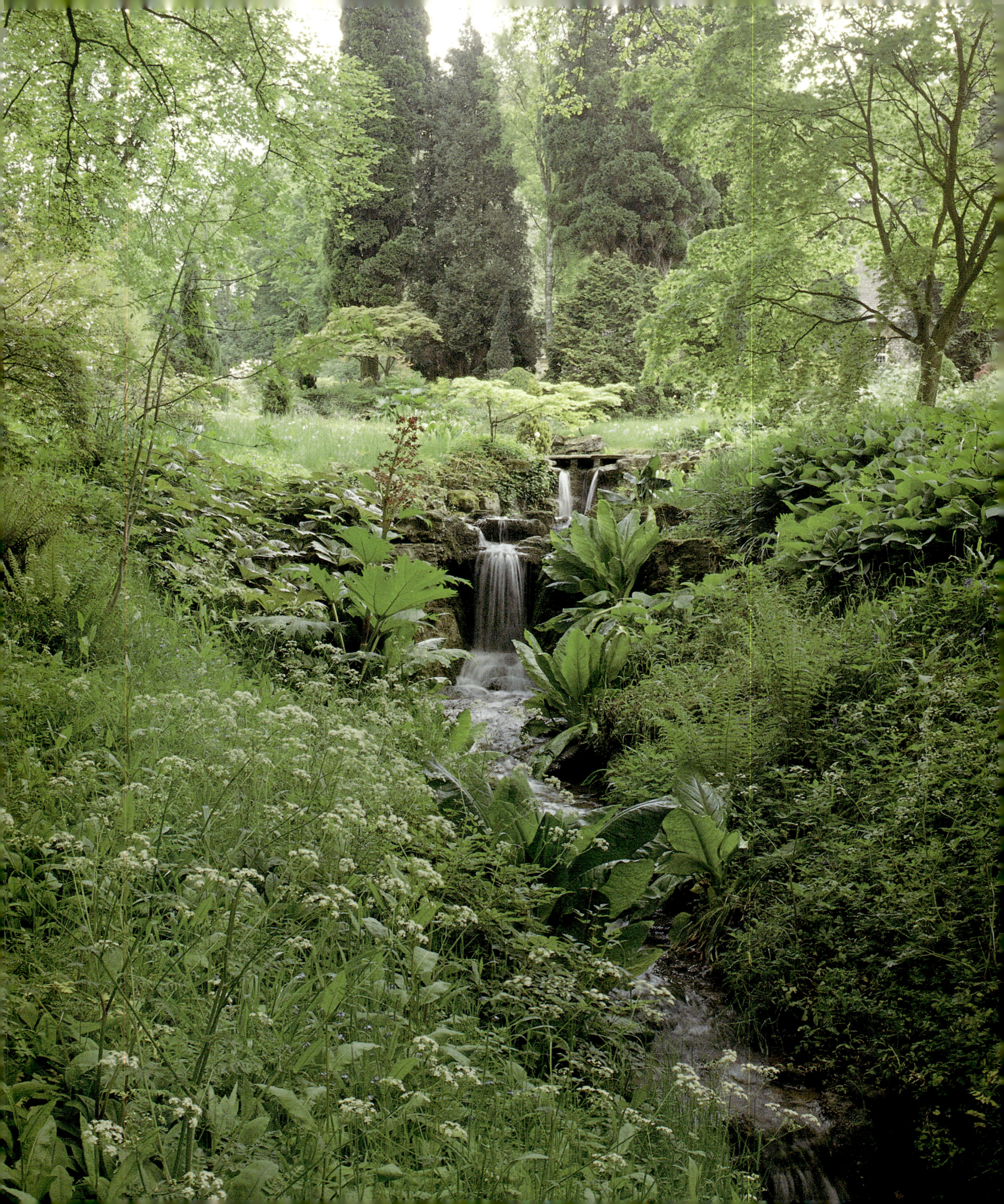

sich Insekten einstellen, die möglicherweise hier ihren einzigen Ankerplatz in der Stadt finden.

Für mich liegt die Faszination von Wiesen in Gärten in ihrer vielfältigen Erscheinung, abhängig von Bodentyp, Kalkgehalt und Lage. Wildblumen können je nach Standort recht heikel sein.

Auf einem kalkhaltigen, nach Südwesten ausgerichteten Grashang wird man andere Pflanzen finden als in einer bodensauren Senke, und in einem Buchenwald auf Kalkgestein wachsen wieder andere Arten. Wir haben eine Reihe einheimischer Pflanzen, die im Schatten laubabwerfender Bäume gedeihen oder dort vor dem Laubaustrieb der Bäume wachsen und blühen, wie Fingerhut, Bingelkraut, Echte Schlüsselblume, Hasenglöckchen oder Bärlauch, um nur einige zu nennen. Waldgärten können somit aus exotischen Arten wie Rhododendren, Azaleen, Magnolien und Kamelien bestehen, die unter laubabwerfenden einheimischen Bäumen wachsen und inländischen Krautpflanzen Platz gewähren. Diese Art der Bepflanzung eines »wilden Gartens«, der im weitesten Sinne auch als Country Garden bezeichnet werden kann, wird seit über 100 Jahren praktiziert – seit den Tagen von William Robinson und seinem Buch *The Wild Garden*.

Der Autor und Gartengestalter Noël Kingsbury ordnete in einem Essay über den »Naturgarten«[4] die Naturgärtner in zwei Lager. Die eine Gruppe nähert sich dem Thema modern, aufgeklärt und mehr oder weniger wissenschaftlich, die der »Neo-Romantiker« dagegen steht der modernen Welt kritisch gegenüber und besinnt sich auf alte Traditionen. Unabhängig von der Motivation sind die Ergebnisse ähnlich.

Zur Philosophie der Neo-Romantiker gehört auch, dass in ihren Gärten kein fremdländisches Gewächs wachsen soll, und sie verzichten damit auf eine riesige Auswahl von Pflanzen. Während es nur wenige Gärtner gibt, die in der Pflanzenwahl derart streng verfahren, lehnen hingegen die meisten den Einsatz von Chemie, also Kunstdünger und Pestizide, ab. Diese nennen wir in England vereinfachend »organic gardeners«, wie hilfreich dieser Begriff auch immer sein mag. Gegenwärtig zählt die Vereinigung Garden Organic (die Kurzform der Henry Doubleday Research Association) 30.000 Mitglieder, aber wir haben Millionen von Gärtnern in unserem Land, von denen nach einer aktuellen Untersuchung der RHS (Royal Horticultural Society) 90 Prozent nur im Notfall Chemikalien einsetzen.

Es ist leicht, Löcher in der Philosophie der Naturgartenbewegung zu finden, zumal die Argumentation teilweise recht widersprüchlich ist. So ist etwa das Insektenbekämpfungsmittel Derris (in Deutschland nicht zugelassen) schon allein deshalb akzeptiert, weil es aus einer Pflanzenwurzel gewonnen wird, während chemisch hergestellte Mittel auf Ablehnung stoßen, obwohl sie schonender auf Nützlinge wirken als Derris. Aber davon abgesehen ist das Streben nach einem gesunden Boden, anstatt die einzelne Pflanze aufzupäppeln, vollkommen richtig. Und gene-

Ein gutes Beispiel für einen »wilden« Garten, wie ihn William Robinson propagiert hat, finden wir in Abbotswood in Gloucestershire. Hier wachsen einheimische und fremdländische Pflanzen einträchtig durcheinander. Gewöhnliche Schachblume *(Fritillaria meleagris)*, Narzisse und Blaustern *(Scilla)* werden in der Blüte abgelöst von Geflecktem Knabenkraut und Amerikanischem Stinktierkohl *(Lysichiton americanus)*, der auf der rechten Seite des Baches zu sehen ist.

GEGENÜBER Der Kleine Fuchsschwanz saugt Nektar aus den Blüten der Fetthenne *Sedum spectabilis* 'Meteor'. Forscher haben herausgefunden, dass sich zahlreiche Insekten auch von fremdländischen Pflanzen ernähren. Das sind gute Nachrichten für alle, die auch exotische Pflanzen in ihrem Garten verwenden wollen.

UNTEN Eine wilde, reichblühende Pflanzung eines Schmetterling-Fachmanns in Dorset, bestehend unter anderem aus *Verbena bonariensis*, Gräsern und *Echinacea*.

rell fördert der ganzheitliche Ansatz kräftige Pflanzen, dem Küchengarten bringt er mehr Ertrag, für Vögel, Insekten und kleine Säugetiere entstehen Lebensräume. Unsere Naturgärtner haben es allemal zu einer guten Balance zwischen Freund und Feind im Garten gebracht, allein indem sie Nützlinge fördern. Natürlich müssen sie manche Plünderung in ihrem Garten hinnehmen und Kompromisse schließen.

In den vergangenen Jahrzehnten haben sich einige Gartengestalter und Gartenjournalisten (mich hat die Bewegung auch beeinflusst) von der Gestaltung öffentlicher Parks in Deutschland inspirieren lassen. Daraus ist ein Naturgartenstil entstanden, der vor allem die neuartige Verwendung von Stauden ins Auge fasst und als »New Naturalism« bekannt geworden ist. Dieser Stil reicht grundsätzlich weiter zurück, vielleicht schon in die Zeit, die wir Engländer als Jekyllism bezeichnen. Ins Blickfeld gerückt wurde er vom Potsdamer Gärtner und Pflanzenzüchter Karl Foerster (1874–1970), dessen »Naturgarten« drei Lebensräume umfasste: die Bergregion, die Heide und Buchenwaldrand. Foersters Philosophie hatte einen substanziellen Einfluss auf öffentliche Parks wie den West-

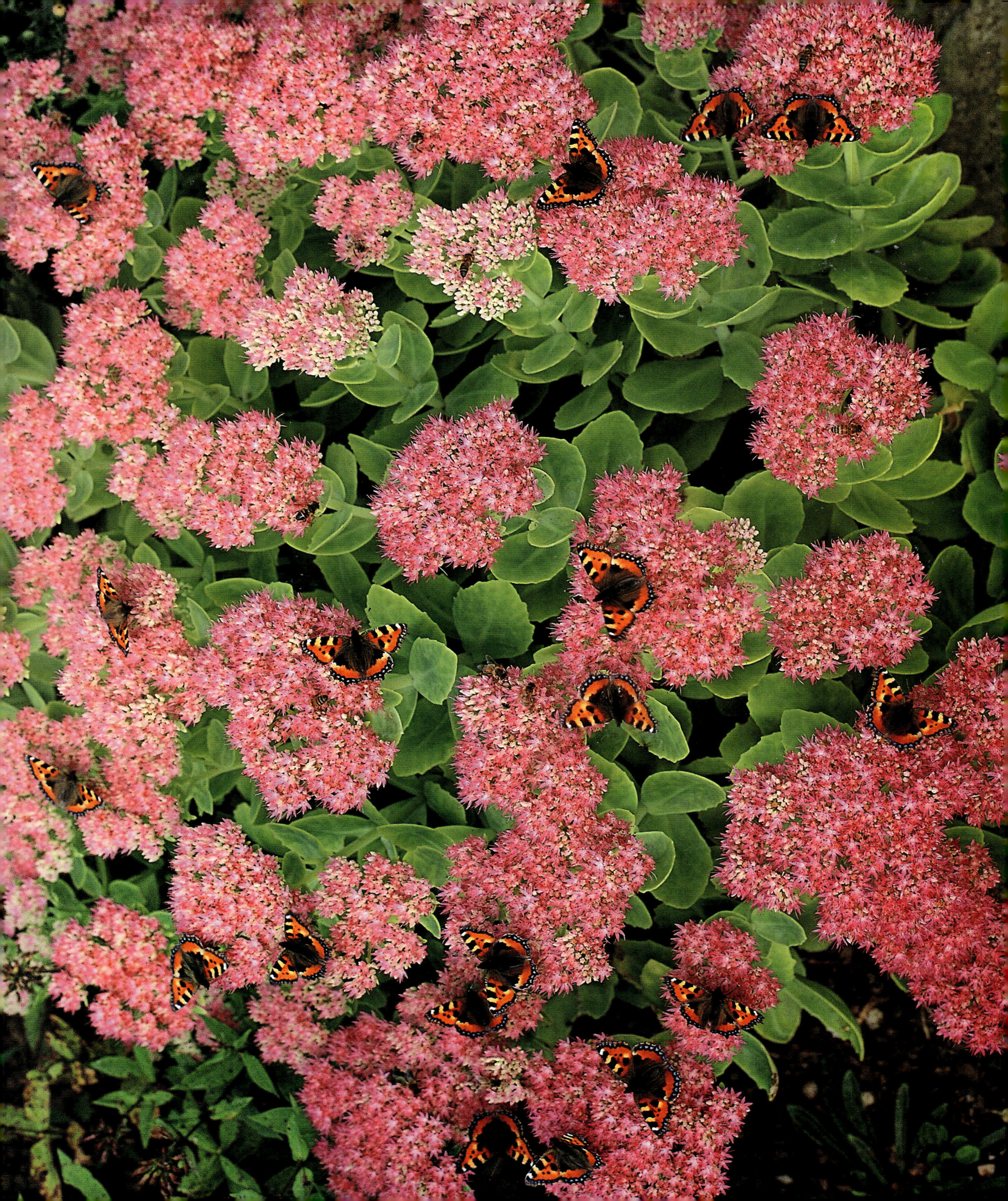

Spätsommer-Stauden überspielen das starre Muster in diesem von Christopher Bradley-Hole gestalteten Garten. Zu den Gräsern gehören *Stipa gigantea*, *Miscanthus* und die niedrigere, luftige *Deschampsia caespitosa*. An Stauden finden wir *Eupatorium*, Fenchel, *Helenium* und *Gaura lindheimeri*.

park in München oder den Britzer Garten in Berlin. Foerster entdeckte die Gräser als Gartenpflanzen und zahlreiche Staudenzüchtungen sind ihm zu verdanken. Um die Gattung *Helenium* machte er sich verdient, um nur eine zu nennen. Die Sorte 'Mahagony' stammt von ihm. Der Pflegeaspekt war Foerster, Richard Hansen, Rosemarie Weisse und anderen Protagonisten aus Deutschland sehr wichtig, auch in öffentlichen Anlagen. Und sie wussten, dass einheimische Pflanzen zu wahren Unkräutern werden können, wenn sie am falschen Platz gepflanzt wurden.

Ein beeindruckender Aspekt des »New Naturalism« liegt im Abbilden von Pflanzen, wie sie in der Natur wachsen, also in einem Vor- und Zurückdrängen von Pflanzengesellschaften. Nur wenigen Menschen gelingt dieses Abbilden überzeugend. Die meisten Gärten sind jahrzehntelang zusammengebastelt und so angereichert worden, dass nur mutige Einschnitte einen Neuanfang ermöglichen würden.

Der Garten von Lady Farm in Somerset wird seit 1991 von seinen Besitzern und mit Unterstützung der Gärtnerin Mary Payne entwickelt. Von besonderem Interesse ist dabei der etwa 0,5 Hektar messende Teil, der einen Ausschnitt von »Prärie« und »Steppe« darstellt. Großmaßstäbliche Pflanzungen ziehen sich hier an einem Südwesthang bis an zwei Seen hinab. Wenig Pflege spielte hier eine Rolle und tatsächlich brauchen die Gärten kaum Aufmerksamkeit, bis auf das Abschneiden der Samenstände im Frühjahr. Am Anfang mussten vor allem Unkräuter eliminiert werden, aber vor diesem Kampf kapitulieren ja nur die wenigsten Gärtner.

Die »Steppe«, also der heißeste Platz des Hangs, wurde mit sommerannuellen Gräsern wie *Stipa gigantea* und *S. tenuissima* zusammen mit Sonnenliebhabern des Mittelmeerraums wie *Origanum laevigatum* 'Herrenhausen',

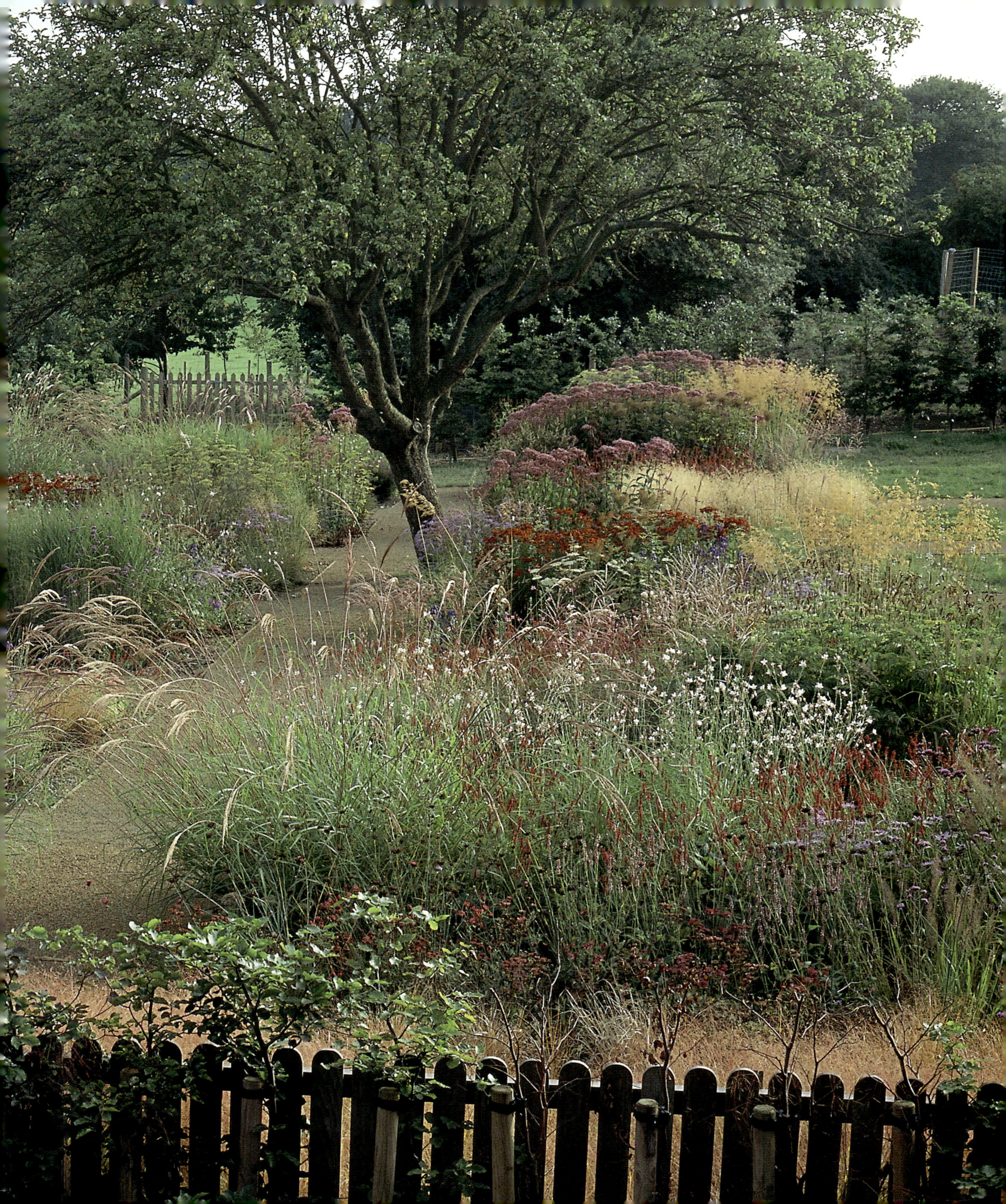

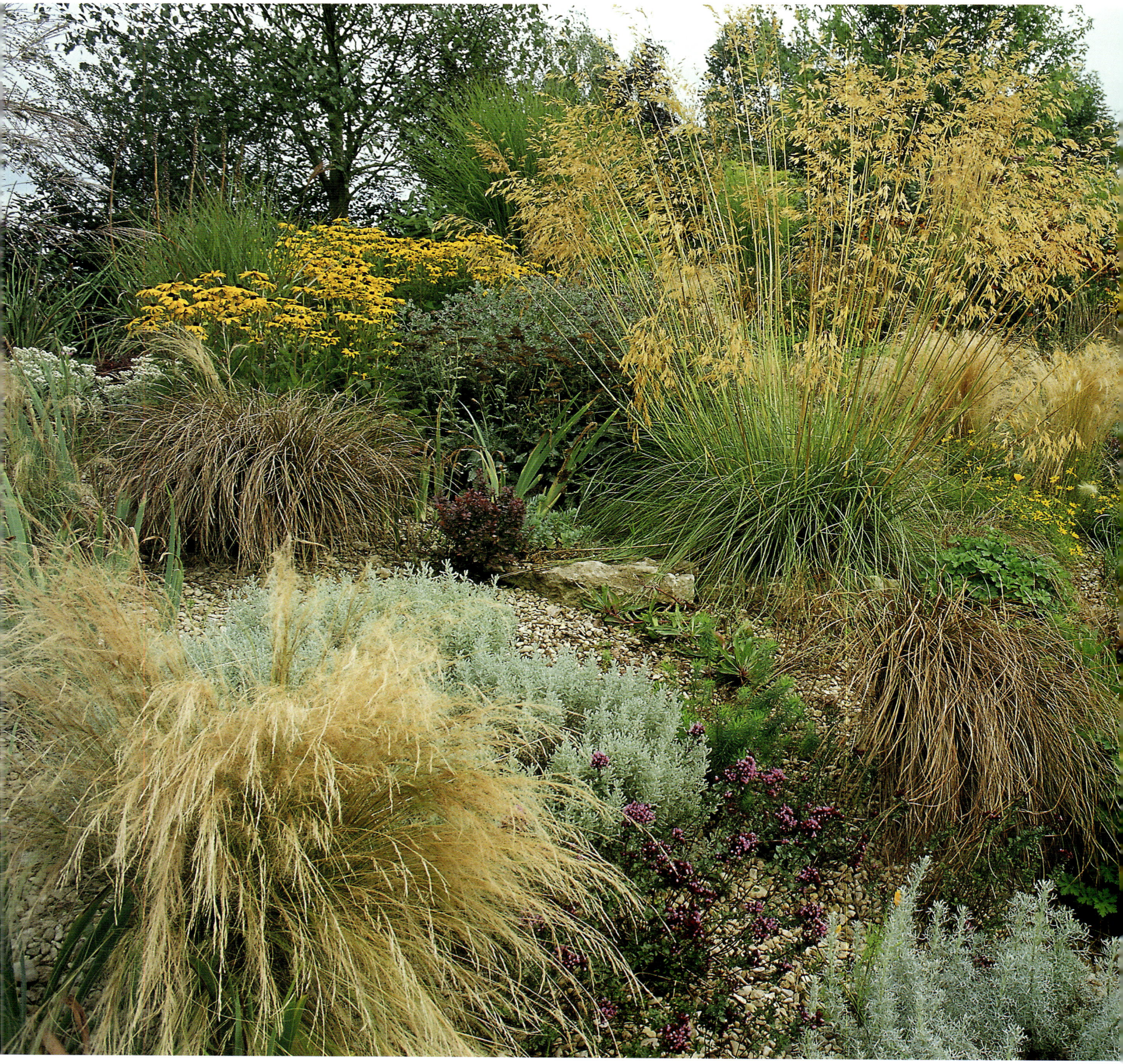

OBEN Lady Farm zeigt auch ein Stück »Prärie« mit Agastache, Schafgarbe, *Rudbeckia fulgida* var. *sullivantii* 'Goldsturm', *Calamagrostis* x *acutiflora* 'Karl Foerster', *Helenium* und *Echinacea purpurea* 'White Swan'. Viele dieser Pflanzen stammen aus der nordamerikanischen Prärie.

LINKS Der Steppengarten von Lady Farm in Somerset liegt auf dem trockensten Bereich des nach Südwesten ausgerichteten Hangs und hat seinen Höhepunkt von Mai bis Juli. Auch wenn es hier Blüten gibt, so beeindrucken doch eher die wogenden Blätter und Blütenstände von *Stipa gigantea* und anderen Gräsern.

Eryngium bourgatii, *Artemisia alba* 'Canescens' und *Verbascum* bepflanzt. Die »Prärie« ist auf feuchtigkeitshaltendem Lehm platziert und beinhaltet eine gute Auswahl nordamerikanischer Präriepflanzen. Ihr Höhepunkt liegt häufig im Herbst. *Echinacea*, wie *E. purpurea* 'White Swan', *Liatris spicata* (rosa und weiße Sorten) und *Rudbeckia fulgida* var. *sullivantii* 'Goldsturm' gehören dazu. Als weitere Stauden sind *Helenium* 'Moerheim Beauty', *Solidago*, *Helianthus* 'Lemon Queen' und die Gräser *Calamagrostis* x *acutiflora* 'Karl Foerster', *Miscanthus sinensis* 'Malepartus' und *Panicum virgatum* 'Strictum' vertreten. Es überrascht dabei kaum, dass die »Steppe« aufgrund der höheren Trockenheit nicht so hoch wird wie die »Prärie«. Die hohen Präriepflanzen brauchen keine Stütze und nie wurde hier seit der ersten Pflanzung gewässert.

Anders als bei der traditionellen Gruppenpflanzung kommt beim »New Naturalism« eine recht begrenzte Artenzahl zum Einsatz, die dann aber in unterschiedlich großen Gruppen wiederholt wird. Dabei liegt die Quelle zum Erfolg in der richtigen Pflanzenauswahl. Keine Pflanze ist in den betreffenden Situationen einer anderen überlegen und die Farben harmonieren ausgezeichnet. Sie bewegen sich in der Palette von goldenen, gelben, weißen, malven- und purpurfarbenen Tönen. Auch wenn es zu stärkeren Farbkontrasten kommt, schafft die vergleichsweise hohe Zahl an margeritenähnlichen Blüten und die eingestreuten, farbneutralen

Eine Pflanzung von Dan Pearson in einer Talmulde nahe des Meeres in Devon. Diese eher zwanglose Kombination – Strauchlupine *(Lupinus arboreus)*, eine dunkelblütige Sorte des Schlafmohns *(Papaver somniferum)*, Königskerze *(Verbascum)* und Baldrian *(Valeriana)* – wurde mit Gartenpflanzen bestückt, die gut zu den Blütenpflanzen in den umliegenden Wiesen passen.

hohen Gräser ein entspanntes, gelungenes Bild. Die Vertreter dieser Stilrichtung auf dem Kontinent haben es geschafft, natürlichen Pflanzengemeinschaften eine Struktur zu geben, sie berechenbar zu machen, auch wenn das einem ungeübten Auge anders vorkommen mag. Konventionelle Gartenarbeiten wie Hacken, Graben und Düngen stören hier.

Pflanzen mit gleichen oder ähnlichen Wuchseigenschaften werden in enger Konkurrenz zueinander nie von einer Art überwuchert, ganz nach dem Beispiel der Natur. Eine sorgsam geschichtete Gesamtpflanzung, also mit Bäumen, Sträuchern, Halbsträuchern, Stauden, Gräsern und Zwiebelpflanzen darin, kann zu einer selbsterhaltenden Gemeinschaft heranreifen. Eine wirkliche Schwierigkeit liegt für die Gärtner unseres Landes darin, zwischen gewünschten und unerwünschten Gräsern zu unterscheiden. Im milden, feuchten Klima Englands wachsen einjährige sowie sich durch Rhizome ausbreitende Gräser extrem gut, und diese Unkräuter im Jugendstadium von den Ziergräsern zu unterscheiden, ist nicht ganz einfach.

Zur zentralen Figur des »New Naturalism« ist der holländische Gärtner und Gartengestalter Piet Oudolf geworden. Sein Einfluss wird auf Seite 224 näher beleuchtet. In England haben sich Noël Kingsbury, vor allem als Autor, und Keith Wiley als Obergärtner von The Garden House in Devon (1978–2003) hervorgetan. Wiley brachte 2004 das Buch *One the Wild Side: Experiments in the New Naturalism* heraus. Er glaubt, dass wir viel von den Pflanzengemeinschaften in den gemäßigten Breiten lernen können. Prärien, Graslandschaften, Berg- und Schluchtvegetation, Wälder, Wiesen, semiaride Landschaften zählt er als Lernobjekte auf. Wiley hält es für unvereinbar, einerseits von der Natur lernen zu wollen, andererseits aber in der artifiziellen Gartengestaltung fortzufahren.

The Garden House wurde von Lionel Fortescue (nach ihm ist *Mahonia x media* 'Lionel Fortescue' benannt) angelegt. Der 2,6 Hektar große Garten ist teilweise ummauert und gehörte zu einem alten Pfarrhaus in der Grafschaft Devon. Fortescue war ein gebildeter Gärtner und Pflanzenkenner und sein Garten genoss aufgrund seiner Pflanzenzusammenstellungen höchstes Ansehen. Als er 1981 starb, führte sein Obergärtner Wiley den Garten weiter und vergrößerte ihn. Nach Auslandsreisen legte er einen Cottage-Garten auf der Grundlage von Eindrücken einer Kreta-Reise an (siehe Seite 196). Ebenso verfuhr er mit einem Südafrika-Garten und einer Ahornlichtung. Auf seinen Reisen hatte er gelernt, dass eine Pflanzengemeinschaft zwei oder drei dominante Arten hat, die immer wieder auftauchen, aber auch einer Vielzahl anderer Pflanzenarten Raum lassen. Weiterhin machte er die Erfahrung, dass in der Natur meist eine höhere Dichte herrscht als in den meisten Durchschnittsgärten. Dichte erwies sich in zweifacher Hinsicht als vorteilhaft: Sie senkt den Pflegeaufwand und überzeugt visuell. Wiley erkannte, dass gleichzeitig blühende Pflanzbereiche nur eine relativ kurze Zeit einen Höhepunkt haben und man so mehrere unterschiedliche Bereiche haben muss. Dies war übrigens auch

Gertrude Jekylls Sicht der Dinge, obwohl Hadspen (siehe Seite 112) den Beweis liefert, dass auch synchron blühende Gartenbereiche mit einer recht langen Blühdauer möglich sind.

Während der Zeit, als Keith Wiley in The Garden House arbeitete, kamen die Besitzer von East Ruston Old Vicarage, 2,5 Kilometer von der Küste Norfolks entfernt, zu einem ähnlichen Befund. Sie stellten das besonders bei Pflanzengemeinschaften fest, deren Habitate ihnen sehr zusagten. In diesem wunderbar gepflegten und lebendig entwickelten Garten gibt es eine kalifornische Rabatte. Dort gedeiht eine Reihe Pflanzenarten von der Westküste der USA, auch die kalifornische Säckelblume *(Ceanothus)*. Dicht daneben liegt der »Desert Wash«, ein Stück Halbwüste wie in Arizona, mit Rinnen in der Oberfläche, die in Arizona zweimal jährlich durch Wolkenbrüche in die Landschaft gefurcht werden. Wie der Gartenführer beschreibt: »... der Regen lässt Bäche entstehen, die Felsen und Steine trennen und trockene Rinnen und Inseln hinterlassen, auf denen dann Sukkulenten gedeihen« (siehe auch Seite 367). So geschieht es und im milden Küstenklima von Norfolk kommen bei entsprechender Bodenvorbereitung Opuntien, Agaven und Aloe durch den Winter.

Keith Wiley schrieb über den »New Naturalism«: »Ich glaube zutiefst, dass wir am Beginn der interessantesten Periode in der Gartengeschichte der letzten 100 Jahre stehen.«[5] Er könnte Recht haben. Aber Alexander Pope sagte Ähnliches bereits vor 300 Jahren, und es wundert mich immer wieder, wie schwer sich etwas in den entscheidenden Kreisen bewegt: »Ich glaube richtig zu beobachten, wie stark Menschen von Genialität und künstlerischer Begabung von der Natur berührt sind und dass ihre Kunst im Prinzip nur aus dem Studium und schließlich der Nachahmung der Natur besteht.«

Die Bedeutung von öffentlich zugänglichen Englischen Gärten für den Schutz der Natur kann nicht zu stark betont werden. Große Gebiete, die vehement gegen Siedlungs- und Straßenbau sowie zerstörerische Freizeitaktivitäten geschützt werden, sind für alle Lebewesen der Natur höchst wichtig. Eines der schönsten Erlebnisse eines Gartenbesuchs liegt in der Erfahrung, wie geräuschvoll die Luft ist, wenn Vögel singen und Bienen um die Lavendelblüten schwirren. Die meisten Gartenbesitzer grenzen nur höchst ärgerliche Störenfriede wie Dachse oder Rehe aus. Ansonsten unterstützen sie gerne natürliche Vorgänge, auch wenn sie keine Wiese in ihrem Garten einrichten oder speziell Fetthenne *(Sedum spectabile)* für Schmetterlinge pflanzen. Historische Gärten sind für den Schutz des Menschen und der Natur vor zerstörerischen Entwicklungen in der Landschaft enorm wichtig, insbesondere in den dichter bevölkerten Grafschaften im Süden. Nicht von ungefähr empfinden wir diese Gärten als Orte des Friedens, sie sind Balsam für unsere gestressten Seelen. Verlassen Sie eine laute Autobahn, folgen Sie einem braunen Schild und mit etwas Glück finden Sie sich in dem befreienden Frieden von Groombridge Place wieder, oder von mir aus Goodnestone Park.

ANDERE NATURNAHE GÄRTEN

Toddington Manor, Bedfordshire
Englefield House, Berkshire
Mariners, Berkshire
Bluebell Cottage Gardens, Cheshire
Bonython Manor Gardens, Cornwall
Trengwainton Garden, Cornwall
Acorn Bank Garden, Cumbria
Brantwood, Cumbria
Dalemain Gardens, Cumbria
Sizergh Castle, Cumbria
Hopton Hall Gardens, Derbyshire
Feeringbury Manor, Essex
The Gibberd Garden, Essex
Marks Hall, Essex
Olivers, Essex
Colesbourne Park, Gloucestershire
Daylesford House, Gloucestershire
Gilbert White's Garden, Hampshire
Houghton Lodge, Hampshire
Hergest Croft Gardens, Herefordshire
Jenningsbury, Hertfordshire
Ballaheanagh, Isle of Man
Stoneacre, Kent
Doddington Hall, Lincolnshire
Roots and Shoots, London
Althorp House, Northamptonshire
Canons Ashby, Northamptonshire
Coton Manor, Northamptonshire
Evenley Wood Garden, Northamptonshire
Belsay Hall Gardens, Northumberland
Howick Hall, Northumberland
Hodsock Priory, Nottinghamshire
Dudmaston, Shropshire
Wyken Hall, Suffolk
Gravetye Manor, Sussex
Burford House Gardens, Worcestershire
Stillingfleet Lodge, Yorkshire

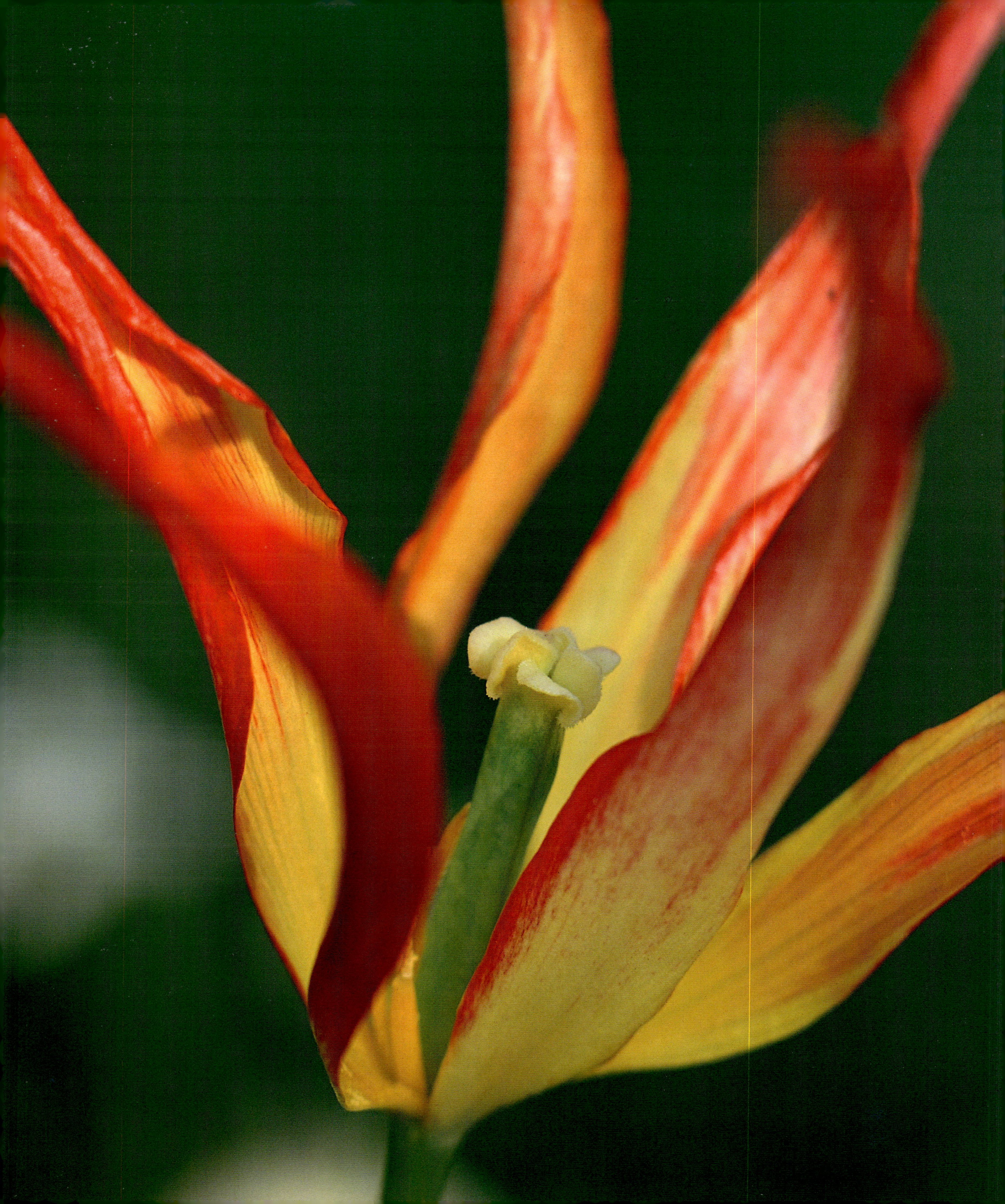

FREMDE EINFLÜSSE

Der Englische Garten wurde in der ein oder anderen Form in die gesamte gemäßigte Zone exportiert. So finden sich Gärten im »Englischen« Stil in Russland, Deutschland, Australien, Indien, Südafrika und den Vereinigten Staaten. Man kopierte den Landschaftsgarten des 18. Jahrhunderts, wie etwa in Tsarkoe Selo und Pavlovsk in Russland oder in Wörlitz und Muskau in Deutschland. Formale Anlagen finden wie am Château de la Garoupe in Cap d'Antibes und an der Villa Taranto am Lago Maggiore. Andere waren bescheidene Blumengärten vom Heimweh geplagter Kolonialherren, die mehr oder weniger erfolgreich etwas von der Schönheit und von den Düften ihrer Kindheitserinnerungen einfangen wollten. Als Gertrude Jekyll kurz nach Ende des Ersten Weltkriegs von der Britischen Kriegsgräberkommission um Bepflanzungsvorschläge für die Kriegsgräberstätten in Nordfrankreich und Belgien gebeten wurde, empfahl sie Blumen der Cottage-Gärten für den schmalen Streifen vor den Grabsteinen. Es war dieses familiäre, heimatliche Gefühl, das diese Blumen verbreiteten und auch heute noch die Besucher dieser Friedhöfe anrührt.

Der Austausch ging indes nicht nur in einer Richtung vor. Englische Gärten waren gegen den Einfluss von außen keineswegs immun, im Gegenteil. Wir Engländer sind nicht so arrogant zu meinen, wir könnten nicht von anderen lernen – wie die vorigen Kapitel des Buches zeigen und dieses noch darstellen wird. In der Vergangenheit waren Ideen aus Frankreich, Holland, Italien, Iran, Indien, Japan und China sehr beliebt. Heute dagegen kommen die Einflüsse dank gut illustrierter Bücher und des Internets eher aus Deutschland, Holland und Nordamerika.

Die ersten fremden Einflüsse erfuhren die Englischen Gärten von den Römern, die zahlreiche Pflanzen wie die Buche, den Wein oder auch den Giersch einführten. Aus unserer Perspektive wichtiger war die Erfindung der ummauerten, formalen Gärten (siehe Seite 13).

An Gartenelementen nahmen wir beispielsweise den Knotengarten als italienische Erfindung des 15. Jahrhunderts auf. Das erste Kapitel beschreibt, wie wir ihn eingebürgert haben. Im 17. Jahrhundert wurde dann der französische Stil in England populär und veränderte die Gärten der Wohlhabenden. Dies dauerte etwa 100 Jahre an. Die Frau von König James I., Anne von Dänemark, beschäftigte einen Hugenotten als Gärtner und noch wichtiger, die Frau von dem darauffolgenden König Charles I., Henrietta Maria, war Französin und ihr Gärtner, André Mollet, brachte zahlreiche Merkmale des französischen Gartens nach England.

GEGENÜBER Das Bild zeigt die zauberhaft gedrehten Blütenblätter der Horntulpe *(Tulipa acuminata)*, einer Tulpe, die im 18. Jahrhundert aus der Türkei eingeführt wurde, als Wildtulpe aber nicht bekannt ist. Sie gilt als Elternpflanze von verschiedenen lilienblütigen Sorten.

GEGENÜBER Der Egyptian-Court von Biddulph Grange in Staffordshire mit je einer Sphinx als Wächter vor einer Eibenpyramide. Dieser Garten wurde von seinem Besitzer, James Bateman, nach 1840 angelegt und 150 Jahre später durch den National Trust vorbildlich restauriert.

Auf einem der königlichen Residenzen, Wimbledon Manor, ersetzte er die Knotengärten durch ausgedehnte, reich verzierte Parterres. Wo Obstwiesen lagen, entstanden ein Labyrinth und ein Hain aus geschnittenen Gehölzen. Von einem Punkt nahe des Hauses ließ er fünf Alleen nach dem Vorbild des *patte d'oie* radial ausstrahlen. Der französische Einfluss brachte Figuren, häufig aus Blei, in die großen Gärten sowie kunstvoll geschmiedete Eisentore und schlichte Wasserkanäle. Nachdem Wilhelm III. 1688 König von England geworden war, hielt eine vereinfachte Form des französischen Stils Einzug. Wir nennen ihn den holländischen Stil (Wilhelm III. wurde in Den Haag geboren). Die Parterres wurden einfacher, Pflanzenfiguren häufiger und alle Gärten dieser Zeit basierten auf einer axialen Geometrie.

All dies fand ein Ende (siehe Kapitel 3) im zweiten Drittel des 18. Jahrhunderts. Aber der französische Einfluss kehrte im 19. Jahrhundert in den ein oder anderen Garten zurück, vielleicht als nostalgischer Rückgriff auf die Arbeiten von le Nôtre in Versailles. Am bemerkenswertesten war die Entwicklung in Waddesdon, wo der Garten nach 1880 von dem Franzosen Élie Lainé angelegt wurde und vollkommen der Passion für alles Französische seitens des Besitzers Baron Ferdinand de Rothschild entsprach (siehe Seite 30).

Während des 19. Jahrhunderts folgte man mal diesem, mal jenem Stil, aber bei vielen bedeutenden Landbesitzern konnte sich nur der italienische durchsetzen. Sir Charles Barry legte um 1850 italienische Terrassen in Shrubland Park in Suffolk an. In Trentham Gardens in Staffordshire entstand 1833 ein Italienischer Garten. Zu den Elementen dieses Stils gehörten Figurenschmuck, ausgedehnte Terrassen mit Balustraden, breite Promenaden und formale Wasserbecken. Zur Jahrhundertwende ließ sich Sir George Sitwell von Harold Peto (siehe Seiten 29 und 67) seinen Garten auf Renishaw in Derbyshire gestalten. Peto stand dem italienischen Renaissancegarten sehr nahe. William Waldorf Astor (später Viscount Astor) legte, nachdem er 1893 Cliveden gekauft hatte, an diesem wunderschönen Platz über der Themse einen stark mit italienischen Elementen ausgestatteten Garten an. Vor dem italienischen Herrenhaus baute er eine Terrasse, deren Balustrade immerhin von der Villa Borghese stammte. Auf seinen Europareisen sammelte er weitere Antiquitäten, die in Cliveden oder auf Hever Castle in Kent zu sehen sind, das er 1903 kaufte. Dort ließ er sich einen 1,5 Hektar großen ummauerten Garten bauen mit einer klassischen Pergola und Wänden im pompejanischen Stil als Hintergrund für seine Erwerbungen. Außerdem entstanden eine Steinpergola, Grotten und Springbrunnen, um dem Renaissancegarten der Villa d'Este bei Rom Referenz zu erweisen. Der letzte Italienische Garten in England war wahrscheinlich Ditchley Park in Oxfordshire. Sir Geoffrey Jellicoe legte ihn in den 1930er Jahren für Ronald und Nancy Tree an. (Als Nancy Lancaster arbeitete sie später im Garten von Haseley Court – siehe Seite 82.)

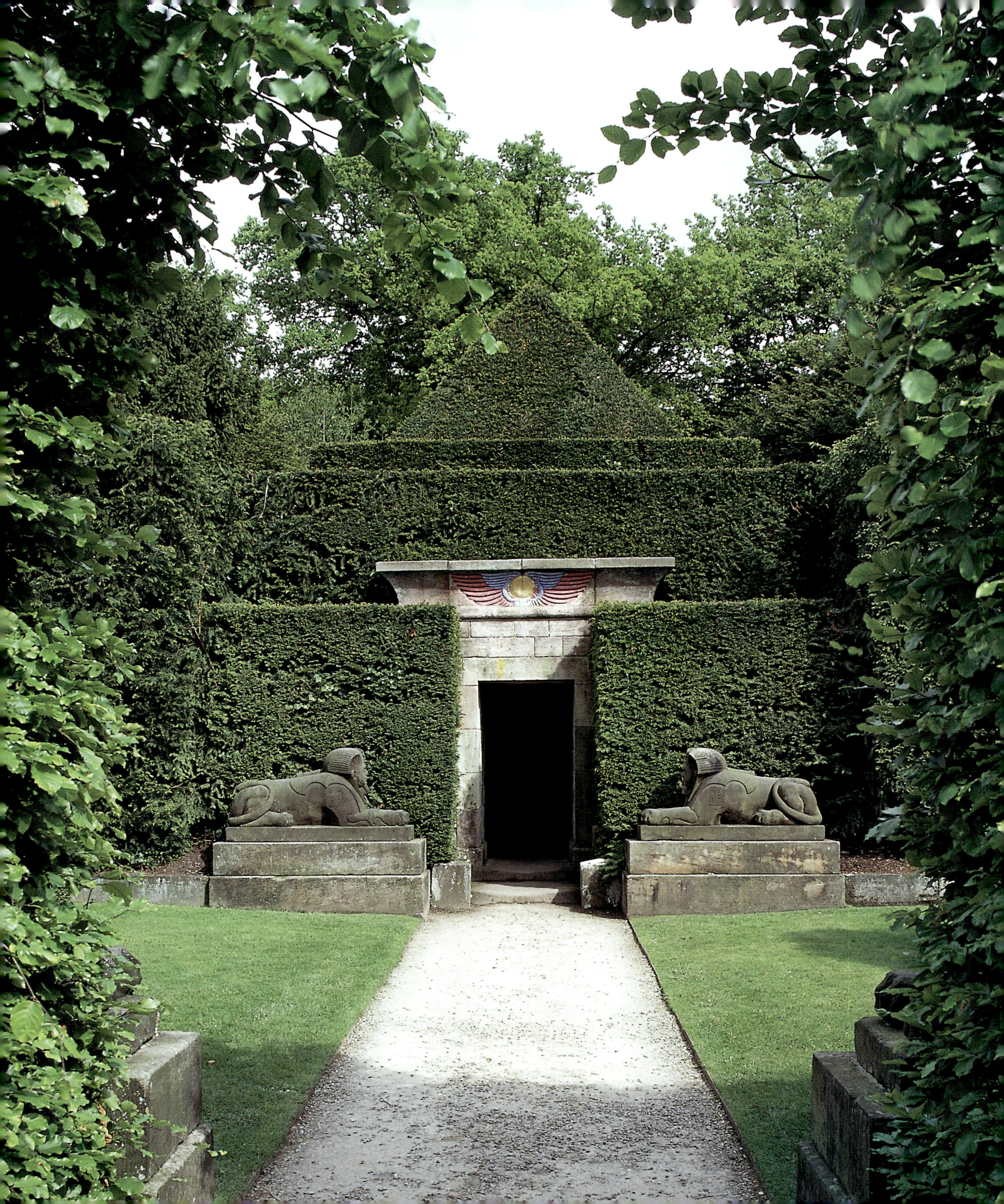

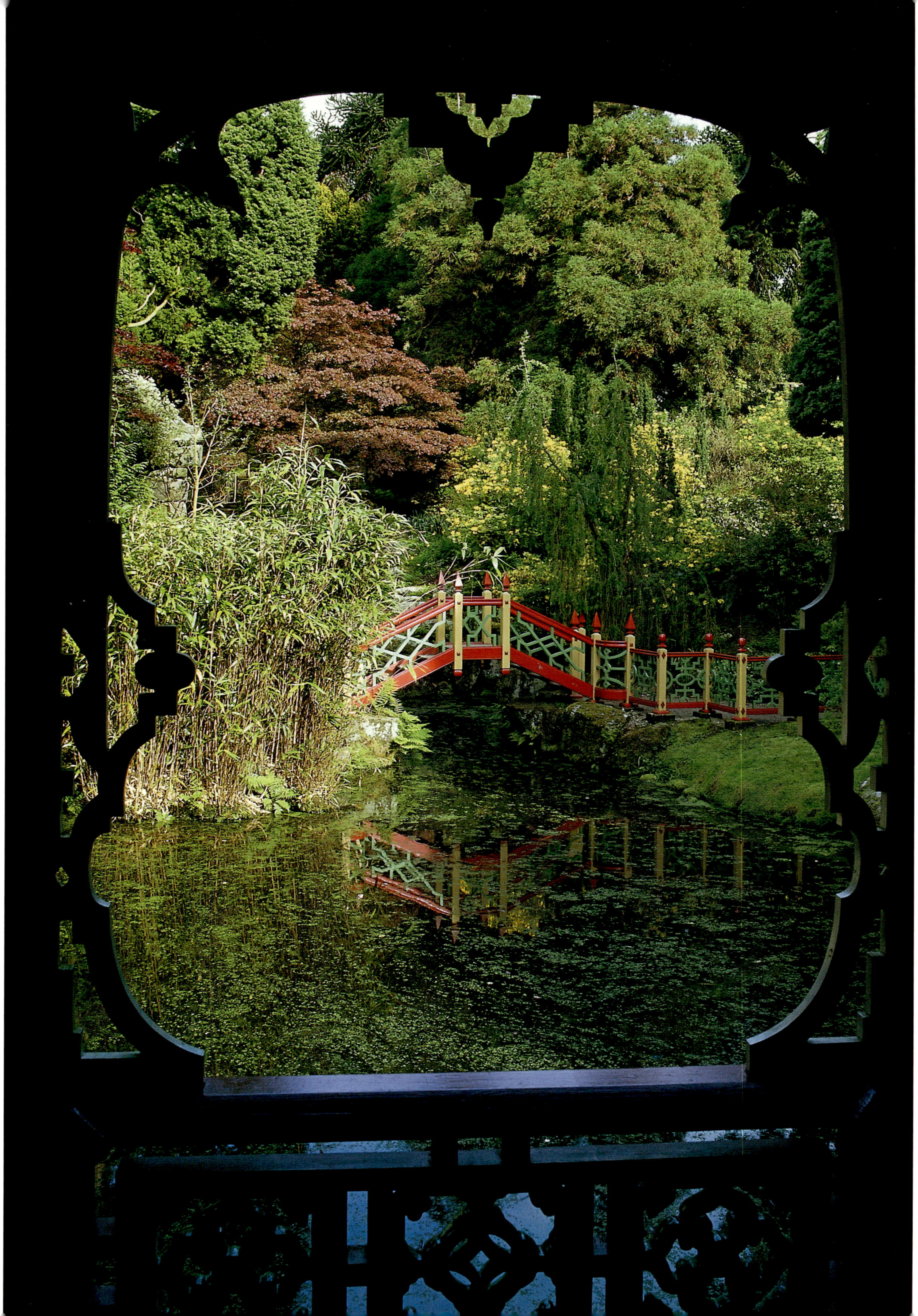

Der Chinesische Garten fand zwar nie große Zustimmung in England, jedoch einzelne Aspekte im 18. Jahrhundert kamen in Mode. So stehen »chinesische« Bauwerke in verschiedenen Landschaftsgärten wie etwa Shugborough in Staffordshire (ein Pavillon von 1748) und Studley Royal in North Yorkshire. Weithin bekannt wurde William Chambers' Pagode (1761–1762) in den Botanischen Gärten von Kew, die kürzlich großartig restauriert wurden. Aus dem 19. Jahrhundert stammt die grün und rot gestrichene Pagodenfontäne (eine Kopie der To-Ho-Pagode in Kanton) in Alton Towers in Staffordshire. Sie wurde 1827 von Robert Abrahams entworfen. Alton Towers ist heute ein Vergnügungspark, die wir Gartenbesucher ja normalerweise meiden. Aber diese weitläufigen Gärten sind eine Reise wert.

Der Garten von Biddulph Grange in Staffordshire ist von bezaubernder Vielfältigkeit. Er wurde 1840 angelegt und in den 1990er Jahren aufwändig vom National Trust restauriert. Neben einer italienischen Terrasse und einem ägyptischen Garten (mit Steinsphinxen als Wächter vor einer Eibenpyramide) finden wir auch einen chinesischen Wassergarten, vollständig ausgestattet mit einer verzierten Pagode, einem Teich, einer Brücke und einer Miniatur der Chinesischen Mauer. Laubengänge und Fußwege verbinden die verschiedenen Gartenstile miteinander, ermöglichen eine *tour d'horizon* zu den Stilen der Welt, wie sich das der wohlhabende Besitzer zur Viktorianischen Zeit vorgestellt hat. James Bateman hieß er und war ein großer Pflanzenkenner und Botaniker. Er ließ sich bei der Anlage des Gartens von einem Freund, dem Maler Edward Cooke unterstützen. Cooke war ein Schwiegersohn des damals bekannten Gärtners George Loddiges, und so wurde der Garten zu einem Refugium zahlreicher seltener und frisch importierter Pflanzen.

Chinesische Gärten wurden weitaus seltener angelegt als Japanische, die ab 1890 in Mode kamen. Intellektuell unterstützt wurde die allgemeine Begeisterung durch die beiden Bücher von Josiah Conder *Flowers of Japan and the Art of Floral Arrangment* sowie *Landscape Gardens in Japan*, die 1891 und 1893 erschienen. Sie vermittelten den Engländern ein Verständnis von der Symbolsprache des Japanischen Gartens. Nun konnten sie auch die erstaunlich winterharten Bäume und Sträucher pflanzen, die in dieser Zeit massenhaft aus dem Fernen Osten ins Land kamen.

In Cliveden, Buckinghamshire entstand vermutlich der erste Wassergarten im Japanischen Stil. Heale Garden in Wiltshire besitzt einen bekannten Japanischen Garten mit einem strohgedeckten Teehaus und einer rotgestrichenen Brücke. Auch in Ramster in Surrey finden wir Elemente des Japanischen Gartens. Der eindrucksvollste und in den Jahren 2000 und 2001 restaurierte liegt in Tatton Park, Cheshire. Er verfügt über einen Teegarten mit einem Ruhehaus, auf der Insel im See befindet sich ein Shinto-Schrein sowie eine Darstellung des Fujijama, umrahmt von einem Bambuszaun. Japanische Gärtner haben diesen Garten zwischen 1910 und 1913 angelegt. Zweifellos sind die von japanischen Fachleuten

GEGENÜBER Von der reich verzierten Pagode von Biddulph Grange in Staffordshire blickt man auf die Chinesische Brücke.

FOLGENDE SEITEN Das strohgedeckte Teehaus und die rot gestrichene Japanische Brücke von Heale Garden in Wiltshire. Brücke und Teehaus sind 1910 aus Japan importiert und vor Ort von vier japanischen Gärtnern zusammengebaut worden. Ein Zeichen von Zügellosigkeit wächst am Ufer: das in Brasilien beheimatete Mammutblatt *(Gunnera manicata)*.

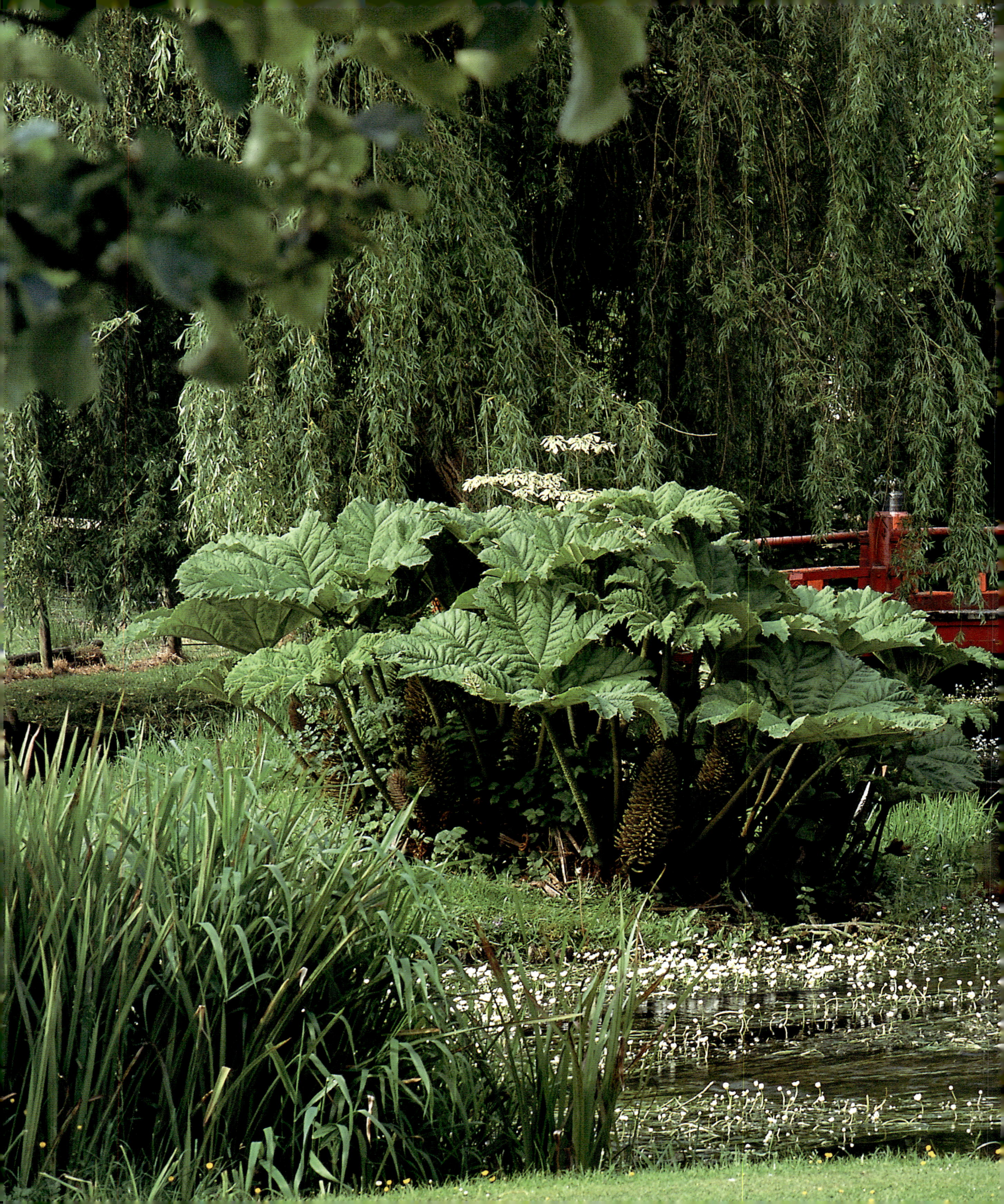

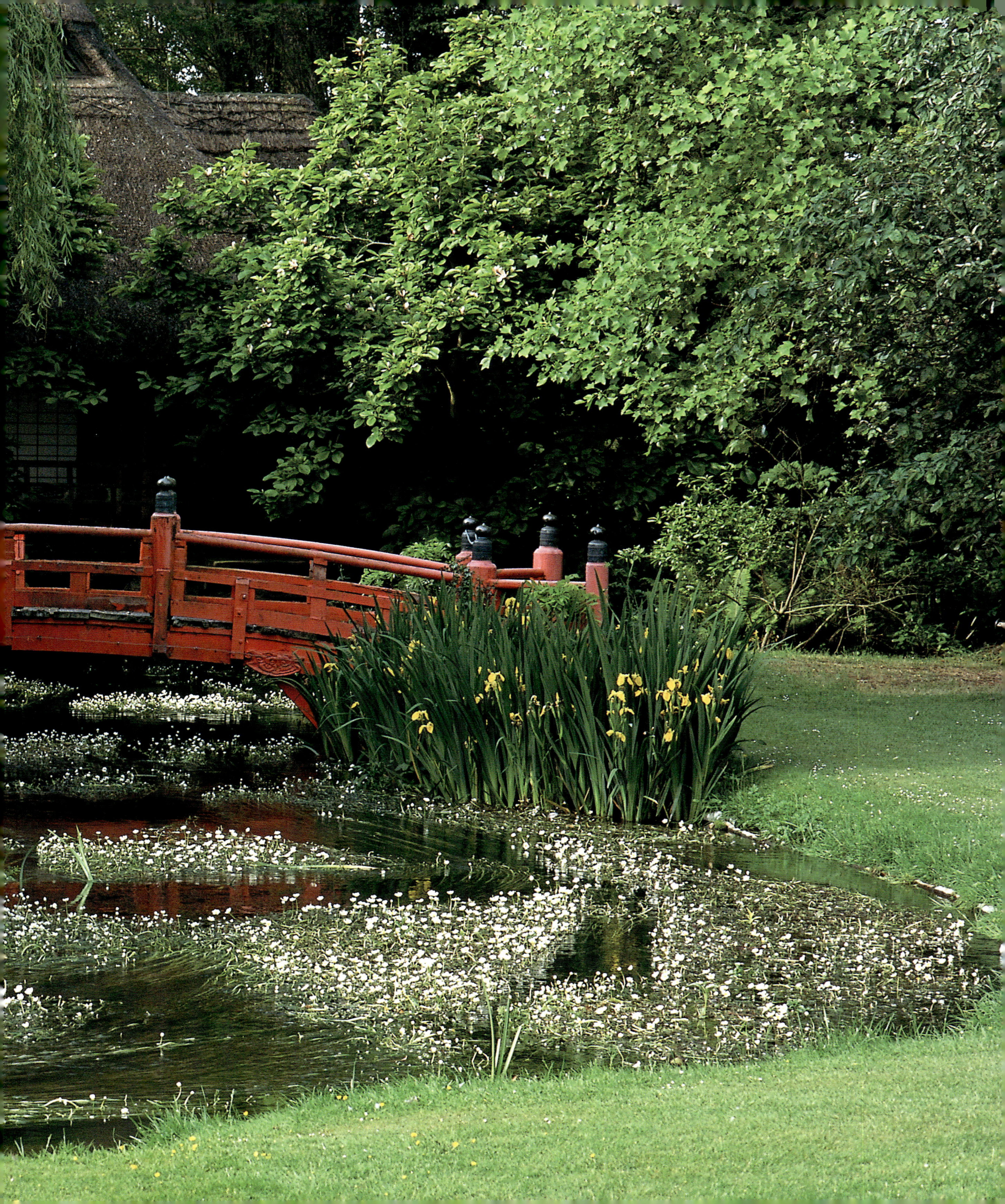

RECHTS Der Japanische Garten von Tatton Park in Cheshire. Auch dieser Garten wurde 1910 von japanischen Gärtnern angelegt und zeigt den Einfluss der Mode auf Gärten. Auf dem Bild sind unter anderem Japanischer Ahorn und japanische Irisarten zu sehen.

FOLGENDE SEITEN
Der Millenium Garden im Pensthorpe Waterfowl Park in Norfolk, gestaltet von Piet Oudolf:

LINKS OBEN Der Garten mit dem Pavillon im Hintergrund. Der ungezügelte Wiesencharakter passt ausgezeichnet zu Wasser, Graslandschaft und den einheimischen Bäumen des Wasservogelparks und des benachbarten Schutzgebiets. Diese Pflanzung zeigt, welchen Wert ein gutes Gespür für den landschaftlichen Kontext haben kann.

LINKS UNTEN Stauden sind in kompakten, geschwungenen, manchmal mehreren Metern breiten Paketen gepflanzt.

RECHTS Zu den auffälligen und sich häufig wiederholenden Pflanzen gehören Persicaria (syn. *Polygonum*) 'Tiredance', *Euphorbia griffithii* 'Dixter', *Astrantia major* 'Claret', *Echinacea purpurea* 'Rubinstern' und *E. p.* 'White Swan' (Vordergrund), die Gräser *Deschampsia caespitosa* 'Goldtau', *Molinia caerulea* subsp. *caerulea* und das immergrüne *Sesleria nitida*.

angelegten Gärten die authentischsten und daher gelungensten Japanischen Gärten in England.

In großem Umfang hat sich der Japanische Garten nie durchsetzen können, häufig wurde er auch entsetzlich verfälscht. Aber er hat immer seine Anhänger gehabt, vor allem in öffentlichen Anlagen, zu sehen in Holland Park und den Royal Botanic Gardens in Kew. Auch in einigen wenigen Privatgärten, so etwa im Steingarten von Dartington Hall in Devon, sind Anklänge aus Japan spürbar. Einen Bogen zu Japan schlagen auch die organisch geschnittenen Hecken und der Torbogen im Garten von Saling Hall in Essex.

Weitere asiatische Einflüsse in Englischen Gärten gehen auf die Mughal-Dynastie in Indien zurück. Shute House in Dorset von Geoffrey Jellicoe sowie Sezincote in Gloucestershire (siehe Seite 150) zeugen davon. Ein persischer Einfluss ist im Knotengarten von Sudeley Castle in Gloucestershire zu erkennen.

Der wohl bedeutendste Stil, der in den letzten 15 Jahren aus dem Ausland kam, nennen wir den »New Naturalism«. In Kapitel 5 habe ich kurz die geschichtliche Entwicklung beschrieben, doch hier ist nun der Platz, um den Einsatz eines Menschen zu würdigen, der mit seinem Stil die Gestaltungshaltung hierzulande veränderte und mittlerweile auch Nachahmer gefunden hat. Es handelt sich um den holländischen Gärtner und Gartenarchitekt Piet Oudolf. Sein Ansehen in England wurde endgültig gefestigt durch einen preisgekrönten Beitrag, den er mit Arne Maynard auf der Chelsea Flower Show 2000 präsentierte. Mittlerweile führte er verschiedene Projekte in England aus, von denen die Gärten der RHS (Royal Horticultural Society) in Wisley, der Millenium Garden im Pensthorpe Waterfowl Park in Norfolk, Bury Court in Hampshire, Scampston Hall in Yorkshire und seit Kurzem Trentham Gardens in Staffordshire (zusammen mit Tom Stuart-Smith) zu den bekanntesten zählen (siehe Seite 32). In verschiedenen Büchern erläuterte Oudolf seinen Bepflanzungsstil.

Dank seiner langen gärtnerischen Erfahrung (zusammen mit seiner Frau Anja) hat er ein tieferes Verständnis von den Bedürfnissen der Pflanzen als die meisten Gartengestalter. Einige Sorten hat er selbst selektiert und ihnen entsprechende Namen gegeben, beispielsweise *Stachys offici-*

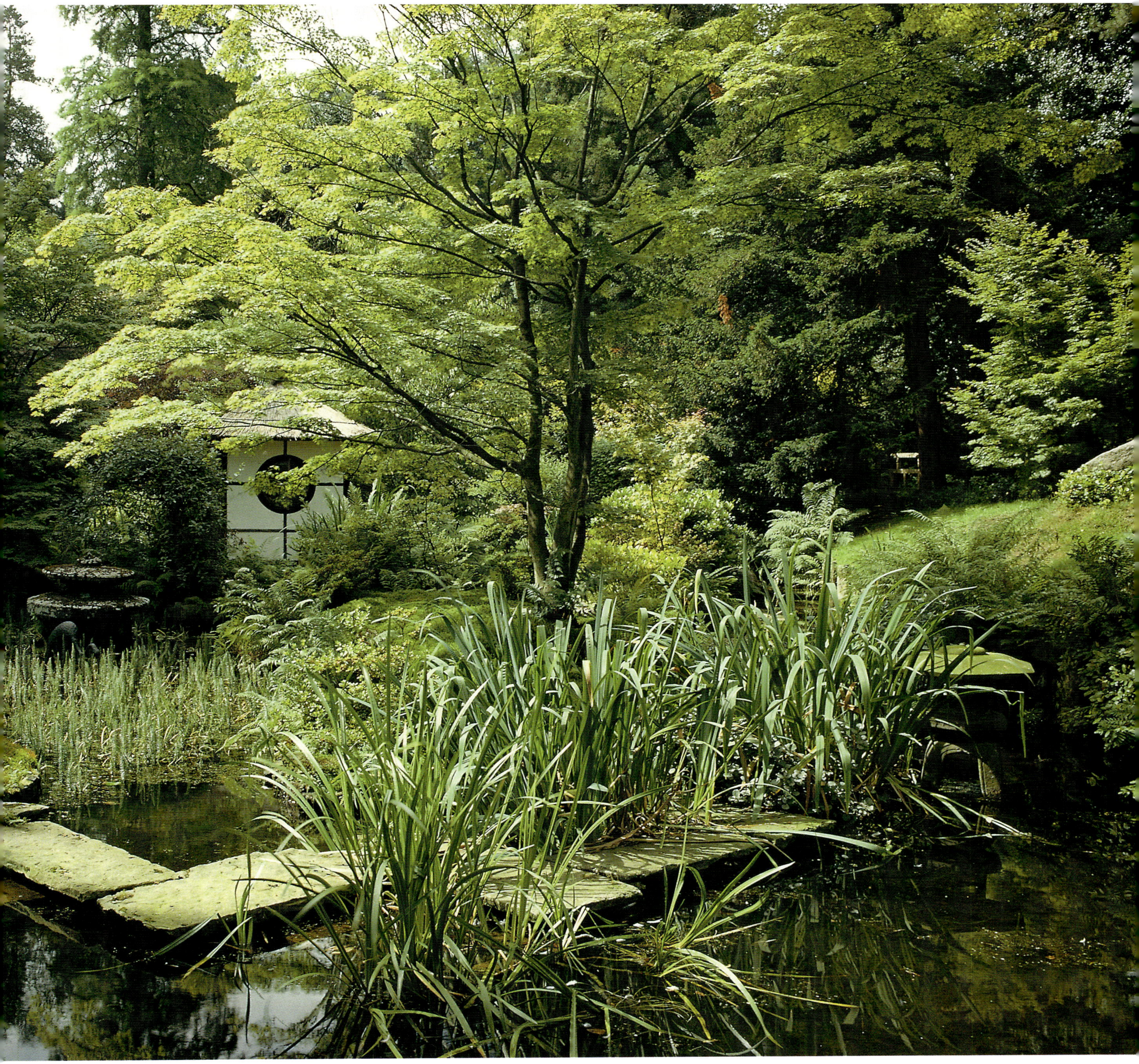

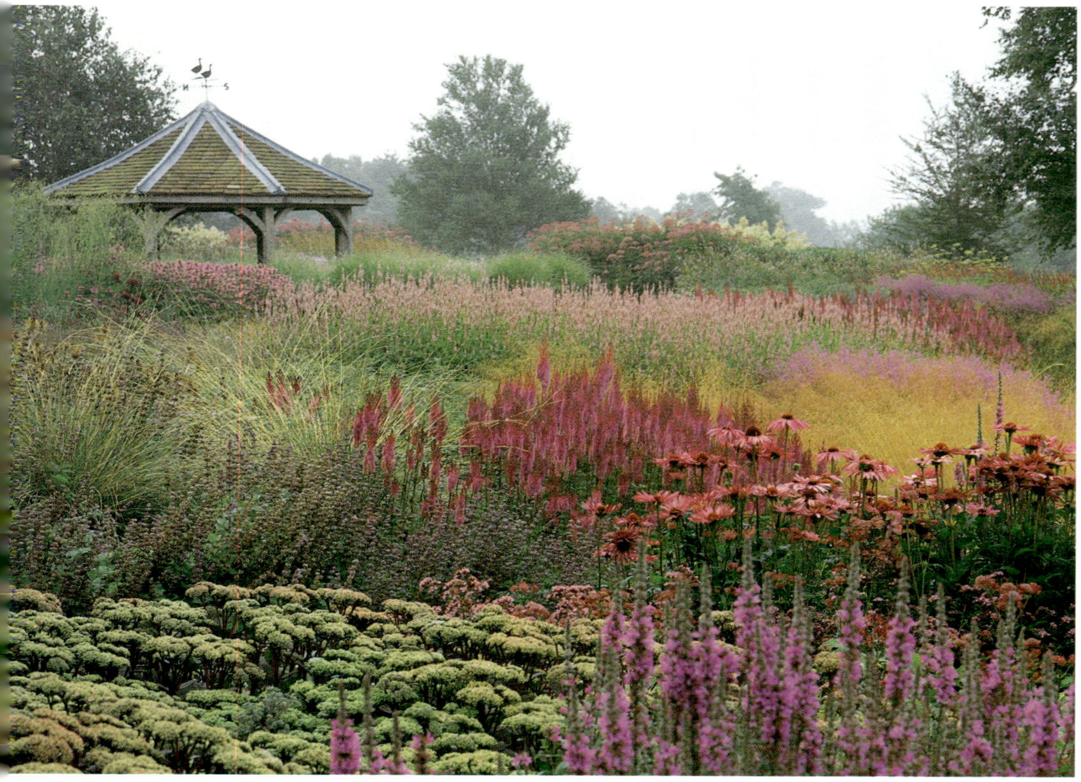

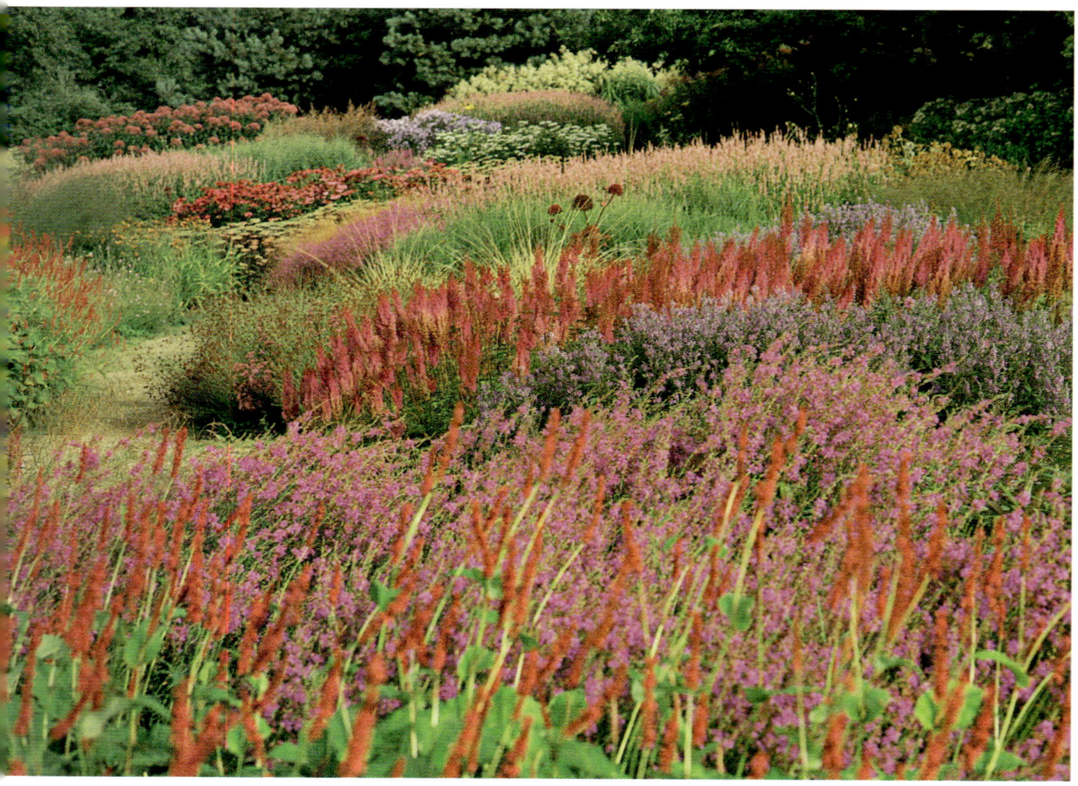

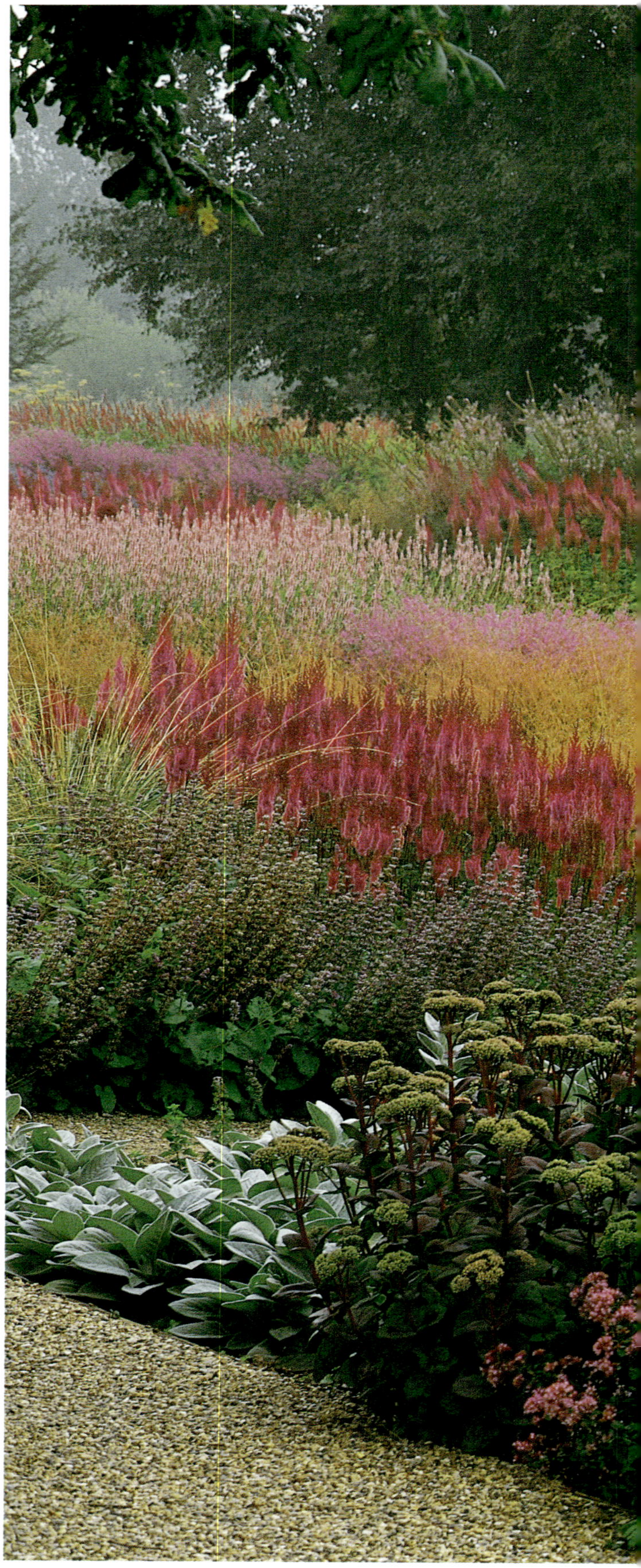

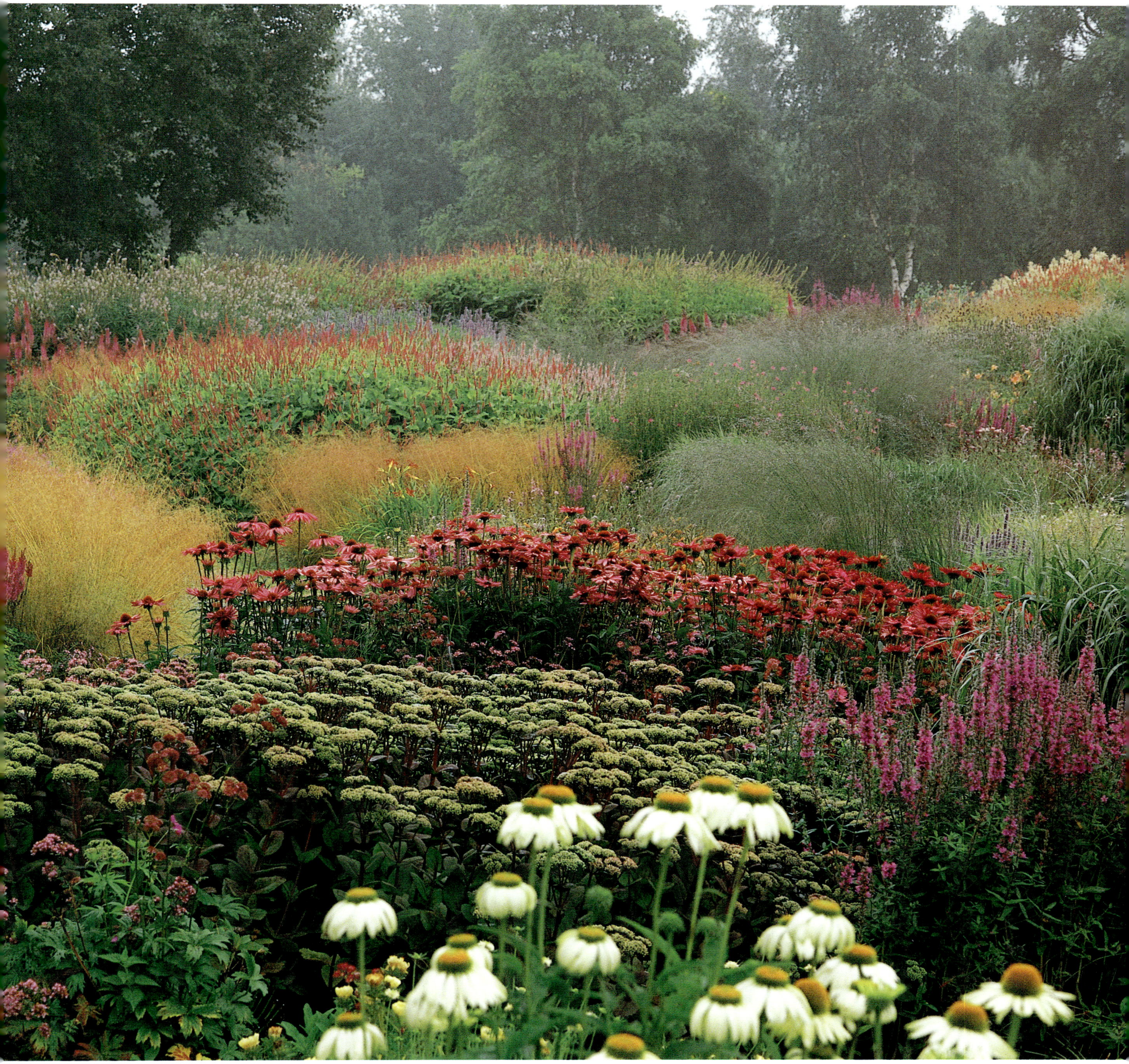

Die Staudenwiese (links) und Katsura (*Cercidiphyllum japonicum*) Grove (rechts) im Scampston Hall Walled Garden in Yorkshire, gestaltet vom holländischen Gärtner und Gartengestalter Piet Oudolf. Dieser ummauerte Garden besteht aus einer Reihe von rechtwinkligen Gartenbereichen, die durch interessante Wegeführungen miteinander verbunden sind und alle eine unterschiedliche Atmosphäre verströmen. Auch wenn die Anlage noch recht jung ist, Hecken und Pflanzenfiguren noch nicht ausgewachsen sind, ist sie bereits außerordentlich spannend und steckt voller anregender, spielerischer Ideen. Eine weitere einfallsreiche Pflanzung bieten die geschwungenen Felder im Gräsergarten, wo sich das Blaue Pfeifengras (*Molinia caerulea* subsp. *caerulea*) kurvig durch den straff geschnittenen Rasen zieht. Diesen Garten sollte man sich aus der Luft ansehen, wenn möglich!

nalis 'Hummelo', benannt nach seinem Wohnort. Viele Pflanzen hat er erst populär gemacht, wie etwa *Cirsium rivulare* 'Atropurpureum'. Pflanzenkenntnis ist im New-Naturalism-Stil eminent wichtig, denn in dem permanenten Vordrängen und Zurückweichen würden zu wüchsige Arten alles überschwemmen beziehungsweise zu zarte Pflanzen sich nicht halten können. Weil Oudolf in seinen Gärten die Dynamik der Natur nachahmen will, sind sie fast das ganze Jahr über interessant. Die meisten Gräser und Stauden blühen zwischen Juli und September, allerdings wird erst im Frühjahr zurückgeschnitten, sodass die Samenstände im Winter zu sehen sind, besonders schön nach Frostnächten aussehen und überdies Vögeln Nahrung bieten. In großen geschwungenen Gruppen wachsen die Pflanzen, größer als Gertrude Jekyll sie jemals angelegt hat, blockweise oder in kurvigen Diagonalen, wie etwa in Scamston Hall, Yorkshire.

Mit den vielen immer- und sommergrünen Gräsern setzt Oudolf Puffer zwischen die gelegentlich kühnen Farbkombinationen. (Er hat keine Zeit, sich mit einer Farbskala herumzuquälen.) Gräser spielen in seiner Bepflanzung eine zentrale Rolle, viele davon sind mittlerweile in England sehr beliebt. Dazu gehören *Deschampsia caespitosa, Sesleria nitida, Molinia caerulea, Stipa gigantea* und *Panicum virgatum*. Weiterhin greift er vielfach auf Arten der nordamerikanischen Prärie zurück, vor allem auf *Rudbeckia, Monarda, Liatris, Eupatorium, Veronicastrum* und *Asclepias*.

Die Form der Pflanze ist ihm sehr wichtig. An aufrecht wachsenden Pflanzen nimmt er gerne *Eupatorium* und *Veronicastrum*, als Bodendecker schätzt er *Salvia* x *sylvestris* 'Rügen' und Geranium-Arten.

Neben Stauden verwendet Oudolf auch Zwiebelpflanzen (z. B. Allium-Arten), Farne, selbstaussäende Einjährige (vor allem Mohn) sowie Kleinsträucher, die straff geschnitten werden können, wie der Indigostrauch *Indigofera heterantha*. Er lässt mehr Wildnis zu als Getrude Jekyll und verleiht dem Verhältnis zwischen Natur und Wildnis mehr Spannung. Seine Pflanzungen erzeugen eine dichte Atmosphäre

Obwohl er einheimische Pflanzen nicht von vornherein ausschließt, hat er sie durchaus im Blick, denn geringer Pflegeaufwand ist ihm äußerst

Die stumpfe Pyramide in Scampston Hall Walled Garden in Yorkshire. Sie steht in einer Wiese mit Wildblumen, Zwiebelpflanzen und Japanischer Maienkirsche *(Prunus yedonensis)*.

wichtig, so wie allen, die dem New Naturalism folgen. Einem Kritikpunkt müssen sich Oudolf und alle Vertreter dieses Stils allerdings stellen.

Die starke Fokussierung auf Stauden lassen die Anlagen zu Sommergärten werden und es ist recht wenig Blüte im Frühling zu sehen. Aber durch den späten Schnitt erst kurz vor dem Neuaustrieb ist die Spanne, in der keine Veränderung zu sehen ist, wiederum recht kurz.

Es wäre übrigens ein Fehler zu meinen, Oudolf würde auf formale und permanent sichtbare Elemente verzichten. Im Garten von Scampston Hall gibt es unter anderem eine Graspyramide, axiale Linien aus geschnittenen Hecken und Kieswege, ein rundes Becken und Alleen. Die Wiesen sind geschmückt mit gemähten Pfaden. Ein Knotengarten aus Buchsbaum und andere geschnittene Pflanzen erwarten uns in Bury Court.

Im Laufe der Zeit haben auch andere fremde Einflüsse gewirkt und das Aussehen unserer Gärten beeinflusst. Die Moderne zeigte im England der 1920er Jahre nur wenig Wirkung, mehr dagegen in den USA. Zahlreiche von dieser Strömung durchdrungene Landschaftsarchitekten verließen die Universitäten und ihr Wirken kam, wenngleich auf Umwegen, auch in England an. Thomas Church, Dan Kiley, Lawrence Halprin und Garret

Eckbo heißen die bekanntesten Vertreter. Wenn sie private Gärten planten, spielten die Nutzer stets eine gewichtige Rolle.

Garret Eckbo brachte 1950 ein Buch namens *Landscape for Living* heraus, Thomas Church 1955 *Gardens are for People*. Klarer konnten sie ihre Intentionen nicht ausdrücken. Sie zählten zu den Pionieren der Umweltbewegung, experimentierten mit fremden Materialien, suchten neue Wege in der Gestaltung. Church, dessen Entwürfe zusehends abstrakter wurden, legte sage und schreibe 2000 Gärten an. Seine geschwungenen Schwimmbecken, seine Holzdecks in Kalifornien (häufig in Hänge gebaut), seine Verwendung von heimischen kalifornischen Pflanzen machten ihn berühmt. Seine Ideen für das Leben außerhalb des Hauses hatte erheblichen Einfluss auf andere Planer. So auch auf Garret Eckbo, dessen Garten er vom Aluminiumproduzenten ALCOA sponsern ließ und der folgerichtig reichlich bestückt war mit Aluminiumelementen.

Natürlich kann der Gedanke von fremden Einflüssen nicht zu Ende geführt werden, ohne den Namen Roberto Burle-Marx (1909–1994) zu erwähnen. Die Entwürfe des brasilianischen Künstlers, Gärtners, Botanikers, Pflanzensammlers und Landschaftsarchitekten ähneln seinen ab-

Piet Oudolf hat keine Scheu vor formalen Elementen, wie diese moderne Interpretation eines Knotengartens in Bury Court in Hampshire zeigt. Die abgerundeten Oberflächen sind auf dem Kontinent gebräuchlicher als in England. Sie leiten den Regen besser ab und vermindern so möglicherweise die Ausbreitung des gefürchteten Buchsbaumpilzes..

Zu beiden Seiten der Großen Kaskade (siehe Seite 296) von The Alnwick Garden in Northumberland verläuft ein Laubengang aus Hainbuche. 850 Hainbuchenpflanzen haben die belgischen Landschaftsarchitekten Jacques und Peter Wirtz hier verwendet. Große Teile des Gartens von Alnwick wurden von ihnen neu gestaltet und ihre Arbeit gehört zu den ambitioniertesten der letzten Jahre in England.

strakten Gemälden. Seine frei fließenden Formen, die Farbmuster, der Gebrauch von heimischen, bodendeckenden Pflanzen war bezeichnend. Einige dieser Pflanzen hatte der Verfechter des Naturschutzes in Brasilien selbst gesammelt und als Gartenpflanzen etabliert.

Alle diese Gestalter begeisterten und belebten nach dem Zweiten Weltkrieg die Landschaftsarchitekten hierzulande, die in ihrer hausgemachten Entwurfssprache zu erstarren drohten. Dazu zählen Dame Sylvia Crowe, Brenda Colvin, Sir Geoffrey Jellicoe, Russel Page und später dann die Gartengestalter John Brookes, David Stevens, Dan Pearson und Christopher Bradley-Hole (siehe Kapitel 11).

Durch die weltweit beachteten und zeitgemäß illustrierten Veröffentlichungen beeinflussen auch nordamerikanische Landschaftsarchitekten, hier vor allem James van Sweden und Wolfgang Oehme, oder die Belgier Jacques Wirtz und sein Sohn Peter die Gärten in England. Die Arbeit von Wirtz ist in The Alnwick Garden in Northumberland zu sehen. Andere ausländische Gartengestalter arbeiten mit englischen Gartenbesitzern zusammen.

Pascal Cribier, Francois Goffinet, Isabelle van Groeningen oder Brita von Schoenaich tragen hier zu einem lebhaften Ideenaustausch bei. Arabella Lennox-Boyd überzieht ihre Entwürfe mit italienischem Flair, der natürlich auch in ihrem eigenen Garten von Gresgarth Hall in Lancashire herrscht. Die gestalterischen Ziele der Gärtner und Gartenarchitekten scheinen sich wieder einmal zu ändern. In der Mehrzahl wollen sie in den Gärten den Fußabdruck der Natur spürbar werden lassen. Dabei wollen sie die Natur so wenig wie möglich bedrängen, aber dennoch etwas Individuelles und Permanentes schaffen.

So wichtig der Einfluss der Gestaltungsstile aus der ganzen Welt für die Gärten Englands waren, so eng sind die fremdländischen Pflanzen an diesen Einfluss geknüpft. Das soll hier noch erläutert werden.

Mit Ausnahme der Gewächse, die von den Römern eingeführt wurden, war wenig bekannt über ausländische Pflanzen. Erst seit Thomas Becket 1140 einen Feigenbaum von seiner Wallfahrt durch Italien mit nach England brachte und ihn am Pfarrhaus von West Tarring in Sussex pflanzte, sind Aufzeichnungen bekannt.

Nicht viel später brachte ein Wallfahrer den Echten Safran *(Crocus sativa)* von seiner Reise ins Gelobte Land mit und unterhielt, leider nur für kurze Zeit, einen Betrieb zur Safranherstellung in Saffron Walden in Essex. Pfirsiche aus Südeuropa kamen gegen Ende des 12. Jahrhunderts nach England, gerade früh genug, damit König John 1216 an übermäßigem Genuss der Frucht starb. Doch das ist Legende. In jenem Jahrhundert bekam England auch die Walnuss *(Juglans regia)*, den Lavendel *(Lavandula spica)* und die Mandel *(Prunus dulcis)* und in dem darauffolgenden Rosmarin und Nelke *(Dianthus)*. Knotengärten wären ohne den Buchsbaum aus Holland sowie Lavendel und Rosmarin aus Südeuropa undenkbar gewesen.

Im 16. Jahrhundert kamen Steineiche *(Quercus ilex)*, unsere einzige immergrüne Eiche, Rote und Weiße Maulbeere *(Morus nigra* und *M. alba)*, Tomate *(Solanum lycopersicum)*, Tulpe *(Tulipa)* und die Kartoffel *(Solanum tuberosum)*. Auch der Lorbeer-Schneeball *(Viburnum tinus)* und die Steinlinde *(Phillyrea angustifolia* und *P. latifolia)* fanden in diesem Jahrhundert den Weg nach England und passten als Immergrüne vortrefflich in den Barockgarten. Mit all den Exoten eröffneten sich für den Nutz- und Ziergarten völlig neue Möglichkeiten.

Die Rosskastanie *(Aesculus hippocastanum)* und die Lärche *(Larix europea)* erreichten England im 17. Jahrhundert, und ab 1620 traten ständig Pflanzenarten aus Nordamerika den Weg an. Dazu zählten etwa Stachelbeere *(Fragaria vesca)*, Essigbaum *(Rhus typhina)*, Scheinakazie *(Robinia pseudoacacia)* und Wilder Wein *(Parthenocissus quinquefolia)*.

FOLGENDE SEITEN
LINKS OBEN Pelargonien wurden im 18. Jahrhundert aus Südafrika eingeführt. Hier ist die besonders schöne Sorte 'Ardens' zu sehen.

LINKS UNTEN Auch die Fackellilie *(Kniphofia)* kam im 18. Jahrhundert nach England. Ihre Heimat ist Südafrika, aber mittlerweile hat sie sich fest in der englischen Staudenrabatte eingebürgert. Diese Art heißt *Kniphofia rooperi*.

RECHTS Ein gutes Beispiel, wie sehr der Zauber Englischer Gärten mit fremdländischen Pflanzen verknüpft ist. Hier ein Blick auf Sorten des Japanischen Schlitzahorns *(Acer palmatum)* und Kiefern *(Pinus)* im National Arboretum von Westonbirt in Gloucestershire. Die Situation mutet »natürlich« an, aber kein Baum auf dem Bild ist einheimisch.

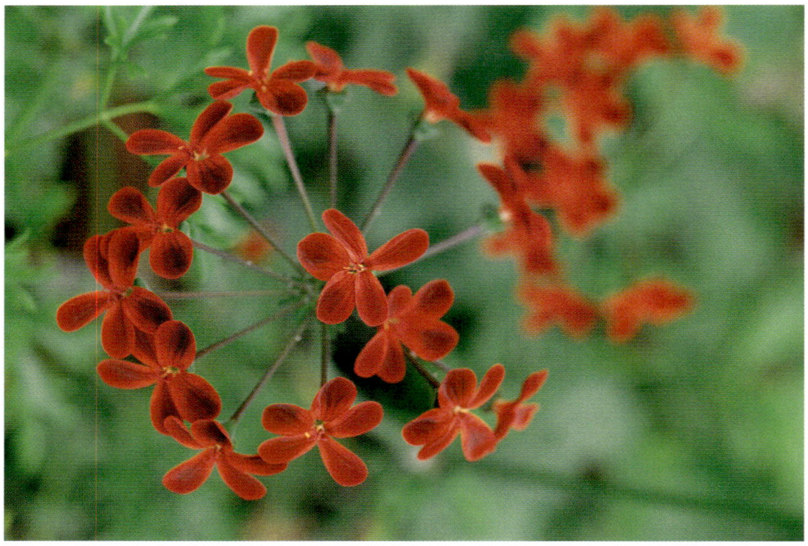

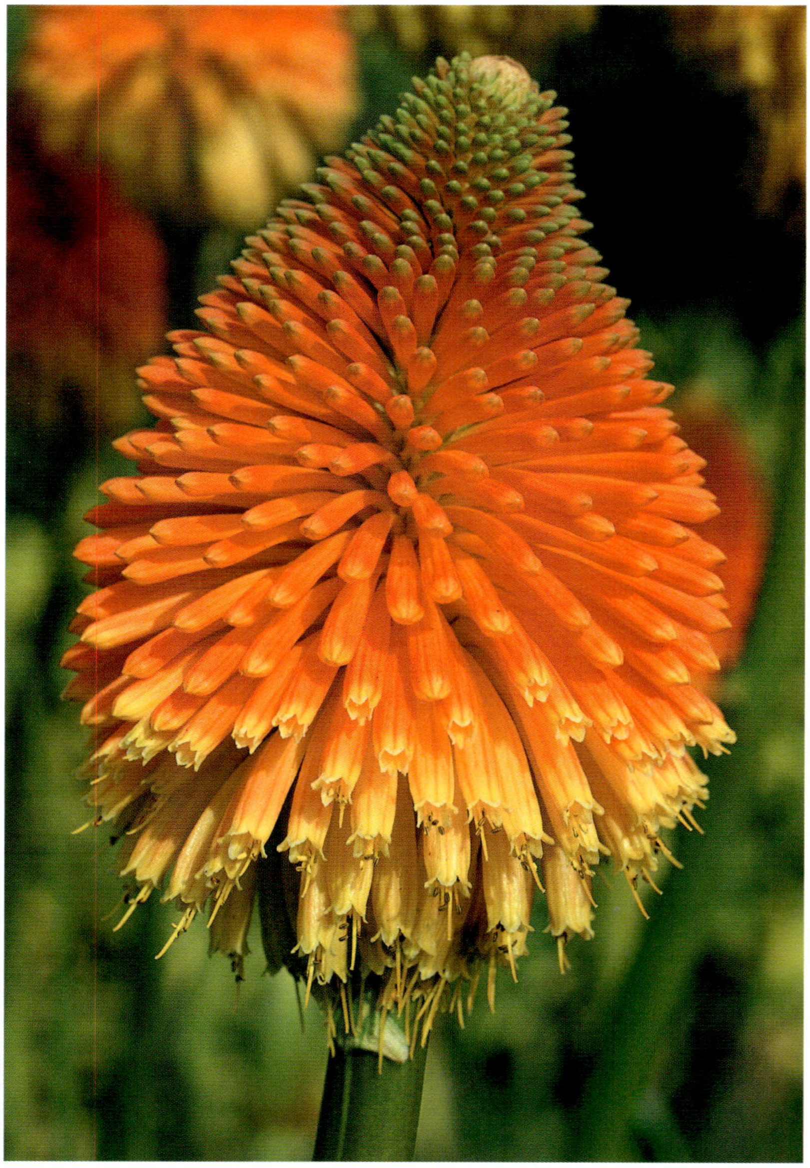

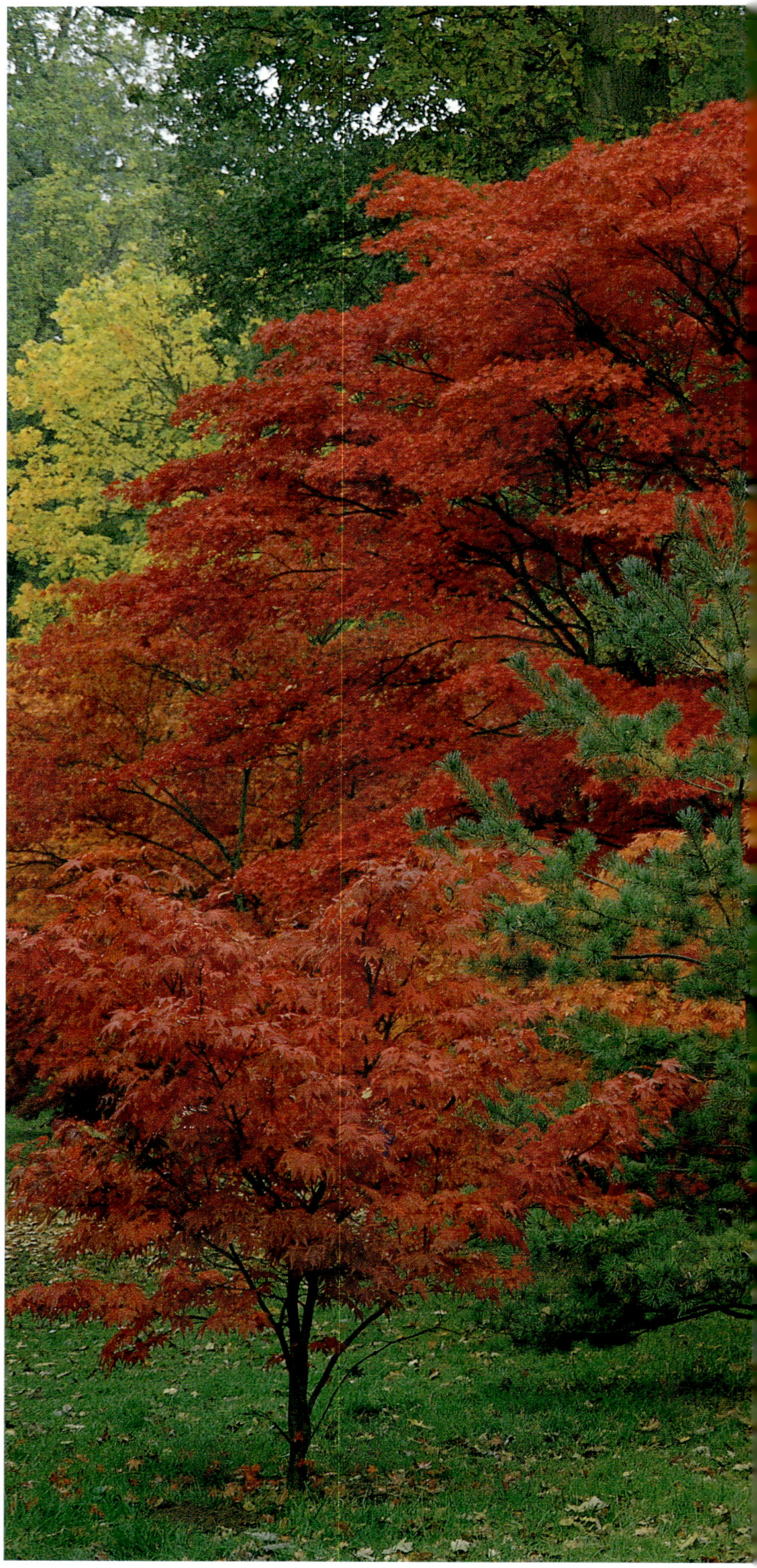

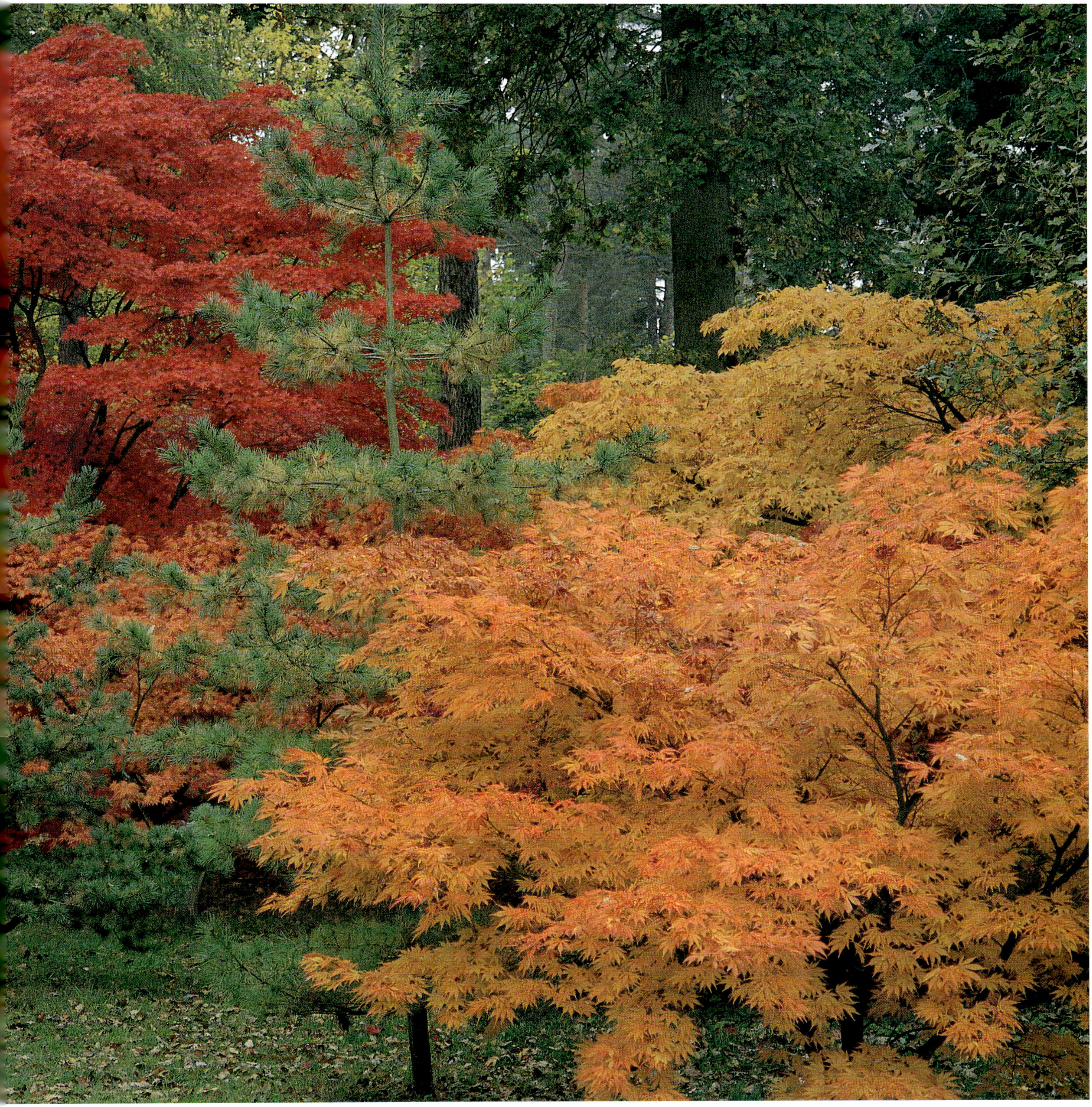

236

Magnolia stellata wurde 1877 aus Japan eingeführt. Sie ist als beste Magnolie für kleine Gärten bekannt, da sie langsam wächst, nur 3 Meter hoch wird und schon im ersten Jahr nach der Pflanzung blüht. Es überrascht nicht, dass sie weit verbreitet ist.

Im 18. Jahrhundert drangen die Entdecker bis nach Südafrika vor, von wo sie Pelargonien und Fackellilien *(Kniphofia)* mitbrachten. Aus Nordamerika nahmen sie *Magnolia grandiflora* und *Hamamelis virginiana* mit. Jetzt kamen auch die ersten Pflanzen aus China und Japan wie etwa *Camellia japonica* (1739), *Aucuba japonica* (obligatorisch in Viktorianischen Gärten) und die remontierende *Rosa semperflorens*. Am Ende des Jahrhunderts hatten wir Zinnien und Dahlien aus Mittelamerika. Der Inventar war damit gesammelt für die überschwänglichen Zierbeete der Viktorianischen Ära.

Das 19. Jahrhundert brachte Pflanzen vom ganzen Globus: Wisterie *(Wisteria sinensis)*, *Camellia reticulata* und *Rosa chinensis* aus China, Douglastanne *(Pseudotsuga menziesii)* und Sitka-Fichte *(Picea sitchensis)* aus Nordamerika, *Cedrus deodara* und *Rhododendron arboreum* aus dem Himalaya, *Petunia axillaris* und *P. integrifolia* (1837) aus Brasilien. Im frühen 20. Jahrhundert entdeckten wir *Lilium regale* und die Hortensie *Hydrangea macrophylla*. Dies sind nur einige wenige der wichtigen Exoten, die eine zentrale Rolle in der Entwicklung der Englischen Gärten spielten. Die Ergebnisse können wir heute in den Gärten sehen, auch wenn sich der Strom fremder Pflanzen in einen Rinnsal verwandelt hat. Nach wie vor sind Pflanzensammler unterwegs und bringen gartenwürdiges Pflanzenmaterial mit nach Hause. Aber die Bestimmungen sind strenger geworden und es erreichen uns deutlich weniger neue Pflanzen als vor 100 Jahren.

Es ist kaum vorstellbar, wie Gartengestalter einen Japanischen Garten hätten anlegen sollen, ohne auf entsprechende Ahornarten *(Acer palmatum* und *A. japonicum)* und Azaleen zurückgreifen zu können. Ihre Größen und Farben sowie ihre Abbildung in der japanischen Kunst machten es möglich, so schöne Japanische Gärten anzulegen wie beispielsweise den in Tatton Park.

Weiterhin hätten sich die Waldgärten (siehe Seiten 175–185) nie so entwickeln können, wenn Magnolien, Kamelien, Rhododendren, Azaleen oder Lavendelheide nicht im 19. Jahrhundert an unserer Küste gelandet wären. *Magnolia stellata*, die 1878 aus Japan kam, oder *Rhododendron fortunei*, der 1843 aus China eingeführt wurde, stehen exemplarisch für viele andere Pflanzen. Auch immergrüne Koniferen wie der Mammutbaum *(Sequoiadendron giganteum)* und Lawsons Scheinzypresse *(Chamaecyparis lawsoniana)* aus Kalifornien sowie der Riesen-Lebensbaum *(Thuja plicata)* von der Westküste Nordamerikas, die alle 1853 eingeführt wurden, bereicherten unsere großen Gärten und tun es heute noch. Und schließlich brachten die großen Küchengärten des 19. und frühen 20. Jahrhunderts zahlreiche exotische Früchte und Gemüsesorten auf die Tabletts der Landhaus-Familien: Pfirsiche, Nektarinen, Desserttrauben, Ananas, Tomaten und selbst die Kartoffeln waren allesamt Importe, die Geschmack und Kultur in diesem Land bis auf den heutigen Tag beeinflusst haben.

ANDERE GÄRTEN MIT FREMDEN EINFLÜSSEN

Swiss Garden, Bedfordshire
Waddesdon Manor, Buckinghamshire
Henbury Hall, Cheshire
Lamorran House, Cornwall
Pine Lodge Garden, Cornwall
Holker Hall, Cumbria
Dartington Hall, Devon
Killerton, Devon
Abbotsbury Sub-Tropical Gardens, Dorset
Compton Acres, Dorset
Kingston Lacy, Dorset
Melplash Court, Dorset
Marks Hall, Essex
Batsford Arboretum, Gloucestershire
Belmont, Kent
Lullingstone Castle, Kent
The Exotic Garden, Norfolk
Thrigby Hall Wildlife Gardens, Norfolk
'Pure Land' Japanese Garden, Nottinghamshire

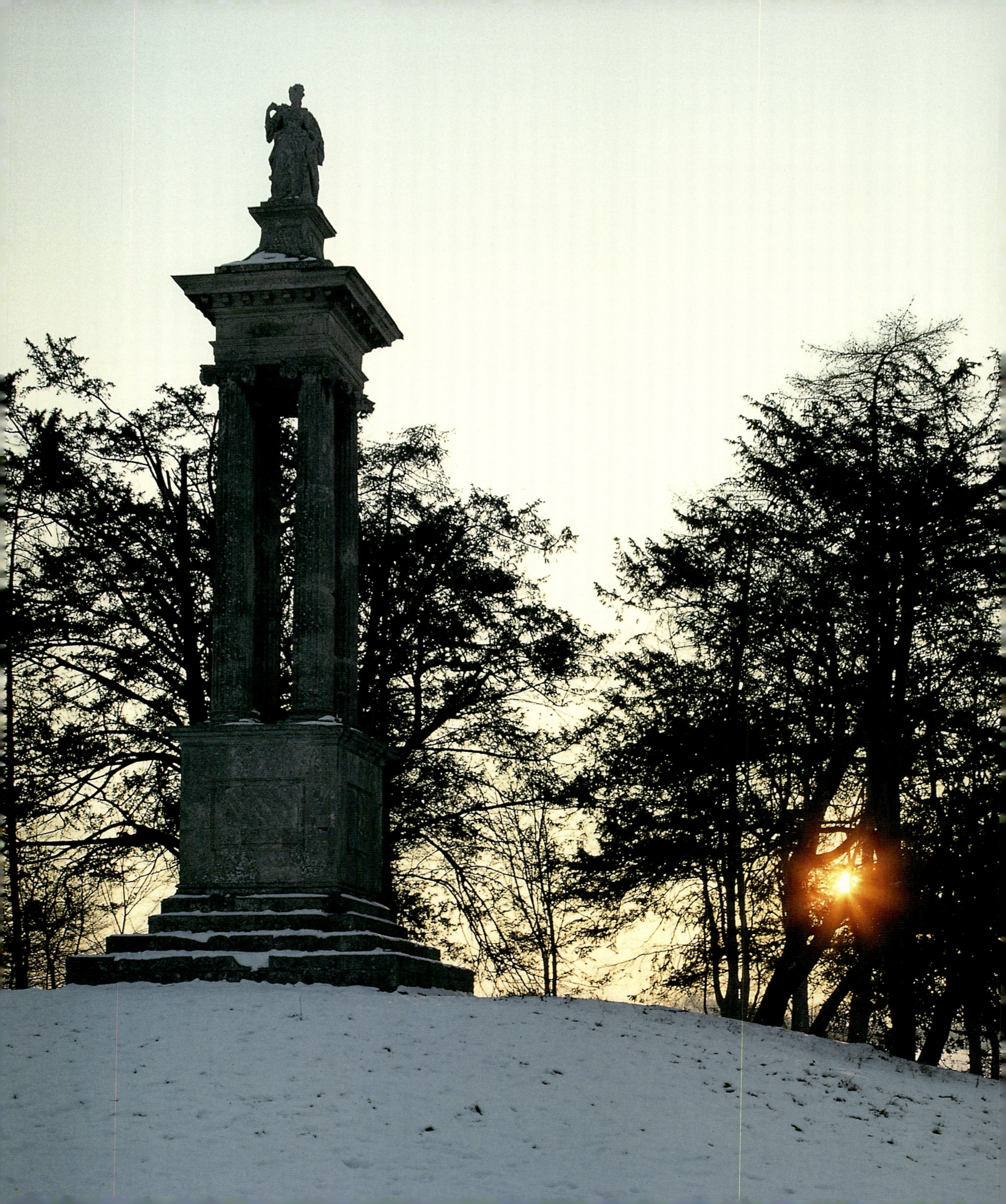

DAS ORNAMENT IM GARTEN

Kunstwerke sind schon immer ein wichtiger Bestandteil des Gartens gewesen. Sie stellen ein kraftvolles Werkzeug bei der Schaffung von Atmosphäre dar und sind überdies häufig ein Zeichen für Wohlergehen und Erfolg. Über die Jahrhunderte hinweg haben Gartenarchitekten Formgehölze, Statuen, Skulpturen, Gartengebäude, Staffagen, Springbrunnen und Vasen, selbst bescheidene Bänke benutzt, um eine bestimmte Stimmung zu erzeugen. Sie dienten als Blickfang oder sollten Zusammenhänge herstellen zu einem höheren Sinn, sie ergänzten die interessanten Aspekte des Gebäudes, der gebauten Elemente oder der Bepflanzung des Gartens. Abhängig von ihrem Standort können die Ornamente eine Einladung darstellen, den Garten zu erkunden oder auch private Räume zu meiden. Wo Zeit, Klugheit und künstlerisches Gefühl vorhanden sind, tragen Zierobjekte wirksam zur ästhetischen Qualität von Gärten bei.

Wichtig ist, dass die Objekte die Atmosphäre fördern, die der Gartengestalter schaffen will. Soll der Ort italienisch anmuten oder rustikal, traditionell, modern, spektakulär oder vor allem zur regionaltypischen Architektur des Hauses passen? Wie auch immer die Entscheidung ausfällt, die Zierelemente haben einen enormen Einfluss auf den Garten.

Ein anerkannter Grundsatz lautet, dass speziell große Gärten Rundwege haben sollten, um die Lust an einem Spaziergang zu wecken. Dabei bieten die oben genannten Elemente Gelegenheiten oder sogar Ausreden, um stehen zu bleiben und zu schauen. Sie werden dann, nicht sehr elegant, Blickpunkte genannt und können Überraschungen bieten beziehungsweise eine Ahnung von weiteren Überraschungen vermitteln.

Ein Blickfang wurde lange Zeit als dezenter Hinweis eingesetzt, das Tempo eines Gartenbesuchs so zu verlangsamen, dass der Garten tatsächlich genossen werden konnte. Den natürlichsten Blickfang stellt die Landschaft hinter dem Garten dar, aber natürlich nur dann, wenn sie es wert ist. Dabei erhöht sich die Wirkung, wenn die Landschaft wie ein Bild eingerahmt wird, etwa von Bäumen und Sträuchern, massiven Torpfosten, runden Löchern in Mauern oder Lücken in der Grenzhecke. Im 18. Jahrhundert waren vertikale Monumente wie etwa Obelisken sehr populär. Sie wirkten als Blickfang aus der Ferne und mehrten zudem die Würde des Gartenbesitzers. Ein Blickfang wurde in zahlreichen Formen eingesetzt. Der Blick verengt sich auf das betreffende Objekt, im 17. und 18. Jahrhundert etwa häufig große Vasen auf einem Sockel oder auch nur eine Bank vor einer Hecke. Alles war erlaubt, was das Auge lenkte und

GEGENÜBER Die Statue von Königin Caroline in Stowe Landscape Gardens in Buckinghamshire ist ein eindrucksvoller Blickfang und nebenbei auch ein überaus elegantes Beispiel, wie man sich bei Seiner Majestät, George III., einschmeicheln kann, dessen Frau Caroline war. An anderer Stelle steht in Stowe eine Statue mit dem König.

UNTEN »Was ist das für ein Leben, voller Sorge/Wir haben keine Zeit zum Sehen und Schauen?« Eine Kunstharzskulptur von Giles Penney in einem Garten in Sussex.

Das vor Kurzem restaurierte, so genannte Mausoleum bildet einen Blickfang im Landschaftsgarten Hestercombe in Somerset. In den 1750er Jahren legte Coplestone Warre Bampfylde diesen Garten an.

daran hinderte, weiter zu wandern. Eine interessante Spielart ist in Bramham Park zu finden. Dort zieht die so genannte «Four Faces Urn» (Vase mit vier Gesichtern) auf einem Sockel den Blick Richtung See auf sich, bis der Besucher näher kommt und feststellt, dass sich der Weg den Hang hinunter bis zu einem Aha fortsetzt, das bis dahin nicht zu sehen war (siehe Seite 129). Aber auch eine Kirche an der anderen Talseite, wie in The Garden House im Buckland Monachorum oder nur ein reizvoller, ausgewachsener Baum im Nachbargarten können den Blick auf sich ziehen. Im Garten von East Ruston Old Vicarage wird eine Aussicht erst zu einer solchen durch den Leuchtturm von Happisburgh in der Ferne, eine andere scheint erst lohnenswert durch die Kirche in Happisburgh. Diese Ausblicke ergeben sich unerwartet, sie fördern ein kribbelndes Interesse – auch wenn ich hier zugeben muss, das Geheimnis gelüftet zu haben!

Zu verschiedenen Zeiten in der Gartengeschichte Englands, besonders im frühen 18. Jahrhundert, wurden Ornamente eingesetzt, um eine Geschichte zu erzählen. Am umfangreichsten wurde dieses Mittel in Stowe angewendet. Immerhin besitzt dieser Garten doppelt so viele Gebäude wie jeder andere Garten in England und alle sind mit einer gezielten Absicht errichtet worden. Zu den Bauwerken gehören der Venustempel, der Gotische Tempel, der Dorische und der Korinthische Rundbogen sowie die von der Palladio-Architektur inspirierte Brücke. Dann finden wir dort den »Tempel of Ancient Virtue« auf einer Anhöhe, von der man die Elysischen Felder von William Kent überblicken kann. In dem auf Säulen ruhenden Kuppelbau stehen Statuen von Persönlichkeiten aus der Antike, die den gebildeten Herren des 18. Jahrhunderts sehr viel bedeuteten. Bis zu seinem Abbruch in den 1770er Jahren stand ein als Ruine gebauter »Tempel of Modern Virtue« ganz in der Nähe. Wie sich die gehobene Klasse doch darüber amüsiert haben muss! Für die Besitzer hatten die Tempel, versehen mit dem Familienmotto »Templa quam dilecta« (Wie schön sind deine Tempel), eine teils launige, teils ernsthafte Bedeutung. Sie alle waren »Whigs« (damalige Gegenpartei zu den Tories) bis in die Fingerspitzen, aber die Partei verlor dann mit Sir Robert Walpole, dem Whig-Premierminister an Bedeutung. So nutzten die Landherren ihre Gärten, um auch politische Bemerkungen abzugeben, mit denen heutige Besucher freilich wenig anzufangen wissen. Es wundert jedenfalls nicht, dass der geschwungene »Temple of British Worthies« ausschließlich prominente Mitglieder der Whig-Partei präsentiert, wie etwa Alexander Pope oder berühmte historische Personen wie Elisabeth I., die von den Whigs verehrt wurde (siehe Seite 137).

Gartenornamente können Anhaltspunkte sein für Reflexion und Inspiration und führen zudem durch Symbolsprache zu tiefer liegenden Bedeutungsebenen. Dieser Aspekt wird in zeitgenössischen Anlagen wieder wichtiger. Deren Gartengestalter mühen sich wie die Intellektuellen des

Simpel, aber effektiv ist der geschnitzte Schriftzug von Janet Boulton, einem Schützling von Ian Hamilton Finlay. Die Worte stammen von dem griechischen Philosophen Epikur. Seine Ermahnung scheint mir nicht ganz unproblematisch zu sein, aber dennoch wirkt das Gartenornament anmutig und eigen.

I SING
FOR
THE
MUSES
AND
MYSELF

18. Jahrhunderts, mit Religion und Philosophie und nicht zuletzt mit den Zerwürfnissen einer von Krieg geplagten Welt. All diesem kann kaum in der puren Gestaltung des Gartens selbst adäquat Ausdruck verliehen werden. Der wohl in diesem Zusammenhang bedeutendste Vertreter war zweifellos der 2006 verstorbene schottische Schriftsteller und Land-Art-Künstler Ian Hamilton Finlay. Bedauerlicherweise sind die Englischen Gärten recht arm an seinen Kunstwerken. Sein Garten »Little Sparta« liegt in den Pentland Hills in Lanarkshire und passt damit geografisch nicht in dieses Buch. Aber wir können uns glücklich schätzen, dass er auch in Stockwood Park in Bedfordshire seine Handschrift hinterlassen hat. Der Garten liegt am Rand der Stadt Luton bei London und gehört nun dem Luton Borough Council. Von dem Anwesen aus dem 18. Jahrhundert überlebte nur ein Stallkomplex, der ummauerte Garten und die hausnahen Rasenflächen. Der faszinierende Teil des Parks liegt nahe des Ahas und nennt sich (in einer scherzhaften Anspielung auf die Landschaftsgärten des 18. Jahrhunderts) »The Improvement Garden«. In diesem veredelten Garten platzierte Finlay sechs Arbeiten, die auf den klassischen Landschaftsgarten anspielen. Spielerisch verteilte der Künstler zum Beispiel abgeflachte Steine als »Schafherde«. In der Nähe steht eine Ziegelmauer mit beschrifteten Steinplatten, die lateinische Wörter übersetzen und unter

OBEN In die geschwungene Ziegelmauer setzte Ian Hamilton Finlay gravierte Steinplatten. Eine nannte er »THE ERRATA OF OVID«, auf den anderen ist zu lesen: »For DAPHNE read LAUREL«; »For PHILOMENA read NIGTHINGALE«; »For CYANE read FOUNTAIN«; «For ECHO read ECHO«; »For ATYS read PINE«; »For NARCISSUS read NARCISSUS«; »For ADONIS read ANEMONE«.

GEGENÜBER Eine Tafel von Ian Hamilton Finlay, befestigt an einer Hängeesche im von Finlay so genannten »Improvement Garden« von Stockwood Park in Bedfordshire. Verschiedene Skulpturen stellen geistreiche Bezüge zur klassischen Landschaft des 18. Jahrhunderts her, etwa zu einer »Herde aus Schafen«, gestaltet aus grob behauenen Steinen, verteilt in der Nähe eines Ahas aus dem 18. Jahrhundert.

Eine Steinspirale von Ivan Hicks. Es ist ein wiederkehrendes Motiv von Hicks, das wir auch im »Enchanted Forest« (Verzauberter Wald) von Groombridge Place in Kent finden.

dem Titel »The Errata of Ovid« bekannt sind. An einer Hängeesche hängt eine den Musen gewidmete Steinplatte. Neben Säulensockeln liegt ein Kapitell halb vergraben, daneben wachsen zwei Birken aus dem Boden. Dieser Garten ist geheimnisvoll, amüsant und regt stets die Gedanken an.

Etwas sonderbarer, aber ebenfalls stets mit einem tieferen Sinn behaftet, sind die Arbeiten von Ivan Hicks. Hicks ist gelernter Baumschulgärtner und war der Obergärtner von Edward James im Garten von West Dean. Außerdem arbeitete er in den Gärten seines Arbeitgebers in Mexiko, Irland und Italien. Hicks ist ebenso wie Edward James durchdrungen von der Gedankenwelt des Surrealen. Ihm ist es zu verdanken, dass der Surrealismus wieder Eingang gefunden hat in den Englischen Garten. Bewiesen hat er dies etwa im »Garden in Mind« im Stanstead Park in Sussex, der aber leider einem Eibenlabyrinth weichen musste. Seine Gärten verhelfen zu einer verträumten Stimmung. Hicks ist angetan von der keltischen Druiden-Mythologie, und auch wenn sein »Garden in Mind« nicht mehr existiert, kann man seine Arbeit noch im 10 Hektar großen »Enchanted Forest« von Groombride Place in Kent bewundern. Dieses eher gewöhn-

Die Bären im Howdah Court von The Laskett in Herefordshire, gestaltet von Julia Trevelyan Oman. Sie gehörten ursprünglich zu einer Szene für die Orangerie von Warwick Castle. Die Bären stehen auf gut erhaltenen Industrieziegeln und Metallgittern.

liche Waldstück hat er zu einem wundersamen Ort (oder abenteuerlichen Spielplatz, je nach Sichtweise) für Kinder gemacht. Es kann durch einen aufgeständerten Weg, per Boot oder auf schlängelnden Wegen erreicht werden und beinhaltet unter anderem einen Mystischen Teich oder Schlangenverstecke. Inspiriert haben ihn Mythen von Schlangen und geheiligten Wassern, die auf dem Waldboden ausgerollte doppelte Spirale bereichert die Stimmung. Es gibt ein Tal mit mehr als einhundert ausgewachsenen Baumfarnen aus Australien, hier und da verteilt er »gefundene« Stücke aus der Natur, wie etwa große Baumwurzeln, oder spannt riesige Spinnennetze aus dünnen Zweigen zwischen die Bäume. Was Kinder (und auch Erwachsene) hinter diesen Ideen ergründen, sei dahingestellt, aber für alle ist der Besuch ein Erlebnis. Hicks' Kunst ist ein Trittbrett zur Flucht aus der Wirklichkeit, wie Harry Potter oder Bücher von J. R. R. Tolkien auch.

Im »Garden in Mind« kombinierte Hicks einen klassisch formalen Entwurf mit arglistigen Artefakten, so als befänden sich diese Elemente, bestehend aus geschnittenen Pflanzenskulpturen, im Krieg. In einem an-

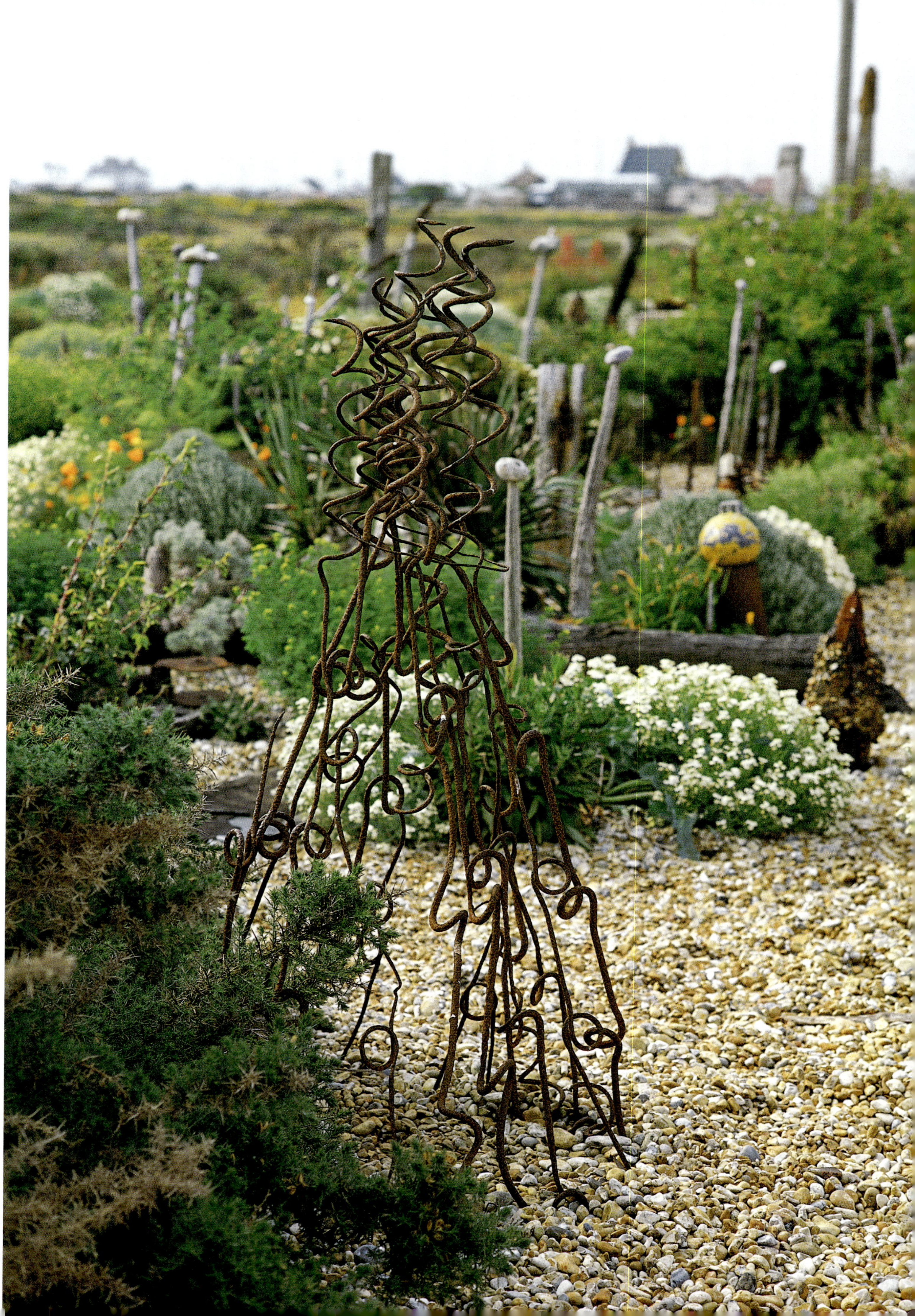

deren privaten Garten hat er ein »Pflanzengefängnis« errichtet, in dem »Verbrecher« wie etwa Tabakpflanzen und Schlafmohn eingesperrt sind. Vor Kurzem hat er in Escot Park in Devon einen Familienpark gestaltet, der Figuren aus Jurassic Park und mit der Wurzel nach oben gestellte Bäume beinhaltet. Immer wenn er sich über seine Gärten äußert, widmet er sich der Atmosphäre in Gärten, erklärt sein Interesse daran, in und mit den Gärten Geschichten zu erzählen, mit Überraschungen die Fantasie anzuregen und Spaß zu bereiten. Das würde ich allerdings fast schon als Untertreibung bezeichnen.[1]

Das Hervorrufen von Erwartungen können wir auch in The Laskett in Herefordshire feststellen. Auch hier hat die kunstvolle Verzierung eine theatralische Absicht. Der Steinhirsch im Obstgarten beispielsweise hat goldene Geweihspitzen, ein Gedenkstein für eine geliebte Katze ist mit einer Kugel aus Blattgold geschmückt. Der Besitzer Roy Strong hat verschiedentlich über die Vorzüge von Blattgold in der Gartengestaltung geschrieben. Viktorianische Heizradiatoren, Grillroste und Wendeltreppen sind so gestrichen im Gartenbereich namens Howdah Court, der in den späten 1990er Jahren entstand. Strong schreibt: »Farbe im Garten wurde

OBEN Wie Ivan Hicks war auch Derek Jarman von der Kraft des Mystischen erfüllt. Die Platzierung der Objekte geschah keinesfalls zufällig. »Ich gebe meinen Steinen hier die Kraft derer von Avebury ...«[2] (Avebury: Steinkreis und UNESCO Weltkulturerbe in der Grafschaft Wiltshire).

GEGENÜBER Ein Garten voller schwingender Elemente in einer ganz und gar unwirtlichen Gegend. Dies ist der Garten des 1994 verstorbenen Regisseurs Derek Jarman, den er an seiner Kate »Prospect Cottage« anlegte, gleich neben dem gigantischen Kernkraftwerk Dungeness Power Station in Kent. Der Garten besteht vorwiegend aus Kies, salztoleranten Pflanzen wie beispielsweise dem Meerkohl *(Crambe maritima)* und Treibgut, das Jarman am Strand gesammelt hat und daraus Kunstobjekte formte. »Der Garten ist ein Revier voller Schätze, die Pflanzen die Schnitzeljagd.«[3]

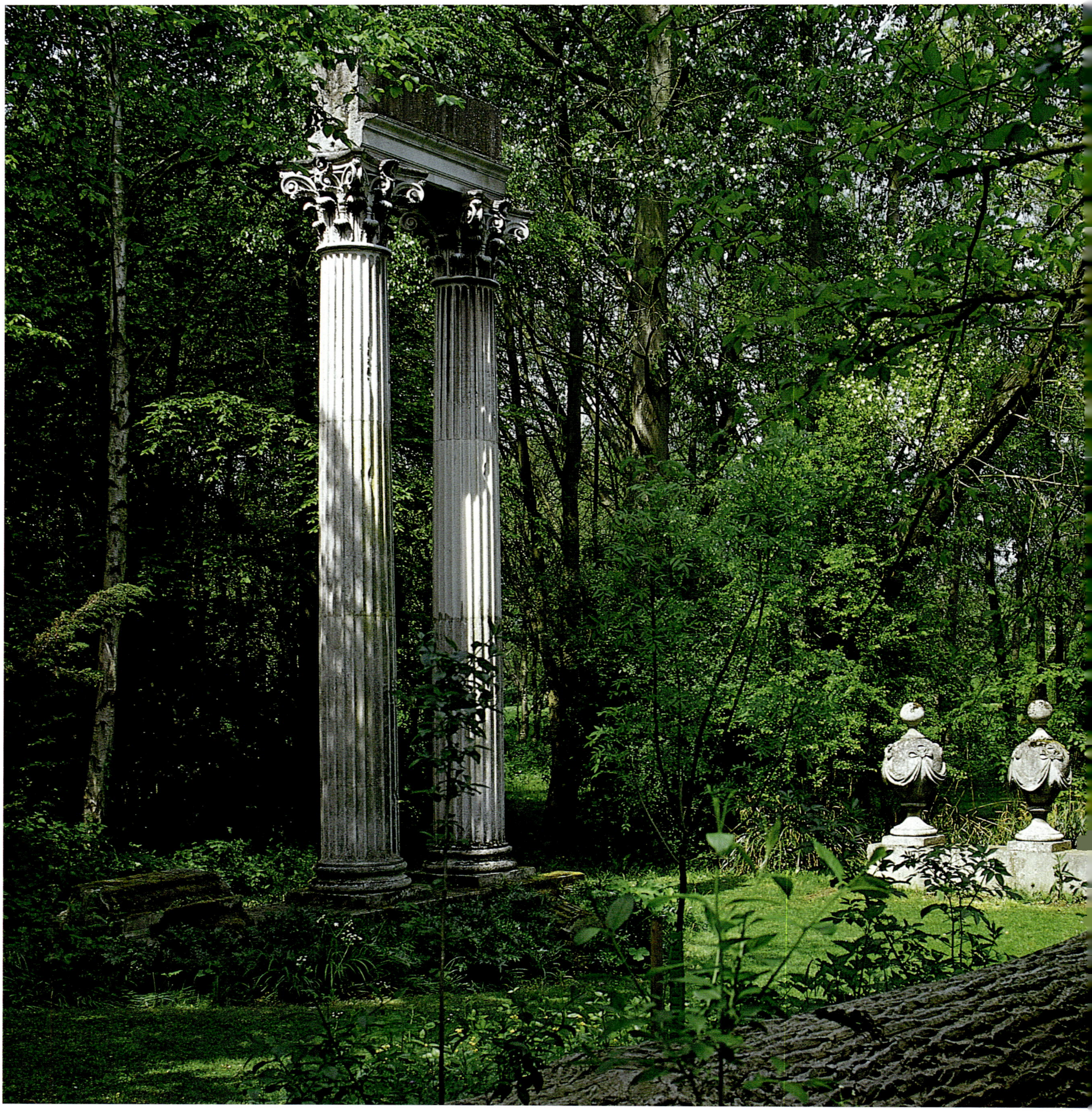

Das ist der Gibberd Garden in Essex, eine Schöpfung des 1984 verstorbenen Sir Frederick Gibberd, Architekt des Flughafens Heathrow und von Harlow New Town. In diesem modernistischen Garten bieten sich reizvolle Plätze für Skulpturen und gefundene Gegenstände. Die Säulen und Vasen sicherte sich Gibberd, als er die Straße The Strand in London umgestaltete. In diesem Garten gibt es außerdem Skulpturen von Gerda Rubinstein und Robert Clatworthy.

in den 1990er Jahren immer beliebter und damit meine ich nicht die Farbe der Pflanzen, sondern von später gestrichenen Artefakten.«[4] Er gibt zu, dass er in gewisser Weise auch von Ivan Hicks' Arbeit in Groombridge Place und von Derek Jarmans Garten Prospect Cottage beeinflusst wurde. Das Ergebnis ist jedenfalls einzigartig.

In ganz anderer Weise stellt sich der Garten des früh verstorbenen Regisseurs Derek Jarman dar. An seinem Häuschen Prospect Cottage in Kent füllte er ab 1987 seinen Garten mit Ziergegenständen und schuf damit aber mitnichten eine behagliche Atmosphäre. Wir können das nachvollziehen, denn er war bereits schwerkrank, als er mit der Arbeit begann. Er legte den Garten in einer vollkommen unwirtlichen Umgebung an. Sein von Sonne und salzigen Winden geplagter Garten an seinem Holzhäuschen liegt vor der zweifellos furchteinflößenden Kulisse des Kernkraftwerks von Dungeness. Jarman hatte keine gärtnerische Erfahrung, als er begann. Er stellte aber bald fest, dass neben den Wildpflanzen auch einige Gartenpflanzen überlebten – wie etwa Meerkohl *(Crambe maritima)*, Klatschmohn *(Papaver rhoeas)*, Strohblume *(Helichrysum)*, Heiligenkraut *(Santolina)* und Zistrose *(Cistus)*. In die Fläche aus Kies und Pflanzen setzte er *objets trouvés*, meist Treibgut aus Holz und Metall. Diese platzierte Jarman sehr sorgsam, wie auch Steine, die er in Kreise und abstrakte Muster legte und, wenn sie vertikal nach oben zeigten, als »Drachenzähne« bezeichnete. Wie Hicks hatte es ihm das Mystische angetan: Die Steinkreise hatten eine symbolische Bedeutung.

Auch wenn hier zahlreiche Blumen blühen, lässt sich der Ort nicht als konventioneller Garten bezeichnen. »Es gibt keine Mauern und Zäune. Die Grenze meines Gartens ist der Ho-

LINKS Der Garten der Künstlerin Janet Boulton in Oxfordshire. Auf diesem Bild ist auch der geschnitzte Schriftzug zu sehen, den Seite 241 in Großaufnahme zeigt. Links sehen wir das Stillleben mit dem Titel *Hommage de Juan Gris*, ein für die meisten Gärten wohl ungewöhnliches Element. Hier passt es hinein, denn dieser Garten birgt diverse Anspielungen auf bewunderte Künstlerpersönlichkeiten des 20. Jahrhunderts.

GEGENÜBER Diese Tür führt nirgendwohin, aber halb verborgen verbreitet sie eine geheimnisvolle Atmosphäre und schürt Erwartungen. Die Schaffung solcher Stimmungen ist sehr willkommen in kleinen Gärten, wie diesem in Ludlow, Shropshire. Angelegt hat ihn Mirabel Osler.

rizont.«[5] Die Tatsache, dass Jarman ihn unter der Gewissheit des nahen Todes anlegte, hat den Garten durchdrungen von einer Botschaft. Der Garten wird dem Schicksal zum Trotz angelegt. Ein ungewöhnliches, aber nicht unbekanntes Motiv für den Garten. Anspielungen an die Sterblichkeit haben Gartenarchitekten immer wieder gemacht.

Sir Frederick Gibberd war ebenfalls bekannt dafür, woanders geborgene Objekte im Garten in Szene zu setzen. Sein 3 Hektar großer Garten in Essex ist dank der Frederick-Gibberd-Stiftung der Öffentlichkeit zugänglich. Gibbert ließ beispielsweise im Zuge der Neugestaltung einer Straße in London klassische Säulen des Gebäudes der Coutts Bank, welches er umbaute, in eine Waldlichtung seines Gartens transportieren. An die 80 Skulpturen, zudem noch Keramiktöpfe und Architekturfragmente, Staffagebauten und Springbrunnen finden sich in dem Garten. An einer Stelle hob er einen Graben aus, schichtete aus dem Erdreich einen Hügel, auf dem er eine Burg aus Ulmenholz baute, die wiederum nur über eine Zugbrücke zu erreichen war. Ein wunderbarer Spielort für seine Enkel.

Objekte und Kunstwerke in Englischen Gärten sind aus verschiedensten Materialien gebaut, die den Beobachter selbstverständlich zu unterschiedlichen Reaktionen auffordern. Galvanisierte Pflanztröge beispielsweise vermitteln Modernität und Urbanität, während dickbauchige griechische Steinvasen an Tradition, Dauerhaftigkeit, Grundbesitz denken lassen. Unter den Gefäßmaterialien ist Terrakotta wohl das vielseitigste und in allen Vermögensklassen zu finden. So ist der traditionelle Rha-

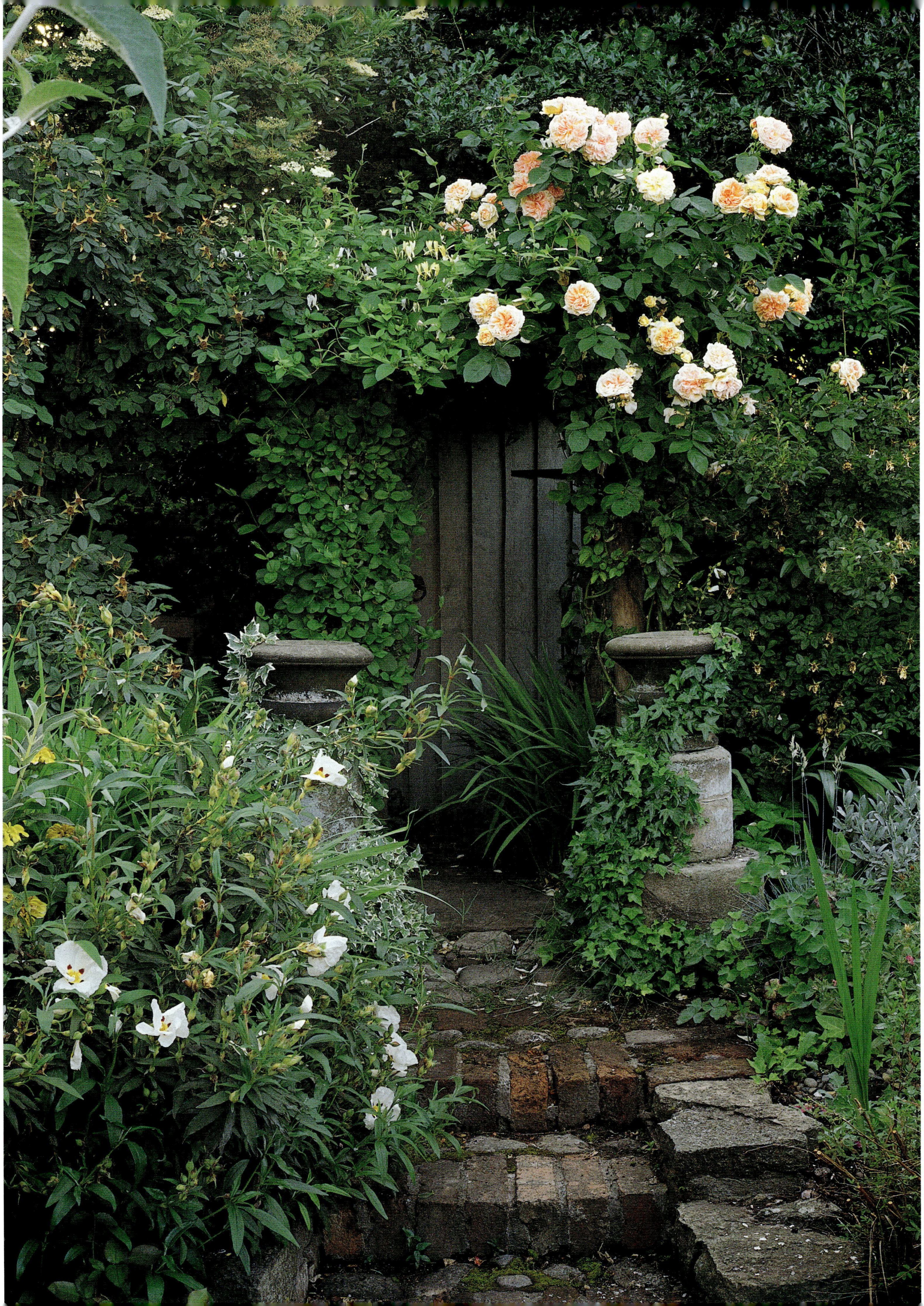

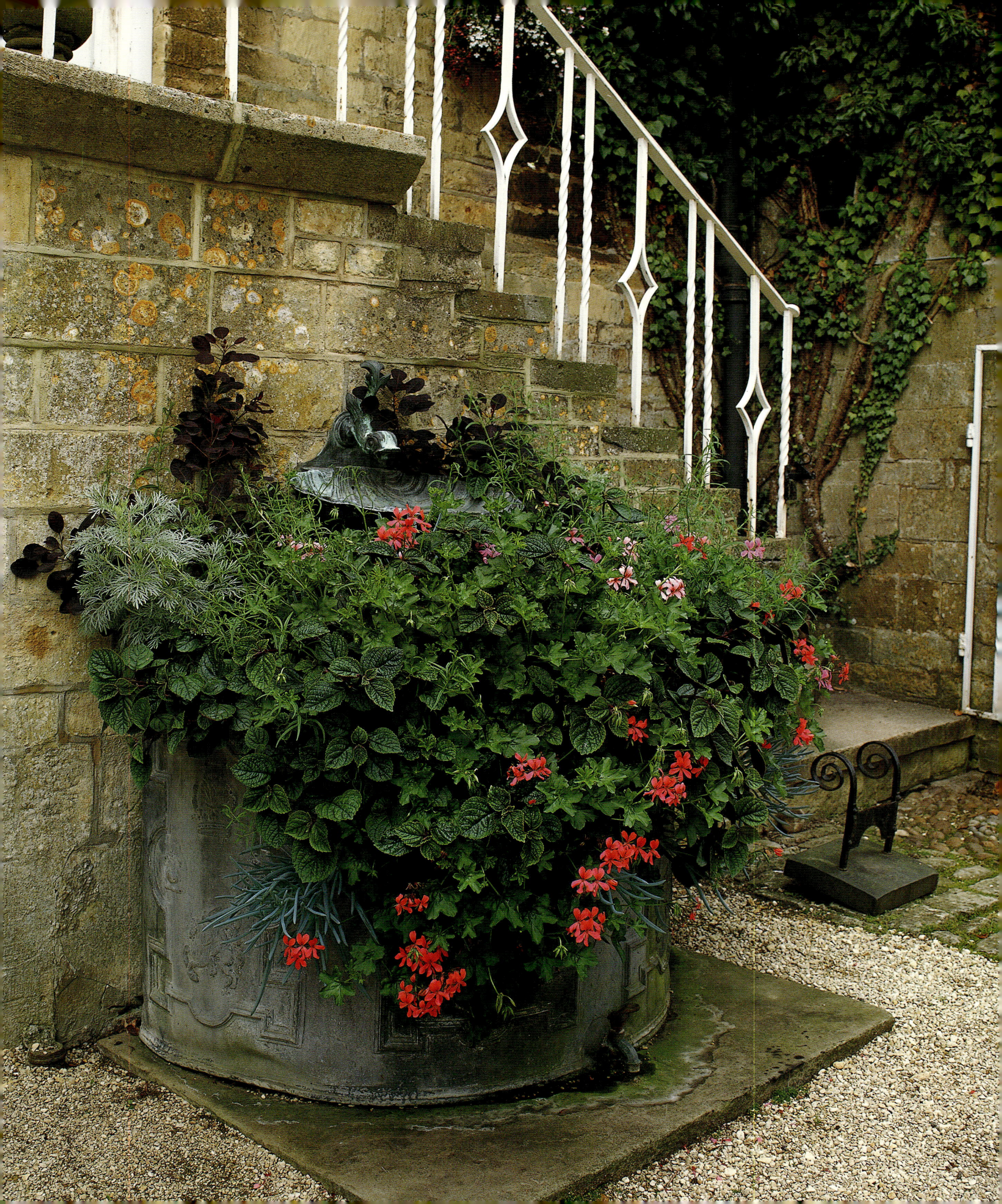

barbertopf schlicht und praktisch, der mit Girlanden verzierte ein Kunstwerk in sich.

Schon allein das Arrangement weniger, einfacher Töpfe kann zu einem charmanten, einzigartigen Gartenbild führen – wie etwa im Garten von Bourton House in Gloucestershire.

In Bourton House schätzt man sich glücklich, auch Bleizisternen zu haben, die gegen eine Wand gestellt und bepflanzt einen Eindruck von Zeitlosigkeit hinterlassen. Immerhin gehörten diese runden Töpfe zu weit verbreiteten Gebrauchsgegenständen des 17. und 18. Jahrhunderts.

Natürlich spielt die Gefäßgröße eine wichtige Rolle. So brauchen große Töpfe in kleinen Gärten auf jeden Fall eine üppige Bepflanzung (siehe beispielsweise Seite 371). Kleine Töpfe

GEGENÜBER Eine Bleizisterne kann mehr sein als nur ein Gefäß für Pflanzen. Sie stellt auch nur für sich genommen ein interessantes und dekoratives Zierstück dar. Dieser Brunnentrog steht im Garten von Bourton House in Gloucestershire.

UNTEN Dies ist ein wohlüberlegtes Durcheinander von Töpfen, arrangiert vom Gartengestalter Andy Rees. Es beweist, dass alltägliches Material verständige Hände braucht, um zu eindrucksvollem Gartenschmuck zu werden. Diese Szene wurde in Rees' kleinem Garten in Buckinghamshire aufgenommen.

RECHTS Die »White Wall« aus Carrara-Marmor von Ben Nicholson im Garten von Sutton Place in Surrey. Sie scheint im Wasser zu treiben und die im Original konkaven Kreise erscheinen in der Reflexion konvex. Möglicherweise wäre die Wirkung noch stärker, wenn die Reflexion nicht von Wasserpflanzen überspielt würde.

FOLGENDE SEITEN Zierlemente können auf Charakterzüge der Besitzer hinweisen. Dieser liegende Löwe im Garten von Gresgarth Hall in Lancashire hat durchaus etwas Humorvolles.

können aus der Distanz den Raum scheinbar vergrößern. Generell taugen Gefäße als Werkzeuge, um die Perspektive zu beeinflussen, ja gar zu verfälschen.

In den Garten von Sutton Place in Surrey setzte Sir Geoffrey Jellicoe mehrere große, antike Vasen, die er auf der berühmten Mentmore-Auktion erstanden hatte. Im so genannten Magritte-Garten stehen sie auf Säulenplatten, nahe eines schmalen Pfads, der in Richtung einer anscheinend torlosen Mauer mit immer kleineren Steinen gepflastert ist. Diese verwirrende Perspektive ist eine ernstgemeinte Hommage an den Surrealisten René Magritte und erklärt den Namen dieses Gartenteils.

Ornamente können den Garten humorvoll bereichern, wenngleich die Schwelle zur Einfältigkeit leicht überschritten wird. In vielen Gärten ist die humorvolle Absicht gelungen, besonders wenn die Gartenbesitzer Familien mit Kindern begeistern können. Ein Beispiel, wo die Idee des Gartens dadurch keineswegs geschwächt wird, ist der Garten von Groombridge Place. Dazu tragen das riesige Schachspiel, das Golden-Key-Labyrinth sowie der »Verzauberte Garten« von Ivan Hicks bei. Ein weiterer, mit großformatigen Kinderspielen bestückter Garten – Schlange und Leiter, Dame und Schach – ist im ummauerten Garten von Burton Agnes Hall in Yorkshire untergebracht.

Eine lange Zeit setzte man geschnittene Pflanzenfiguren ein, um eine beschwingte Atmosphäre zu schaffen, in der bisweilen auch liebenswert ironische Anspielungen nicht fehlen durften. In Kapitel 1 habe ich zu Formgehölzen in der Grundstruktur von Gärten Stellung genommen. Mir ist aber ebenfalls der Hinweis auf die altmodische, unschuldige

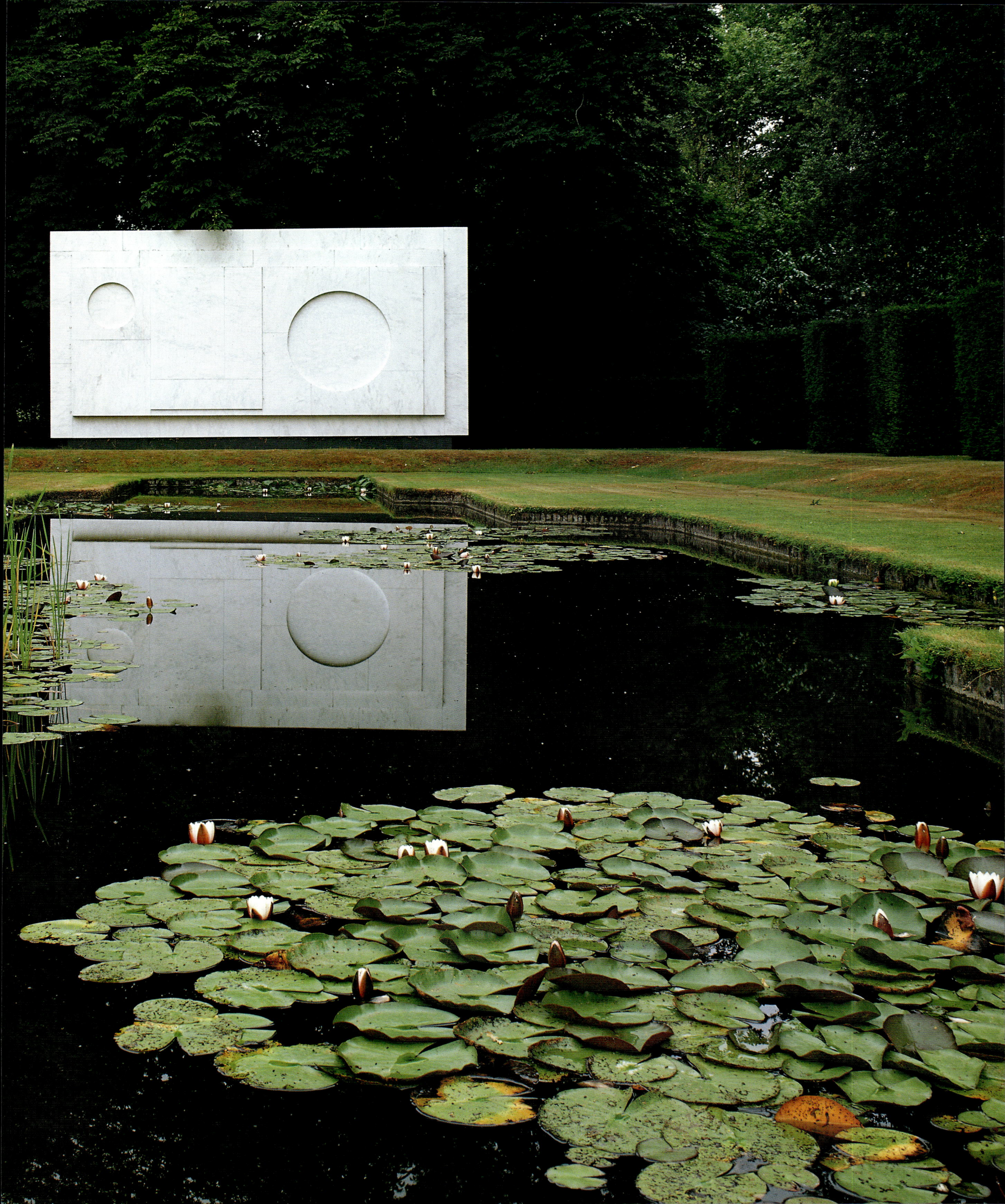

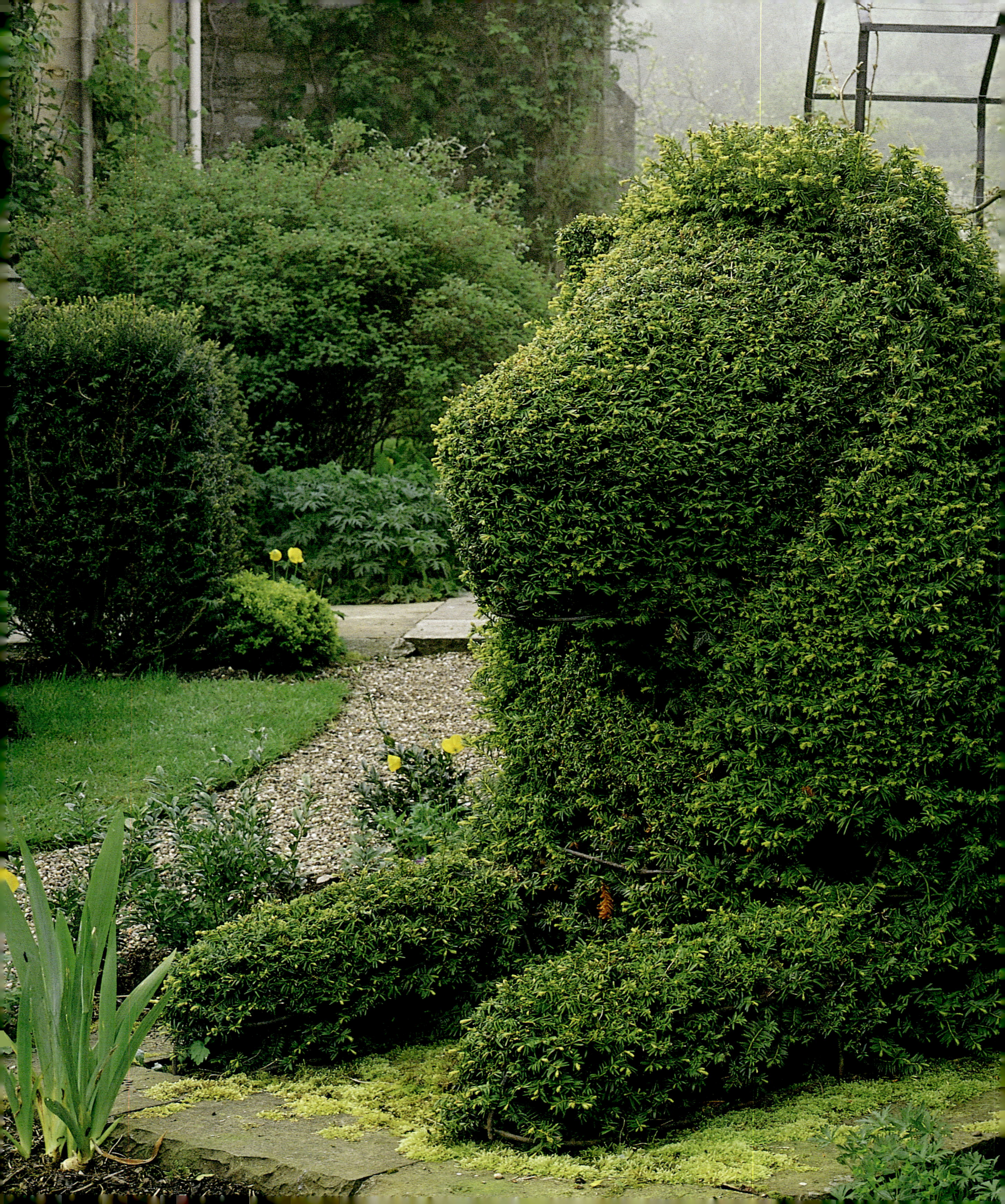

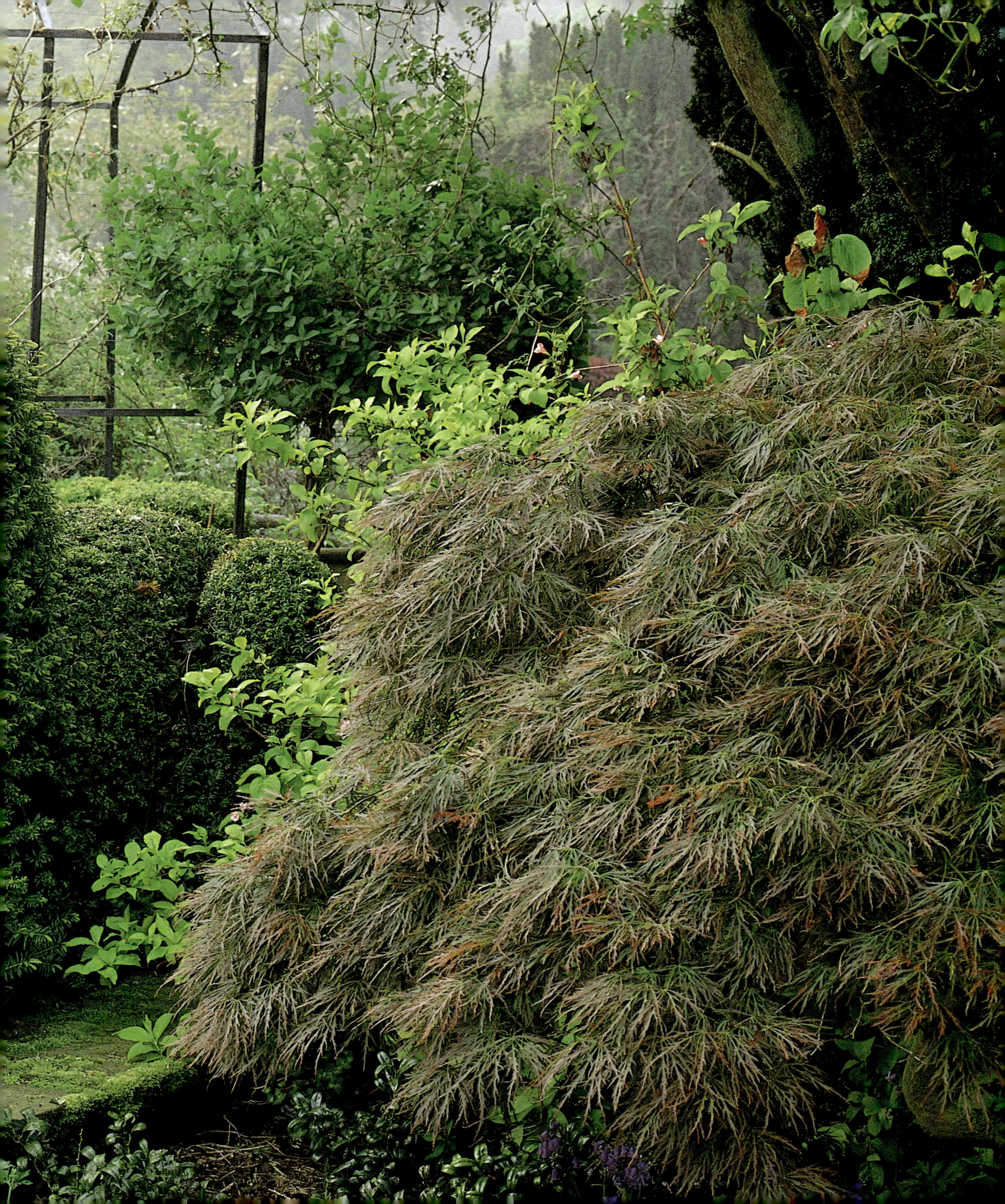

Der Garten von Andrew Lawson in Oxfordshire. Dort erwachte ein abgestorbener Kirschbaum durch einen Farbanstrich zu neuem Leben. Beachten Sie auch die durchdacht gesetzten Terrakottatöpfe sowie den niedrigen Heckenrahmen des quadratischen Wasserbeckens. Das Ende des Gartens wird durch einen sich verjüngenden Weg unrealistisch wahrgenommen. Eine Reihe von Skulpturen im Garten hat Lawsons Frau Briony gefertigt.

Ausstrahlung wichtig, die Pflanzenfiguren haben können. Der liegende Löwe im Garten Gresgarth Hall von Arabella Lennox-Boyd ist ein Beispiel dafür, der »Bedroom Garden« in Chatsworth mit dem Himmelbett aus Efeu und einem Kosmetiktisch aus Liguster ein zweites, die mit Efeu bekleideten Figuren der »Königinwitwe, Katherine Parr und Lady Jane Grey auf ihrem Weg zur Kirche« im Garten von Suddeley Castle in Gloucestershire ein drittes.

Zierstücke im Garten müssen nicht kompliziert gefertigt und kostspielig sein (obwohl sie es häufig sind). Schon eine auffällige Farbe auf Holz und Metall kann genügen. In seinem Garten in Oxfordshire lackierte Andrew Lawson einen abgestorbenen Kirschbaum in einem wunderbaren Lapislazuliblau und machte so ein Kunstwerk daraus. Dies war gleichsam sein Beitrag zu den Skulpturen seiner Frau Briony im Garten. Leider musste der Baum schon vier Jahre darauf wegen starken Pilzbefalls gefällt werden. Er wurde ersetzt durch einen *Malus transitoria*. So ist das Leben.

Trompe-l'Œil ist eine Bezeichnung für eine Maltechnik, die optische Täuschungen ausnutzt. So wirken Bilder dreidimensional, obwohl sie nur zwei Dimensionen haben. Diese Effekte können besonders in kleinen Gärten nützlich sein, wo dreidimensionale Objekte

259 DAS ORNAMENT IM GARTEN

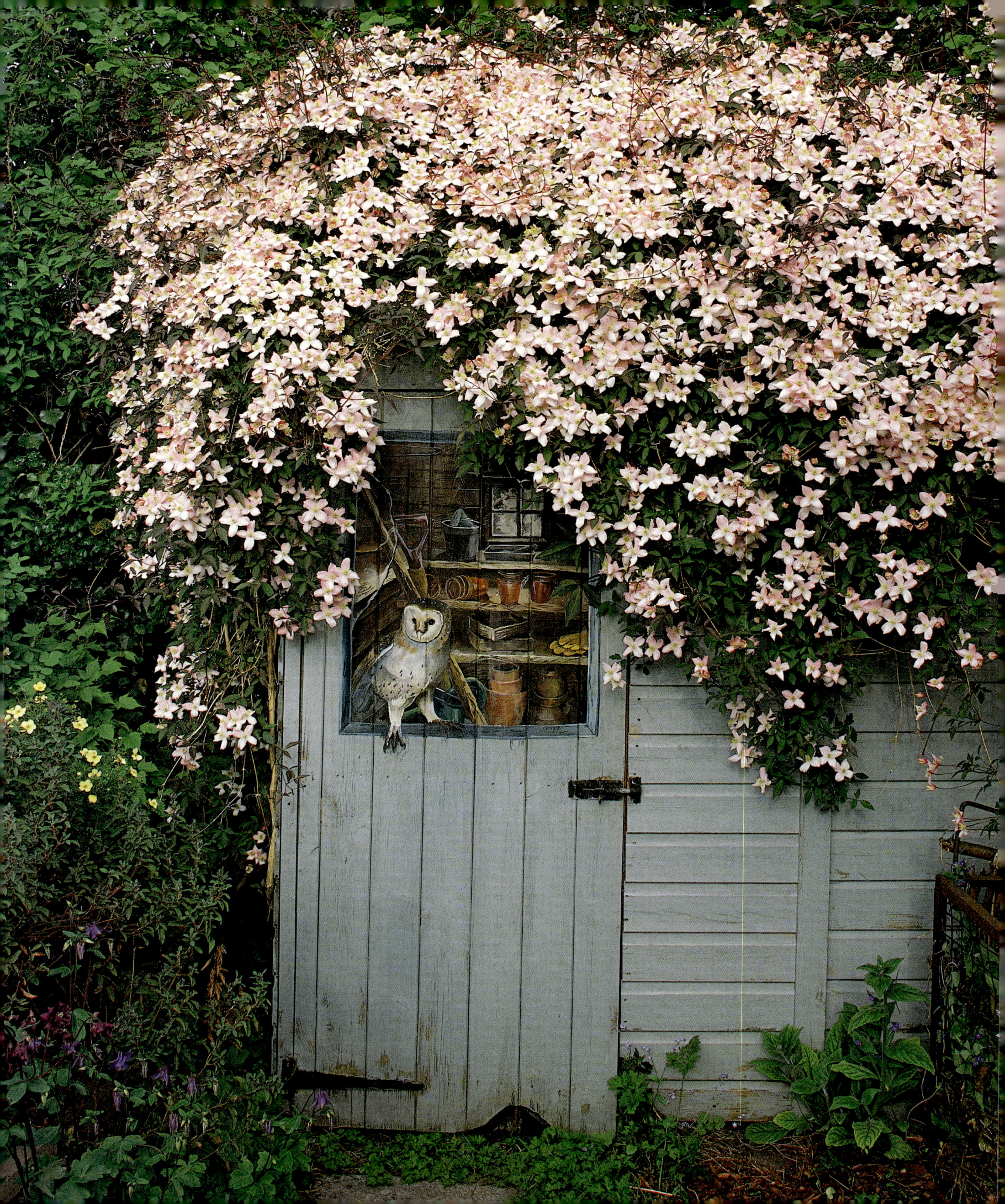

schnell überdimensioniert geraten können. Es kann natürlich auch einfach nur Spaß machen. So werden Spiegel in Gärten aufgestellt, besonders in kleinen, um ein völlig anderes Raumgefühl zu vermitteln.

Gartenbesitzer hatten häufig das Gefühl, sie müssten wie in ihren Häusern auch die Gärten mit schönen Objekten verzieren. So wie sie Handwerker und Künstler mit Aufträgen für das Innenleben des Hauses fördern wollten, taten sie dies auch im Gartenbereich. Gelegentlich wurde sogar der Entwurf des Gartens auf spezielle Standorte für Skulpturen hin konzipiert. Frederick Gibberd erinnerte sich, wie seine Frau eine Skulptur erwarb: »Sie kauft großartige Arbeiten von jungen Bildhauern und uns macht es große Freude, die würdigen Standorte zu finden. Würdig der Kunst und richtig für den Garten. Manchmal fehlt eine solche Stelle und ich muss erst einen Garten dafür schaffen.«[6]

In vielen geöffneten Gärten sind die Auswahl und Platzierung von Objekten meist gelungen, und sie bieten den Besuchern einen zusätzlichen Reiz.

Ein Beispiel für eine überaus feinfühlige Auswahl moderner Skulpturen

OBEN Zählen Sie die Töpfe. Es sind tatsächlich nur vier, denn Mirabel Osler nutzt einen beliebten Gärtnertrick und täuscht den ahnungslosen Besucher mit einem Spiegel.

GEGENÜBER Ein *Trompe-l'Œil* von Jessie Jones täuscht hier Fotorealismus vor, allerdings die *Clematis montana* ist echt. Diese Szene wurde im Garten der Gartengestalterin und Schriftstellerin Mirabel Osler in Ludlow, Shropshire aufgenommen.

FOLGENDE SEITEN
LINKS OBEN Roche Court in Wiltshire ist weniger ein Garten als vielmehr eine Skulpturenausstellung in einer zauberhaften Parklandschaft. Diese Skulptur heißt *Back Flip* und stammt von Allen Jones.

LINKS UNTEN Eine dezent verzierte Rundbank von Alison Crowther, auch in Roche Court.

RECHTS OBEN Elisabeth Frinks monumentale, aber dennoch freundlich aussehende Skulptur des bronzenen *War Horse* am Ende des Kanalbeckens von Chatsworth in Derbyshire. Das Pferd wurde 1992 aufgestellt.

RECHTS UNTEN Im Waldbereich von Stone Lane Gardens in Devon winken einem Weidenfiguren von Lynn Kirkham zu. Getrocknete Weide verfault schnell, doch ist sie billig, leicht und biegsam und daher sehr beliebt.

DAS ORNAMENT IM GARTEN

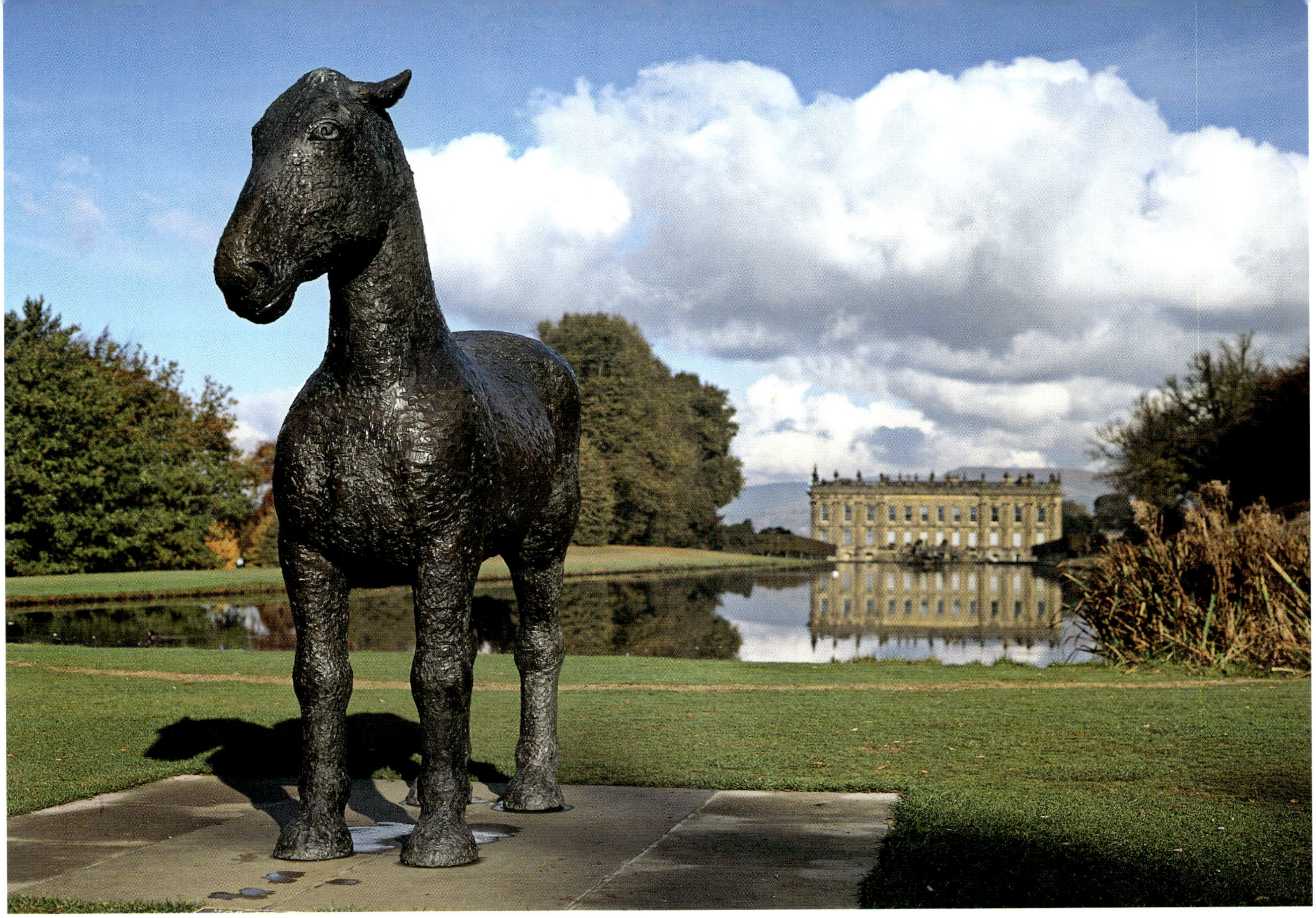

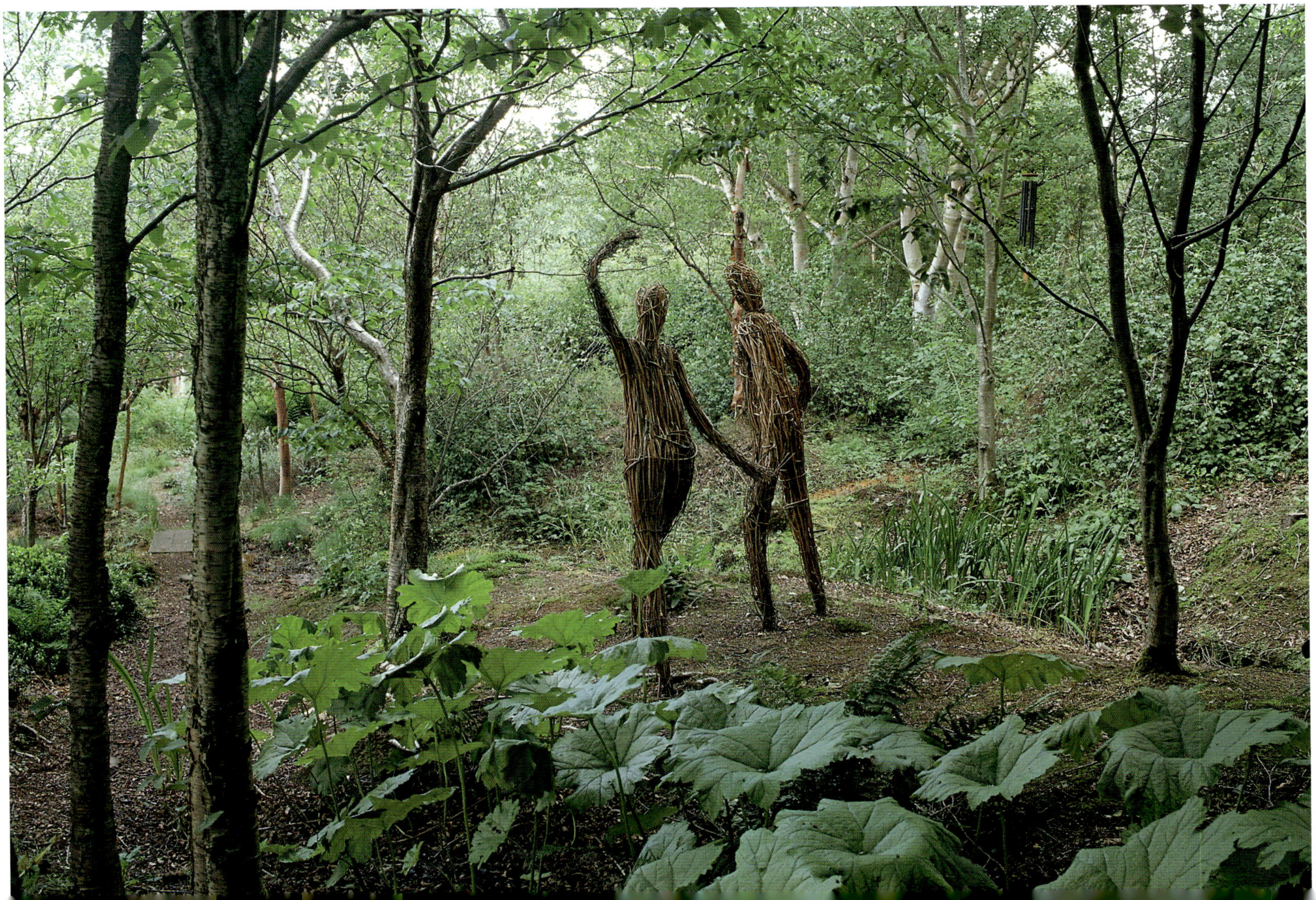

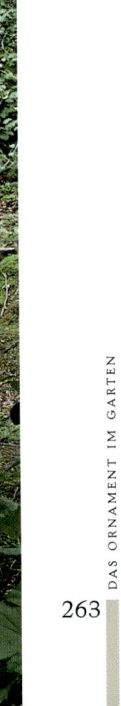

GEGENÜBER *Three Fruit* von Peter Randall Page im Park von The Manor House in Buckinghamshire. Pages Skulpturen sind in einigen öffentlichen Gärten zu sehen, so etwa der *Jupiter Stone* im Garten von Antony, Cornwall, *Jacob's Pillow* in Dartington Hall, Devon und *Inner Compulsion* bei der Millennium Seed Bank in Wakehurst Place, Sussex.

UNTEN Für seinen Garten in Highgrove nutzte Prinz Charles die Hilfe von Fachleuten wie Rosemary Verey, Sir Roy Strong, der Marchioness von Salisbury und Miriam Rothschild. Die sich verändernde Waldszene von Julian und Isabel Bannerman stellt eine moderne Form der Viktorianischen Stumpflandschaft dar, in der Baumstümpfe umpflanzt werden mit Farn, Funkien und Fingerhut.

FOLGENDE SEITEN
LINKS Die Skulpturen im 2000 Quadratmeter großen Barbara Hepworth Museum and Sculpture Garden in St. Ives, Cornwall bilden einen wesentlichen Teil des Gartens, aber ebenso wichtig sind die Pflanzen und die Landschaft. Der Garten war bis zum Tod der Künstlerin Teil des Ateliers und nirgendwo sonst sind ihre Intentionen klarer zu erkennen als hier. Obgleich es sich um abstrakte Skulpturen handelt, ist die Verwandtschaft mit natürlichen Formen unverkennbar.

RECHTS Ihre Skulpturen sind aus Bronze, Stein und Holz. Barbara Hepworth lebte hier von 1949 bis zu ihrem Tod 1975. Der Garten mit seiner subtropischen Bepflanzung aus Calla und Palmen sowie Säulenzierkirschen und Rosen wurde nach ihrem Tod zur Ausstellungsfläche für ihre Arbeiten. Seit 1980 wird der Park von Tate Britain verwaltet.

liefert der Garten von Antony in Cornwall und zwar sowohl für den formalen Garten als auch für den wilderen Teil. Zu den Ornamenten gehört auch der konische Brunnen von William Pye, der die Kegelform einer großen Eibe aufnimmt, die über die Hecke hinausragt. Dann sind zwei Arbeiten von Peter Randall Page und zwei Wasserelemente von William Pye im Garten von The Manor House in Buckinghamshire zu nennen. Peter Randall Pages Arbeit ziert auch Dartington Hall in Devon, wo außerdem eine Skulptur von Henry Moore mit dem Namen *Memorial Figure* (1946) steht. Die Formen und Linien dieser liegenden Frauenskulptur sollen die bewegte Hügellandschaft von Devon nachzeichnen.

Der vielleicht berühmteste und sicherlich erfolgreichste »Skulpturengarten« ist der Barbara Hepworth Museum and Sculpture Garden in Cornwall. Die Künstlerin lebte hier 25 Jahre lang. Sie hatte ein Atelier, von dem sie den etwa 2.000 Quadratmeter großen Garten übersehen konnte, und er war durch hohe Mauern von der lauten und geschäftigen Straße von St. Ives getrennt. Ihre abstrakten Skulpturen schmücken den Garten und werden gleichsam geschmückt durch die exotische, dschungelartige Bepflanzung. Sich schlängelnde schmale Pfade durchziehen das geneigte Hanggrundstück. Wie Henry Moore wollte auch Barbara Hepworth den

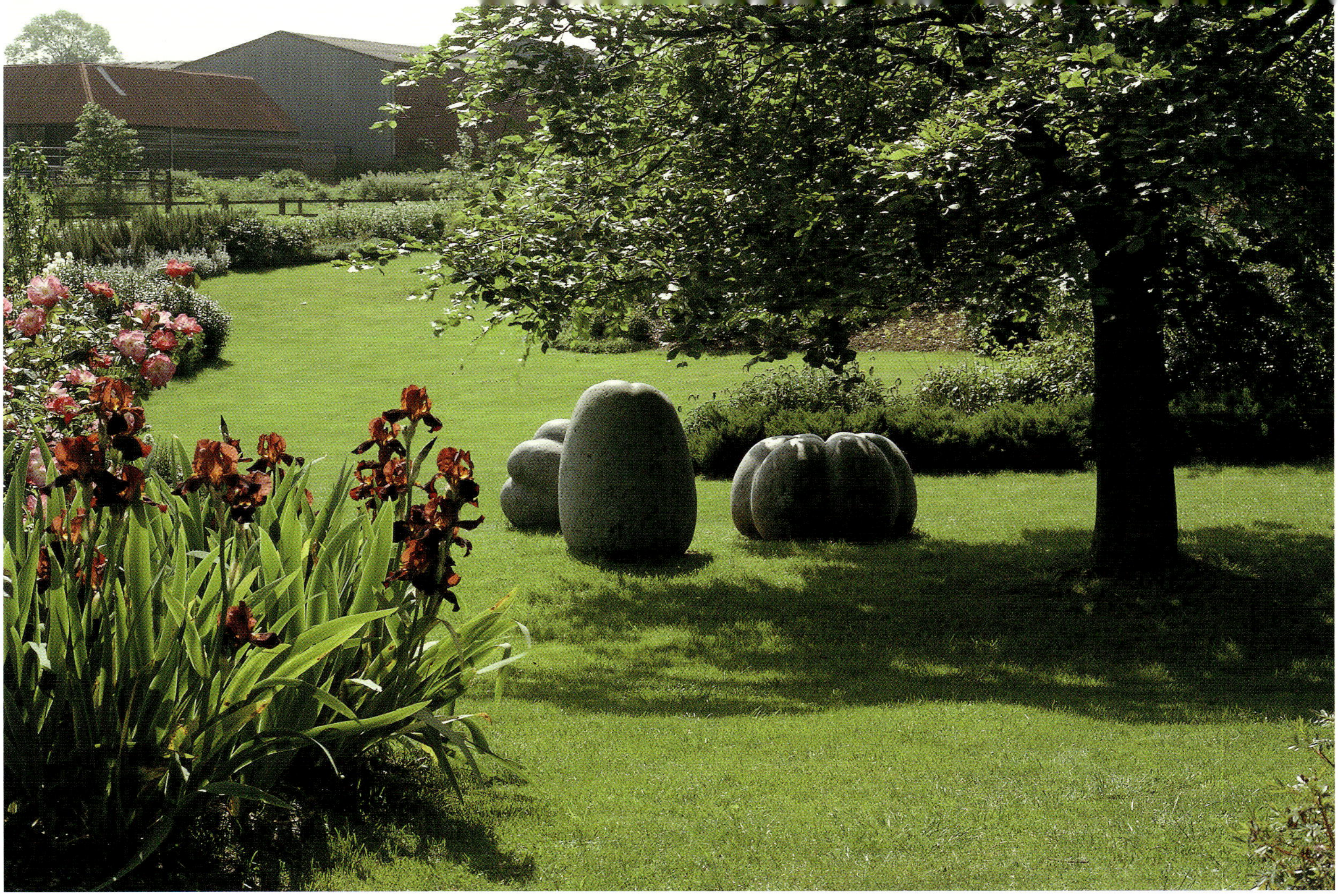

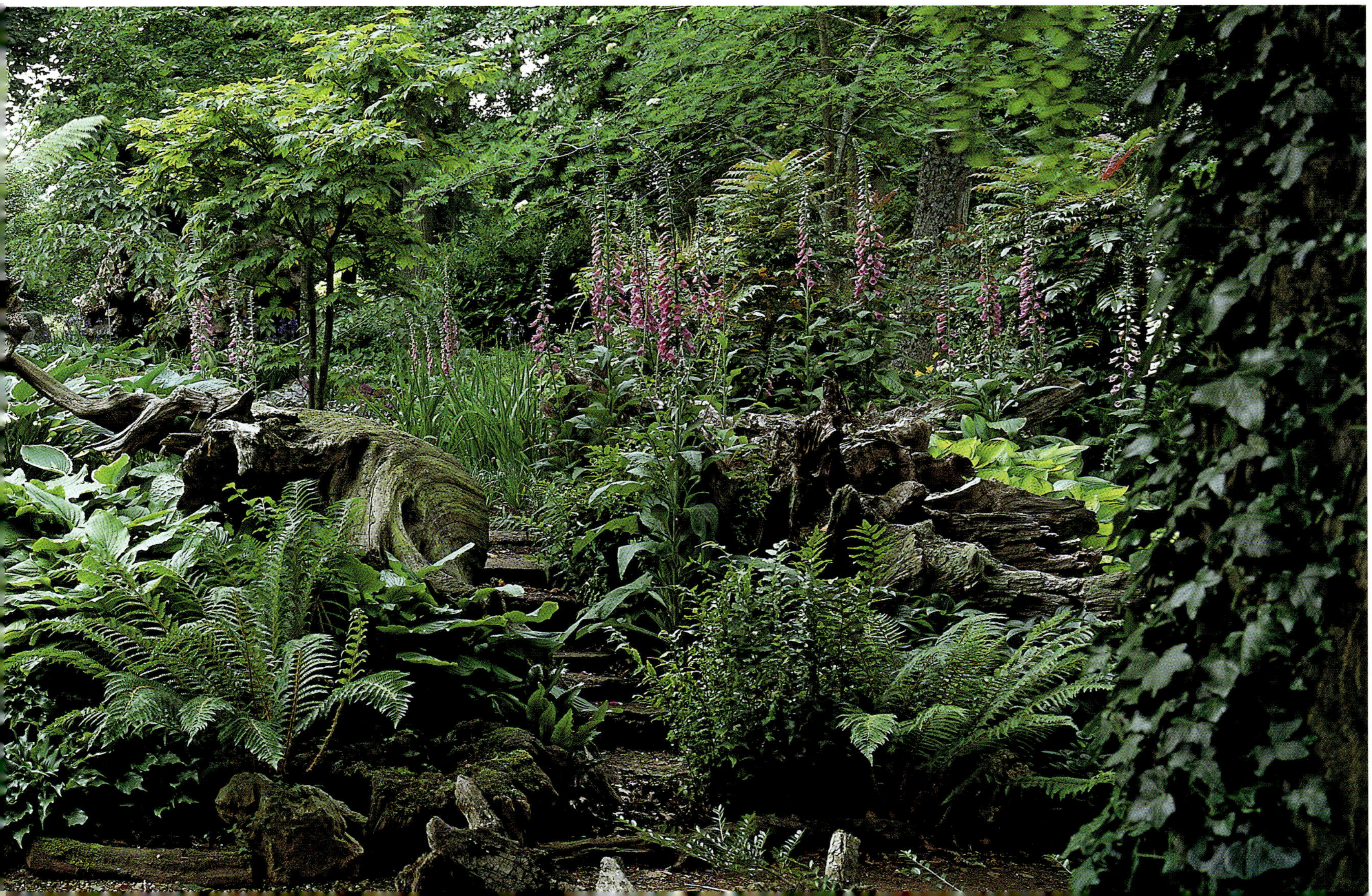

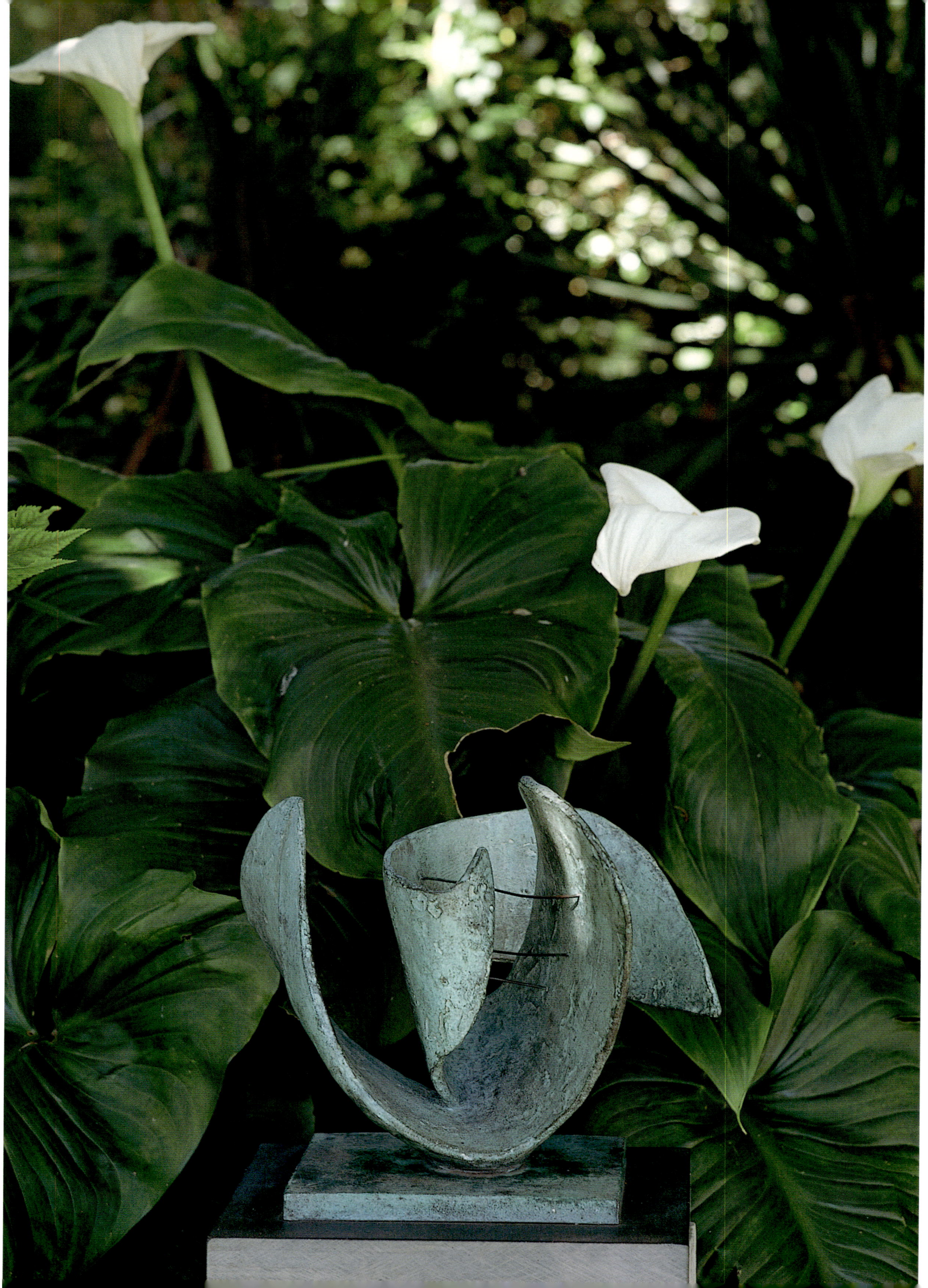

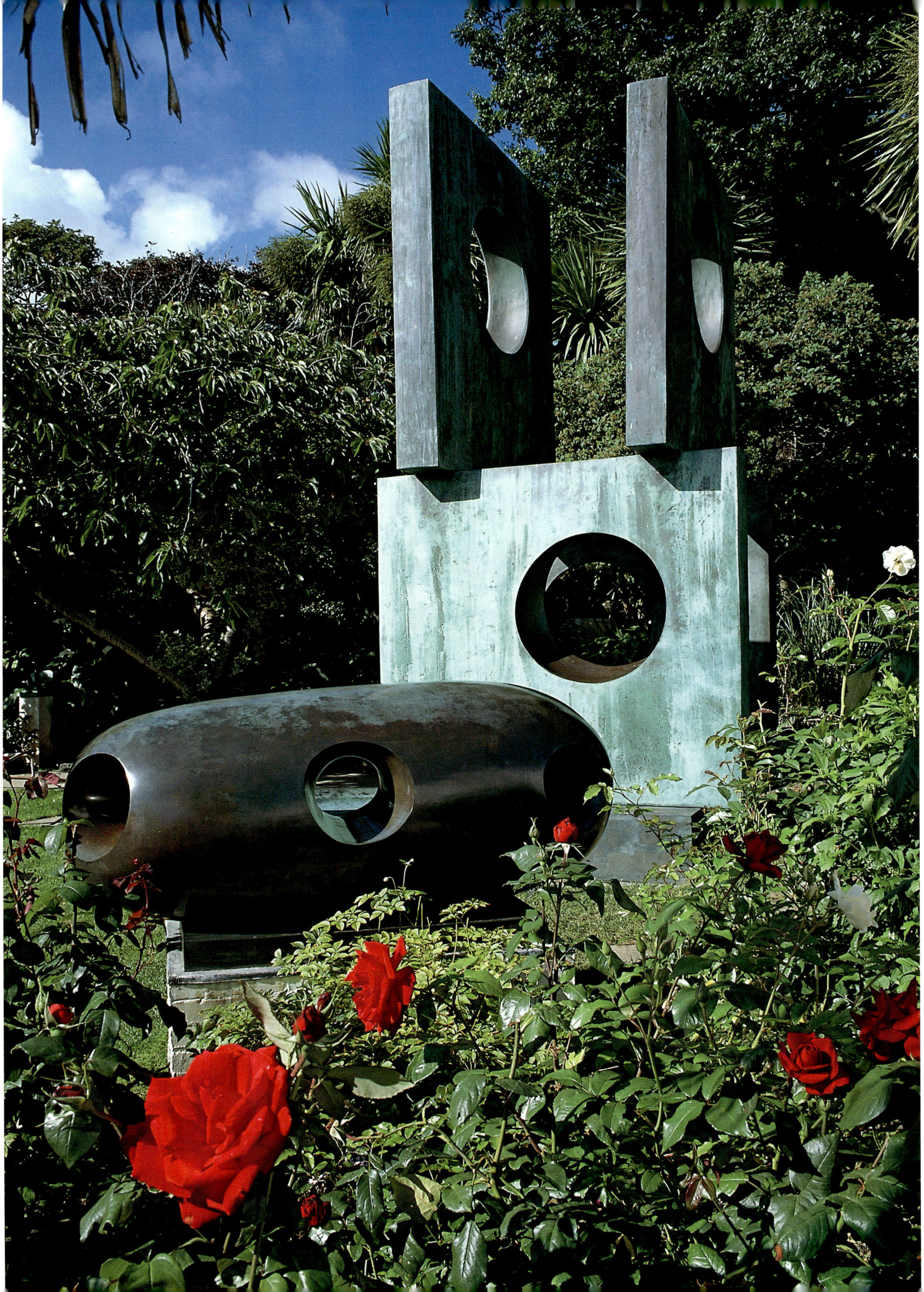

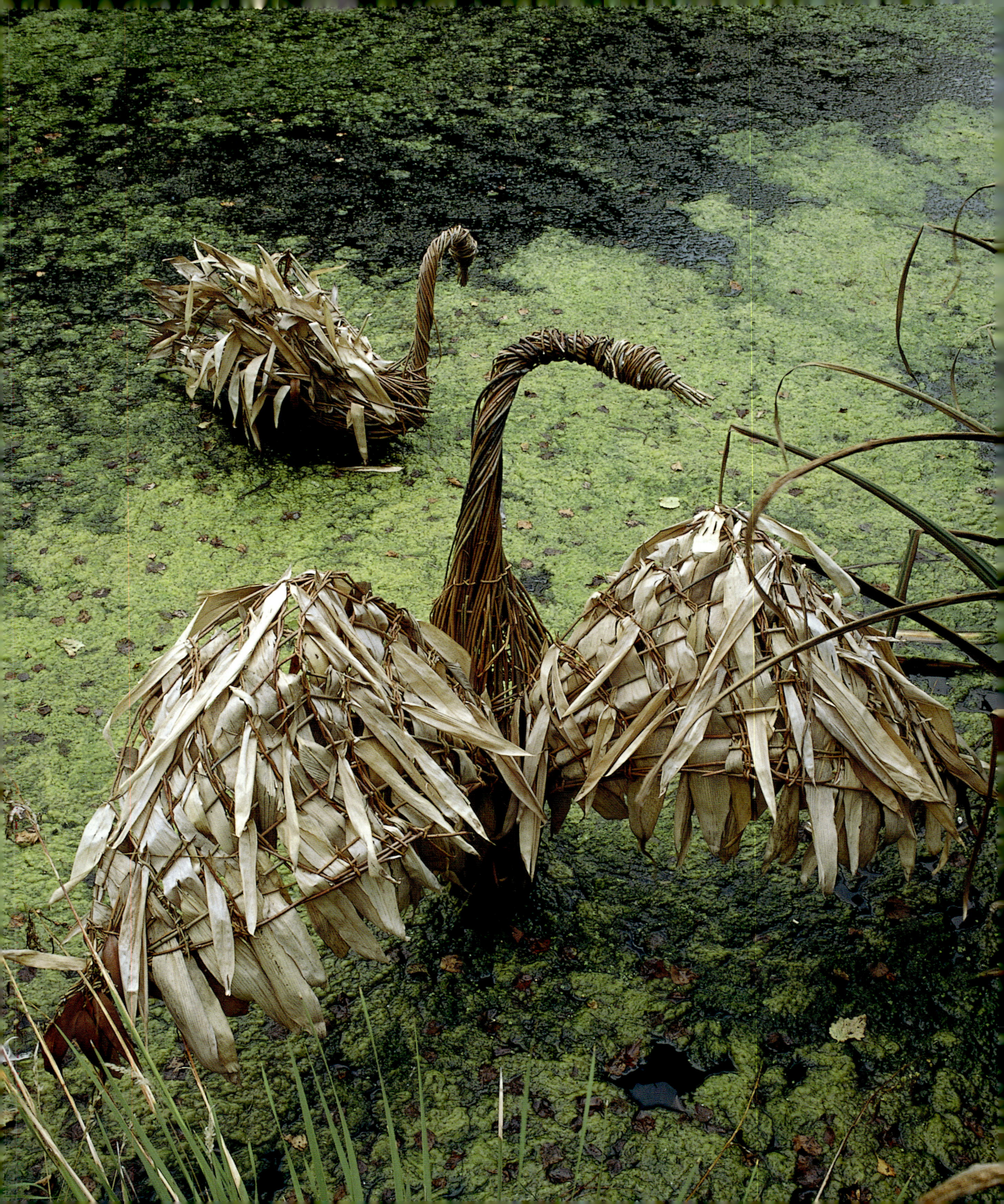

LINKS Eine der Kunst Mondrians ähnliche Betonwand und bepflanzte Töpfe bilden ein Kunstwerk im Garten von The Manor House in Bedfordshire. Dieser Garten besticht durch Ornamente und Kunst, aber auch durch eine besondere Bepflanzung mit Sukkulenten und stacheligen Xerophyten. Es gibt einen »Rothko«-Garten mit purpurfarbener Belaubung oder einen »Hepworth«-Garten, der auf dem Gemälde von Gertrud Jekyll *Green Caves* basiert und aus Ziergräsern und Stauden besteht.

GEGENÜBER Schwäne aus Weidenruten und getrockneten Blättern von Lynn Kirkham im Teich von Stone Lane Gardens in Devon.

natürlichen Kern der Materialien herausstellen, mit denen sie arbeitete, und stellte die Kunst daher in eine »natürliche« Umgebung. Sie hatte den Garten entworfen, ihn über Jahre entwickelt. Dort konnte sie ihre Arbeit überdenken, die vorhandene und die gerade entstehende.

Mutige Gartengestalter im ganzen Land setzen in ihre Gärten moderne Skulpturen. Dazu gehört etwa Kathy Brown, die eine der Kunst von Piet Mondrian entlehnte Mauer in den Garten von The Manor House in Stevington, Bedfordshire gesetzt hat. Der Gartenschriftsteller Stephen Anderton baute unter Beauftragung von Christopher Bradley-Hole *The Lyceum*, eine 2,3 Meter hohe und 7,6 Meter lange Wand. Sie verläuft in Nord-Süd-Richtung, ist mit Reliefs versehen, die den sich während des Tages verändernden Schattenwurf auf der Fläche sichtbar machen.

In den vergangenen drei Jahrzehnten sind verschiedene »Skulpturenparks« entstanden. Darin werden Dauerausstellungen oder auch eine Mischung von Dauer- und temporären Ausstellungen gezeigt. Nicht immer funktionieren diese Gärten wie Gärten im eigentlichen Sinne. Häufig liegt die Betonung sehr auf den Skulpturen, und die Wirkung des Parks steht der eines Garten entgegen. Als gelungen kann man den Hannah Peschar Sculpture Garden bezeichnen. Er liegt in einem stillen Tal am Rande der Berge in Surrey. Dort haben britische und ausländische, bekannte und weitgehend unbekannte Künstler ihre Kunstwerke feinsinnig in einen recht frei gestalteten Wald- und Wassergarten gesetzt. Hannah Peschar ist eine Kunsthändlerin, ihr Mann Anthony Paul ein bekannter Gartenarchitekt, der den Garten in über 20 Jahren zu einer schönen Ausstellungsfläche für die Kunstarbeiten entwickelt hat.

Stone Lane Gardens in Devon ist ein Arboretum mit vielen schönen Bäumen, besonders Birken und Erlen, die in Dickichten, Hainen und Kreisen wachsen. Dieser Garten liegt so nah am Rand des Dartmoors, dass er ein Teil von ihm sein könnte. Seit 1992 verwandelt er sich von April bis September in den »Mythic Garden«, ein jährlich stattfindendes Kunstereignis, in dem eine breite Auswahl zeitgenössischer Objekte gezeigt wird. Es sind auch stets recht eigenartige, ausgefallene Arbeiten darunter. Ein interessanter Aspekt dieses Gartens liegt vielleicht in der Erfahrung der Eigentümer mit ihrem Garten: »Der Mythic Garden verbindet wissenschaftliche Forschung und ausgesuchte Pflanzung mit einer eher zufälligen Landschaftsgestaltung. Durch die gefällige Präsentation von Kunst und Landschaft werden Kunstliebhaber zu Botanikern und Gartenfreunde zu Kunstenthusiasten.«[7]

ANDERE GÄRTEN MIT KUNSTWERKEN

Tofte Manor, Bedfordshire
Goldney Hall, Bristol
Cliveden, Buckinghamshire
Abbots Ripton Hall, Cambridgeshire
Anglesey Abbey Gardens, Cambridgeshire
Henbury Hall, Cheshire
The Manor House, Chelford, Cheshire
Chideock Manor, Dorset
Feeringbury Manor, Essex
Bourton House, Gloucestershire
Mill Dene, Gloucestershire
Stancombe Park, Gloucestershire
The Little Cottage, Hampshire
Monnington Court, Herefordshire
Great Comp, Kent
Marle Place Gardens, Kent
Clearbeck House, Lancashire
Gresgarth Hall, Lancashire
The Old Zoo Garden, Lancashire
Burghley House, Lincolnshire
Kenwood, London
Cottesbrooke Hall, Northamptonshire
The Old Rectory, Orford, Suffolk
Charlecote Park, Warwickshire
Chisenbury Priory, Wiltshire
The Old Malthouse, Wiltshire
Land Farm, Yorkshire

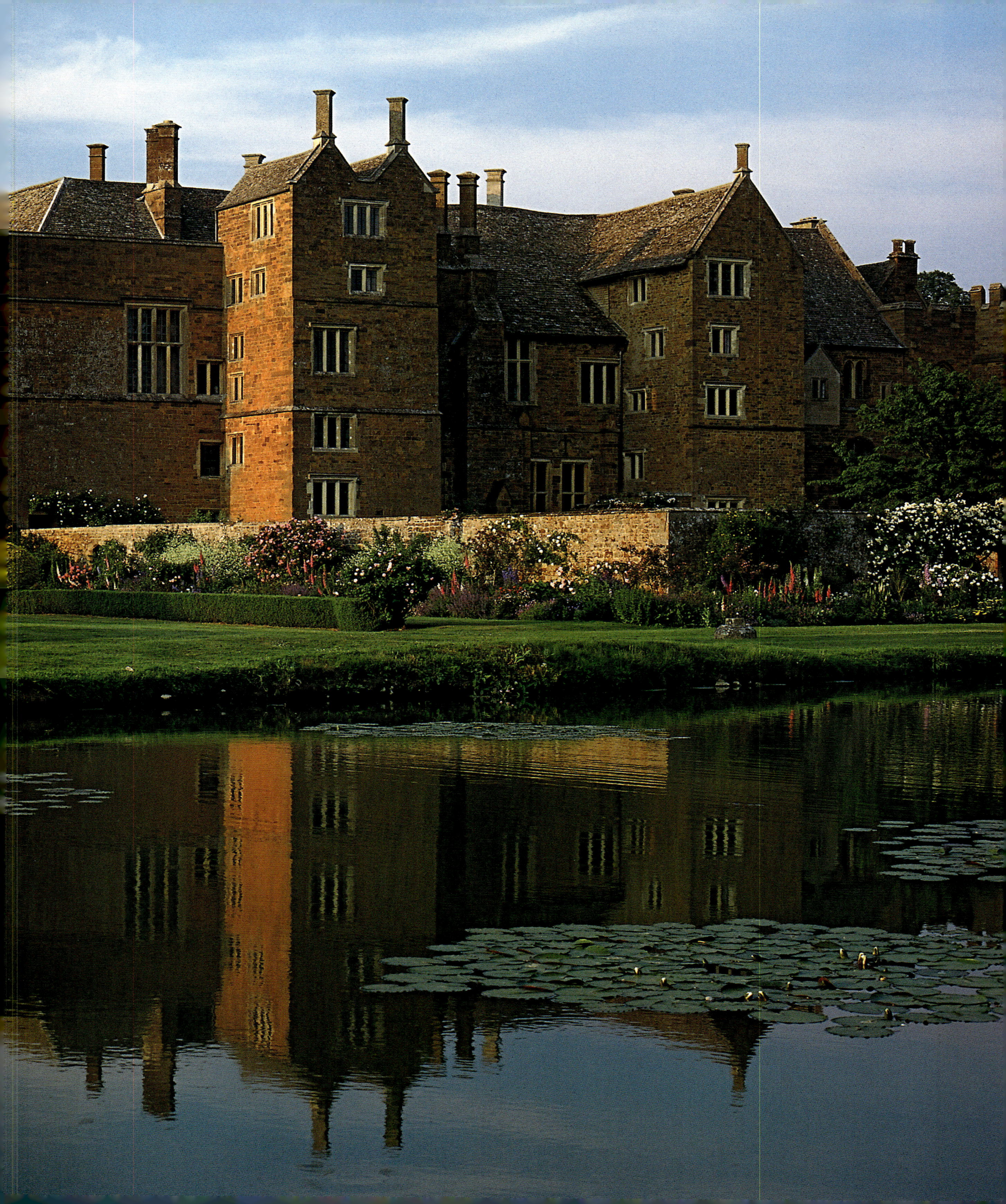

8
WASSER, WASSER ÜBERALL

Ein klarer, verträumter See mit einem stolz schwimmenden Schwan, die glatte Oberfläche spiegelt den Himmel. Wasser stürzt über dramatische Felsformationen. Eine Fontäne schickt Wasser hoch in den Himmel. Ein trüber, von Aalen wimmelnder Graben, ein flacher, gurgelnder Bach. Eine musikalische Rinne, ein sprudelnder Mühlstein – so stellen wir uns Wasser in Englischen Gärten vor.

Es wundert nicht, dass Wasser ein bedeutendes Element des Gartens ist. Seine zentrale Bedeutung für das Überleben von Pflanzen ist ohnehin unbestritten (wie es im Altertum in den Gärten des Orients besonders eindrucksvoll zu erleben war). In unseren maritim und von Flüssen beeinflussten Landschaften haben wir uns das Wasser als kraftvolle Lebensquelle zunutze gemacht, die gezähmt und fügsam gemacht werden kann, ganz nach unserem Willen. Dabei haben Gartenbesitzer und Gartengestalter viel Zeit und Gedanken darauf verwendet, wie man Wasser im Garten einsetzen kann. Obwohl das Leben am Wasser seit jeher Probleme beschert, würden viele Gärtner gerne ihr Haus am Wasser haben. Für sie ist eine solche Lage ein Privileg, und nicht selten beneiden sie alle, die Wasser in ihrem Garten haben.

Im Mittelalter waren Wassergräben dazu da, Landsitze und Burgen vor Angriffen zu schützen. Außerdem waren sie ein Statussymbol. Sie kamen im 15. Jahrhundert aus der Mode, aber einige blieben mit Wasser gefüllt, auch wenn der Verteidigungsaspekt keine Rolle mehr spielte (um tatsächlich Schutz zu bieten, mussten sie mindestens 4 Meter breit und 2 Meter tief sein). Das aus Ziegelsteinen gemauerte Tudor-Haus (1510) von Helmingham Hall in Suffolk beispielsweise ist vollständig von einem Graben umgeben, und aus der Entfernung meint man, das Gebäude treibe auf dem Wasser. Zudem sind Teile des ummauerten Rasen- sowie des Küchengartens in Hausnähe von einem zweiten Graben umschlossen. Weitere Beispiele finden wir in Leeds Castle und Groombridge Place, beide in Kent, Eltham Palace im südlichen London, Kentwell Hall in Suffolk, Mannington Hall in Norfolk und Broughton Castle in Oxfordshire. Sir Arthur Conan-Doyle beschrieb den Graben von Groombridge Place 1875 in der Geschichte »The Valley of Fear« (Das Tal der Angst) als einen »schönen, breiten Graben, so ruhig und leuchtend wie Quecksilber«. Kentwell Hall und Helmingham besitzen sogar zwei Gräben, einen Hauptgraben und einen Nebengraben, was offenbar ein Zeichen von Stand war. Auch entwässerte oder ausgetrocknete Gräben wusste man vorteilhaft

GEGENÜBER Der mittelalterliche Graben umschließt den Garten und trennt ihn vom Park von Broughton Castle in Oxfordshire. Er hält Kaninchen fern, aber keine Maulwürfe, die gute Schwimmer sind.

UNTEN Der See von Home Farm in Oxfordshire wurde nach 1999 von Dan Pearson angelegt. Er ist ein Himmelsspiegel, und wenn man um ihn herumgeht, spiegelt sich auch der Garten darin. Mit der natürlichen Bepflanzung holte man die Wildnis in den Garten beziehungsweise schob den Garten in die Wildnis.[1]

zu nutzen. Im Graben von Benington Lordship in Hertfordshire etwa gedeihen Schneeglöckchen in Massen, die abgelöst werden von *Scilla bithynica* und gelben Narzissen. In Great Dixter wächst die Schachblume (*Fritillaria meleagris*) in der feuchten Erde des trockengefallenen Grabens.

In Lyveden New Bield in Northamptonshire war der vierseitige Graben um den Pleasure Ground am Haus noch nicht fertiggestellt, als 1605 Sir Thomas Tresham starb. Nicht einmal drei der vier Seiten waren ausgehoben. Dieser Zustand wurde nun wiederhergestellt, Aufwuchs entfernt, Schutt beseitigt und Schlamm ausgebaggert. Der seinerzeit nicht ausgehobene Teil blieb allerdings unangetastet.

Blickling Hall in Norfolk ist erwähnenswert wegen seiner verschiedenen schönen Gärten, die das Herrenhaus umgeben. Der vielleicht charmanteste Teil ist der trockene Graben am Haus. Unterhalb hoher Grabenmauern, die ebenfalls das Parterre schützen sollten, liegt nun eine friedliche Rasenfläche, umrandet von Blumenbeeten. Ihren Charme verdankt sie zumindest teilweise der vergessenen Funktion, die sich erst erschließt, wenn man im einstigen Graben steht.

Im 17. Jahrhundert präsentierte sich Wasser unter französischem und holländischem Einfluss in linearen Kanälen, deren Seiten mit Natur- oder Ziegelsteinen befestigt und die normalerweise nicht bepflanzt waren. Die Bedeutung als Spiegel für nahe Gartengebäude nahm zu dieser Zeit ebenfalls zu. Ein berühmtes Beispiel liefert der Kanal von Westbury Court in Gloucestershire, den der National Trust 1971 restauriert hat (siehe Seiten 22–23). Den Anblick des auf jonischen Säulen ruhenden Pavillons und seine Reflexion im ruhigen Wasserspiegel des Kanals wird man nie mehr vergessen.[2] Zu weiteren formalen Wassergärten des 17. und frühen 18. Jahrhunderts zählen Bramham Park in Yorkshire, Wrest Park in Bedfordshire und Melbourne Hall in Derbyshire.

Die meisten eleganten Kanäle und Gräben überlebten den Stilwandel im frühen 18. Jahrhundert nicht, wurden zugeschüttet oder in Seen mit geschwungenen Uferlinien verwandelt. So baute Charles Bridgeman 1718 in Claremont Landscape Garden in Surrey ein rundes Becken, den Round Bason. William Kent änderte es 20 Jahre später in seiner Manier. Aus dem Kanal von Chiswick House machte Kent einen See. Später, in den 1830er Jahren, vergrößerte William Sawrey Gilpin (ein Neffe des Landschaftsmalers Rev. William Gilpin) den Graben, als er den Garten im pittoresken Stil umgestaltete. In Blenheim staute »Capability« Brown in den 1760er Jahren den kleinen, träge dahinfließenden Fluss Glyme zu einem See auf (siehe Seiten 138–139). Wirklich grandios ist hierbei die Tatsache, dass die Brücke von John Vanbrugh schon vor Browns Idee stand und erst durch den See perfekt proportioniert in der Landschaft liegt. Fließgewässer sind ebenfalls in Audley End in Essex und in Bowood House, Wiltshire zu Seen aufgestaut worden. In Bowood gibt es auch eine felsige Landschaft zu bewundern mit einer pittoresken Kaskade, Grotten und einer Einsiedlerhöhle, alles gestaltet von Charles Hamilton, dem Besitzer von Painshill.

Einer der vielen Landschaftsgärten des 18. Jahrhunderts ist nicht so bekannt, wie er es verdient hätte. Hier in Stanway, Gloucestershire legte (wie vermutet wird) Charles Bridgeman einen Wassergarten an. Dieser bestand aus einem 150 Meter langen, rechteckigen Kanal auf einem terrassierten Hang östlich des Hauses, in den einst die längste Kaskade Englands mündete. Etwas den Hang aufwärts steht ein Pavillon von Thomas Wright (1750), der von einem pyramidalen Dach gekrönt ist. Durch Löcher im Fundament kann das Wasser, von einem darüber liegenden Becken und einer schmalen Kaskade kommend, das Gebäude passieren.

Die Krönung des Gartens ist schließlich die Fontäne im Kanal, die aus einer 6-Zentimeter-Düse als einzelner Strahl 100 Meter in den Himmel schießt. Dieser Strahl wird nur durch den Gefälledruck zwischen den beiden Wasserreservoirs oberhalb und der Düse erzeugt. Sie ist damit die höchste mit dieser Technik funktionierende Fontäne der Welt. Das Was-

OBEN Die Robert-Adam-Brücke im von »Capability« Brown angelegten Park von Audley End in Essex. Wasser gibt es in dieser Anlage weiterhin als Kaskade, die von einem alten Mühlendamm herabfließt. Weiterhin hat der Park ein eindrucksvolles Viktorianisches Parterre aus dem Jahr 1830 von William Sawrey Gilpin zu bieten.

FOLGENDE SEITEN Die überwältigende Wasserfontäne im Garten von Stanway in Gloucestershire kann Wasser bis zu 100 Meter hoch schicken und ist damit die höchste, allein durch Geländegefälle gespeiste Fontäne der Welt. Sie wurde von den jetzigen Besitzern installiert, die sich mitten in der Restaurierung des Gartens aus dem 18. Jahrhundert befinden. Hinter der Fontäne ist der pyramidale Pavillon des Astronomen und Architekten Thomas Wright aus dem Jahr 1750 zu sehen.

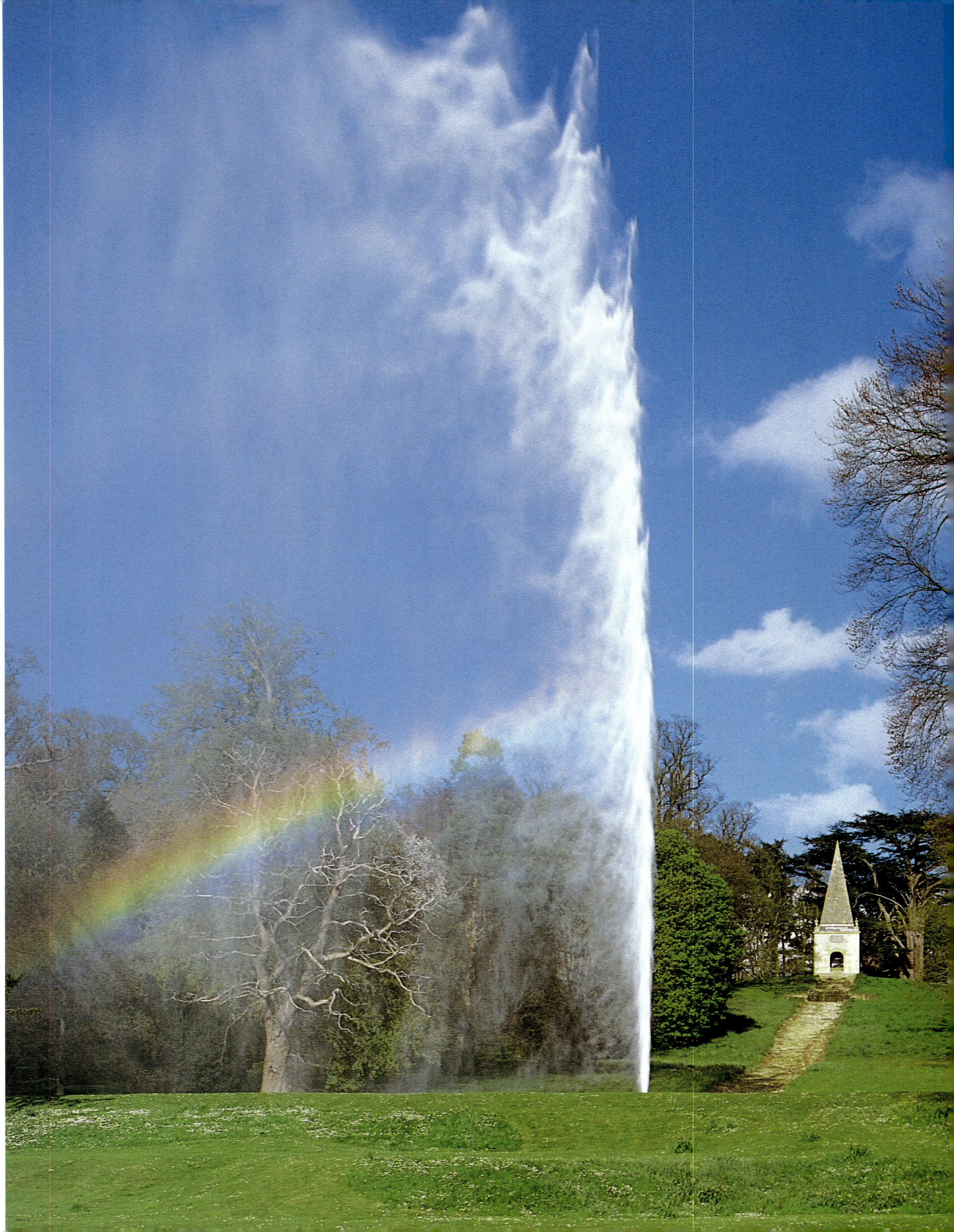

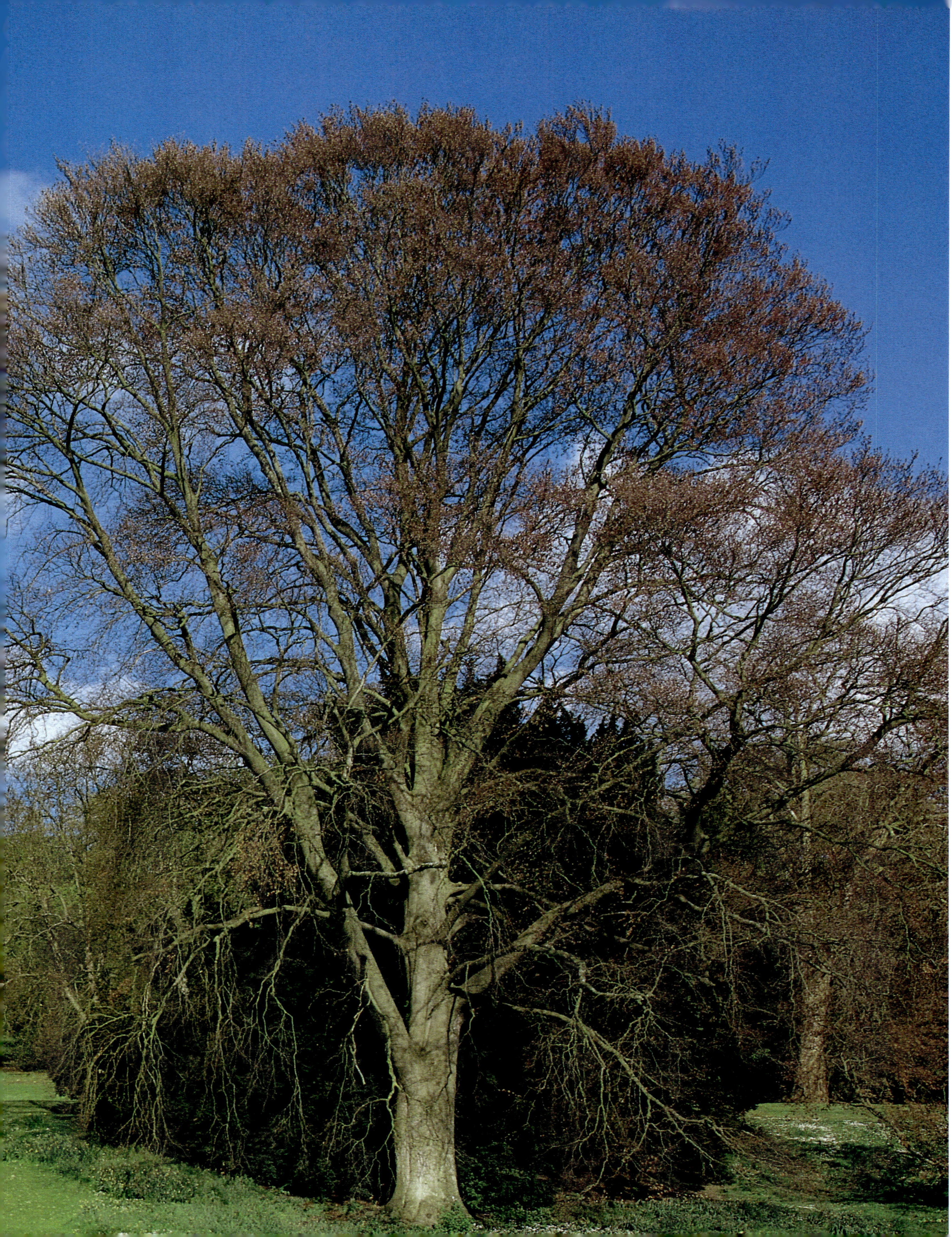

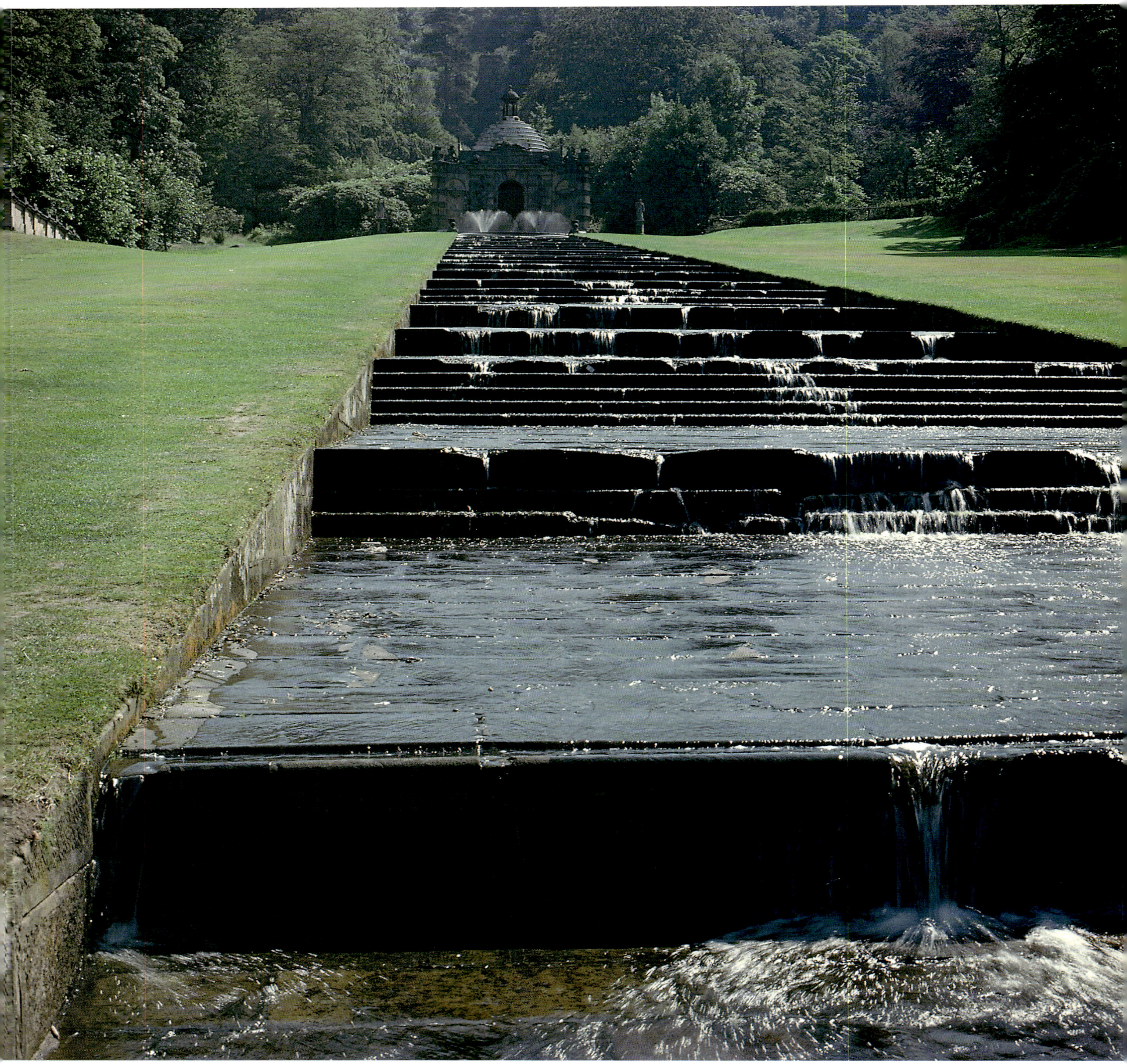

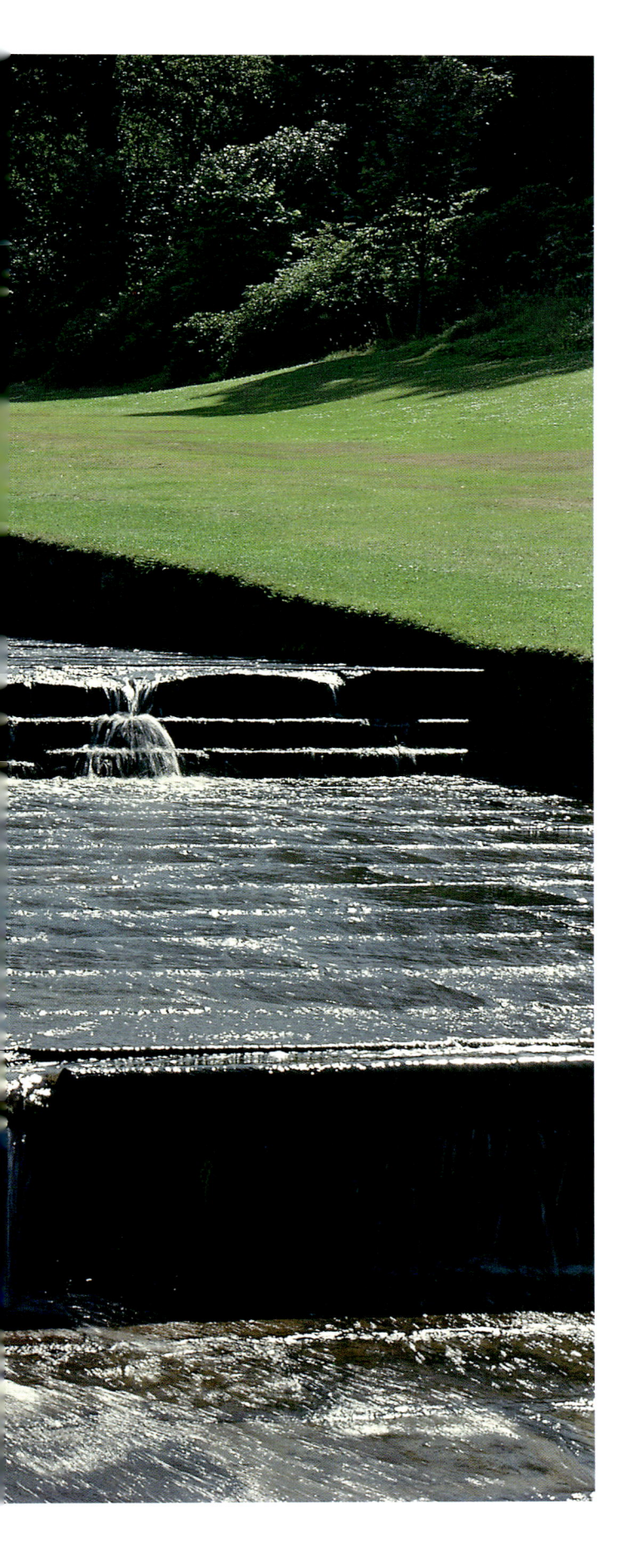

OBEN Der erstaunlich modern aussehende kupferne »Weidenbaum« in Chatsworth stammt von 1692, wurde seitdem natürlich mehrfach repariert. Ahnungslose Betrachter können vom plötzlich spritzenden Wasser empfindlich durchnässt werden. Wenn die Bäume kein Laub haben, sieht die »Weide« besonders realistisch aus.

LINKS Die Kaskade von Chatsworth in Derbyshire aus dem ausgehenden 17. Jahrhundert. Über 24 Stufengruppen fällt das Wasser herab und aufgrund der unterschiedlichen Fallhöhen verändert sich die »Wassermusik« je nach Standort. Das Cascade House am Beginn der Kaskade wurde 1702 von Thomas Archer gebaut.

ser wird durch ein Rohr von 30 Zentimeter Durchmesser und 2,5 Kilometer Länge zur Düse geführt. Für unser heutiges, zuweilen etwas beengtes Vorstellungsvermögen scheint dieses Verfahren fast schon zu ambitioniert. In diesem Garten soll noch weiter restauriert werden, und so ist dies ein Ort, den man für einen zukünftigen Besuch einplanen sollte. Es wird sicherlich ein Bravourstück.

Wer über ein Bravourstück im Einsatz von Wasser nachdenkt, dem wird sicherlich Chatsworth einfallen. Dieser Garten wurde über 400 Jahre lang fort- und zurückentwickelt und stets war das Thema Wasser betroffen. Am Ende des 17. Jahrhunderts wurde die monumentale Kaskade angelegt. Mit ihren 24 Gefällestufen in unterschiedlichen Höhen erzeugt sie eine ständig wechselnde »Musik«. Unterhalb des Cascade House am Beginn der Kaskade sorgten Wasserdüsen mit ihren unberechenbaren Betriebszeiten dafür, nichtsahnende Besucher nass zu spritzen. Thomas Archer baute das Gebäude 1702. Um diese Zeit wurde auch das formale Kanalbecken ausgehoben und der »Weidenbaum« aus Kupfer (der erstaunlich modern aussieht) installiert. Hier sprühen die »Äste« dann und wann Wasser auf die ahnungslosen Betrachter.

1844 überwachte Joseph Paxton, Obergärtner in Chatsworth, die Installation der Emperor-Fontäne im Kanalbecken, die einen Wasserstrahl

OBEN Das Seerosenbecken von Rofford Manor in Oxfordshire, entworfen von Michael Balston, ist nahezu vollständig mit Seerosen bewachsen. Dies bewahrt den Ort davor, allzu nüchtern zu wirken.

RECHTS Ein Ausschnitt des Grabens von Blewbury Manor in Oxfordshire. Das Staudenbeet blüht in Farben, die viele Gärtner problematisch finden – Apricot und Orange. Taglilien *(Hemerocallis)*, Fackellilien *(Kniphofia)* und Schafgarben *(Achillea)* dominieren. Von der gepflasterten Wegkante fallen Frauenmantel *(Alchemilla)* und Katzenminze *(Nepeta)* herab.

50 Meter, einmal sogar 90 Meter hoch in die Luft spritzte. Sie war nach dem russischen Herrscher benannt worden, der jedoch den Garten nie besuchte. Zur gleichen Zeit entstanden der Felsengarten und neue Wasserfälle. 1999 wurde *Revelation* aufgestellt, eine mit Wasser betriebene kinetische Stahlskulptur von Angela Conner, deren Kunstwerke auch im Haus zu sehen sind. Alle diese Wasserelemente werden nur durch Wasserdruck betrieben, der zwischen den Seen in Stand Wood und dem 120 Meter tiefer liegenden Garten erzeugt wird. Die Seen wiederum werden gespeist von Bächen aus den Mooren Derbyshires. Weil keine Energie zum Einsatz kommt und der Wasserkreislauf nicht durch Pumpen aufrechterhalten wird, hängen die Wasserspiele von ausreichenden Regenmengen ab. In trockenen Sommermonaten kann ihr Betrieb daher auch eingeschränkt werden.

Formale Becken, häufig eingesenkt und aus Naturstein gebaut, sind ein fester Bestandteil von Arts-and-Crafts-Gärten, besonders in der Kalksteingegend der Cotswolds. Snowshill Manor in Gloucestershire setzt sich aus verschiedenen kleinen, ummauerten Gärten zusammen, die über Stufen und Terrassen miteinander verbunden sind. Für den Arts-and-Crafts-Architekten Mackay Hugh Baillie-Scott und den Besitzer Charles

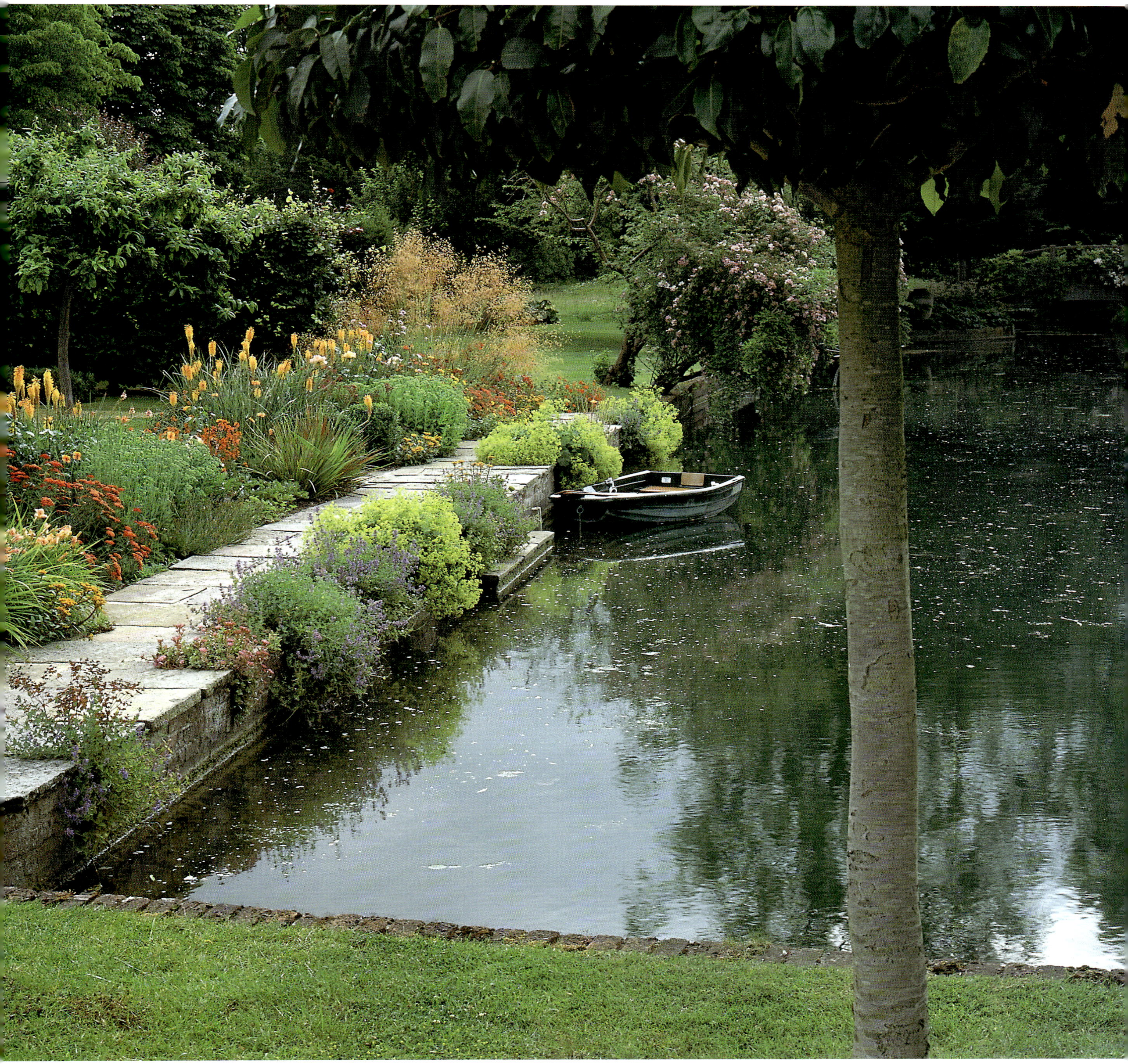

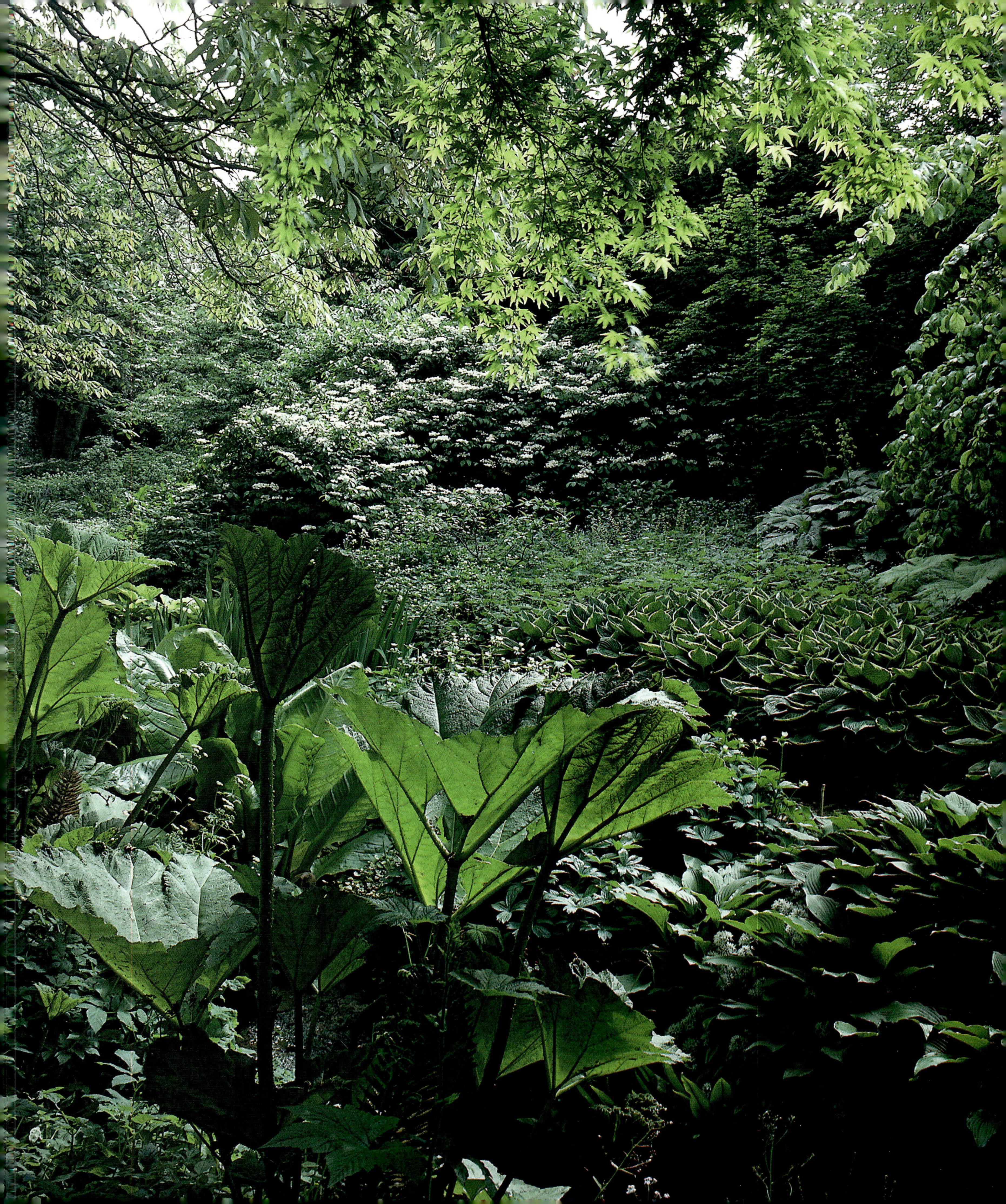

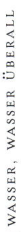

Wade war diese Geländestufung in dem hügeligen Gebiet am Dorfrand die beste Lösung.

Einer dieser Gartenräume ist der »Well Court« und besteht nahezu vollständig aus einem rechteckigen Becken. Auf eine solche Überraschung hatten es der Besitzer und sein Architekt angelegt.

Wasser und seine Einfassung sind auch in Hidcote Manor, Gloucestershire mit viel Bedacht eingesetzt worden – besonders im Bathing Pool Garden: ein kleiner, umschlossener, dunkler Garten mit einem kreisrunden Steinbecken. Hier nimmt das Becken nahezu den gesamten Raum ein und diese Enge setzt einen höchst wirkungsvollen Kontrast zu dem weitläufigen Old Garden gleich daneben. Eine ähnliche Wirkung hat auch der Theatre Lawn, der bis auf zwei ausgewachsene Birken auf einer Plattform völlig ausgeräumt ist. Weiter vom Haus entfernt liegt der Stream Garden (Bachgarten), der das Gegenteil des Bathing Pool Gardens dar-

OBEN Die ummauerte Rinne im Garten von Hestercombe in Somerset, aus der Sumpfiris hervorschauen, deren Schatten sich auf den schönen Natursteinplatten abbilden. Links ist das Great Plat, das große Plateau zu sehen, das mit der Pergola im Hintergrund zu einer dreieckigen Fläche abgeschlossen wird (siehe auch Seiten 64–65).

GEGENÜBER Im Stream Garden von Hidcote Manor in Gloucestershire wachsen Flussuferpflanzen wie etwa das großblättrige Mammutblatt *(Gunnera manicata)* aus Brasilien im Vordergrund und zweifarbige Funkien *(Hosta)* in der Mitte des Bildes.

OBEN Einer der sieben miteinander verbundenen Seen von Hodnet Hall in Shropshire, angelegt in den 1920er Jahren.

GEGENÜBER Der steinerne schmale Bachlauf im Garten von Vann in Surrey fließt zwischen Eibenhecken hindurch und ist zu beiden Seiten üppig bepflanzt, unter anderem mit verschiedenen Farnarten und einem rosa blühenden Steinbrech. Gertrude Jekyll war hier beratend tätig.

stellt: wild und mit Gehölzen bepflanzt, ein flacher Bach fließt hindurch und großblättrige Stauden wachsen darin.

Im vergangenen Jahrhundert wurden einige, eher naturnahe Wassergärten angelegt. Einer davon liegt in Hodnet Hall in Shropshire (begonnen 1922) und ist bekannt geworden durch eine Kette von sieben Teichen, die durch das Aufstauen eines durch den Garten fließenden Bachs entstanden. Sie liegen in einem Tal, sind von Bäumen eingefasst, an den Ufern wachsen schöne Wasserrandstauden wie etwa das Mammutblatt *(Gunnera manicata)*, die vielleicht an Üppigkeit beeindruckendste feuchtigkeitsliebende Pflanze. Schwarze Schwäne tragen zu dieser exotischen Atmosphäre des Gartens bei, während Bäume wie Ahorn, Eberesche und Birke durch ihre intensive Herbstfärbung einen anderen Aspekt hinzufügen.

Einfacher und in kleinerem Maßstab angelegt, aber ebenso bemerkenswert ist der in einem Waldgebiet gelegene Wassergarten von Vann in Surrey. Entworfen und bepflanzt hat ihn Gertrude Jekyll 1911. Auf seiner

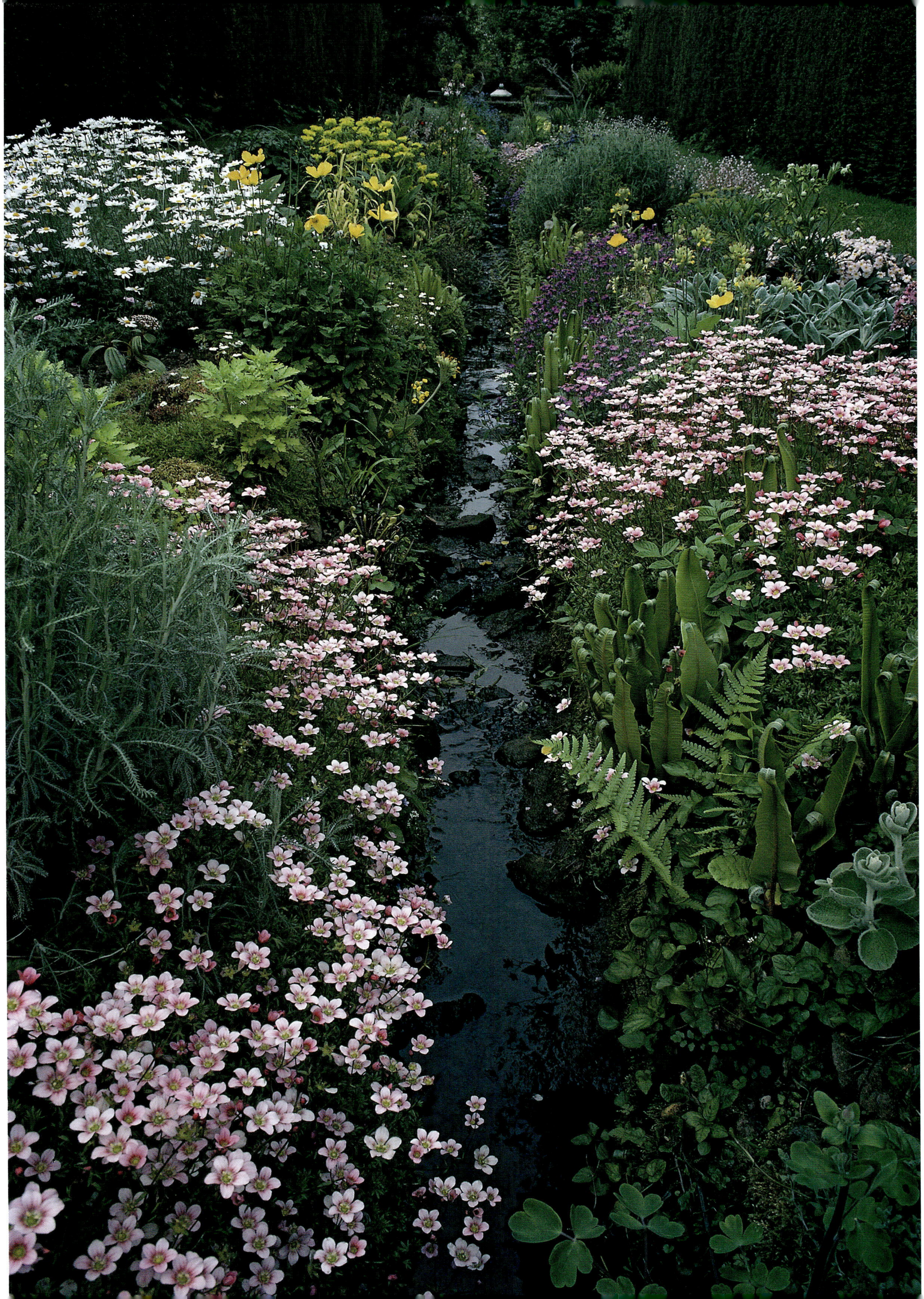

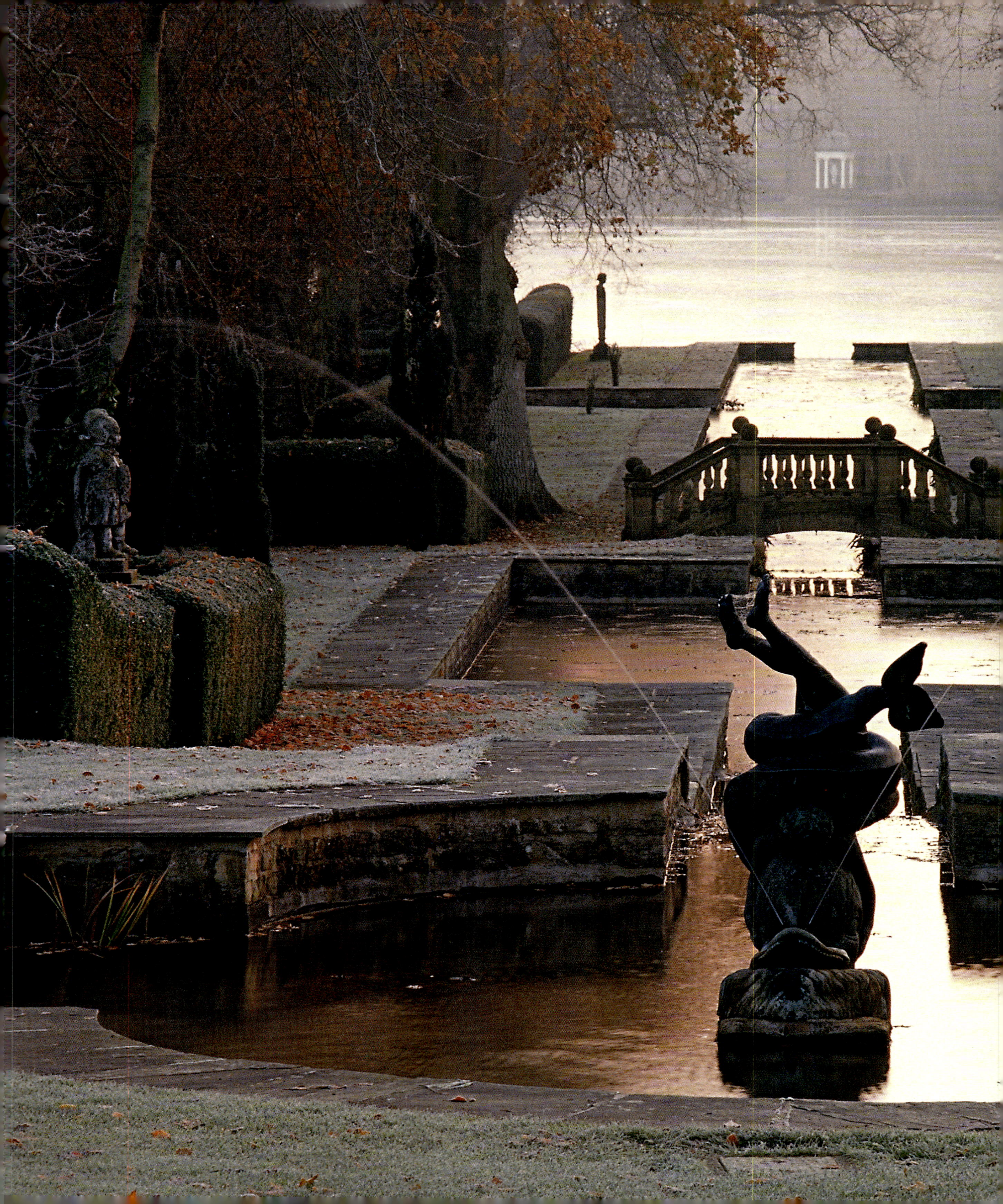

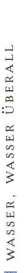

Harold Peto legte 1904 in Buscot Park, Oxfordshire den »Wassergarten in einem Wald« an. Er schob Terrassen in den Hang, die in Richtung des Sees abfallen, in dem ein klassischer Tempel aus dem 18. Jahrhundert steht. Diese Szene ist dramatisch, stilvoll und wahrhaft einmalig.

Länge finden wir verschiedene Kreuzungspunkte aus dem attraktiven Bargate-Sandstein. Auch in diesem Garten gibt es einen Teich und ein mit Steinen belegten, kanalisierten schmalen Bach, der zwischen Eibenhecken hindurchfließt und dicht mit Stauden bepflanzt ist.

Ich habe bereits den italienischen Einfluss in Englischen Gärten des 19. und frühen 20. Jahrhundert erwähnt. Wasser war darin stets ein wichtiges Element. Einer der besten Gärten dieser Art ist der »Wassergarten in einem Wald« in Buscot Park in Oxfordshire. Das neoklassizistische Gebäude stammt aus dem 18. Jahrhundert, und der See mit dem Tempel auf dem weit entfernten Ufer wurden in der gleichen Zeit angelegt. 1904 erhielt Harold Peto (sein Privatgarten war der von Iford Manor) den Auftrag, in Buscot einen Wassergarten anzulegen, der bis an den See hinunterführen sollte. Er legte diesen Garten so an, dass der Blick an dem Tempel endet, nachdem er einem Kanal gefolgt ist, der sich gelegentlich zu runden oder rechteckigen Becken aufweitet. Dabei ist der Hang terrassiert, das Wasser fällt von Terrasse zu Terrasse, während Steinfiguren diese Szenerie zu bewachen scheinen.

Mapperton wurde in den 1920er Jahren in einer Talmulde der Grafschaft Dorset angelegt. Der Garten hat italienisch anmutende Wasserelemente – wie diese kanalisierten Fischbecken, die von Eibenkegeln gesäumt werden. Eiben-»Nischen« unterbrechen die Reihen. Victor Montagu erweiterte die Wasseranlagen nach dem Kauf des Landsitzes in den späten 1950er Jahren. Der Gartenteil ist in Nord-Süd-Richtung angelegt, sodass die Eibenkegel ein interessantes Schattenspiel vorführen. Im Talgrund beherbergt der Garten auch ein Arboretum.

An die Becken schließen sich in der Reihenfolge Natursteinplatten, Gras und dann Buchshecken an, die jeweils der Wasserlinie folgen. Über klassizistische Brücken kann der Besucher auf die andere Uferseite gelangen und er findet überall einen erlesenen Reichtum an spannenden Momenten und edelstem Stil.

Der größte Teil des Gartens von Mapperton wurde in den 1920er Jahren unter dem Einfluss der italienischen Gartenkunst angelegt. Am Kopf dieses wunderschönen Hanggeländes in einem Tal in Devon steht das Gebäude aus dem 16. und 17. Jahrhundert. Auf drei Ebenen breitet sich der Garten aus. Unterhalb der terrassierten Seitenhänge liegt der Fountain Court mit einem achteckigen Becken, als Wächter geschnittene Eiben und italienische Skulpturen schmücken außerdem diesen Bereich (siehe Seiten 62–63). Weiter talabwärts finden wir kanalisierte Fischbecken aus dem 17. Jahrhundert, flankiert von anmutigen Eibenkegeln. Am tiefsten Punkt des Tales liegt das Arboretum, ein überaus romantischer Platz.

Seit dem Ende des Zweiten Weltkriegs sind nur wenige herausragende Wassergärten angelegt worden. Zwei davon allerdings sind bemerkenswert und stammen aus der Feder von Sir Geoffrey Jellicoe.

In Sutton Place, Surrey plante er unter anderem einen Graben nahe des Gebäudes aus der Elisabethanischen Zeit, scharfkantige Trittsteine führen hindurch in den Paradise Garden. An die Kunst Mirós erinnernde Trittplatten führten zu einem Floß im versunkenen Teich des Swimming Pool Garden, doch dieses Detail gibt es nicht mehr. Das wohl berühmteste Element in diesem Garten ist das rechteckige Becken, in dem sich die *White Wall* aus Carrara-Marmor des Künstlers Ben Nicholson spiegelt. Das Kunstwerk wurde genau für diese Stelle des Gartens in Auftrag gegeben (siehe Seiten 254–255).

Für mich ebenso meisterhaft, obwohl völlig anders, ist der Garten von Shute House in Dorset, den Jellicoe 1969 für Michael und Lady Anne Tree entwarf. Der Fluss Nadder fließt durch diesen Hanggarten, was der Landschaftsarchitekt mehrfach nutzte. Er betonte das Element Wasser in Kanälen, Rinnen, Becken und einer streng geführten »musical cascade«. Hier fällt das Wasser über V-förmige Kupferplatten, die horizontal in Beton gesetzt sind. Da sie sich alle leicht voneinander unterscheiden, geben sie beim Auftreffen des Wassers auch verschiedene Töne von sich. Diese Kaskade setzt ihren Weg fort zu drei Becken, in denen kleine Kugelfon-

Shute House in Dorset ist einer der schönsten Wassergärten in England. Er wurde ab 1969 von Geoffrey Jellicoe für Michael und Lady Anne Tree entworfen und wird durch die Besitzer hervorragend gepflegt und im Sinne Jellicoes weiterentwickelt. Jellicoe beschrieb Shute als einen Garten, der »aus dem Klassizismus herausbricht in eine Landschaft, die zu tiefen Schichten der menschlichen Natur führt«.[3] Nachdem es das Quellbecken im oberen Gartenteil verlassen hat, wird das Wasser des Flusses Nadder in zwei Formen geführt: In der »romantischen« füllt es Seen und Becken mit geschwungenen Uferlinien, in der »klassischen« den Kanal und die Rinne. Hier sehen wir den Kanal, den Jellicoe unter den Eindrücken des Kanals von Westbury Court (siehe Seite 22) entwarf, besonders in der Art und Weise, wie die Hecken das Becken begrenzen.

LINKS Der Blick über die Rinne im Garten von Shute in südlicher Richtung fällt auf eine Statue und endet schließlich in der Waldlandschaft. Das Wasser passiert auf seinem Weg drei Becken, jeweils als Kreis, Sechseck und Achteck geformt, in denen allein durch den Gefälledruck Kugelfontänen entstehen. In diesem Bereich weichen die Stauden dann dem Rasen. Man kann sich der Schönheit, der Gleichmäßigkeit und auch des Erfindungsreichtums dieses Gartens kaum verschließen.

GEGENÜBER Hier ist die bekannte »musical cascade« von Shute zu sehen, die im Norden an einer Terrasse beginnt. Die V-förmigen Kupferplatten in den Kaskaden sitzen in Beton und wurden vorher auf Sopran-, Alt-, Tenor- und Basstöne »gestimmt«, um einen harmonischen »Wasserakkord« zu bekommen. Jellicoe schrieb dazu: »Je mehr V-Platten, desto vielschichtiger ist das Wasser und daher leichter sein Ton, wenn es auf das ruhige Wasser darunter fällt.«[4] Entlang dieses Bachlaufs wächst eine üppige und farbenfrohe Bepflanzung mit Primeln, Schein-Kalla *(Lysichiton)* und anderen Waldrandpflanzen.

tänen sprudeln, wie wir es aus der Kaschmir-Region kennen. Die Idee dieser Rinne stammt aus den Bewässerungssystemen islamischer Gärten, die Geoffrey Jellicoe schon als junger Mensch studiert hatte und die bei der Gestaltung der italienisch anmutenden Gärten einen erheblichen Einfluss hatten.

Rillen als Gestaltungselement finden wir auch in West Green House in Hampshire. Von einem »Nymphaeum« des neoklassizistischen Architekten Quinlan Terry läuft Wasser in zwei schmalen Rinnen beidseitig einer Treppenanlage herunter, verschwindet unten und kommt zurückgepumpt in zwei länglichen Becken vor dem »Nymphaeum« wieder zum Vorschein. In diesem Garten legte Marylyn Abbott vor nicht allzu langer Zeit den »Paradise Courtyard« an, inspiriert von der Gartentradition Persiens. Kreisrunde Becken sind hier mit geraden Rinnen verbunden, aus den Becken wachsen Zieräpfel *(Malus* 'John Downie') hervor. Natürlich scheint es nur so, als wüchsen sie im Wasser. Tatsächlich stehen ihre Wurzeln in Erde, haben keinen direkten Kontakt zum Wasser und müssen sogar regelmäßig gewässert werden!

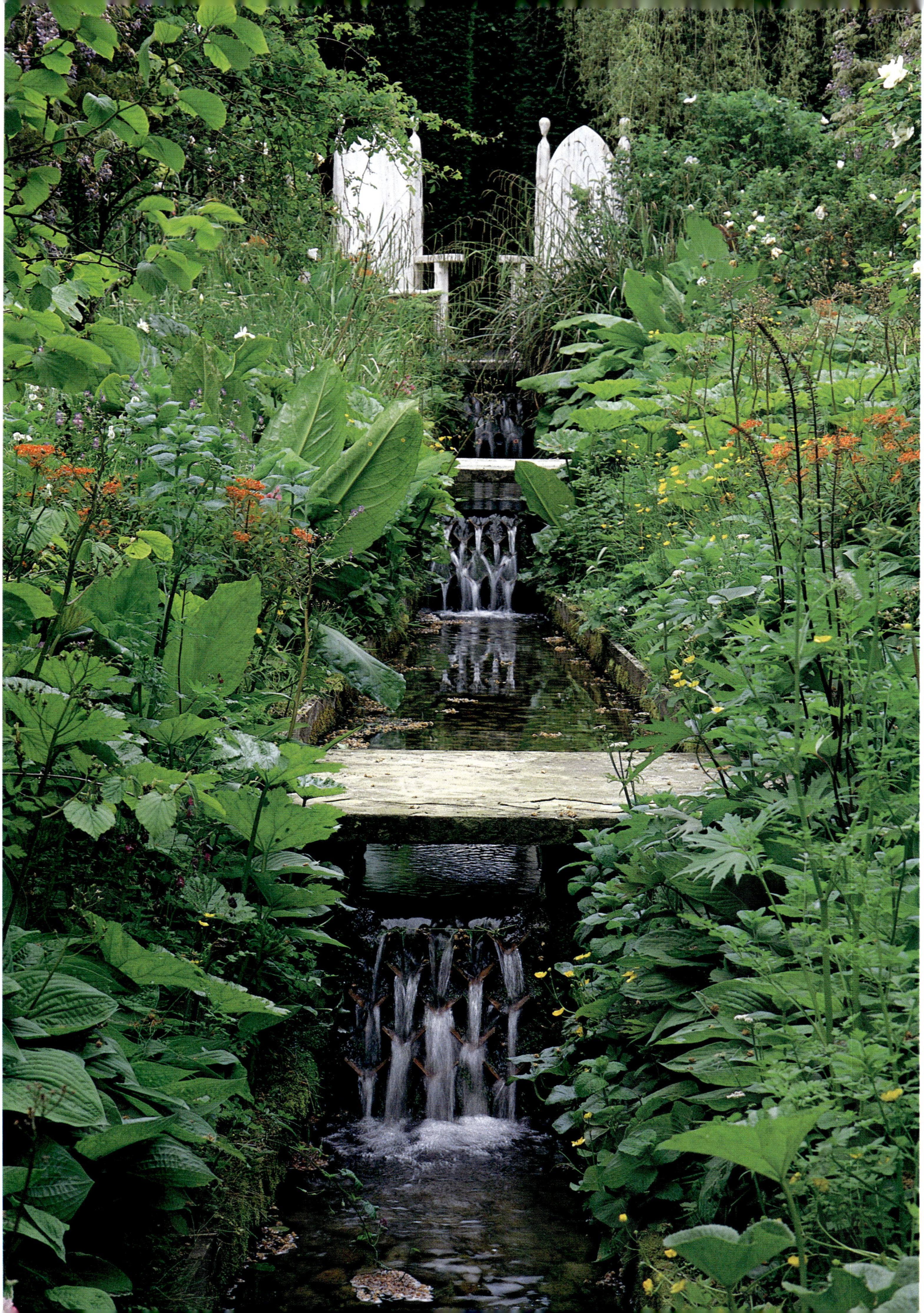

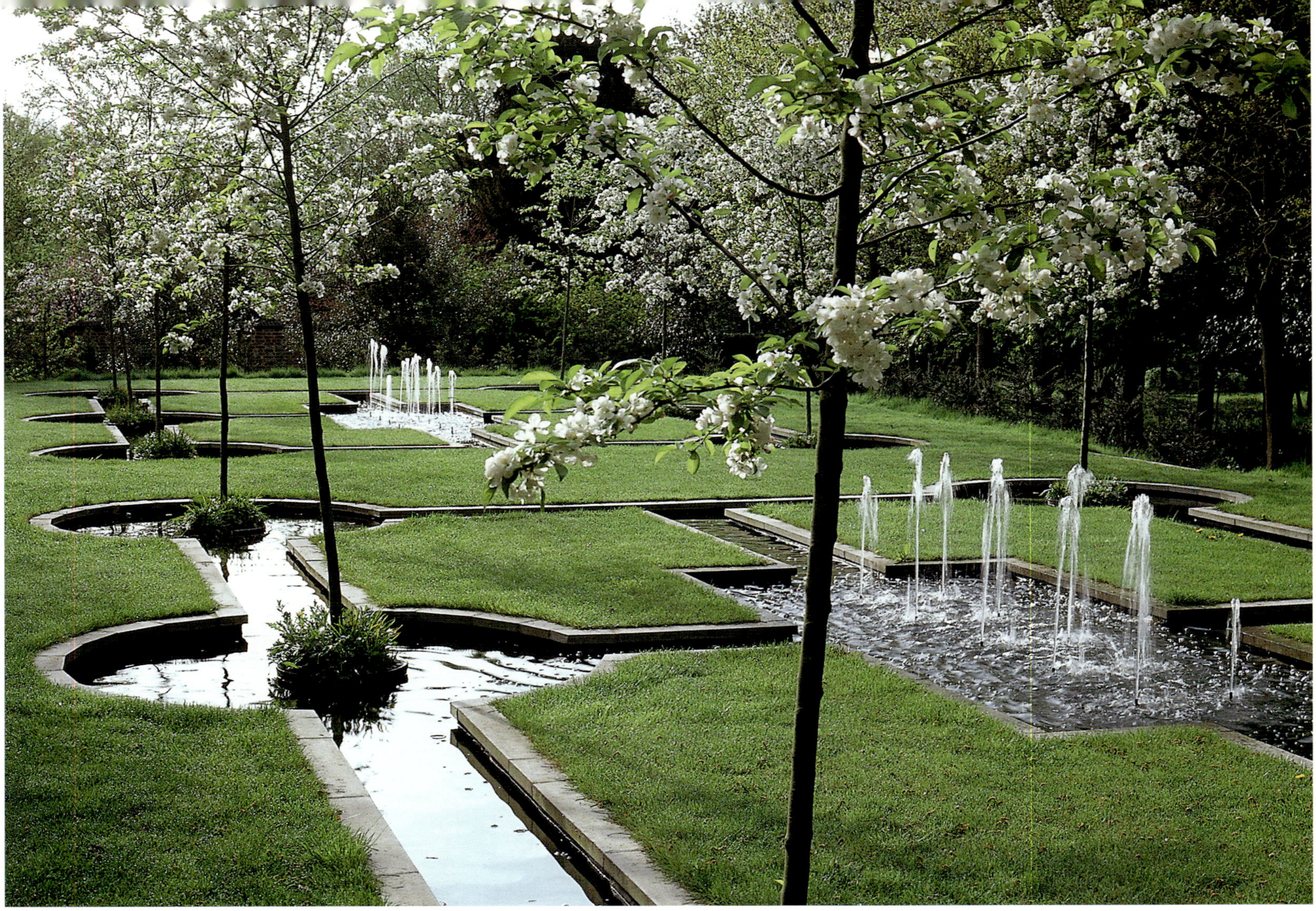

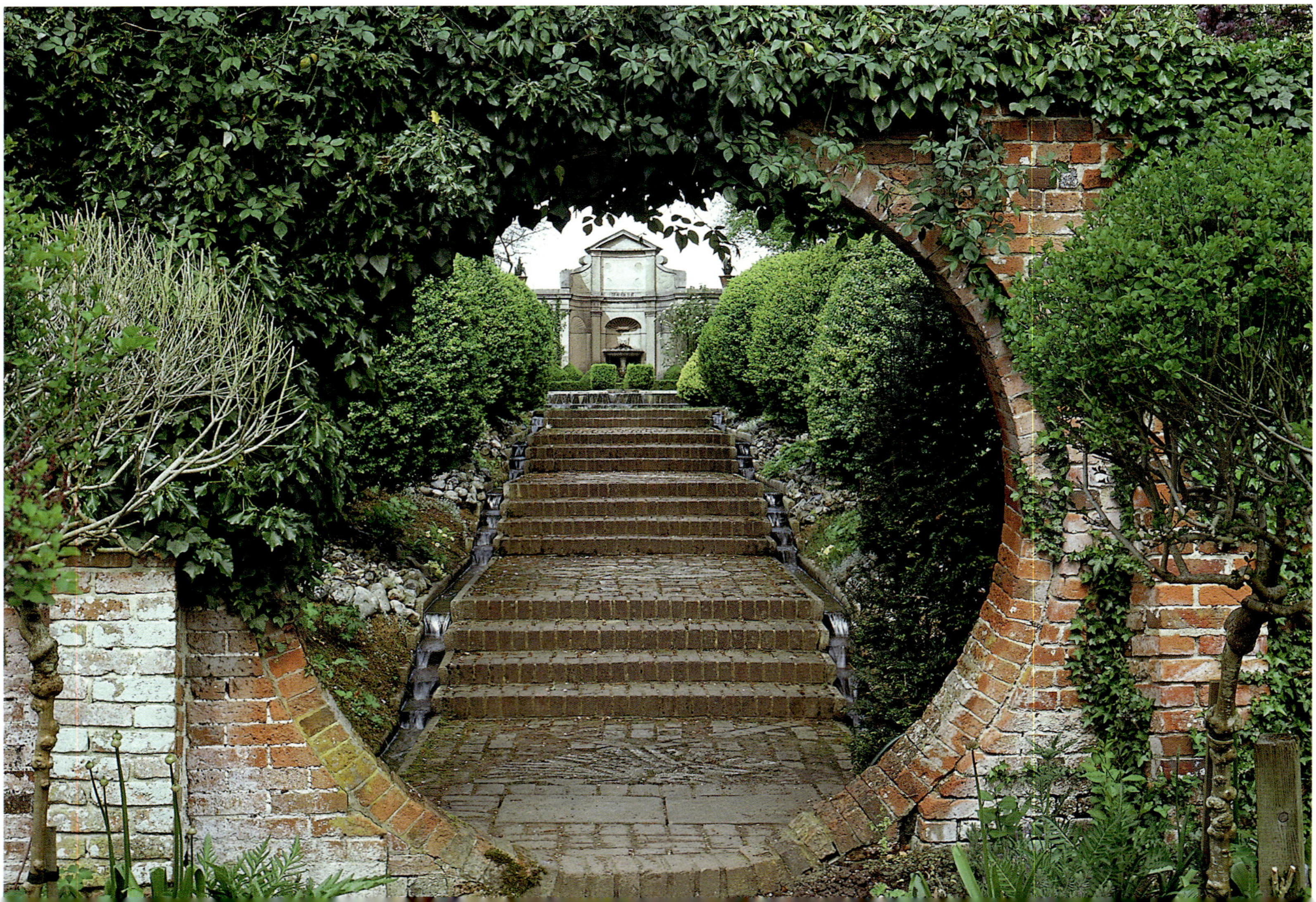

Auch im kühlen und unbeständigen Klima Englands kamen viele Gartenbesitzer des 20. Jahrhunderts nicht ohne Schwimmbecken aus. Wir fragen uns, ob Lawrence Johnston je die Tiefe seines dunklen »Bathing Pools« sondiert hat. Eingeschlossen von Hecken ist dies ein düsterer Ort, auch wenn die Eiben Privatsphäre schaffen und den Wind zurückhalten sollten. Nebenan im Garten von Kiftsgate Manor liegt am tiefsten Punkt ein elegant geschwungener Swimming Pool, in voller Sonne und gleich neben dem mediterranen Garten. Im Jahr 1999 legten die jetzigen Besitzer einen minimalistischen Garten an, dessen Kernstück ein rechtwinkliges, schwarz gestrichenes Becken ist. Einige Gärtner fanden heraus, dass Schwarz bei Weitem sympathischer sein kann als der typische Blauton. Portland-Kalkstein umgibt das Becken, Trittsteine führen zu einer nur mit Rasen bewachsenen Insel. Im Becken steht eine Gruppe bronzener *Philodendron*-Blätter, die der Künstler Simon Allison auf Edelstahlstangen gesetzt hat.

OBEN 24 bronzene Philodendron-Blätter ragen auf Edelstahlstängeln aus dem Becken des formalen Wassergartens von Kiftsgate Court in Gloucestershire. Das von Simon Allison geschaffene Kunstwerk wiegt sich sacht im Wind und lässt das Wasser sehr elegant in das Becken fallen.

GEGENÜBER OBEN Der Paradise Courtyard von West Green House in Hampshire mit seinen Springbrunnen und Rinnen und dem Zierapfel *Malus* 'John Downie', der gerade in voller Blüte steht. Seine Wurzeln, so führt man den unwissenden Betrachter in die Irre, scheinen ganz im Wasser zu stehen.

GEGENÜBER UNTEN Das Nymphaeum von Quinlan Terry im Garten von West Green House. Von dem noch gerade sichtbaren Becken oberhalb der Treppe teilt sich das Wasser in zwei Rinnen, begleitet die Stufen zum so genannten »Mondtor« in der Ziegelwand des ummauerten Gartens.

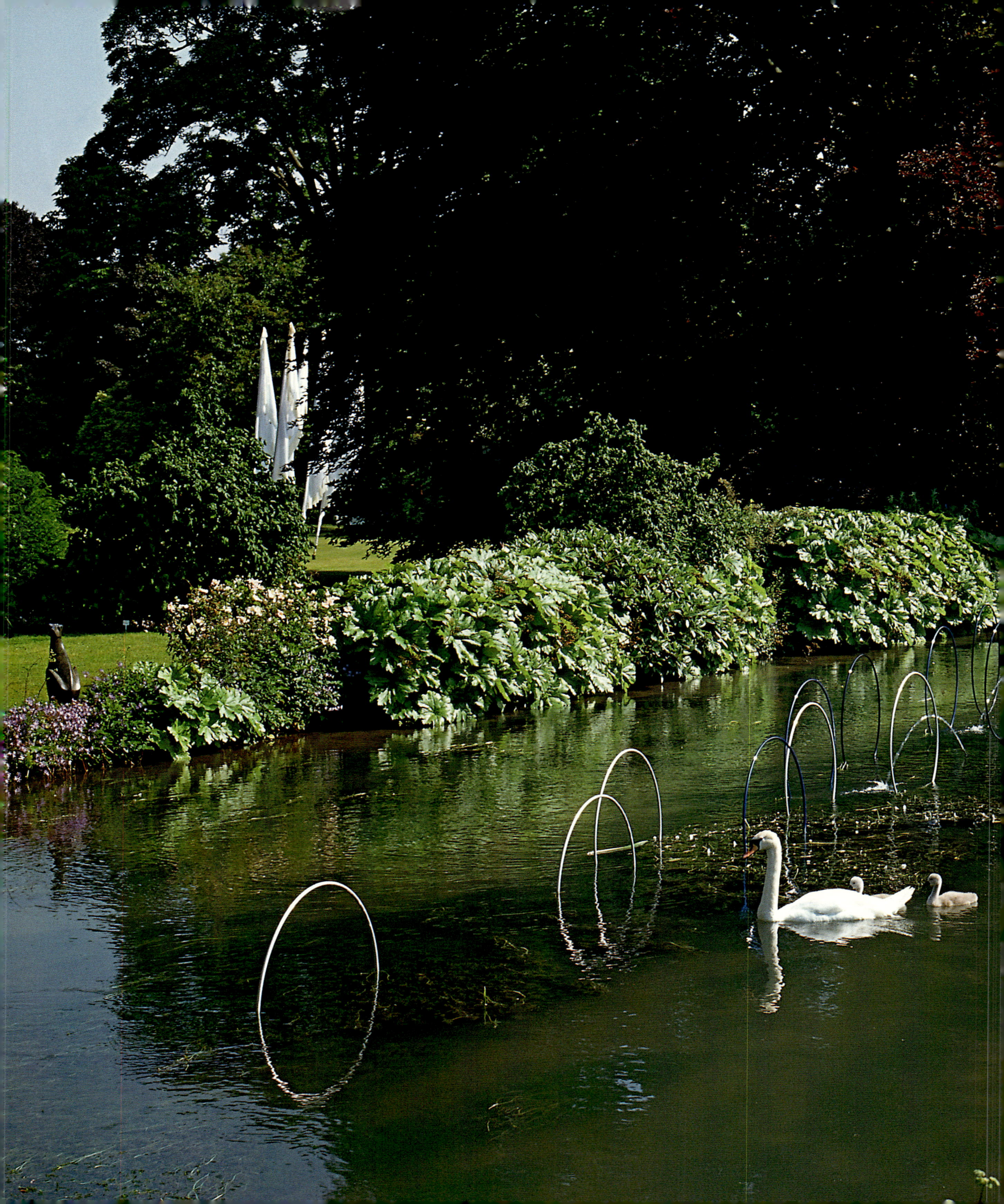

Eine Wasserskulptur von Simon Allison im Fluss Coln, der durch den Garten von Old Rectory in Quenington, Gloucestershire fließt. Die Eigentümer sind Kunstliebhaber und veranstalten alle zwei Jahre eine Skulpturenausstellung in ihrem Garten. Von den Exponaten bleiben auch einige dauerhaft hier. Diese Skulptur heißt *Millrace,* und es ist interessant, wie die Reflexion den Halb- zu einem Vollkreis komplettiert.

Im zeitgenössischen Garten spielt der Naturschutz wieder eine bedeutende Rolle, sodass viele Seen, Teiche und Becken erneut der Natur nachempfunden werden. Dan Pearson hat dies beispielsweise in Home Farm (siehe Seite 271) getan und auch in dem friedlichen, schönen Longstock Park Water Garden in Hampshire. Dieser nach ästhetischen Maßstäben angelegte Wassergarten hat sich als äußerst attraktiv für wildlebende Tiere herausgestellt. In den 1920er Jahren wurden Zierteiche mit dem kalkhaltigen Wasser des Flusses Test gespeist. Der durch seine Warenhäuser berühmt gewordene John Spedan Lewis veränderte den Garten dann seit 1948. Er legte Inseln an, baute Stege und Brücken, pflanzte seltene Bäume und interessante Wasserpflanzen. Für Seerosenliebhaber bietet der Garten nun 18 verschiedene Sorten, aber auch die Sammlung an Waldrandpflanzen, wie etwa asiatische Primeln oder Irisarten, und die Palette einheimischer Blumen kann sich sehen lassen. Der nicht ganz einfache Kniff, einen Wassergarten zu einem wirklichen Höhepunkt eines Gartens werden zu lassen, liegt in der feinsinnigen Gestaltung. Überschäumende Üppigkeit ist wichtig, zu wild darf er aber auch nicht sein. Nicht umsonst gibt es nur wenige Gärten, in denen Wasser das zentrale Gestaltungselement darstellt. In Longstock war man in dieser Hinsicht erfolgreich. Der Garten bietet Tieren Schutz, Nahrung und Nistmöglichkeiten.

Für viele wildlebende Arten, von Eisvogel bis Specht, von Libelle bis Rückenschwimmer,

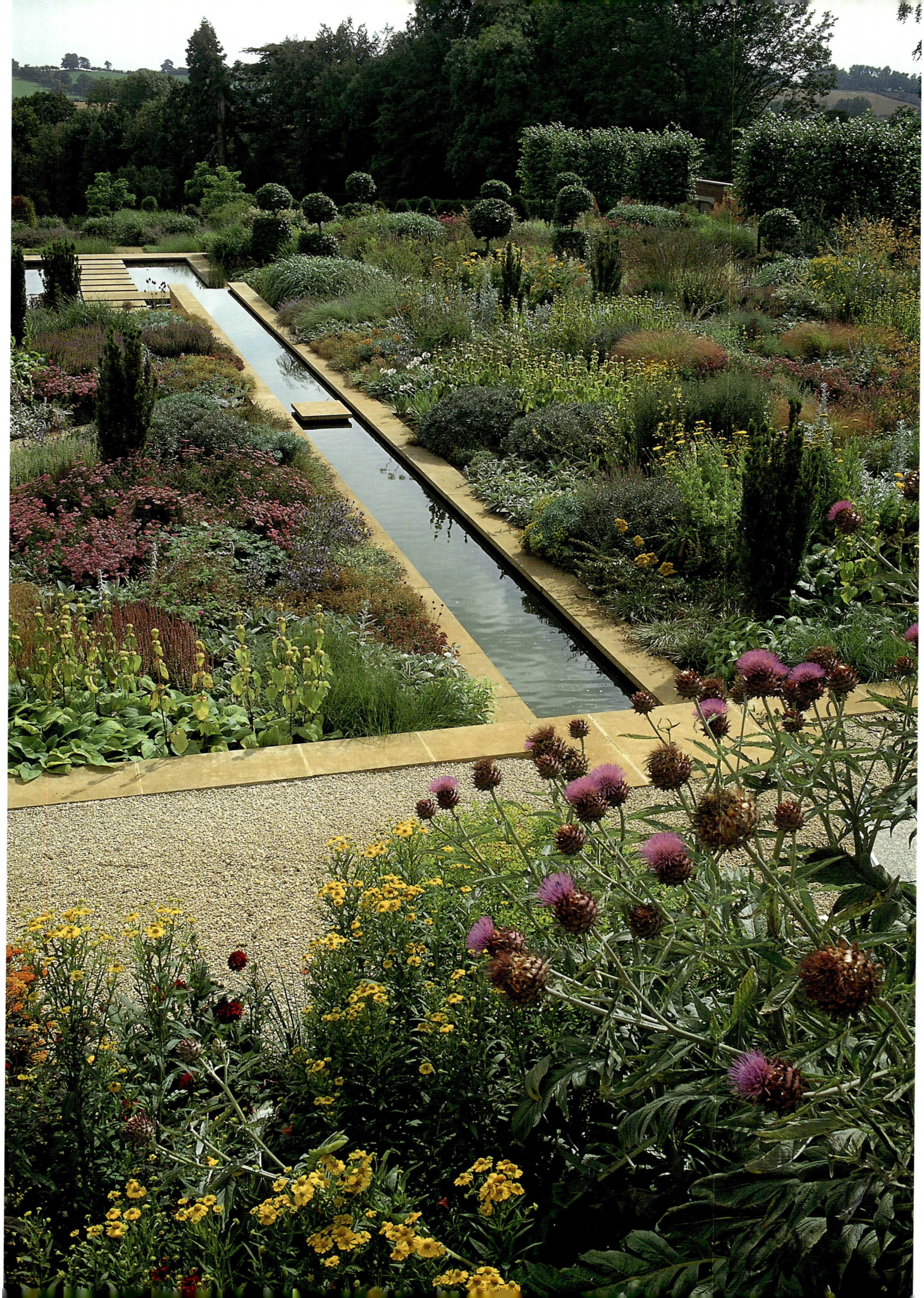

LINKS Longstock Park Water Garden in Hampshire wurde größtenteils von John Spedan Lewis ab 1948 angelegt, obwohl es hier vorher schon Teiche gegeben hat. Auch das riedgedeckte Sommerhaus ist älter und stammt aus den 1920er Jahren. Das Bild zeigt vorne *Rodgersia pinnata* 'Superba', auf der gegenüberliegenden Uferseite zweifarbige Funkien. Dieser Garten ist, wie viele Wassergärten, zur Heimat zahlreicher Wildtiere geworden.

GEGENÜBER Der Kanal mit Trittsteinen und Kaskade in Broughton Grange in Oxfordshire zeigt Tom Stuart-Smiths gestalterisch sicheren Umgang mit Stein. Und dieser Blick zeigt zudem, dass er sich auch auf die Bepflanzung versteht. Broughton Grange gehört zu den gekonntesten und stimulierendsten Gärten, die in England in den vergangenen 10 Jahren angelegt wurden (siehe auch Seiten 358–359 und 374).

ist der Lebensraum aus Wasser und Schlamm ein Paradies. Und ist es nicht beeindruckend, dass dieser Garten schon lange existierte, bevor Gärtner den Begriff »Biodiversität« zum ersten Mal hörten?

Bei der Beschreibung von Wassergärten des 20. Jahrhunderts kann man die hydraulischen Wunder nicht übersehen, die Jacques und Peter Wirtz in The Alnwick Garden in Northumberland geschaffen haben. Dies ist wohl der ambitionierteste eklektizistische Garten eines Landbesitzers seit vielen Jahren. In einem völlig vernachlässigten, 5 Hektar großen ummauerten Garten ist nun die Grand Cascade entstanden, die der zentralen Nord-Süd-Achse einen Hang hinab folgt. Diesen Hang hatte im 19. Jahrhundert William Nesfield angelegt. Eine geschlängelte Mauer aus hier anstehendem Sandstein (Darney) umschließt die Kaskade, in die 21 Wehrstufen eingebaut sind. Aus drei zentralen und 40 kleineren sowie 80 seitlich angebrachten Düsen kommt das Wasser. Ein Computer steuert die vier verschiedenen Springbrunnen-Sequenzen, die alle halbe Stunde wechseln. Im tiefsten Becken hat sich dann allein durch die Sauerstoffanreicherung die Wasserqualität erheblich verbessert. Diese kurze Beschreibung eines höchst komplexen hydraulischen Systems wird der spektakulären Wirkung der Kaskade natürlich nicht gerecht. Wenn die sich kreuzenden Wasserstrahlen im Sonnenlicht funkeln, lässt sich freudiger Jubel über die Wasserspiele kaum unterdrücken. Dies ist ein magischer Ort für Erwachsene und Kinder (die an warmen Tagen im Wasser am Fuß der Kaskade spielen). Aber das ist keinesfalls alles. Am höchsten

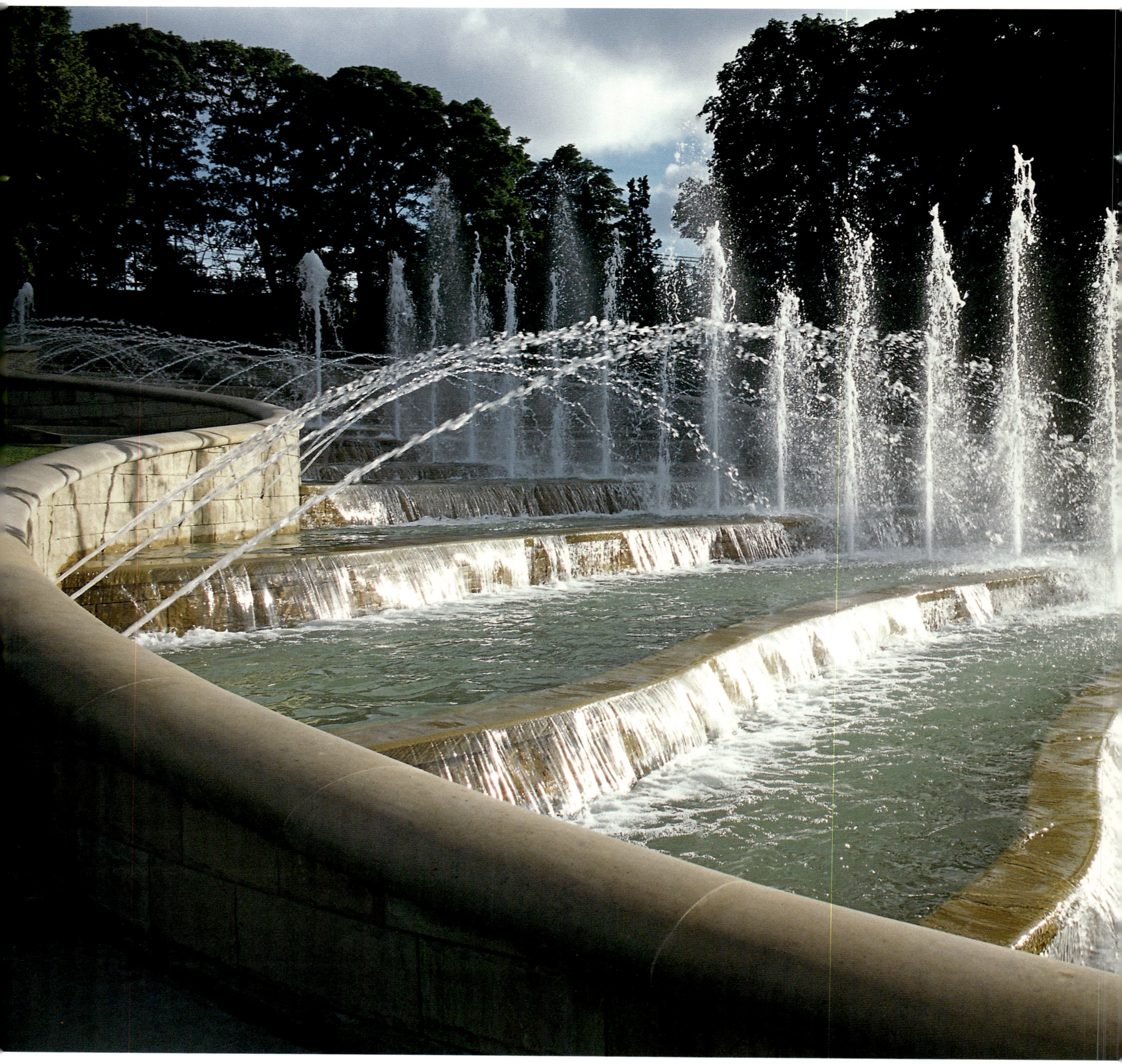

OBEN Eine von William Pyes Skulpturen im Schlangengarten von Alnwick. Sie heißt *Torricelli*. Es gibt hier verschiedene Edelstahlskulpturen, auf die Wasser hinaufsteigt, von denen es herabfällt und wegsprüht, in dem sie sich spiegeln.

LINKS Die »Grand Cascade« in Alnwick Garden, Northumberland, wurde von Jacques und Peter Wirtz gestaltet. Es ist die reinste Freude, wenn hier die Fontänen angehen.

Punkt des Gartens liegt der trapezförmig ummauerte »Ornamental Garden«. In der strengen Geometrie aus Quadraten und Diagonalen liegt ein zentrales Becken, aus dem seitlich gerade Rinnen austreten, die in kreisförmige übergehen. Noch bemerkenswerter ist jedoch der »Serpent Garden« (Schlangengarten) neben der Grand Cascade. Eine schlangenförmige immergrüne Hecke aus Ilex und Eibe umschließt sieben einzigartige

Eine Uferbepflanzung im Garten von Trebah in Cornwall mit Primeln im Vordergrund. Zahlreiche Rhododendren und Kamelien gibt es in diesem Garten, sowie subtropische Pflanzen wie Hanfpalmen und Baumfarne *(Dicksonia antarctica)*. Nach mittlerweile mehreren milden Wintern finden Baumfarne nun auch Plätze in küstenfernen Gärten.

Wasserskulpturen des wohl bekanntesten britischen Wasserkünstlers William Pye.

Die Schönheit und der Einfallsreichtum dieser Skulpturen verschlagen einem den Atem, obwohl sie eigentlich zu dicht zueinander stehen und sich in der Wirkung gegenseitig beeinflussen.

Soviel zu Wassergärten mit stehendem oder fließendem Wasser. Weiterhin gibt es noch die Sumpfgärten, die ebenfalls eine bewegte Geschichte haben und in einer ganzen Reihe von Gärten ein beachtenswertes Element darstellen. Das gilt für Hidcote Manor in Gloucestershire, Chyverton in Cornwall, Wakehurst Place in West Sussex, Wartnaby Gardens in Leicestershire, Marwood Hill und Stone Lane Gardens in Devon sowie Vann in Surrey. Sumpfgärten wurden in der Regel vom Menschen angelegt oder zumindest begünstigt. Sie bestehen aus feuchten Plätzen, die meist im Schatten liegen und kein fließendes Gewässer aufweisen oder in denen es zumindest mehrmals im Jahr versiegt. Sumpfgärten beschränken sich keinesfalls nur auf torfhaltige Böden. Den dort lebenden Pflanzen kommt es vor allem darauf an, dass der Boden nicht austrocknet, was auch einigen exotischen Pflanzen entgegenkommt. Diese bringen im Übrigen mehr Farbe in den Sumpfgarten, als dies die Palette an einheimischen Pflanzen ermöglichen würde. Pflanzen wie die Gelbe Scheincalla *(Lysichiton americanum)*, das gigantische Schildblatt *(Darmera peltata)*, der großblättrige Rhabarber *(Rheum)* oder das Mammutblatt *(Gunnera manicata)*, ganz zu schweigen von der Sibirischen Schwertlilie *(Iris sibirica)* oder der Prachtiris *(Iris ensata)*. Zusammen mit den hohen Primeln, die es in zahlreichen Sorten gibt, machen diese Pflanzen den Sumpfgarten zu einem beeindruckenden Gartenthema, besonders im Frühling und Frühsommer.

ANDERE WASSERGÄRTEN

Wrest Park, Bedfordshire
Scotlands, Berkshire
Cliveden, Buckinghamshire
The Manor House, Bledlow, Buckinghamshire
Durham Massey, Cheshire
Tatton Park, Cheshire
Bonython Manor Gardens, Cornwall
Holker Hall, Cumbria
Sizergh Castle, Cumbria
Renishaw Hall, Derbyshire
Coleton Fishacre Garden, Devon
Docton Mill Gardens, Devon
Marwood Hill, Devon
Athelhampton House Gardens, Dorset
Forde Abbey, Dorset
The Beth Chatto Gardens, Essex
Feeringbury Manor, Essex
The Gibberd Garden, Essex
The Arrow Cottage Garden, Herefordshire
How Caple Court, Herefordshire
Lower Hope, Herefordshire
Westonbury Mill Water Gardens, Herefordshire
Hever Castle, Kent
The Old Zoo Garden, Lancashire
Besthorpe Hall, Norfolk
Corpusty Mill Garden, Norfolk
Fairhaven Woodland & Water Garden, Norfolk
Lake House Water Gardens, Norfolk
Oxburgh Hall, Norfolk
Boughton House, Northamptonshire
Coton Manor, Northamptonshire
Wallington, Northumberland
Dudmaston, Shropshire
Preen Manor, Shropshire
Selehurst, Sussex
Sheffield Park, Sussex
The Courts Garden, Wiltshire
Witley Court, Worcestershire
Burnby Hall Gardens, Yorkshire

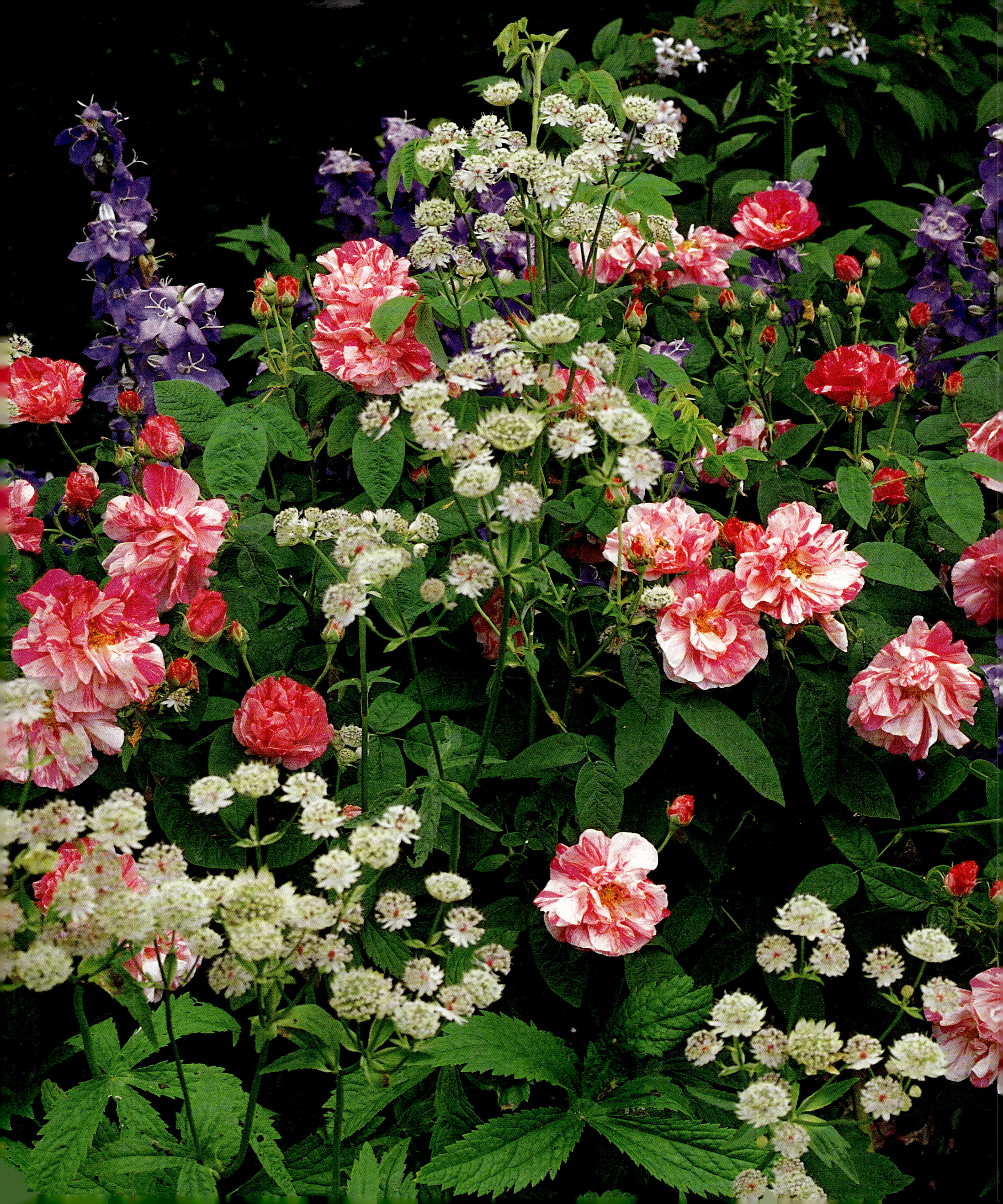

DIE ENGLISCHE ROSE

Wenn man sich für eine Pflanzengattung entscheiden müsste, die überaus bedeutend für den Englischen Garten ist, dann würde man wohl die Rose wählen. Sie wird geliebt von den Engländern, Dichter würdigten sie unzählige Male, sie gilt als nationales Symbol und wird als Sinnbild von Schönheit verehrt. Die Rosenblüte vereint, im besten Fall, eine exquisite symmetrische Form mit betörendem Duft und lässt fantasievolle Assoziationen zu. Wer kann dieser Kombination wohl widerstehen? Und selbst die bei manchen Sorten kurze Blüte hat sogar den Reiz weiter erhöht. »They are not long, the days of wine and roses«, schrieb Ernest Dowson 1986 in *Vitae summa brevis*. Das rührt uns immer noch tief an.

Einige Rosenarten sind in England heimisch, wie etwa *Rosa canina*, *R. arvensis* und *R. rubiginosa*. Die Römer führten wahrscheinlich *Rosa alba* ein, die Kreuzritter brachten *Rosa damascena* aus dem Gelobten Land mit nach Hause. In Bulgarien nutzte man Letztere, um daraus schon 300 Jahre lang Rosenöl zu gewinnen. *Rosa gallica* kam aus Südeuropa über Frankreich nach England. Als Apothekerrose und als die »Red Rose of Lancaster« wurde *R. gallica officinalis* bekannt, während die »White Rose of York« eine halbgefüllte Form von *Rosa alba* war. Alle diese Rosen blühten nur einmal jährlich im späten Mai und Juni. Auch wenn die Techniken der Rosenzucht bis zum 19. Jahrhundert noch nicht ausgereift waren, kam es schon vorher zu Zufallshybriden (Sports) wie etwa die gestreifte *Rosa Mundi* von der »Red Rose of Lancaster«. Im Mittelalter hatten Rosen vor allem einen medizinischen Wert und wurden daher in Klostergärten zahlreich angepflanzt.

Es wird angenommen, dass Kaiserin Josephine am Château de Malmaison außerhalb von Paris den ersten Rosengarten überhaupt anlegte. 1798 zog sie dorthin, während ihr Mann sich weit weg im Krieg aufhielt. Ihre Faszination gegenüber der Rose war so stark, dass sie alle Rosen anpflanzen wollte, die bis dahin im Westen bekannt waren. Dazu gehörten einige neue Arten aus China und *Centifolia*-Rosen (Hundertblättrige Rose) und ihre Sports sowie die Moosrosen aus Holland. Die Idee eines Rosengartens hatten zuerst wohlhabende Franzosen, Überlebende der Revolution, und sie verbreitete sich dann in England.

Um 1900 hatten die Züchter die Farbpalette aus Pink, Rot, Purpur und Weiß um Gelb und Apricot erweitert. Bezogen auf die Moderne Rose kam ein wahrer Durchbruch im Jahr 1929, als ein orangeroter Sport entstand. Nur Blau blieb bis heute eine unmögliche Rosenfarbe.

GEGENÜBER Eine schöne Frühsommerbepflanzung mit der gestreiften, einmalblühenden *Rosa gallica* 'Versicolor' (vielleicht besser bekannt als *Rosa Mundi*), Sterndolde *(Astrantia major)* und Hoher Glockenblume *(Campanula persicifolia)*.

UNTEN Rosen an einem Torbogen von Broughton Castle in Oxfordshire. Die Sorten heißen 'Sander's White Rambler' und 'Bonica'.

GEGENÜBER Seit den 1920er Jahren gehörten Rosen zu den bedeutungsvollen Elementen des Gartens von Haddon Hall in Derbyshire, besonders in der nach Süden zeigenden Gartenterrasse. Die Idee der Hochstammrose kam etwa 100 Jahre vorher aus Frankreich und bot die Möglichkeit, eine zweite Ebene in eine solche Pflanzung zu bringen. 'Ballerina' heißt die Hochstammrose, unterpflanzt ist sie mit der langblühenden 'Bonica'.

FOLGENDE SEITEN Diese wunderschön mit Seilen verbundenen Rosensäulen werden in England »catenary« genannt. »Catenary« leitet sich von dem lateinischen Begriff für Kette ab. Catenarys waren vom 19. Jahrhundert an ein attraktives Werkzeug, Kletter- und Ramblerrosen in Szene zu setzen. Auch in modernen Gärten hat dieses Stilmittel hierzulande seinen Platz behalten. Die Rose in dem hier abgebildeten Garten von Eaton Hall in Cheshire ist 'New Dawn', die Gestaltung stammt von Arabella Lennox-Boyd.

Weil Rosen nur einmal in der drei- bis viermonatigen Saison blühten, kam es in Mode, sie in reinen Rosengärten zu pflanzen, die häufig von Mauern umschlossen waren. Außerhalb der Blühsaison kümmerte man sich um diese Gärten dann kaum. Man nannte die reinen Rosengärten dann Rosarien. Humphry Repton legte bereits um 1800 ein Rosarium im Garten von Belton House in Lincolnshire an, den es allerdings nicht mehr gibt. Rosarien waren gefüllt mit, wie wir sie heute nennen, »Alten Rosen«, die hoch und ausladend werden konnten. Die Beetränder bepflanzte man mit Lavendel. Aus Frankreich kommend erreichte die Stammrose 1818 England und schon bald wurde sie zum unverzichtbaren Bestandteil von Rosengärten. Sie standen in Reihe entlang von Wegen oder wurden als recht preisgünstige Blickpunkte gesetzt.

Dann traten die Bourbon-Rosen wieder auf die Bildfläche. Die erste Bourbon-Rose war wahrscheinlich eine Zufallskreuzung aus einer öfterblühenden China-Rose, 'Parson's Pink' oder 'Old Blush China', und einer Damascena-Rose namens 'Autumnalis'. Diese Kreuzung kam auf der Île de Bourbon (heute Réunion im Indischen Ozean) zustande. Später in diesem Jahrhundert kamen die Portland-Rosen und die Remontant-Rosen nach England. Remontant-Rosen blühen zweimal (wie ihr Name verrät) und genossen lange Zeit hohe Popularität, obwohl sie zu wenig eleganten, hohen Sträuchern heranwuchsen. Alle diese aus dem Orient oder Europa stammenden Rosen beziehungsweise Kreuzungen daraus werden heute in England häufig als »Heritage-Rosen« bezeichnet. Damit werden sie von den Modernen Rosen, also Teehybriden und Floribunda-Rosen abgegrenzt.

Während des ganzen 19. Jahrhunderts zog man Rosen in separaten Gärten, wo Platz dafür vorhanden war, manchmal in Parterres, manchmal weiter weg von den anderen Gartenbereichen. William Robinson hatte nicht viel mehr als Spott für sie übrig. Wenn er selbst Rosengärten für andere anlegte, bestand er darauf, die Ränder mit Steinbrech, Enzian, Veronika oder anderen bodenbedeckenden Stauden zu bepflanzen. Er nannte dies dann »Mulchen mit Leben«.

Dem stimmte Gertrud Jekyll vollkommen zu. Sie hatte großen Einfluss auf Rosenpflanzungen der Landsitze im frühen 20. Jahrhundert. In ihrem Buch *Roses for English Gardens* von 1902 beschrieb sie zahlreiche Situationen im Garten, die sich für Rosen eigneten. Sie befürwortete Bereiche im Garten, in denen Rosen vorherrschen konnten, aber ebenso wichtig war ihr die Mischung mit anderen Pflanzen. Die Idee, Ramblerrosen in Eiben, Ilex oder alte Obstbäume wachsen zu lassen, wurde mit diesem Buch geboren. Vita Sackville-West wiederum nahm diese Idee für ihren Garten in Sissinghurst auf. Sie nutzte die ähnliche Blütenform der verwandten Gattungen der Rosen und Äpfel und ließ auf die Apfelblüte im April die Rosenblüte im Juni folgen. Gertrude Jekyll war auch eine Befürworterin der in England so bezeichneten »catenaries«, bei denen kräftige Seile oder Ketten zwischen hohen Pfosten gehängt wurden und an

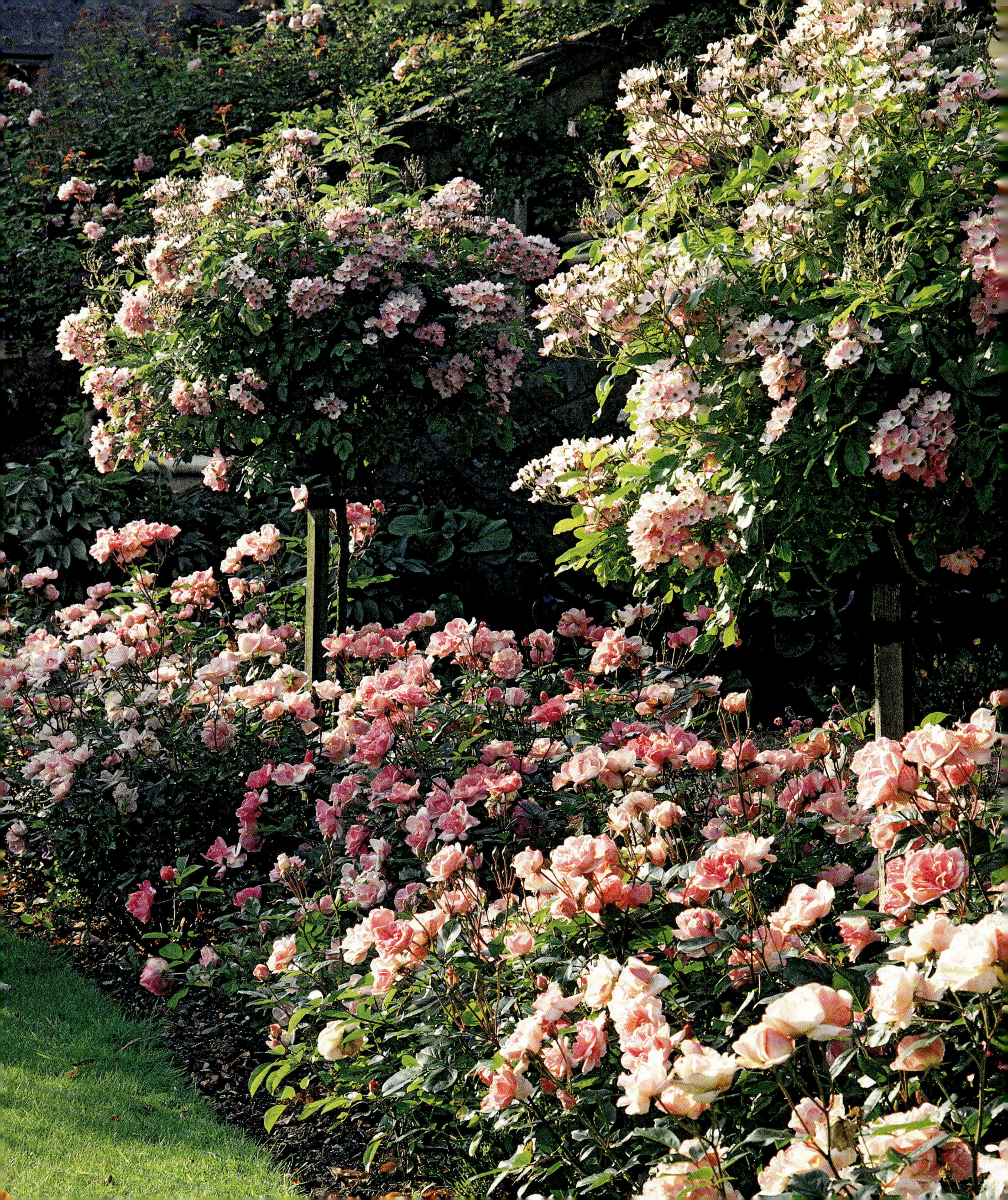

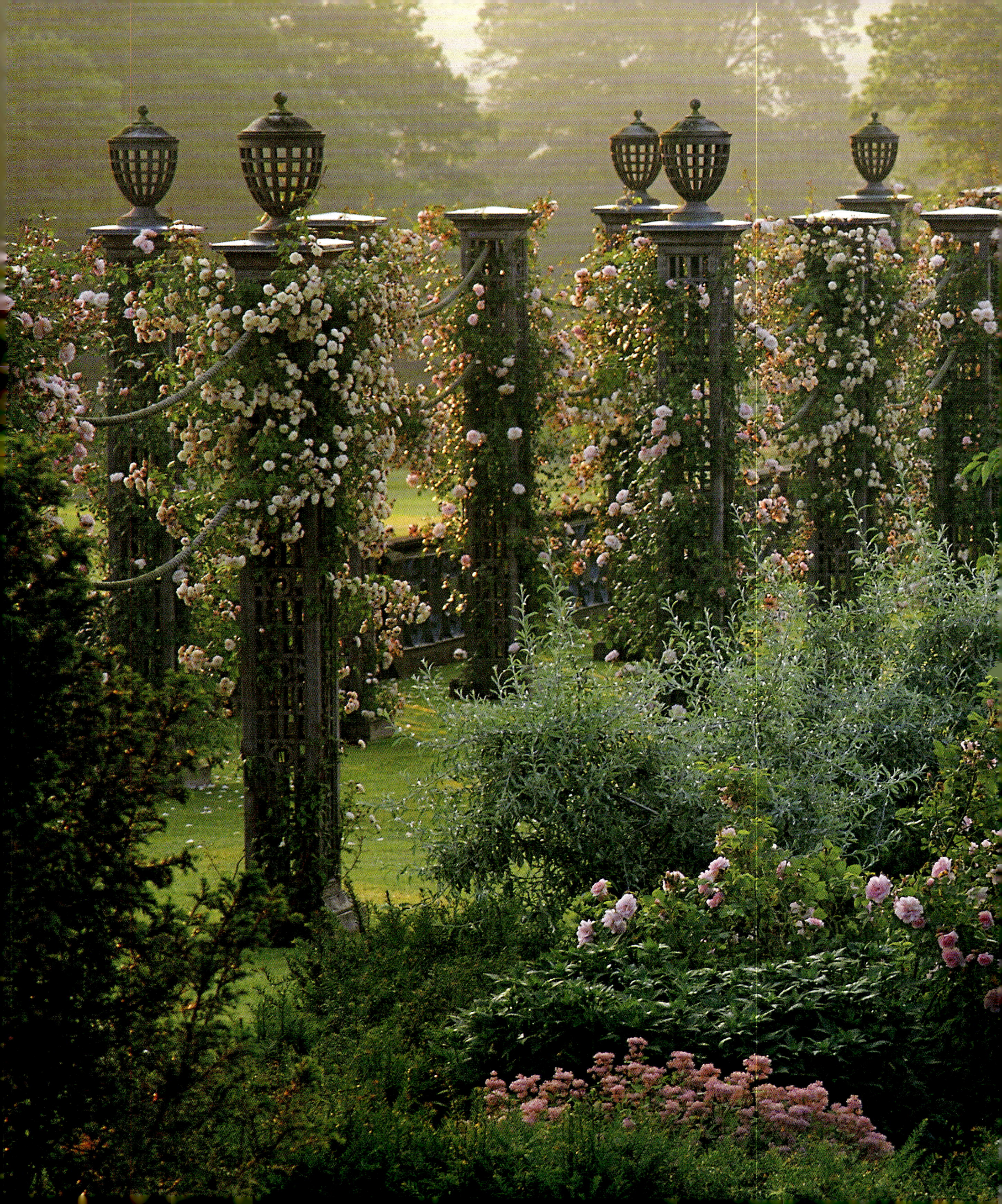

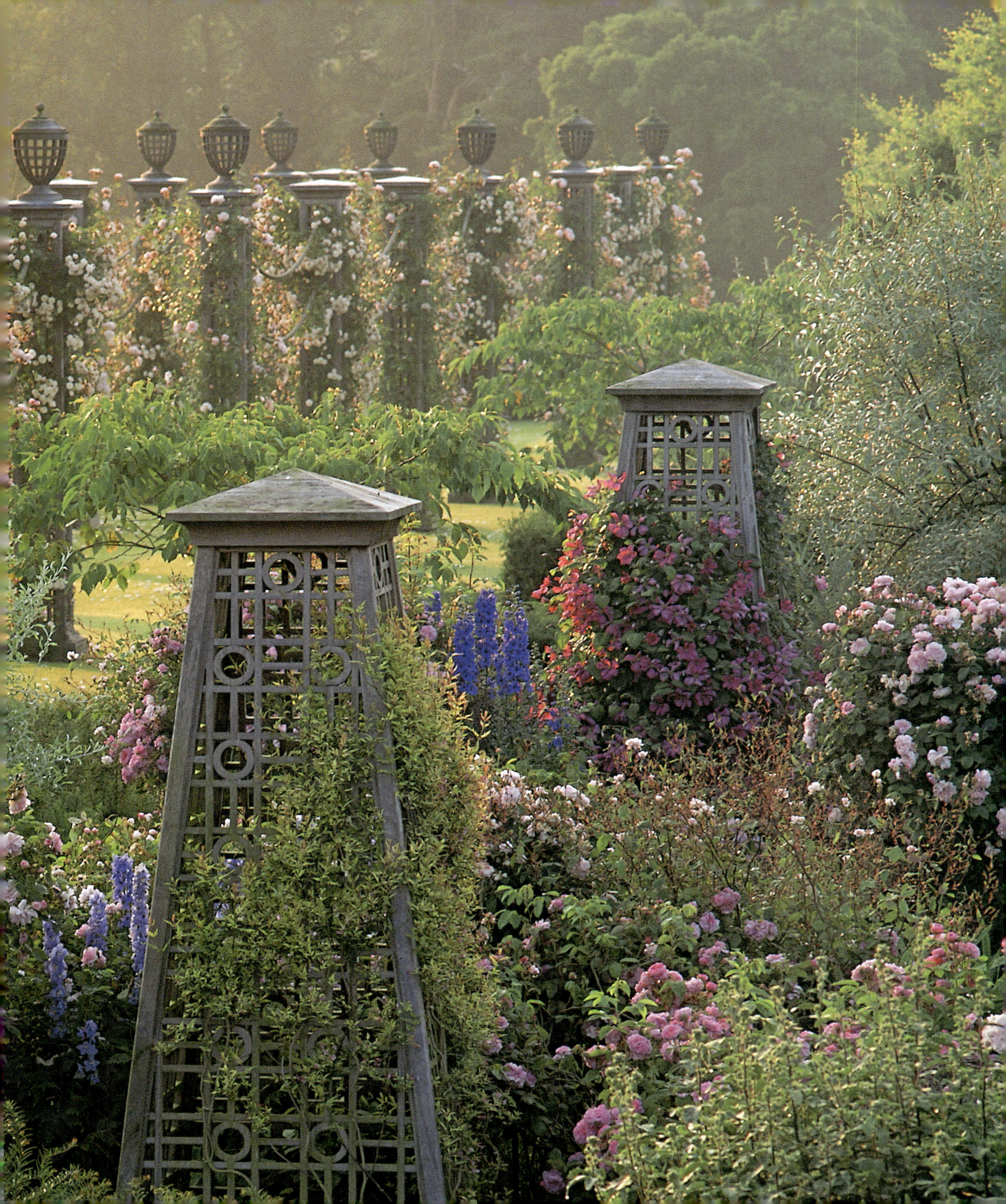

Folly Farm in Berkshire wurde von Sir Edwin Lutyens angelegt, wovon auch die edle Pflasterung Zeugnis ablegt. Die warme Farbe der in Monokultur gepflanzten modernen Floribunda-Sorte wird etwas abgekühlt durch die Wasserfläche und das Mittelbeet mit Lavendel.

denen dann Ramblerrosen rankten. Auch setzte sie Rosen gerne auf Wallböschungen oder in wildere Bereiche. Als Hintergrund für Rosengärten empfahl Jekyll Eibenhecken und Waldsäume.

Ab 1867 kam eine Rosengruppe auf den Markt, die sich auf keinen Fall für eine Kombination mit anderen Pflanzen eignete. Die steif aufrecht wachsenden Teehybriden sollten zusammen mit den Polyantha-Rosen (später Floribunda-Rosen) in separaten Gärten zusammengefasst werden, auch wegen des recht hohen Düngerbedarfs. Sie wurden zwar nicht jedes, sondern normalerweise nur jedes dritte Jahr ausgegraben, aber dennoch ähnelte deren Behandlung doch sehr der einjähriger Beetpflanzen. So gab man jeder Gruppe ein eigenes Beet, um darin Form und Höhe gleich zu halten, mischte die Beete aber mit verschiedenen Farben. Man kehrte also wieder dahin zurück, Rosen in eigenen Gärten zu konzentrieren, und diese Methode hat sich bis heute erhalten. Gut zu beobachten ist das dort, wo ehemalige Rosengärten wiederhergestellt wurden, wie etwa das restaurierte Parterre von Sudeley Castle in Gloucestershire, das auch als Queen's Garden bekannt ist (siehe Seiten 310–311). William Andrews Nesfield legte 1859 dieses Parterre mit seinem achteckigen Wasserbecken auf dem ehemaligen Parterre aus der Tudor-Zeit an. Die beiden Königinnen

Katherine Parr und Lady Jane Grey lebten in Sudeley Castle. Umgeben ist dieses Parterre von Doppelreihen aus Eiben, die von schmalen bogigen Öffnungen unterbrochen sind.

1989 entwarf Jane Fearnley-Whittingstall formale Beete mit Strauchrosen, Kräutern sowie Zwiebelgewächsen und ließ meines Erachtens sehr schön die Atmosphäre eines umschlossenen, duftenden Gartens aus der Tudorzeit entstehen. Schmiedeeiserne Lauben tragen Kronen, die von überreich rosa und apricot blühenden Ramblerrosen der Sorte 'Phyllis Bide' erklommen werden.

Kletterrosen fanden seit der Viktorianischen Zeit überall einen Platz, an Hauswänden, Pergolen, Bögen, Flechtwerk oder an offenen, pyramidenförmigen Holzgestellen – daran hat sich bis heute nichts geändert (siehe Seiten 304–305). Pergolen waren ein bestimmendes Element der Arts-and-Crafts-Gärten des frühen 20. Jahrhunderts, und keine andere Pflanze schien besser zu ihnen zu passen. Dies traf besonders auf Ramblerrosen zu, die von der Luftzirkulation profitierten, die an Hauswänden häufig fehlte, und somit weniger von Mehltau befallen wurden.

Die meiste Zeit des 20. Jahrhunderts konzentrierten sich die Rosenzüchter vorwiegend auf Teehybriden und Floribunda-Rosen. Aber auf dem

Im Garten von John Scarman (von der Firma Cottage Garden Roses in Staffordshire) wachsen Rosen auch an Bögen. In der Mitte ist die kletternde Bourbon-Rose 'Madame Isaac Pereire' zu sehen. Sie ist bei Rosenfreunden aufgrund ihrer mehrmaligen Blüte, ihrer nach Lavendel duftenden gefüllten Blüten und aufgrund der Tatsache beliebt, dass man sie als Strauch- und als kleinere Kletterrose verwenden kann.

Die Gruppe der Englischen Rose wurde von David Austin erschaffen. Sie sieht aus wie eine Alte Rose, ist aber mit den Vorteilen einer breiten Farbpalette, sicherer Remontierfähigkeit und zufriedenstellender Krankheitsresistenz ausgestattet. Einige Sorten der Englischen Rose gedeihen auch in Töpfen und sind empfehlenswerte Kandidaten für moderne kleine Gärten. Diese Vorteile und natürlich der Duft (der meisten Sorten) haben dafür gesorgt, dass Englische Rosen heutzutage in vielen öffentlich zugänglichen Englischen Gärten anzutreffen sind.

Festland (besonders in Deutschland und Dänemark) hörte die Beschäftigung mit anderen Rosengruppen, wie etwa Strauchrosen, nie auf. So züchtete man einmalblühende Moderne Strauchrosen wie 'Nevada' (1927) und 'Frühlingsgold' (1937), außerdem wurden remontierende Kletterrosen entwickelt. Diese nahmen häufig den Platz von einmalblühenden Ramblern ein, überall dort, wo es einen Bogen oder eine Säule zu beranken galt.

In den letzten 30 Jahren des 20. Jahrhunderts kamen neue Trends auf. Dabei erleichterten zwei Entwicklungen die Integration von Rosen in gemischte Pflanzungen. Am wichtigsten war die Züchtung von Rosen, die wie Alte Rosen aussahen und dufteten, gleichzeitig aber die Konstitution, die Farbpalette und die Blühfreudigkeit der Teehybriden aufwiesen. Den Weg für diese Entwicklung hatte David Austin aus Albrighton in den West Midlands gebahnt. Er kam in den 1960er Jahren mit den, wie er sie nannte, »Englischen Rosen« auf den Markt.

Den Einfluss von David Austin auf die Rosenzüchtung und die Anlage von Rosengärten in unserem Land kann gar nicht überbewertet werden. Das gilt im Prinzip für die ganze Welt, nachdem seine Rosen auch in den

Vereinigten Staaten und Australien ausgezeichnet angekommen sind. Schon vielfach ist versucht worden, seine Arbeit zu imitieren – immer die höchste Form der Schmeichelei. Seine erste erfolgreiche Rose hieß 'Constance Spry', eine schöne Kletterrose, die allerdings nur einmalblühend war. In den frühen 1980er Jahren erreichte er sein Ziel und schuf mit 'Mary Rose', 'Graham Thomas' und 'Heritage' schöne, remontierende Sorten.

Einige schwache oder krankheitsanfällige Sorten konnten dann aus dem Sortiment genommen und ersetzt werden. Englische Rosen neigen in zu feuchten Gebieten zu Sternrußtau. Aber die meisten haben sich als exzellente Gartenpflanzen erwiesen, darunter 'Gertrude Jekyll', 'Graham Thomas' und 'The Alnwick Rose'. Im Durchschnitt führt Austin sechs neue Rosen jährlich ein, die nicht immer besser sind als die vorhandenen. Für den Laien ist es im Übrigen vielfach schwierig, die neuen Sorten von früheren zu unterscheiden. Alles in allem kann man die Englischen Rosen als großen Fortschritt bezeichnen, der durchaus zur abnehmenden Popularität der Beetrosen und auch der kurzblütigen Alten Rosen beigetragen hat.

Dann hatte eine zweite züchterische Entwicklung Einfluss auf die Englischen Gärten, wenn auch eine geringere als die der Englischen Rose.

OBEN Einer der liebenswertesten und blütenreichsten Gärten mit Rosen ist der von Broughton Castle in Oxfordshire (siehe auch die Seiten 19 und 109). Dies ist der Ladies' Garden, angelegt um 1880. Vor der Mauer im Hintergrund blüht eine eindrucksvolle Hecke der Moschus-Hybride 'Felicia' und davor die niedrigere 'Ballerina'. Moschus-Hybriden wurden in den 1920er Jahren von Rev. Joseph Pemberton entwickelt. Ihre Blühwilligkeit und akzeptable Krankheitsresistenz sowie ihr Duft haben sie bei Rosenliebhabern beliebt werden lassen, die auf das Erscheinungsbild der Alten Rose Wert legen. Im Stein unter dem eisernen, mit *Verbena* 'Sissinghurst' und *V.* 'Silver Anne' bepflanzten Blumenkorb ist eine Inschrift aus *The Rubáiyát* von Omar Khayyám zu finden: »Ich glaube manchmal, dass keine Rose so rot blüht wie das Blut des begrabenen Caesar.« Das gibt einem Zeit zum Nachdenken.

FOLGENDE SEITEN Der Queen's Garden von Sudeley Castle in Gloucestershire wurde entworfen von Jane Fearnley-Whittingstall und 1989 bepflanzt. Der Entwurf basiert auf einem Parterre (es gab hier eines aus dem 16. Jahrhundert) mit Beeten gleicher Form und Größe, die in Bereiche gegliedert waren. Die Rosen stehen den Alten Rosen nahe und werden durch zahlreiche Kräuter ergänzt. Sie stellen einen wichtigen Beitrag zur historischen Bedeutung von Sudeley dar, das im 16. Jahrhundert das Zuhause von gleich zwei Königinnen war. Passenderweise sind unter den Rosen auch die Sorten 'Reine Victoria', 'Königin von Dänemark' und 'Empress Josephine' zu finden.

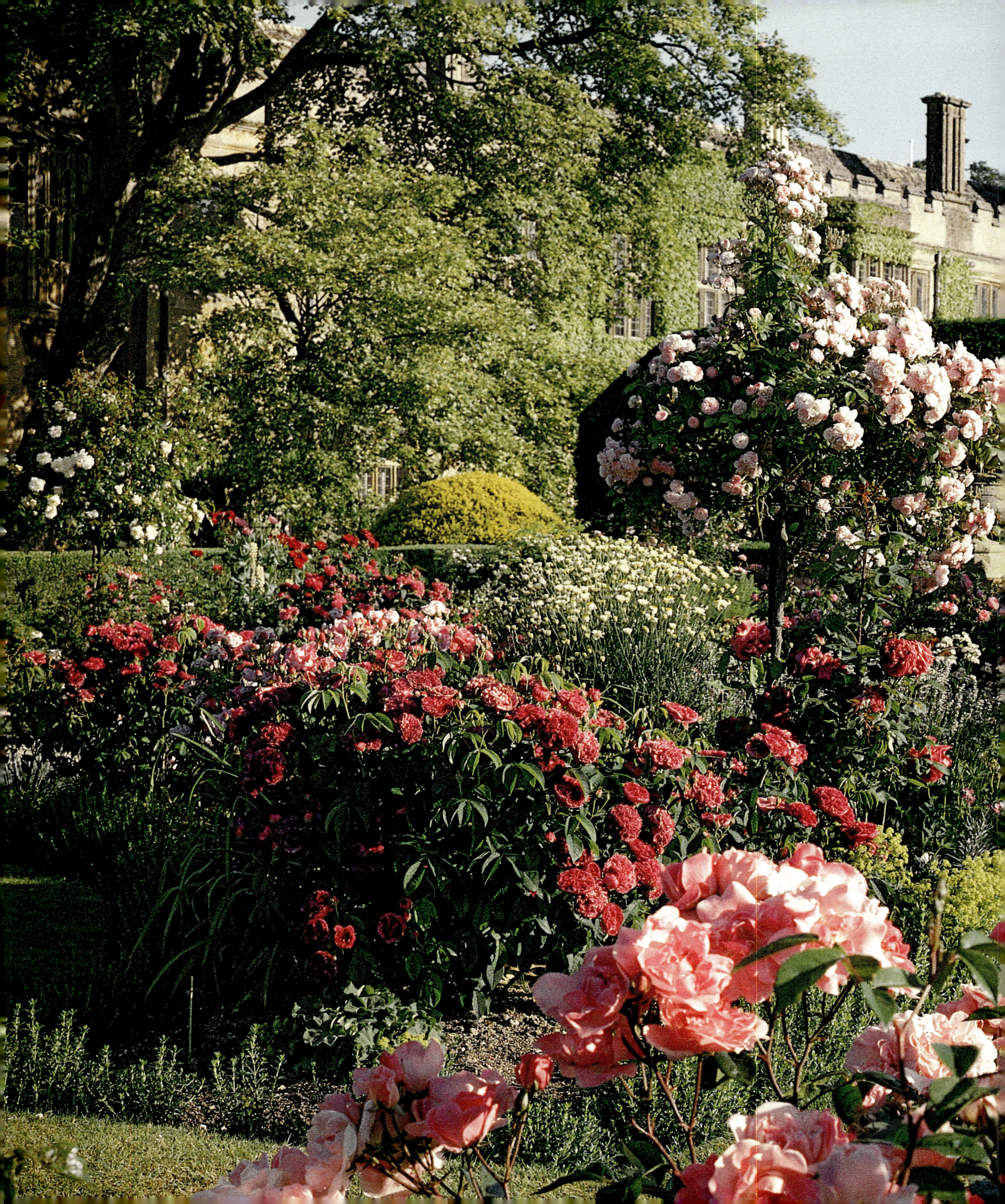

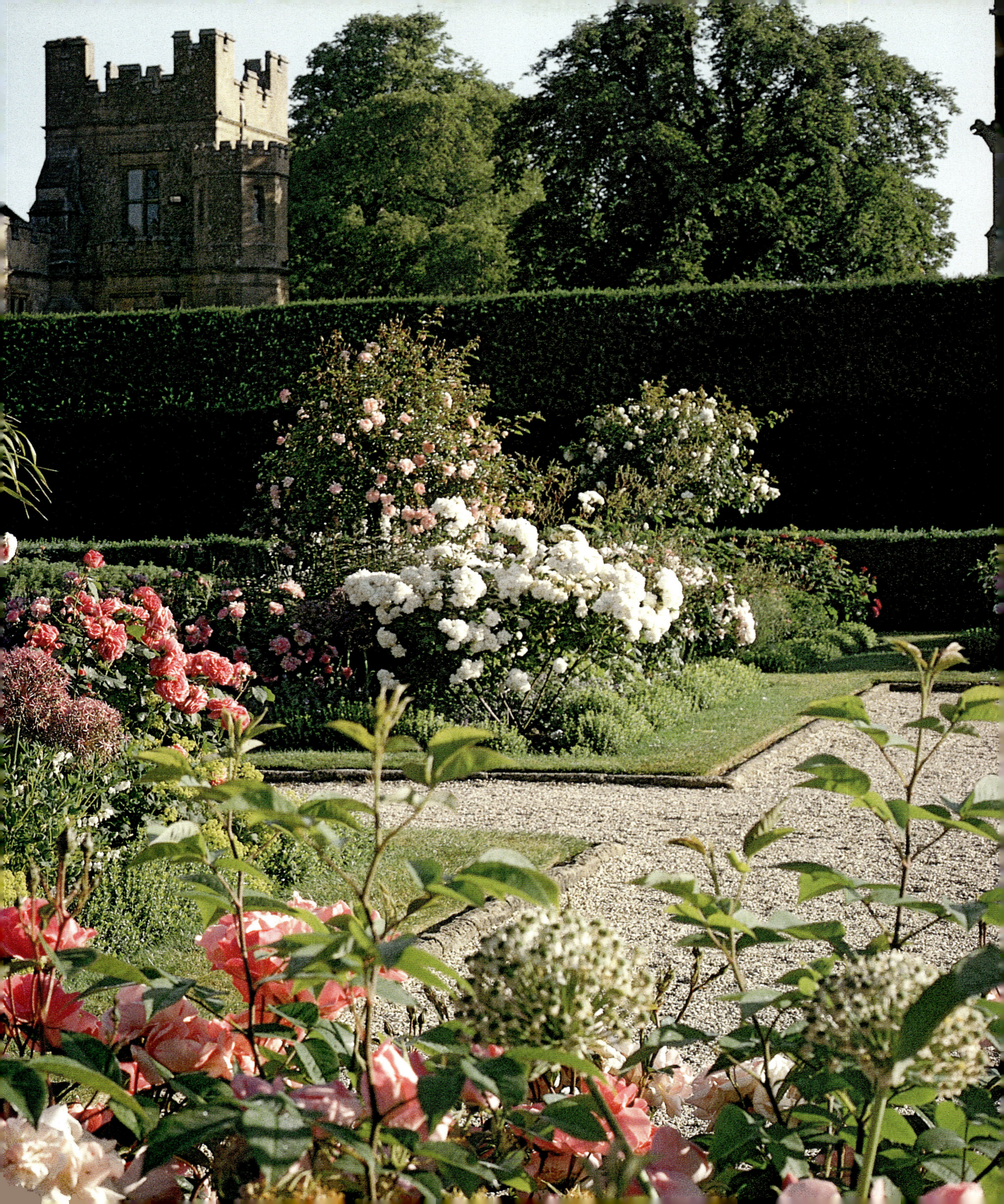

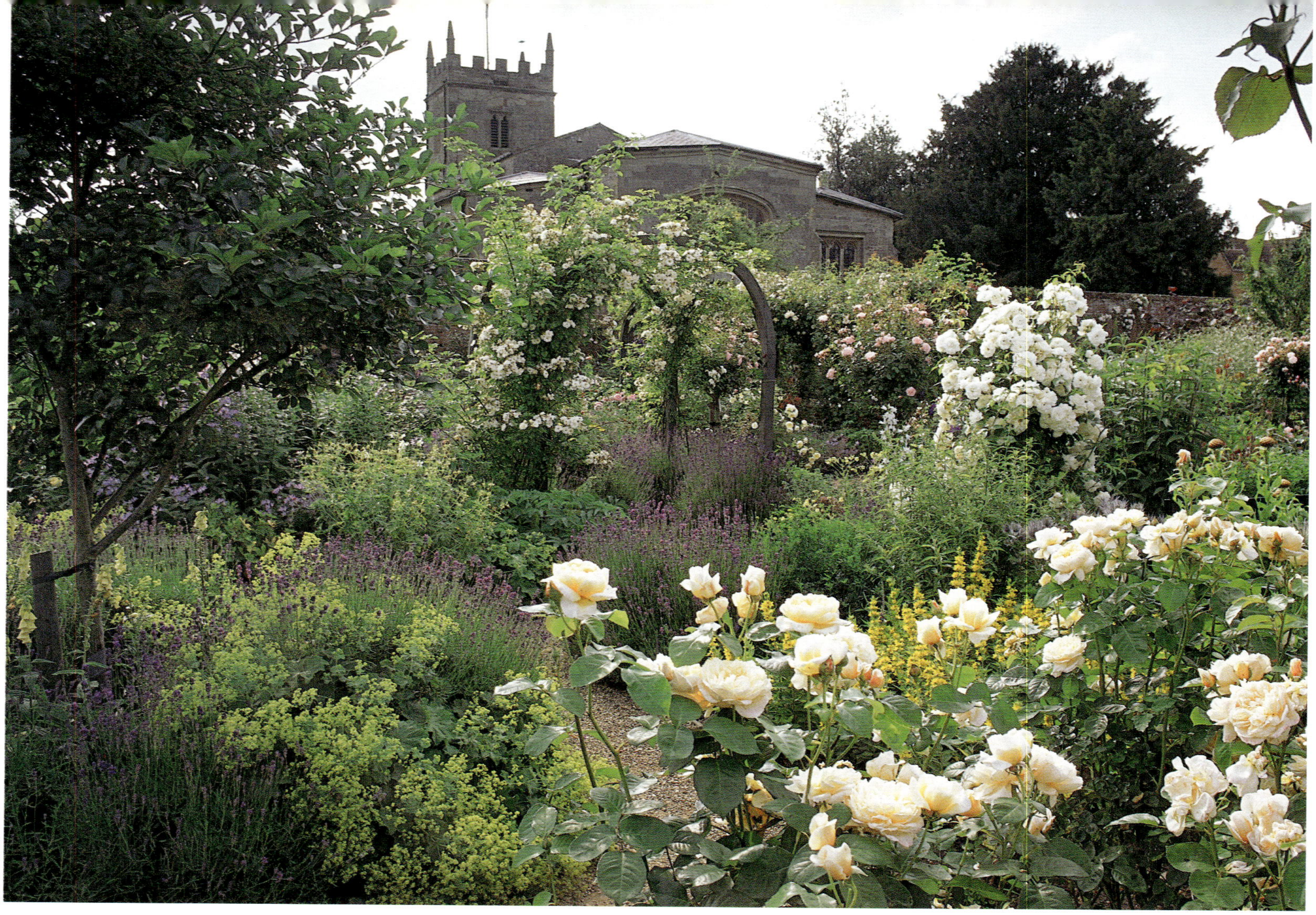

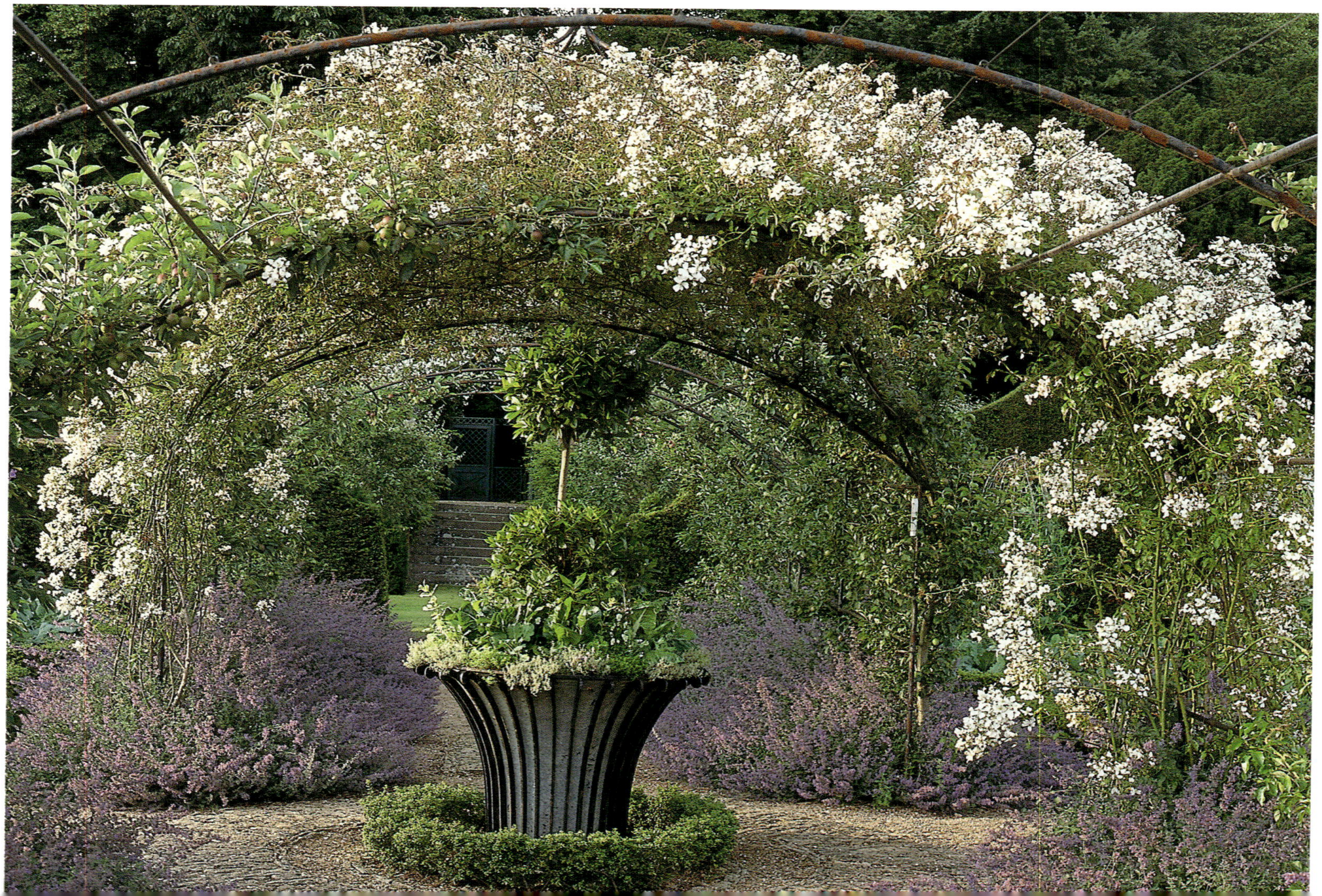

Es kamen zwangloser wachsende Rosen auf den Markt, die als Bodendecker Verwendung finden. Dazu gehört etwa die »Flower Carpet Rose« des deutschen Züchters Noack aus Gütersloh oder die »County«-Serie des englischen Züchtungsbetriebs Mattocks. Obwohl man sie zunächst meist als Straßenbegleitgrün sah, haben sie sich nun auch bei Gärtnern durchgesetzt und ihren Platz in den Gärten gefunden.

Alle, die auf ihren Gartentouren Rosen im »alten« Stil sehen möchten, haben es leichter als jene, für die Teehybriden oder Floribunda-Rosen das Höchste an Schönheit darstellen. Mit Ausnahme von Rosengärten mit Schaugärten für Ausbildungszwecke wie Rosemoor in Devon, Wisley in Surrey und die Gardens of the Rose in Chiswell Green, Hertfordshire fallen einem nicht mehr viele Gärten ein, in denen eine große Zahl von Teehybriden und Floribunda-Rosen respektvoll aufgepflanzt sind. Am leichtesten sind sie in öffentlichen Parkanlagen zu finden, wo nach wie vor einzelne Sorten von Beetrosen in separaten Beeten ohne andere Pflanzen stehen. Einer der sehenswertesten in dieser Hinsicht ist der Queen Mary's Rose Garden im Regent's Park in London.

Vor 100 Jahren war der typische Rosengarten eines Landhauses, gestaltet beispielsweise von Thomas Mawson oder Inigo Triggs, quadratisch und hatte an mindestens einer Seite eine Pergola. In der Mitte gab es ein Wasserbecken mit einem Springbrunnen, von dem die Rosenbeete fächerförmig ausstrahlten oder um das sie in quadratischen Beeten gruppiert standen. Dann gab es Dreibeine aus Holz und Metall, Rosenbögen,

OBEN Eine sehenswerte Hinterlassenschaft des Rosenfachmanns Graham Thomas ist der vom National Trust betreute Rosengarten von Mottisfont Abbey in Hampshire, in dem die Nationale Sammlung der Strauchrosen aus der Zeit vor 1900 aufgepflanzt ist. Auf diesem Bild ist *Rosa* x *odorata* 'Mutablis' zu sehen, deren Blütenblätter ihre Farbe verändern – wie der Sortenname andeutet. Sie öffnen sich gelb, werden dann pink und verblühen in einem matten Karmesinrot. Die Rabatte zeigt auch, welch lebendige Zeugnisse die Strategie von Graham Thomas hervorbringen kann, Rosen mit Stauden zu ergänzen. An Stauden fallen verschiedene Nelken *(Dianthus)*, Glockenblumen *(Campanula persicifolia)* sowie graublättriger Ziest *(Stachys byzantina)* ins Auge.

GEGENÜBER OBEN In diesem sommerlichen Garten von Coughton Court in Warwickshire dominiert die Rose. Die meisten davon sind Englische Rosen.

GEGENÜBER UNTEN Dieser beeindruckende Rosenbogen bildet das Kernstück im 8000 Quadratmeter großen ummauerten Garten von Daylesford House in Gloucestershire. Bei der Rose handelt es sich um *Rosa mulliganii*, gestaltet hat den Garten Mary Keen.

David Austin züchtete die Rose 'Graham Thomas' und benannte sie nach dem großen Rosenkenner Graham Stuart Thomas, der sich nach dem Zweiten Weltkrieg sehr um die Rehabilitierung der Vorzüge Alter Rosen verdient gemacht hat.

Lauben mit Sitzgelegenheiten und andere Stütz- und Rankelemente. Es ist beachtlich, dass eine Reihe von Rosengärten überlebt haben, die in dieses Muster passen. Ganz besonders ist hier auf Mottisfont Abbey in Hampshire hinzuweisen.

Mottisfont wird vom National Trust verwaltet und besitzt unbestritten die beste Sammlung von in England so genannten »Heritage«-Rosen, also Rosen im alten Stil. Sie stehen im von Ziegelmauern eingefassten Garten, der etwas entfernt liegt vom Abteigebäude aus dem 18. Jahrhundert, welches an der Stelle der einstigen mittelalterliche Abtei steht.

Diese Sammlung geht auf den Rosenfachmann und Rosenhistoriker Graham Stuart Thomas zurück, der den National Trust viele Jahre beraten hatte und 1972 seine umfangreiche Sammlung hierher brachte. 10 Jahre später wurde ein benachbarter Garten mit Alten Rosen bepflanzt, die Graham Thomas von dem berühmten deutschen Rosarium in Sangerhausen erworben hatte. In Mottisfont stehen über dreihundert Arten und Sorten von Strauchrosen aus der Zeit vor 1900, darunter einige Raritäten. Zu Recht wurde dieser Rosengarten daher in den Stand der Nationalen Sammlung von Strauchrosen vor 1900 erhoben.[1]

Hier sind also vorwiegend Rosen des alten Typs gepflanzt. Sie blühen weiß, rosa, karmesinrot und malvenfarbig. Wer solche Rosen sucht und auf die öfterblühende, goldgelbe Englische Rose verzichten kann, die nach Graham Thomas benannt und von ihm ausgesucht wurde, der sollte im Juni und frühen Juli unbedingt hierher kommen. An bestimmten Tagen in jedem Juni ist der Garten auch bis in den Abend hinein geöffnet, damit die Besucher die Duftentwicklung besonders intensiv erleben können. Die Anlage ist symmetrisch, besteht aus vier Hauptbereichen, die durch Kieswege getrennt werden und in ihrer Mitte ein kreisrundes Seerosenbecken haben. Vier geschnittene Eiben stehen Wache, der rosa Blütenschleier von 'Raubritter' fällt in Kaskaden zu Boden. Die vier Bereiche bestehen aus Rasen, die von dicht bepflanzten Rosenbeeten eingefasst sind. Dabei sind die Rosen gemäß ihrer Klassifikation gruppiert. So stehen die Rugosa-Hybriden nahe des Eingangs, die Remontant-Rosen in zwei länglichen Beeten, die Rambler sind an Bögen gezogen. Ein besonders Bild gibt die rosa blühende 'Constance Spry' ab, die gegen eine Mauer gepflanzt wurde und einen weißgestrichenen Sitzplatz einrahmt.

Die Schönheit von Mottisfont Abbey beruht vor allem auf der Art, wie Graham Thomas Rosen mit Stauden kombinierte, aber sie auch separat arrangierte. Er wollte nicht nur zeigen, was zu ihnen während der Blüte passt, sondern auch ihre Möglichkeiten davor und danach. An Begleitpflanzen verwendete er bestimmte niedrig wachsende Stauden wie Frauenmantel *(Alchemilla)*, Nelke *(Dianthus)*, Glockenblume *(Campanula)* und Binsenlilie *(Sisyrinchium striatum)*, um den Blick auf die Rosen nicht zu stören. »Ich bin durchaus der Meinung, dass Strauchrosen außerordentlich schön sind und daher dort dominieren sollen, wo sie stehen. Aber sie brauchen auch andere Formen und Farben dazu, um es mit der

Die Rose 'Madame Isaac Pereire' ist eine öfterblühende Bourbon-Rose, die in Wartnaby Gardens in Leicestershire als Kletterrose gezogen wird. Zur ihren Füßen wächst die einmalblühende Gallica-Rose 'Charles de Mills'.

Dominanz nicht zu übertreiben«,[2] schrieb er. In die Höhe wachsen Rambler auf Holzgestellen und im zweiten Garten an einem runden Element aus Ziegelsteinen, Eichenpfählen und Metallbögen.

Ein weiterer wichtiger Rosengarten mit Alten Rosen finden wir im ummauerten Garten von Mannington Hall in Norfolk. Er wurde sorgfältig geplant und zeigt, wie Rosengärten zu bestimmten Epochen vom 15. Jahrhundert an aussahen und welche Rosen wann populär waren. Auch einen Garten mit Rosen aus dem 20. Jahrhundert gibt es hier. Etwa 1.500 Sorten zählt der Rosengarten in Mannington Hall.

Es gibt verschiedene Gründe, Warwick Castle im Zentrum von Warwick zu besuchen: die mittelalterliche Burg selbst, die Landschaft von »Capability« Brown drumherum, die schöne Orangerie aus dem 18. Jahrhundert, das mit Rosen gefüllte Parterre und der Felsengarten von James Backhouse aus der Viktorianischen Zeit.

Vor zwei Jahrzehnten wurde auch der formale Rosengarten aus dem Jahr 1868 restauriert, seinerzeit gestaltet von Robert Marnock. Er war in den 1930er Jahren verschwunden. Dieser Restaurierungsleistung widmete David Austin die Rose 'Warwick Castle'.

In einem anderen Stil, vielleicht üppiger und romantischer, präsentiert sich der Rosengarten in Sissinghurst zu beiden Seiten des Eibenrondells (siehe Seite 34). Hier hatte Vita Sackville-West den Platz für ihre Liebe zu Alten Rosen und Moschus-Hybriden geschaffen. Hier und da sind auch besonders vornehme Moderne Rosen zu finden, wie etwa die einfachblühende apricotfarbene 'Mrs. Oakley Fisher'. Zu ihren Favoriten zählen aber purpurfarbene Blüten, etwa die der unvergleichlichen Sorte 'Tuscany'. Sackville-Wests Geschmack beeinflusste eine ganze Gärtnergeneration. Ihre wöchentlichen Botschaften aus dem Garten, zwi-

OBEN In Wartnaby Gardens wird die Bodendeckerrose 'Pink Bells' an dem Bogen gezogen, an dem auch die Kletterrose 'Karlsruhe' und die *Clematis* 'Etoile Violette' wachsen.

RECHTS Der Rosengarten von Wartnaby Gardens. Bei den Rosen am Wasserbecken handelt es sich um die Ramblerrose 'Felicité et Perpétue'. Weiterhin blühen hier 'Gruß an Aachen', *Rosa* x *damascena* var. *semperflorens* 'Quatre Saisons', 'La Ville de Bruxelles' und 'Honorine de Brabant'.

schen 1947 und 1961 sonntags in *The Observer* veröffentlicht, durfte man auf keinen Fall verpassen. Wie Graham Thomas später in Mottisfont hatte auch sie Plätze, an denen sie Rosen mit Stauden und Zwiebelgewächsen kombinierte. Ihre Rosenauswahl hat sich seit ihrem Tod in den frühen 1960er Jahren kaum verändert.

Zwei Rosengärten, für die jener in Sissinghurst ein Vorbild war, sind Teil der Wartnaby Gardens in Leicestershire und von Gunby Hall in Lincolnshire. Wartnaby besitzt eine umfangreiche Sammlung von Modernen und Alten Rosen, so auch die nach Lavendel duftende und als Kletterrose wachsende 'Madame Isaac Pereire'.

Das trifft auch auf Gunby Hall zu. Dieser Garten ist besonders erwähnenswert wegen der mit Buchsbaum eingefassten Beete, in denen nur die Teehybride 'Mrs Oakley Fisher' wächst. Außerdem gibt es hier einen Laubengang aus Rosen. In Gunby sind Rosen aber auch vielfach als Partner anderer Pflanzen

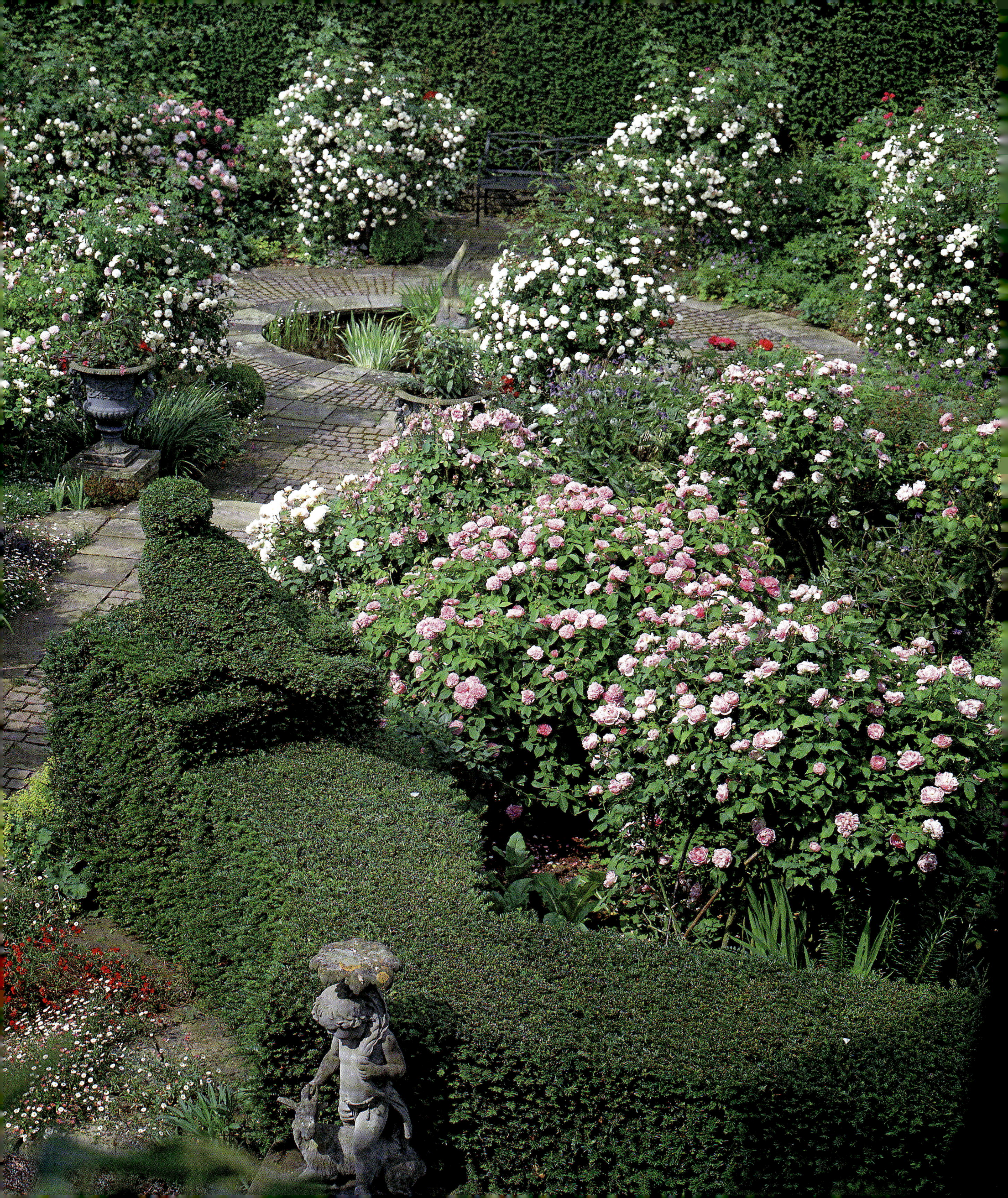

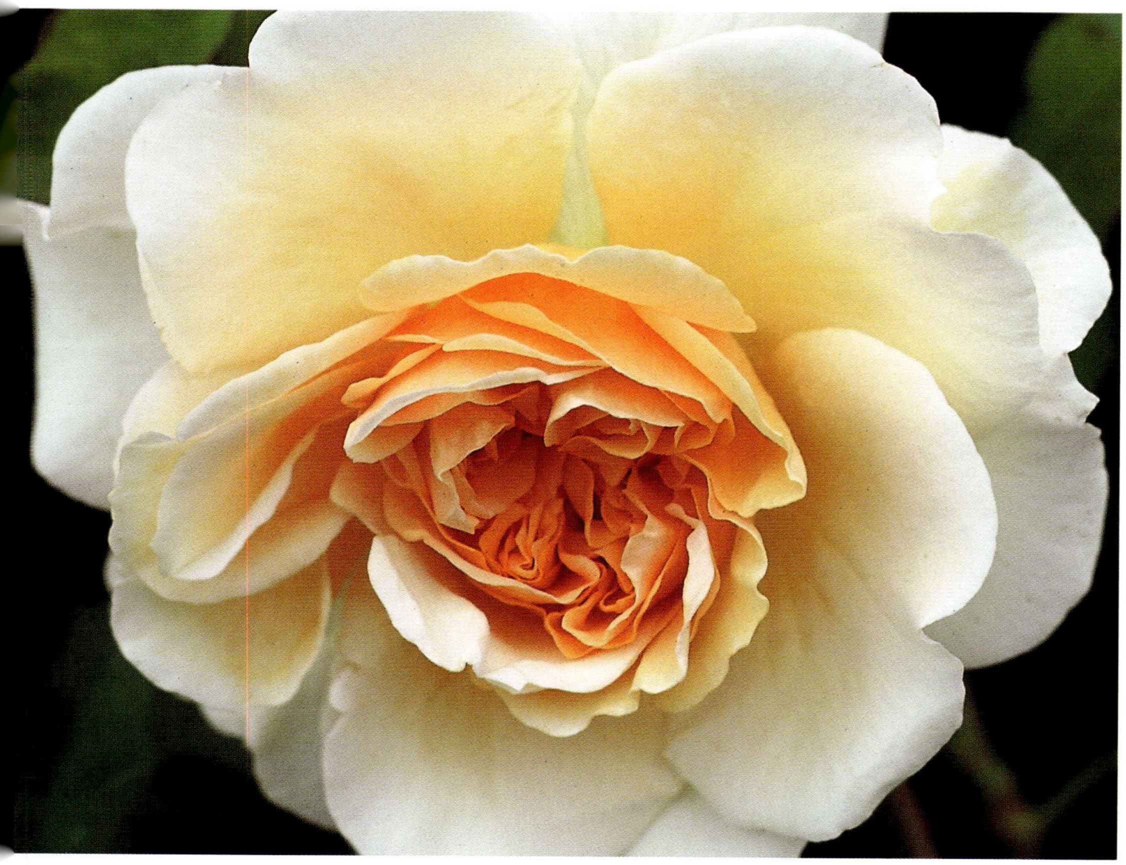

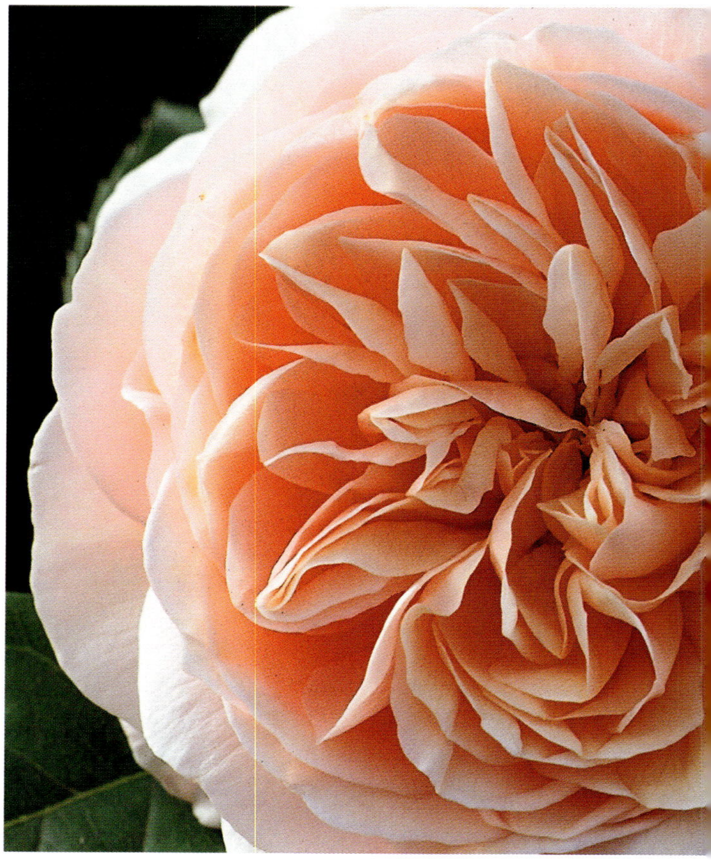

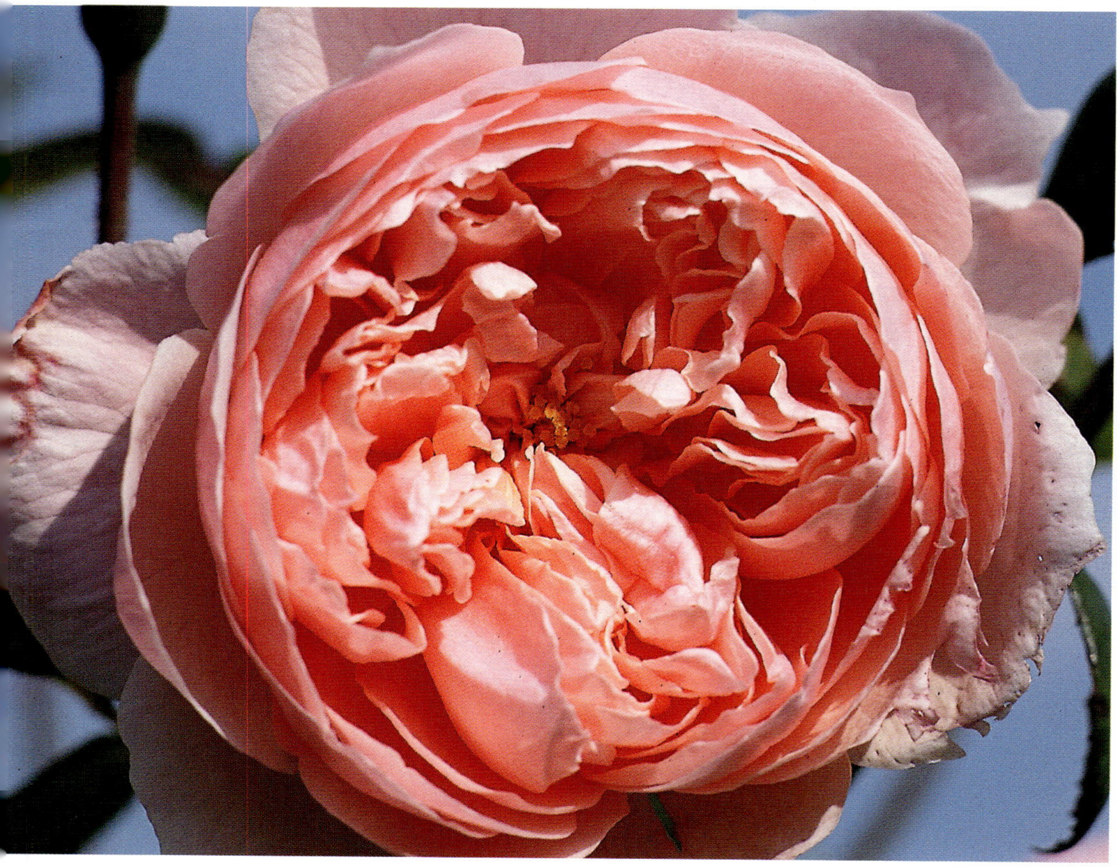

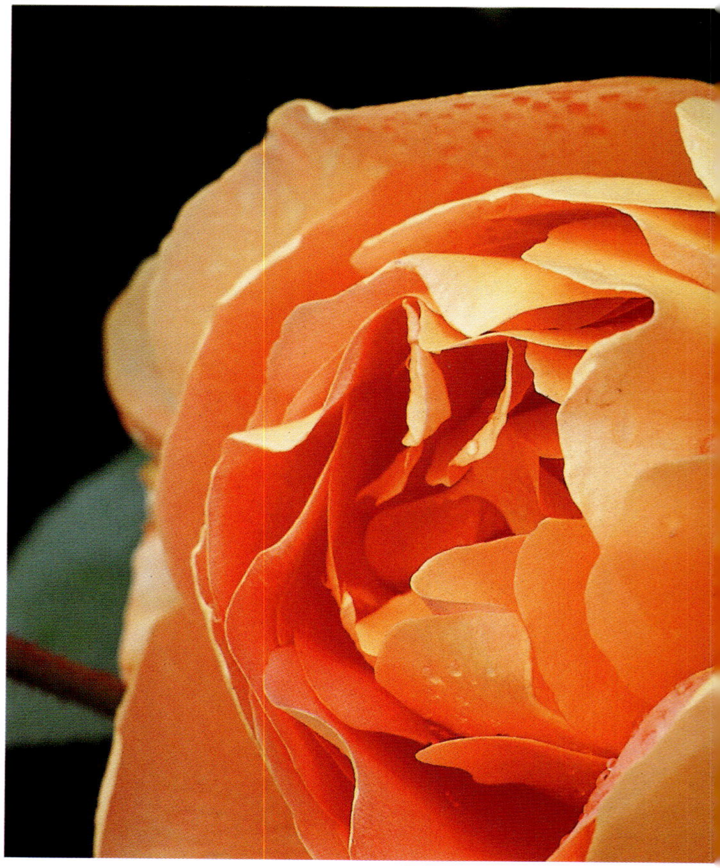

Die Bilder zeigen etwas von der Farb- und Formpalette von David Austins Englischen Rosen. Man kann darauf vertrauen, dass die Austin-Rosen auch duften. Die Sorten sind die Ergebnisse eines Züchtungsprogramms, was jährlich etwa 250.000 Sämlinge umfasst, von denen durchschnittlich sechs neue Sorten in den Handel kommen.

LINKS OBEN 'Pegasus' hat einen delikaten Duft.

LINKS UNTEN 'The Alnwick Rose' duftet streng.

RECHTS OBEN 'Sweet Juliet' duftet nach Zitrone.

RECHTS UNTEN 'Pat Austin' hat einen kräftigen Teerosen-Duft.

ANDERE ROSENGÄRTEN

Abbots Rippon Hall, Cambridgeshire
Chippenham Park, Cambridgeshire
Elton Hall, Cambridgeshire
Peckover House, Cambridgeshire
The Manor, Hemingford Grey, Cambridgeshire
Lanhydrock, Cornwall
Dalemain, Cumbria
Renishaw Hall, Derbyshire
Weston House, Dorset
Hodges Barn, Gloucestershire
Hunts Court, Gloucestershire
Kiftsgate Court, Gloucestershire
Moor Wood, Gloucestershire
Ozleworth Park, Gloucestershire
Farleigh House, Hampshire
Hinton Ampner, Hampshire
Chartwell, Kent
Mount Ephraim, Kent
Penshurst Place, Kent
Houghton Hall, Norfolk
Lexham Hall, Norfolk
Felley Priory, Nottinghamshire
Brook Cottage, Alkerton, Oxfordshire
Old Rectory, Farnborough, Oxfordshire
Lower Hall, Shropshire
Wyken Hall, Suffolk
Loseley Gardens, Surrey
Polesden Lacey, Surrey
Bateman's, Sussex
Frith Lodge, Sussex
Nymans, Sussex
Pashley Manor, Sussex
Wightwick Manor, West Midlands
Abbey House, Wiltshire
The Priory, Kington St Michael, Wiltshire
Wilton House, Wiltshire
Castle Howard, Yorkshire
Millgate House, Yorkshire
Nostell Priory, Yorkshire

verwendet und nicht nur unter sich zusammengefasst worden.

Einen besonderen Platz in diesem Kapitel gebührt der Schaugarten von David Austin Roses nahe Wolverhampton, weil er weit mehr ist als ein reiner Versuchsgarten. Wie es sich für eine Nationale Sammlung (von Englischen Rosen natürlich) gehört, sind hier eine enorme Zahl an Rosen aufgepflanzt. Zurzeit kommt man etwa auf 700 Sorten. Aber weil Eibenhecken den Garten in verschiedene Bereiche gliedern, scheinen es noch weitaus mehr zu sein. Im Long Garden wachsen Alte Rosen – aber auch Moderne Strauchrosen und Englische Rosen, um die Blühsaison zu verlängern. Rasen und Klinkerwege trennen die Beete voneinander, Kletterrosen und Rambler betonen die Vertikale. Hinter dem Long Garden liegt der Victorian Garden, der mit Englischen Rosen und anderen remontierenden Strauchrosen bepflanzt ist. Die Beete sind mit niedrigen Buchshecken eingefasst.

Dann gibt es sogar einen Garten voller Beetrosen, der etwas über die Toleranz von David Austin aussagt. Es müssen nicht immer Englische Rosen sein. Was der Garten gelegentlich an Qualität in den Steinarbeiten vermissen lässt, machen die Blüten und Duft der Rosen um ein Vielfaches wieder wett. Die Rosenfachleute Charles und Brigid Quest-Ritson fassten es in diese Worte: »Es ist der beste Rosengarten in Großbritannien, jeden Tag geöffnet – und kostenlos.«[3]

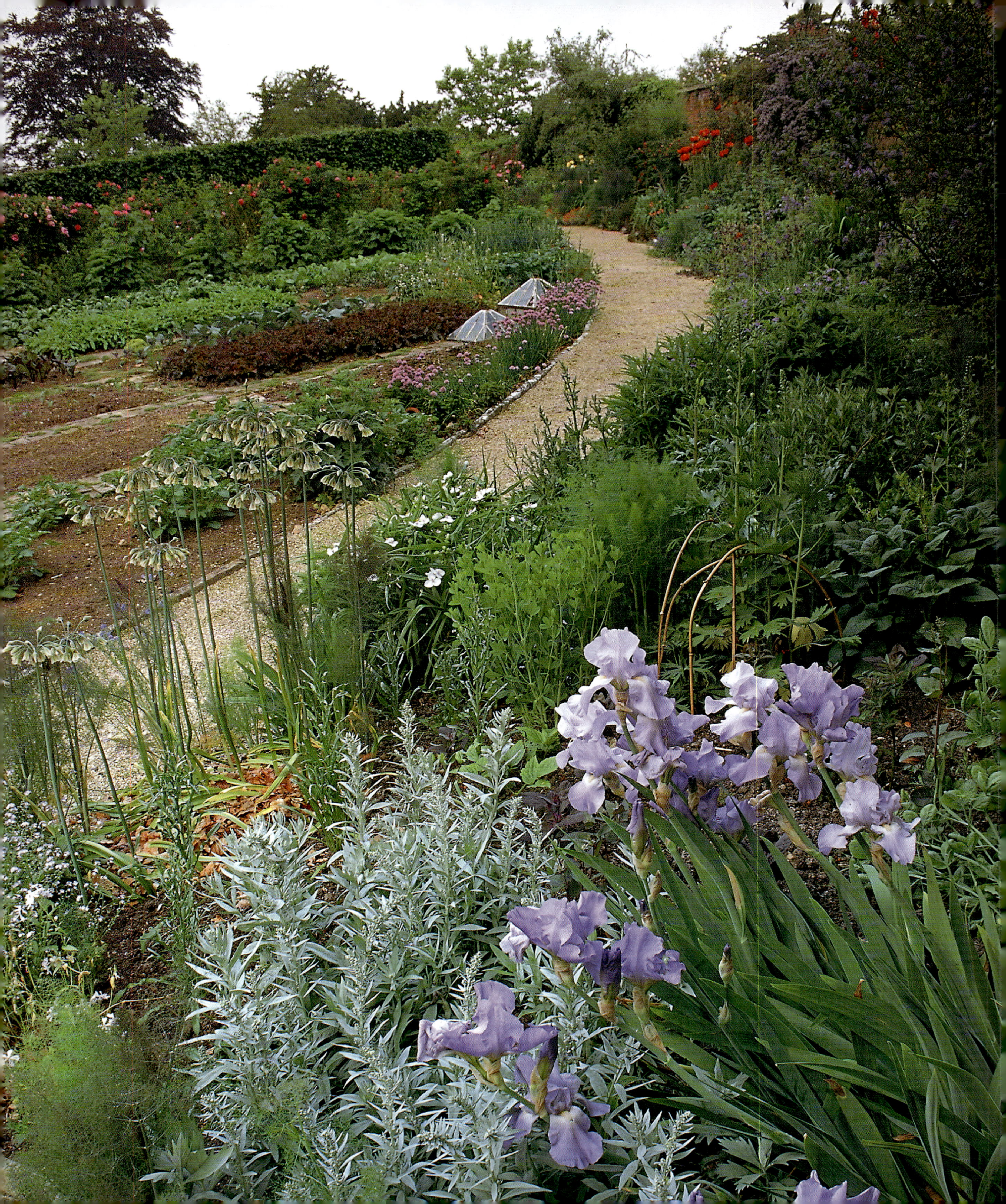

10
DER KÜCHEN- GARTEN

Gärtner lieben Küchengärten. Das hat historische Gründe, denn es ist noch nicht lange her, seit diese Gärten als Nahrungsquelle die schlimmste Not der Menschen gelindert haben. Aber es gibt noch andere Motive. Wir sind häufig beeindruckt oder gar begeistert, wenn wir die Liebe und das Können sehen, mit dem Generationen von meist Laien ihre Gärten anlegten und pflegten. Sie waren sich ihres immer wiederkehrenden Ertrags an Früchten, Gemüse und Blumen sicher, auch ohne die Vorteile eines Kühlschranks, einer Kühltruhe oder Lastwagen voller Tiefkühlkost. Dann spielen ästhetische Faktoren eine Rolle, denn eine Apfelblüte beispielsweise kann es meiner Ansicht nach mit jeder exotischen Blüte aufnehmen. Und eine strenge Linie von rotblättrigem Salat oder Mangold ist so attraktiv wie ein Streifen mit Alyssum oder Lobelien. Vielleicht sogar noch schöner. Wenn ein knorriger alter Apfelbaum seine rosaroten Früchte in den purpurroten Abendhimmel hängt … damit schließe ich die Beweisführung ab.

Es stimmt, viele Küchengärten sind lieblos oder behelfsmäßig, manche zu zweckorientiert angelegt. Aber Küchengärten, wie man sie sich als Ideal vorstellt, sind noch zu finden. Der Garten von West Dean in West Sussex beispielsweise oder in Clumber Park, Nottinghamshire birgt solche feinen Küchengärten. Sie locken in jedem Jahr zahlreiche Besucher an.

Essbare Früchte, kulinarische Kostbarkeiten und medizinische Kräuter werden seit dem Mittelalter in Gärten gezogen. Küchengärten waren ein unverzichtbares Zubehör eines jeden Hauses. In der Stadt oder auf dem Land – jeder, der Platz hatte, legte einen solchen Garten an, zumindest seit dem 17. Jahrhundert. Sogar der Landschaftspark des 18. Jahrhunderts kam nicht ohne Küchengarten aus. Er wurde dann gelegentlich von einem gebäudenahen Platz dorthin verbannt, wo er den Blick nicht störte. »Capability« Brown tat dies beispielsweise in Basildon Park in Berkshire. Hinsichtlich der Komplexität und Produktivität erreichte der Küchengarten seinen Höhepunkt zwischen 1850 und 1914, und zwar vor allem in Landsitzen, die genügend Raum für einen ummauerten Gartenbereich hatten. Mithilfe von Glashäusern und Frühbeetkästen konnten frostempfindliche und zarte Pflanzen erfolgreich gezogen werden. Selbst exotische Früchte wie etwa Ananas konnte man ernten. Die Methoden des Vorziehens und Verzögerns und schließlich des Lagerns von Früchten und Gemüse dienten zur Verlängerung der Saison und erreichten nie mehr so viel Raffinement wie zu dieser Zeit, zumindest in Privatgärten.

GEGENÜBER Der Küchengarten von Hadspen in Somerset, rechts mit einem Abschnitt vor der 213 Meter langen geschwungenen Mauer. In der Mitte dominieren Salat und Gemüse, vor der Wand Zierpflanzen.

UNTEN Das Formen von Apfelbäumen als »Kelchgläser« haben die Gärtner der Viktorianischen Zeit von den Franzosen abgeschaut und es erlebt zurzeit in Gemüsegärten eine Renaissance. Dieser Apfelbaum steht in The Old Rectory, Sudborough, in Northamptonshire.

Im Küchengarten fand man traditionell auch Platz, um Blumen für die Dekoration des Hauses zu ziehen. Das galt für Schnittblumen, aber auch für Topfblumen, die während der Blütezeit ins Haus geholt und danach wieder ins Gewächshaus zurückgebracht wurden. Auch hier war das Vorziehen weit verbreitet.

Küchengärten waren und sind nicht zwangsläufig von Mauern umgeben, aber die gelungensten Gärten der Vergangenheit hatten Mauern. Hier entstand ein Mikroklima, das die Blüte sicherte und vor allem die mögliche Pflanzenauswahl erweiterte. Dann gaben sie Halt, um etwas anzulehnen, beispielsweise Glashäuser. Und schließlich schützten sie die Pflanzen vor Dieben, domestizierten und wildlebenden Tieren. Allerdings konnten solide gebaute Mauern, anders als Hecken, auch schädigende Windwirbel entstehen lassen. Doch die durchdacht gebauten Mauern waren mit entsprechenden Stützstreben versehen, um dies zu verhindern. Im Norden von England waren Mauern wichtig, um die Blüte zu schützen, die sonst dem Frost zum Opfer gefallen wäre. Aber auch in Südengland gehörten sie vielfach zum Anwesen. Die noch erhaltenen Mauern sind heute schon für sich genommen Schmuckstücke, besonders wenn sie aus vor Ort abgebautem Naturstein, handgeformten Ziegeln oder Strohlehm gebaut sind. Höhen von 4 Metern waren normal, 4,5 bis 5,5 Meter hohe Mauern keine Seltenheit. Grundsätzlich hatten die ummauerten Gärten eine quadratische oder rechteckige Form. Trapez- oder andere geometrische Formen entstanden nur, wenn die Grundstücksform nichts anderes zuließ.[1] Stets gab es nach Süden, Westen und Norden ausgerichtete Mauern, um den Bedürfnissen der Obstsorten zu entsprechen. Wein, Feigen, Pfirsiche, Nektarinen und Aprikosen kamen vor die Südwand, Äpfel und Birnen nach Westen, Sauerkirschen, Schwarze Johannisbeeren und Stachelbeeren vor die Nordwand. Dabei waren ummauerte Gärten häufig nicht exakt an der Nord-Süd- beziehungsweise Ost-West-Achse ausgerichtet. Zumindest im Süden Englands verschwenkte man verbreitet die Achse etwas in südöstliche Richtung, weiter nördlich dagegen in eine südwestliche. Man wollte so verhindern, dass die Sonne nach einer frostigen Nacht im Frühling die Blüten der Obstbäume zu schnell antaut.

Selten hatten Küchengärten auch eine ovale Form, wie etwa William Robinsons Garten Gravetye Manor in West Sussex. Er meinte, diese Form hätte am besten in den Hang gepasst. Eine Seite des Melonen-Hofs von Heligan in Cornwall ist geschwungen, wie auch der ummauerte Garten in Hadspen, Somerset. Besonders faszinierend sind die in Schlangenlinien verlaufenden Mauern, wie wir sie im Garten von Vann in Surrey, von Lexham Hall in Norfolk und von Hopton Hall in Derbyshire vorfinden. Die im Englischen unter anderem als »zig-zag walls« bezeichneten Mauern wurden auch in West Dean in West Sussex geschätzt, wo die Südwand des ummauerten Gartens so gebaut ist. Ein Vorteil dieser serpentinenartigen Mauern liegt in ihrer Stabilität, ein anderer in der besseren Sonnenausbeute, wenn Obstspaliere an den konkaven Wölbungen der Mauer gepflanzt werden. Hier ist die Oberfläche der Mauer größer als in der geraden Bauweise. In einigen Küchengärten waren mit heißem Wasser gefüllte Rohre in der Mauer verlegt, um die Mauer zu erwärmen und damit eine frühere Blüte beziehungsweise Ernte zu erreichen. Die Löcher davon sind noch zu sehen, zum Beispiel in Flintham Hall in Nottinghamshire.

Innerhalb der Mauern wurden häufig nach genauen Vorschriften Glashäuser angebracht. Das ging so weit, dass sogar die Scheiben unten gebogen waren, sodass der Regen zur Mitte gelenkt wurde, also weg von den Balken oder Stangen.

Weit verbreitet waren Frühbeetkästen mit einem Rahmen aus Ziegelsteinen, auf dem Glasrahmen lagen, die zur Belüftung und zu Arbeiten abgenommen werden konnten. In diesen »warmen Beeten« wurden im zeitigen Frühjahr dann Möhren und anderes Gemüse vorgezogen. Unten packten die Gärtner frischen Mist hinein, der die Erde erwärmte, die darauf geschichtet wurde, um die Pflanzenwurzeln nicht zu verbrennen.

Die formale Gestalt der ummauerten Küchengärten variierte von Garten zu Garten nur leicht. Geometrische Formen waren nun mal praktisch für

OBEN Eine Spalier-Birne an einer geschwungenen Mauer im Garten von Vann in Surrey. Mit diesen vor- und zurückspringenden Mauern glaubte man aufgrund der größeren Oberfläche eine bessere Blüten- beziehungsweise Fruchtausbeute zu erreichen als mit geraden. Sie waren zudem in sich stabiler als gerade Wände, sodass man sie mit nur einer Steinbreite bauen und so Material sparen konnte.

FOLGENDE SEITEN:
LINKS Spalierbirnen stehen an der alten Wand eines Küchengartens von The Priory, Kemerton in Worcestershire. Spaliere gibt es schon lange, weil es mit ihnen möglich ist, auf begrenztem Raum mehr Bäume zu ziehen.

OBEN Apfelbäume am Spalier gezogen – eine ursprünglich französische Methode. Mit diesen strengen Anbautechniken können Gärtner besser Krankheiten kontrollieren und den Schnitt leichter ausführen. Spaliere haben außerdem durchaus Zierwert. Die hellblütige Staude ist *Nicotiana sylvestris*. Aufgenommen wurde das Bild im Garten von Bourton House in Gloucestershire.

UNTEN Birnbäume sehen besonders hübsch aus, wenn sie an stabilen Bögen gezogen werden, denn die Früchte hängen mit der Reifezeit von selbst nach unten. Diese stehen in Westwell Manor in Oxfordshire.

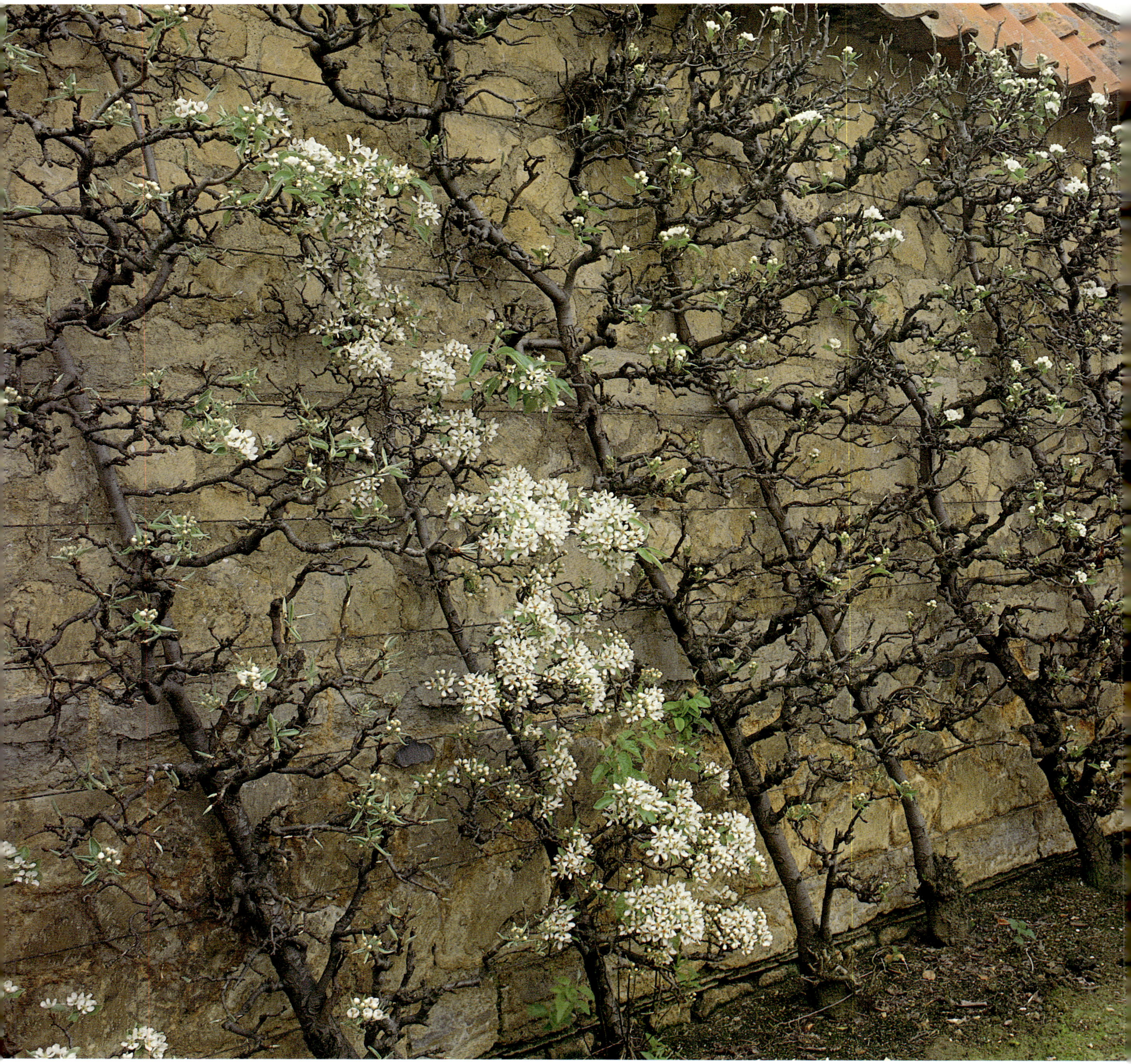

die Gärtner, die mit einer Schubkarre hin und her fuhren. Viele Gärten besaßen ein Wasserbecken in der Mitte, wo häufig das Gießwasser geholt wurde. Dieser Brunnen konnte kunstvoll oder auch nur einfach gestaltet sein. Von der Mitte aus führten vier Wege in alle Richtungen. Normalerweise waren sie mit einem Gemisch aus Lehm, Sand und Kies befestigt und an ihren Seiten wuchsen exakt geschnittene Obstbäume. Obstbaumschnitt war eine Kunst. In Frankreich hatte sie ihren Höhepunkt im

OBEN Blumen für die Vase wachsen hier im Küchengarten von Spetchley Park in Worcestershire. Im Juli blühen Dahlien, Malven, Wicken und Statice (*Limonium*), daneben wächst Spinat und anderes Gemüse. Das alles ergibt eine sehr attraktive Mischung.

GEGENÜBER Heligan in Cornwall verfügt über einen großen, traditionellen Küchengarten, wo noch nach Methoden aus der Viktorianischen Zeit gewirtschaftet wird. Sogar Ananas wächst hier. Mit den Terrakotta-Töpfen wird im Frühling der Rhabarber zu schnellerem Wuchs angeregt. Die Wand am Ende hat eine geschwungene Form, was in der Viktorianischen Zeit sehr verbreitet war.

FOLGENDE SEITEN Eine Perle der ummauerten Küchengärten liegt in West Dean in West Sussex. Er wird nach traditionellen Methoden betrieben. Diese jungen Birnbäume werden in verschiedenen Formen gezogen. Die »Vierflügelige Pyramide« gehört ebenso dazu wie das »Kelchglas à la Lorette«. An der Wand werden Pflaumen und Sauerkirschen als Fächer geformt.

19. Jahrhundert, aber auch in England lernte man, die Bäume zu Kelchgläsern, Girlanden, U-förmigen Kränzen oder Ähnlichem zu formen.

In den Beeten an den Mauern wuchsen gewöhnlich die Obstbäume, aber auch Schnittblumen oder Gemüse mit einer längeren Erntezeit wie beispielsweise Rhabarber, Meerkohl oder Artischocke.

Normalerweise gab es ein doppeltes Kräuterbeet, was zu beiden Seiten des Hauptwegs zum Gewächshaus lag. In den Beeten von Clumber Park sollte das alltägliche Gemüse hinter Besonderheiten verschwinden, wenn man auf dem Weg zu den Zierpflanzen im Wintergarten ging, der wiederum im Zentrum einer an eine Mauer gelehnte Glashausreihe stand.

Leider hielten die guten Zeiten des Küchengartens nicht ewig. Der Verfall begann nach dem Ersten Weltkrieg und wurde in den 1930er und 1940er Jahre durch die wirtschaftliche Not weiter verschärft. Das Totengeläut setzte dann im Zuge des wirtschaftlichen Aufschwungs nach dem Zweiten Weltkrieg ein. Viele Männer und Frauen auf dem Land sahen »private Dienstleistungen« nicht als erstrebenswerte Karriere. Abgesehen von den Gärten des Königshauses und der Herzöge gab es in den 1950er

Jahren nur eine Handvoll Gärten, die in der Qualität bewirtschaftet wurden wie noch 50 Jahre zuvor. Die minuziösen Aufzeichnungen von Susan Campbell[2] geben Auskunft darüber, wie beispielsweise der Aufwand in Pylewell Park in Hampshire abnahm. Dort waren 1930 16 Vollzeitgärtner beschäftigt, 1968 noch vier und in den später 1970er Jahren zwei.

Pylewell Park hielt länger als die meisten. In den 1960er und 1970er Jahren, besonders nach den Erschütterungen der Ölkrise von 1973, wurden zahlreiche ummauerte Gärten im ganzen Land umgewidmet. Anlagen des National Trust wandelte man häufig in Parkplätze um, kommerzielle Gärtnereien oder Gartenmärkte pachteten sie, Christbaumplantagen wuchsen darin oder es wurde einfach zugesehen, wie sie verfielen. Über Generationen sorgfältig bearbeitete Erde wurde in wenigen Jahren von Brombeeren zugewuchert. Durch die Gewächshausdächer wuchsen schäbige Feigenbäume, aus Trotz noch Früchte zeigend, auf die einstige Herrlichkeit aufmerksam machend.

Teilweise ist es der Popularität von Harry Dodsons Fernsehserie über den Viktorianischen Küchengarten zu verdanken, dass in den vergangenen 20 Jahren eine Reihe ummauerter Gärten restauriert wurden und zu altem Glanz zurückfanden. Einige wenige erlebten so etwas wie eine zweite, wenn auch etwas künstliche Blüte. Verantwortlich dafür waren sowohl talentierte Einzelpersonen als auch engagierte öffentliche Stellen. Mit »künstlich« soll gesagt sein, dass die produzierten Nahrungsmittel nicht für den Konsum in großer Familie bestimmt sind, sondern in kleinen Mengen am Eingang verkauft werden oder gar auf dem Kompost landen. Heligan bildet eine Ausnahme – hier werden Früchte und Gemüse im Gartenrestaurant verspeist. Trotz alledem, es herrscht bei den Besuchern ein lebendiges Interesse daran, wie die Dinge »in der guten alten Zeit« gehandhabt wurden.

In einigen dieser ummauerten Gärten, wie etwa in Clumber Park, Heligan und Normanby

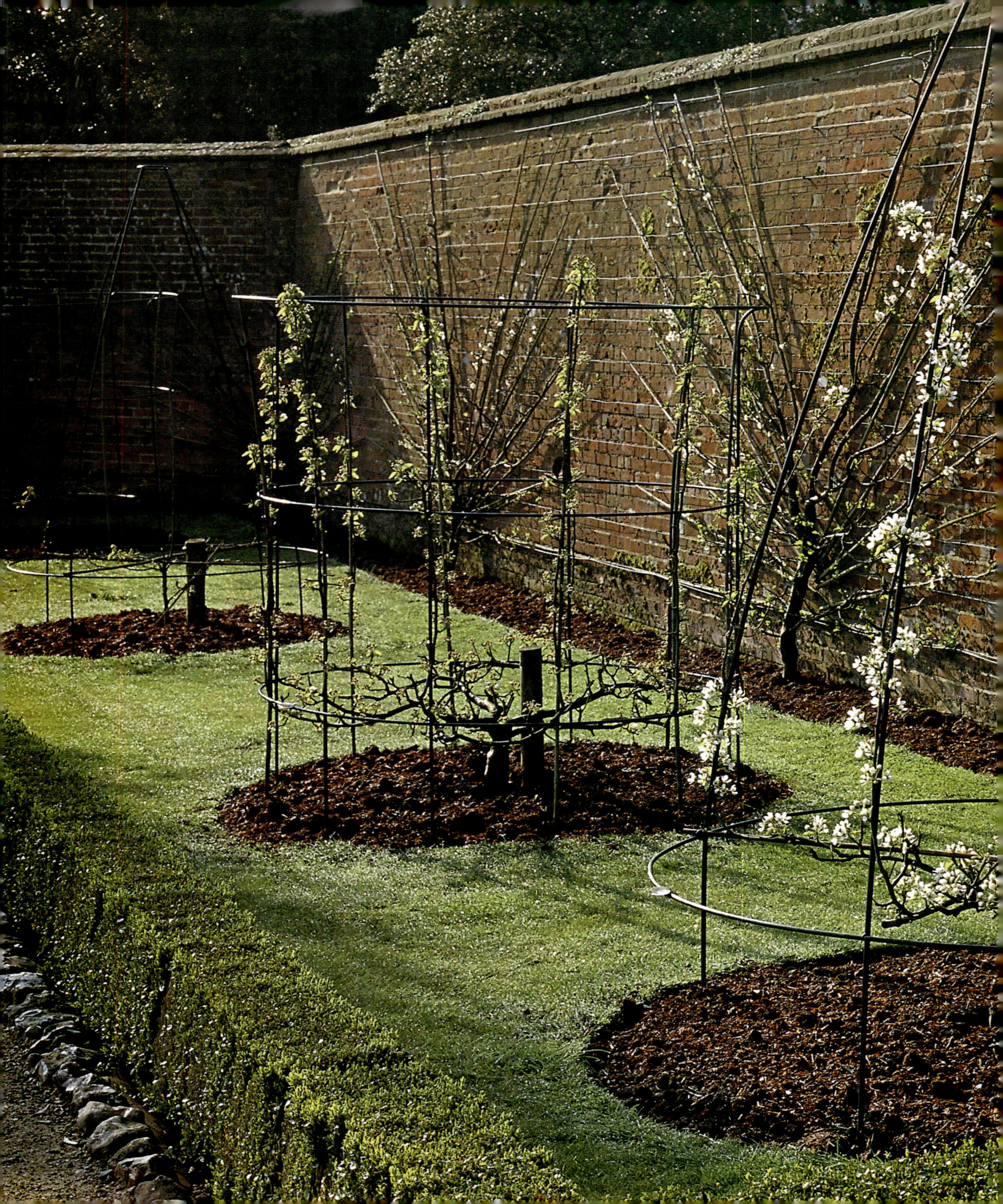

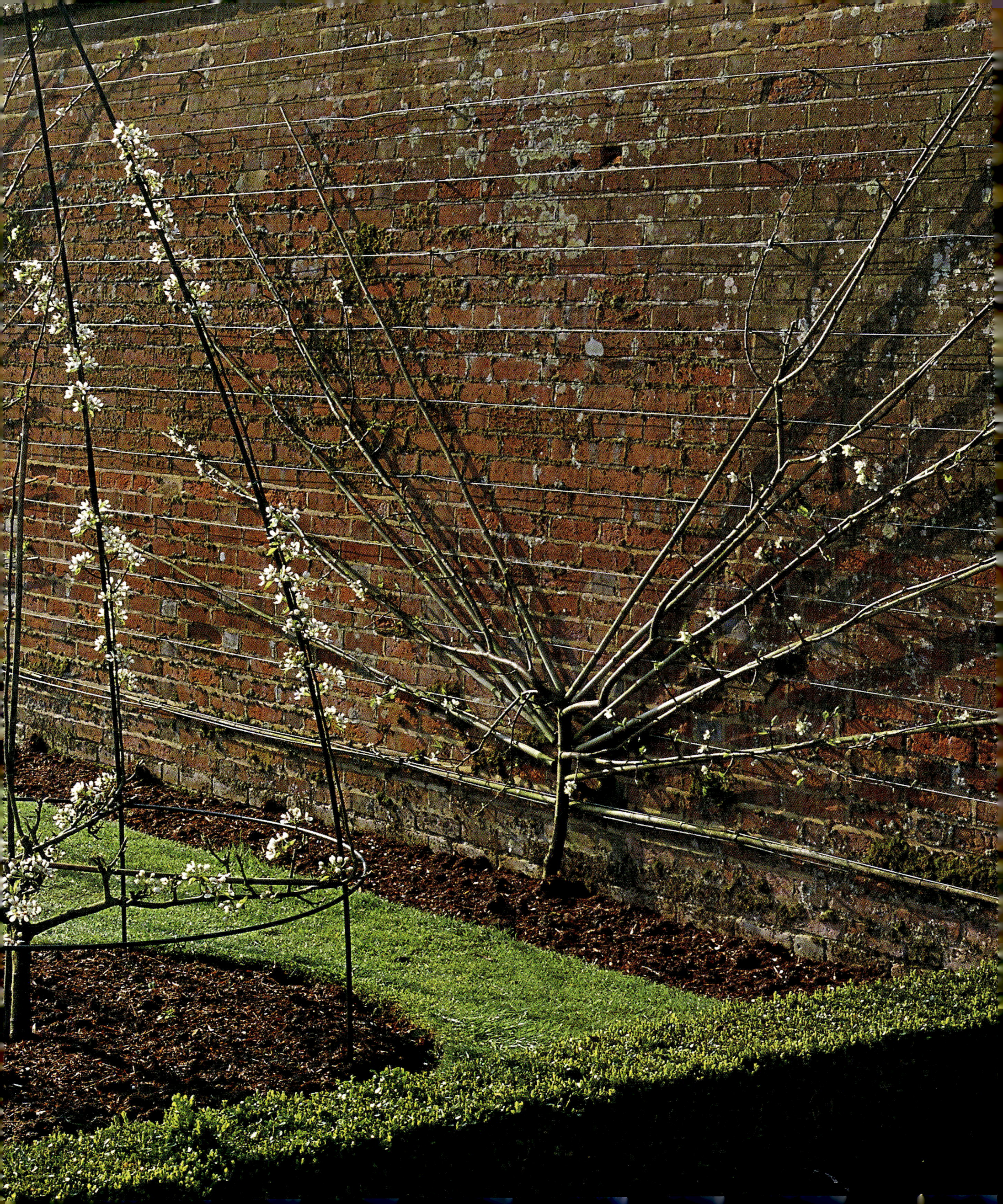

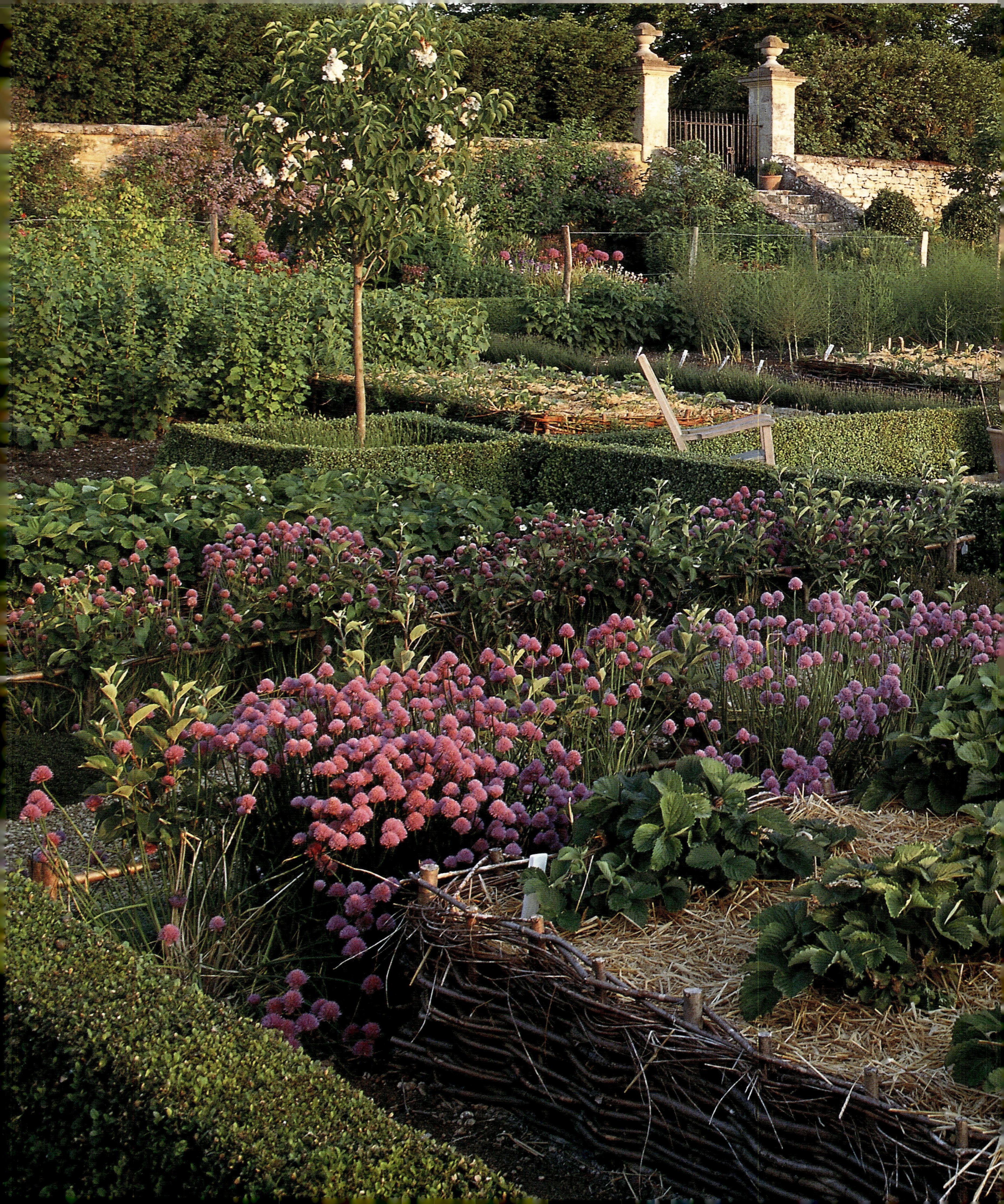

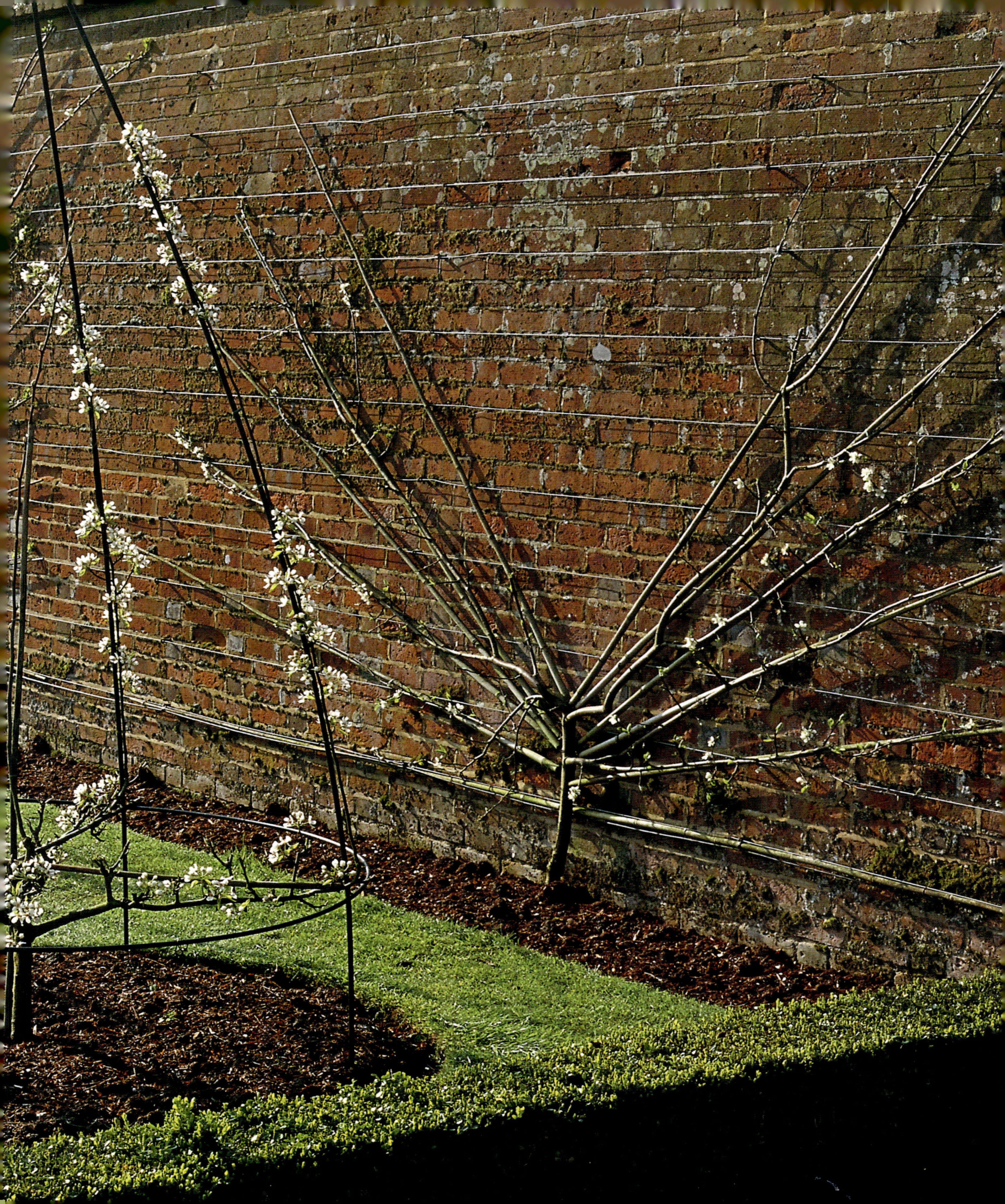

Hall Country Park in Lincolnshire, werden selbstbewusst und wo möglich alte Samensorten und Kultivierungsmethoden genutzt. In Clumber Park veranstaltet der National Trust spezielle Ausbildungskurse. In anderen, wie zum Beispiel in West Dean, hat die moderne Zeit Einzug gehalten. Zwar spielen dort auch alte Sorten und Techniken eine Rolle, aber eben nicht ausschließlich. Kein Obergärtner in der Viktorianischen Zeit hätte beispielsweise eine solche Palette von Tomaten und Paprika zur Verfügung gehabt, wie man sie auf den jährlich stattfindenden Gartenfestivals in West Dean bestaunen kann.

West Dean war einst das Zuhause von Edward James, einem surrealistischen Maler und einem Allround-Exzentriker. Er erbte das Anwesen im Jahr 1912. Heute ist hier ein Zentrum für künstlerische Ausbildungsprogramme untergebracht. »1992 begann die Arbeit mit der Rekonstruktion der Gärten mit dem Ziel, das Ambiente zur Zeit der Jahrhundertwende einzufangen«[3], schrieb Jim Buckland, der sich nur mit seiner Frau und einer anderen Person um den Küchengarten kümmert. Zur Zeit von Edward James waren 11 Gärtner damit beschäftigt. Der Küchengarten ist in zwei Bereichen untergebracht. Im ersten stehen 13 Gewächshäuser und drei Frühbeetkästen, im zweiten befindet sich der Obstgarten. Dort wachsen Halbstamm-Bäume in der Wiese und fächerförmig geschnittene Obstbäume entlang der Hunderte Meter langen Mauer. Weiterhin sind dort Obstbäume zu den faszinierendsten Formen geschnitten, wie etwa Kelchgläser, U-förmige Kränze oder Pyramiden.

Die Viktorianischen Gewächshäuser des Gartens waren der Weisheit letzter Schluss, als sie zwischen 1891 und 1900 errichtet wurden. Sie wurden originalgetreu restauriert und sind wieder in Betrieb. Es gibt Häuser für Feigen, Wein, Pfirsiche und für Blumenarrangements, in anderen Häusern wachsen Flaschenkürbisse, Paprika, Tomaten, Melonen und Stachelbeeren. Alle Pflanzen sind von bester Qualität. Draußen vor den Gewächshäusern gibt es einen wundervollen Gemüsegarten mit einem doppelten Kräuterbeet in der Mitte, das als »Hot Border« bekannt ist. Die Blumenbepflanzung dort ist ungeheuer farbenprächtig, und seinen Höhepunkt hat das Beet zur Erntezeit im Spätsommer. Ein Großteil des Gemüses wird dort aus Samen gezogen, die man von der Heritage Seed Library bezieht, welche wiederum von der bereits genannten Vereinigung Garden Organic betrieben wird. Es erreichen aber auch Samen aus der ganzen Welt diesen Gemüsegarten. Die Gärtner von West Dean haben hier eine beschauliche, aber sehr effektive Pflanzenproduktion zu neuem Leben erweckt. In diesem geschmackvollen und geordneten Ambiente lässt sich die wahre Natur des Viktorianischen Küchengartens wunderbar nachempfinden.

Der ummauerte Garten von Normanby Hall Country Park wurde 1817 angelegt und erlebte seine Blüte zur Viktorianischen Zeit. In beiden Weltkriegen wurde das Haus beschlagnahmt, der Garten verwilderte und wurde in den 1960er Jahren schließlich an die örtliche Verwaltung verpachtet, die dann die Gewächshäuser abbrach. Wie anderswo auch im Land begann man in den 1990er Jahren in Normanby, den ummauerten Garten mit öffentlichen Mitteln wiederherzustellen. So errichtete man auf den noch vorhandenen Fundamenten Gewächshäuser und hielt sich penibel an die Originalbauweise. Lediglich die einstigen Holzbauteile wurden durch Aluminium ersetzt und die Belüftung wird jetzt automatisch geregelt. Ein hohes Pfirsichhaus lehnt sich nun an die Mauer, ferner gibt es ein Farn- und ein Weinhaus und ein Haus für Vorführungen. 1997 öffnete der ummauerte Garten dann für Besucher.

Der Garten wird nach Prinzipien des organischen Landbaus bewirtschaftet, was zu Viktorianischen Zeiten ganz und gar nicht der Fall war, als man eine Reihe hochgiftiger Spritzmittel einsetzte. Andererseits nutzte man in Normanby auch sehr alte Mittel und spritzte beispielsweise kohlensaures Natrium, um Wein vor Mehltau zu schützen.

Die Gestaltung dort ist recht konventionell. Man teilte den Garten in vier große Bereiche, in die Mitte kam ein Aussichtpunkt. An beiden Seiten des zentralen Kieswegs liegen die Kräuterbeete, vor den Mauern die schmaleren Beete. Wie in West Dean sind die Wände mit Spalierobst be-

OBEN Der restaurierte 8.000 Quadratmeter große ummauerte Küchengarten von Audley End in Essex stammt aus den 1750er Jahren. Die Restaurierung hat die staatliche Behörde English Heritage geleitet. An der Südwand ist das fünfschiffige »Vine House« zu erkennen, das 1802 erbaut wurde. Der Garten wird nach den strengen Richtlinien von Garden Organic, der ehemaligen Henry Doubleday Research Association (HDRA), geführt.

FOLGENDE SEITEN Ein moderner Gemüsegarten innerhalb eines Privatgartens, in dem Tom Stuart-Smith ökologisch vertretbare Kultivierungsmethoden mit einem hohen Zierwert kombinierte. So legte er Hochbeete an, um eine ausreichende Dränage zu erreichen. Die Umrandungen stellte er aus geflochtenen Haselnusszweigen her. Haselnuss war auch das Baumaterial für die Bohnen-»Wigwams« und die dekorativen Stützen in den Lilientöpfen. Schnittlauch darf hier blühen, um eine satte Farbe in den Garten zu bekommen. Die Beete werden begrenzt durch niedrige »Step-over«-Äpfel, über die man tatsächlich hinübersteigen kann.

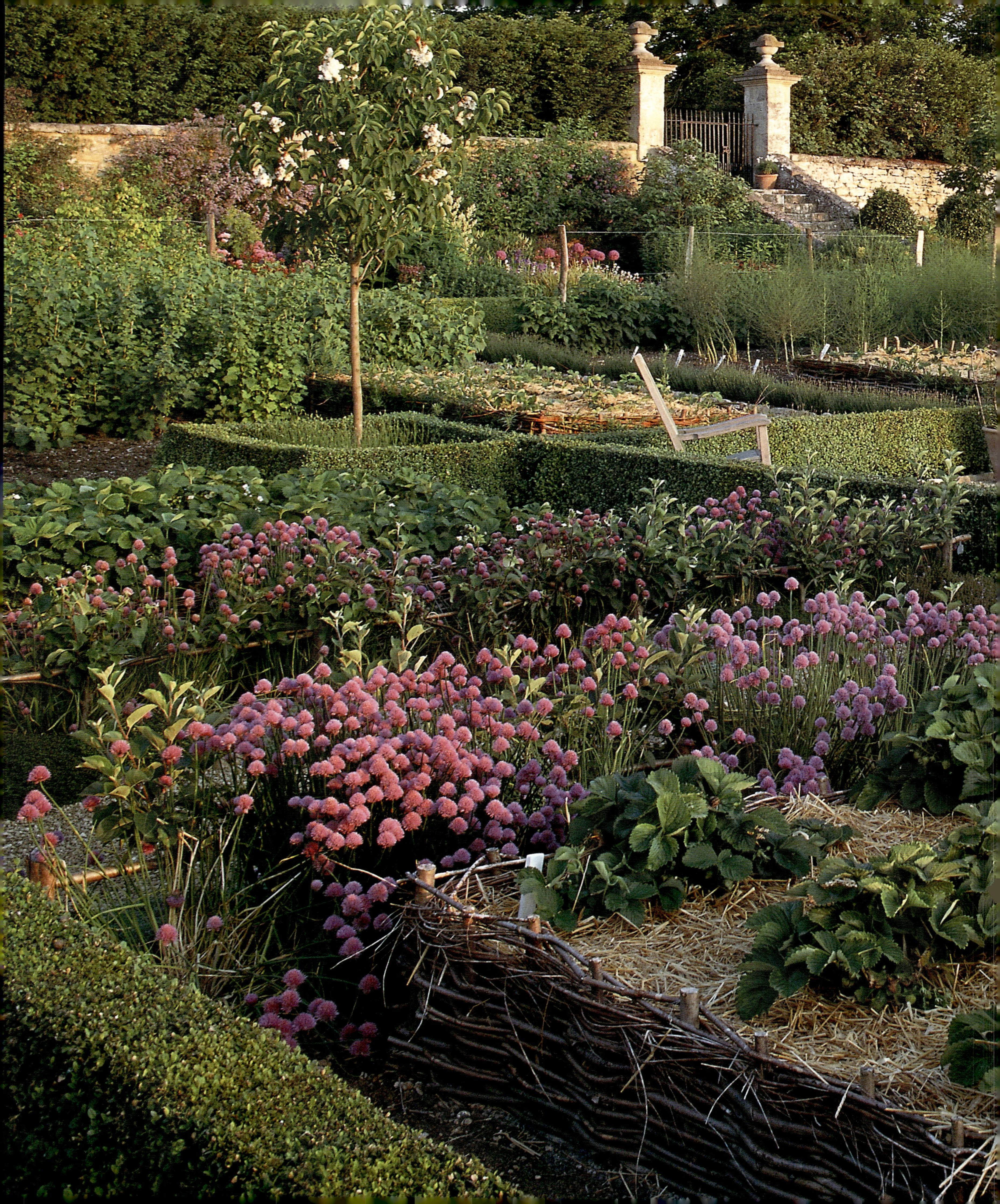

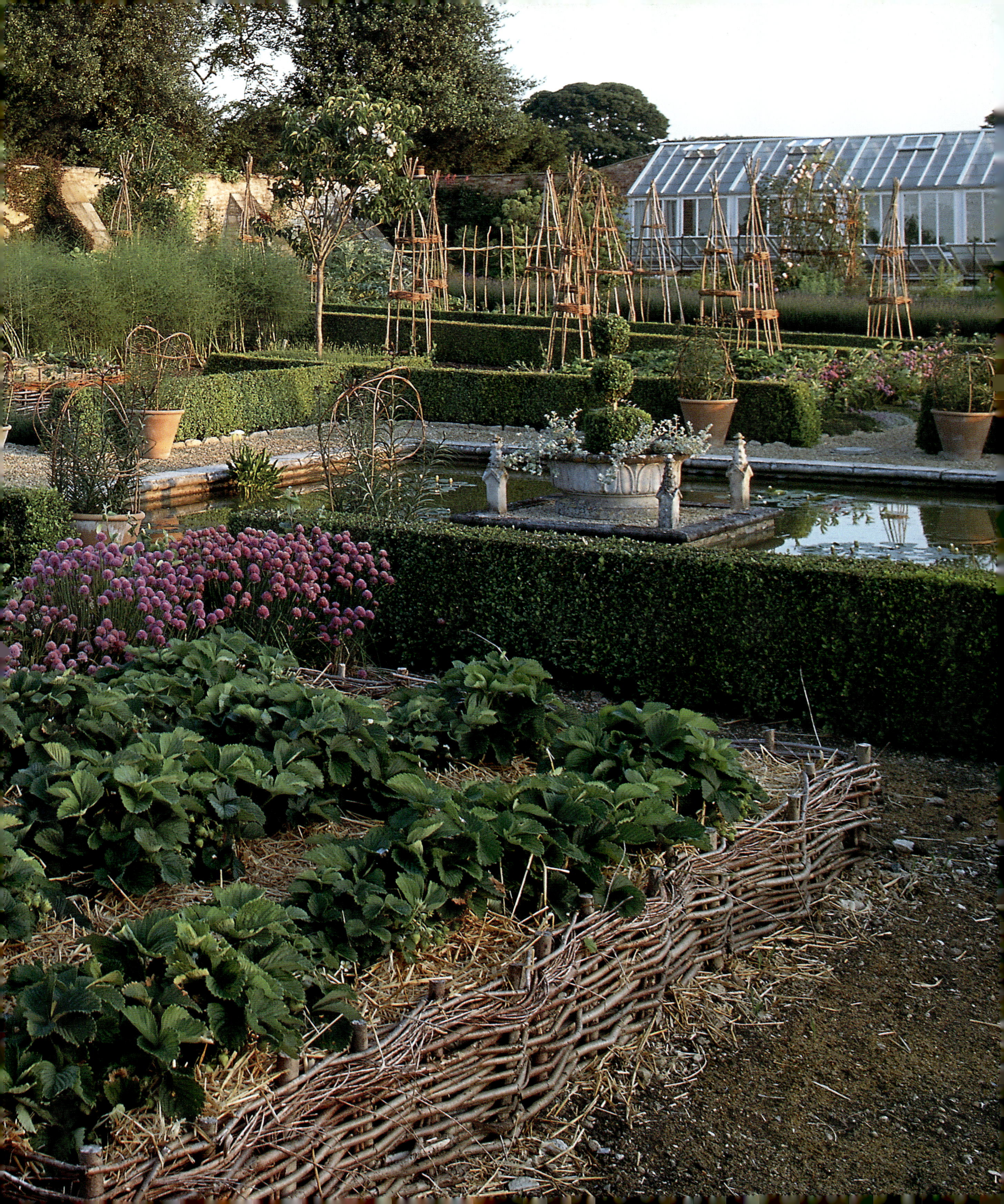

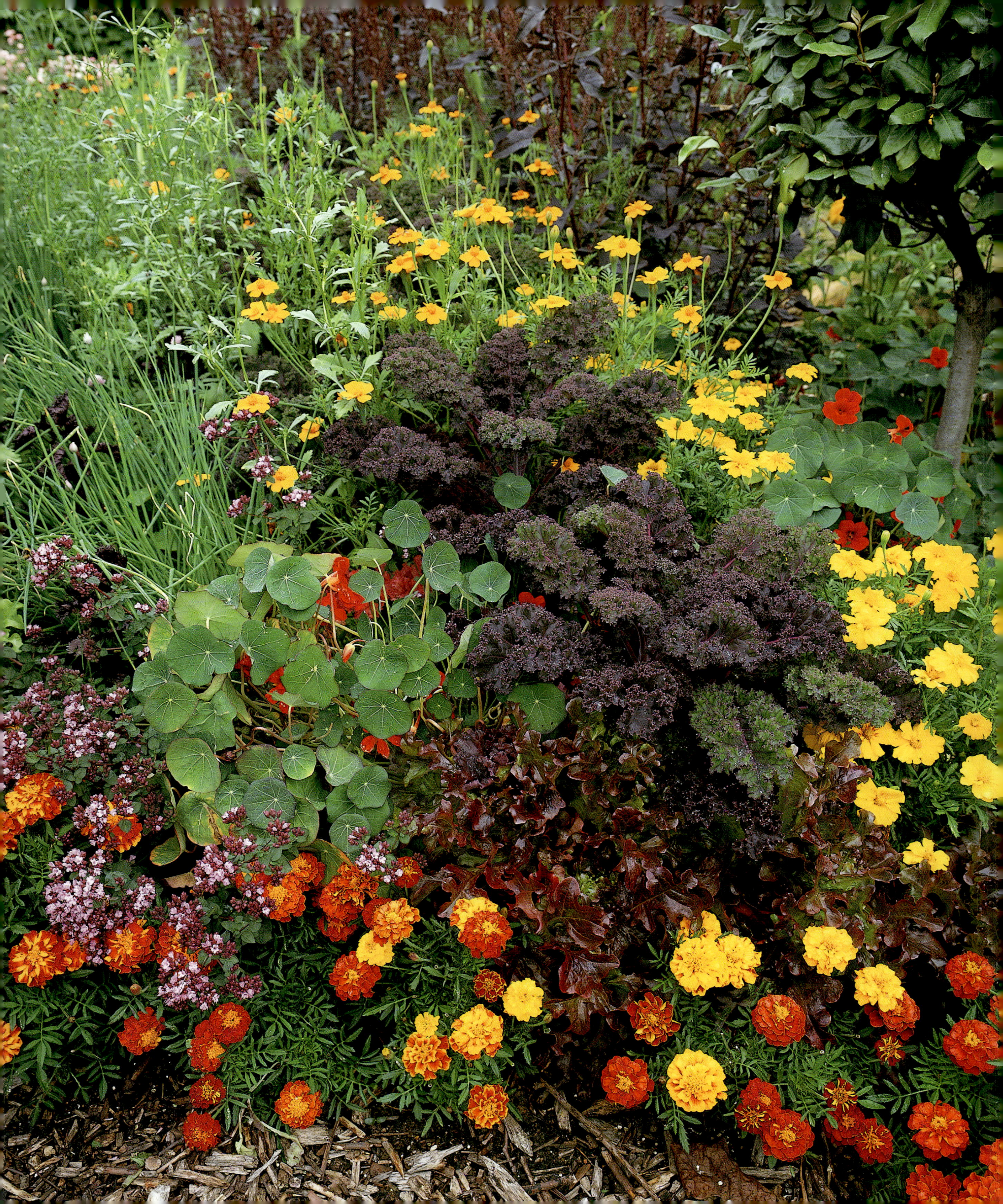

deckt und es gibt Bögen und Laubengänge aus Obstbäumen sowie in Kelchglasformen geschnittene Bäume. Gleich neben dem Weinhaus ist im Sommer ein überaus schmuckvolles subtropisches Blumenbeet zu sehen.

Auch der 8000 Quadratmeter große ummauerte Garten von Audley End in Essex ist ein weiterer, sehr authentisch restaurierter Küchengarten. Der Garten stammt aus den 1750er Jahren und wurde von English Heritage und Garden Organic wieder in diesen Zustand zurückgeführt. Er wird vollständig nach organischen Kriterien bewirtschaftet. Glücklicherweise hat man diesen Garten nie ganz brachfallen lassen. Bis in die späten 1990er Jahre zog man hier Gemüse für den Markt und sorgte immer für eine gute Bodenfruchtbarkeit. Der Garten wird von English Heritage verwaltet und man legt hier großen Wert auf die Verwendung von Sorten, die es schon vor 1900 gegeben hat. Überaus beeindruckend sind in Audley End die Weinstöcke, die sich fast über die gesamte Länge der Südwand erstrecken.

Diese ummauerten Küchengärten sind eine wichtige, aber zahlenmäßig sehr kleine Gruppe innerhalb der bewirtschafteten Gärten, die für Besucher heute zugänglich sind.

Die Situation hat sich nach dem Zweiten Weltkrieg weiter stark verändert. Gärten wurden mehr und mehr das Arbeitsfeld der Eigentümer, weniger das des angestellten Gärtners. Dabei verkleinerte sich die Größe der Küchengärten zusehends, denn man sah den Nutzen der selbst erwirtschafteten Gemüsemengen nicht mehr, außerdem scheute man den erheblichen Arbeitseinsatz. Damit will ich nicht sagen, dass man keine Lust mehr hatte, eigene Nahrungsmittel zu ziehen – im Gegenteil. Aber man verfuhr nun völlig anders.

Aus ökonomischen Gründen, aber auch befördert durch den Zeitgeist dieser Tage, erfreut sich der so genannte »Potager« wachsender Popularität. Der Begriff kommt aus Frankreich und meint nichts anderes als den Gemüsegarten. Dieser kann einen halben Hektar oder auch nur wenige Quadratmeter groß sein. Nun hat sich aufgrund der immer wiederkehrenden Berichterstattung über den grandiosen Potager von Villandry in Frankreich die Bedeutung dieses Begriffs etwas verändert. Man meint heutzutage einen ornamentalen Gemüsegarten, in dem nicht mehr die Zweckmäßigkeit im Vordergrund steht und sehr viel Wert auf die Gestaltung gelegt wird. In einer Zeit wie heute, in der in England niemand mehr Hunger leidet und Design mindestens so hoch angesehen ist wie der Geschmack von Nahrungsmitteln, stellt der Potager durchaus eine Verlockung dar.

Der Potager hat eine geometrische Form, aus praktischen wie aus ästhetischen Gründen. Es finden sich meist nostalgische Elemente darin, wie beispielsweise ein einfacher Knotengarten (siehe Seite 15), dessen Felder für Kräuter genutzt werden können. Obstbäume sind straff geschnitten, wie damals in den großen, ummauerten Gärten. Dabei haben sich die vielen klein bleibenden und langsam wachsenden Unterlagen der

Blumen und Gemüse wachsen hier äußerst dekorativ zusammen. Purpurfarbener Kohl, Kapuzinerkresse (die natürlich essbare Blüten hat) und gelbe, orange und rote Studentenblumen *(Tagetes)* gehören dazu. Der strenge Duft der Studentenblumen soll Blattläuse fernhalten, ihre Blüten aber gleichzeitig nützliche Insekten anlocken, besonders Schwebfliegen.

Den Gemüsegarten von Barnsley House legte Rosemary Verey in einem teilweise ummauerten, teilweise von einer Hecke begrenzten Bereich außerhalb des Hauptgartens an. Dieser Garten diente vielen anderen Gärtnern als Vorlage. Gemüsesorten sind in Blöcken oder ineinander greifenden Mustern gepflanzt. Geschnittener gelber Liguster fügt dem Garten etwas künstliches Sonnenlicht zu. Die größte Schwierigkeit bei der Gestaltung eines rundum gelungenen Gemüsegartens liegt in der Verbindung von hohen Erträgen und schöner visueller Wirkung. Der hier abgebildete Garten wurde auch nach dem Tod von Rosemary Verey stets gut gepflegt und vom jetzigen Besitzer sogar erweitert. Er betreibt ein Hotel und nutzt die Ernte für seine Küche.

Obstbäume als wahrer Segen für die Potagisten erwiesen. In kleinen Gärten übernehmen Hochstamm-Stachelbeeren die Funktion von Obstbäumen, wenn sie entlang der axialen Wege aufgereiht sind.

Zu den bedeutendsten Verfechterinnen des Potager gehörte Rosemary Verey. Ihren Gemüsegarten in Barnsley House in Gloucestershire legte sie in den frühen 1980er Jahren an und er blieb glücklicherweise bis heute erhalten. Zwar wird das Gebäude heute als Hotel genutzt, aber der Garten wurde sogar erweitert, um die Küche ausreichend mit frischen Produkten zu versorgen. Rosemary Verey beschreibt, wie es zu dem Potager kam. »Im Rückblick betrachtet war es William Lawson, der mich überredete, meine Gemüseecke ... in einen dekorativen Potager zu verwandeln, in dem, nach seinen Worten, ›anmutige Beete mit Kräutern‹ und ›ein Reichtum von Rosen und Lavendel Komfort und Luxus für die Sinne bedeuten‹.«[4] Rosemary Verey sammelte antiquarische Gartenbücher, und bei der Anlage ihres Potagers vertiefte sie sich besonders in *The New Orchard and Garden,* erschienen 1618. Ihr Potager war »eine kleine Fläche, etwa von der Größe eines Tennisplatzes«[5] und wurde in einem teils ummauerten, teil von einer Hecke eingeschlossenen Raum angelegt. Er liegt außerhalb des eigentlichen Gartens und nahe an einer Kuh- und Pferdeweide. Verey wollte, dass der Besucher nur zufällig in den Potager kam, ihn aber dann umso überraschter zur Kenntnis nahm. Der Garten ist dicht durchzogen mit schmalen, geraden Wegen aus Betonplatten und Klinkersteinen, breit genug, um die nötigen Arbeiten zu verrichten und dabei nicht auf die Erde zu treten.

An diesen schlichten, plastikummantelten Metallbögen im Garten von Barnsley House hängen Kürbisse herab. Die Mischung von Blumen und Gemüse zeichnet diesen Garten aus, aber auch beispielsweise der einfach gebaute Weg. Bei den niedrigen gelbblühenden Stauden handelt es sich um *Rudbeckia hirta*.

Mörtel für die Fugen wurde hier nicht verwendet, um einen möglichst ländliches, ungezwungenes Aussehen zu behalten. »Ich habe keinen Zement verwendet. Das hätte die Wege nicht besser begehbar gemacht und außerdem zog ich das unprofessionelle Aussehen vor.«[6] Diese fehlende Perfektion gehört durchaus zur Philosophie des Potager. In der ersten Hälfte des Gartens liegen zwei große Quadrate. Buchshecken umschließen sie, diagonale Wege führen zu einem kreisrunden Beet in ihrer Mitte, in dem vier geschnittene Obstbäume stehen, Birnen im einen, Äpfel im anderen Quadrat. Sie sind in der Form eines Kelchglases gezogen. Zwischen den beiden Quadraten führt ein schmaler Pfad in die Mitte des Potager, wo ein geschnittener Apfelbaum und um ihn herum Hochstammrosen der alten Sorte 'Little White Pet' stehen. Die beiden anderen großen Quadrate sind in kleinere gegliedert, verbunden und umschlossen von schmalen Wegen und Buchshecken mit voluminöseren Eckpunkten. Die so wichtige Vertikalität stellen geschnittene Obstbäume, Bambusstützen für Bohnen und Flechtwerk aus Holz her. In den Tagen von Rosemary Verey wurde das Gemüse in Blöcken oder ineinandergreifenden Mustern gepflanzt. So wuchs etwa »Lollo Rosso«-Salat zusammen mit purpurblauem Rotkohl und grünblättrigem Salat. Einen vertikalen Kontrast boten aufrecht wachsenden Zwiebeln. Hier und da brachte geschnittener, gelbblättriger Liguster Strahlen von künstlichem Sonnenlicht. Das Gemüse wurde nach einem strengen Rotationsprinzip gesetzt, die Erfordernisse eines produktiven Anbaus erlaubten keine Kompromisse. Aber Verey schrieb auch: »Salatköpfe ... wurden immer so gesetzt, dass schöne Farbkombinationen dabei herauskommen.«[7]

Hinter diesen Beeten verläuft ein Lauben-

OBEN Von diesem Metallgitter im Garten von Pine House in Leicestershire scheinen die Kürbisse herunterzutropfen.

RECHTS Geschnittenes Heiligenkraut *(Santolina)* und Lavendel im Gemüsegarten von West Green House in Hampshire. In schöner Tradition verbinden sich hier dekorative mit produktiven Elementen, Blumen mit Kräutern und Gemüse, dazwischen Frühlingsplatterbse an Haselnussstützen. Hinter der Rosmarinhecke sind Mangold, Rotkohl und Zwiebeln zu erkennen.

gang aus einfachen, gebogenen, plastikummantelten Metallbögen, von denen im Sommer Zier- und Flaschenkürbisse herabhängen. An beiden Seiten der großen Pflanzflächen liegen Kräuterbeete beziehungsweise Lauben, die eine überwachsen mit Wein, die andere mit Hopfen. Während die Struktur des Gartens immer die gleiche blieb, veränderte Rosemary Verey das Muster und die Farbspiele von Jahr zu Jahr.

In England ist eine feste Entschlossenheit in Bezug auf die Prinzipien des Potager zu beobachten. Dabei können Obst und Gemüse ruhig mit Zierwert angepflanzt werden, doch Wege, Gestelle und sonstige anorganischen Einbauten sollten nicht maschinengemacht daherkommen und nicht zu kostspielig sein. So sind in Helmingham Hall in Suffolk, Pine House in Leicestershire wie auch in Barnsley die Bögen, an denen Kürbisse herabhängen, aus ganz einfachen Metallstangen gebaut.

Im Garten von West Green House hat Marylyn Abbott zwei große Frucht-Käfige für die Obstpflanzen, entworfen von Oliver Ford, in die Mitte ihres großen Potager gesetzt. Für diese Situation sind sie passend, nicht zu ornamental.

Vertikale Elemente lassen sich durch Stachelbeer-Hochstämme in den Garten bringen oder mit Kletterpflanzen wie etwa Geißblatt, die man an hölzerne Dreibeine oder Weidenflechtwerk setzt. Schnittblumen sind ebenfalls wichtig. Häufig werden sie in separate Beete gepflanzt, manch-

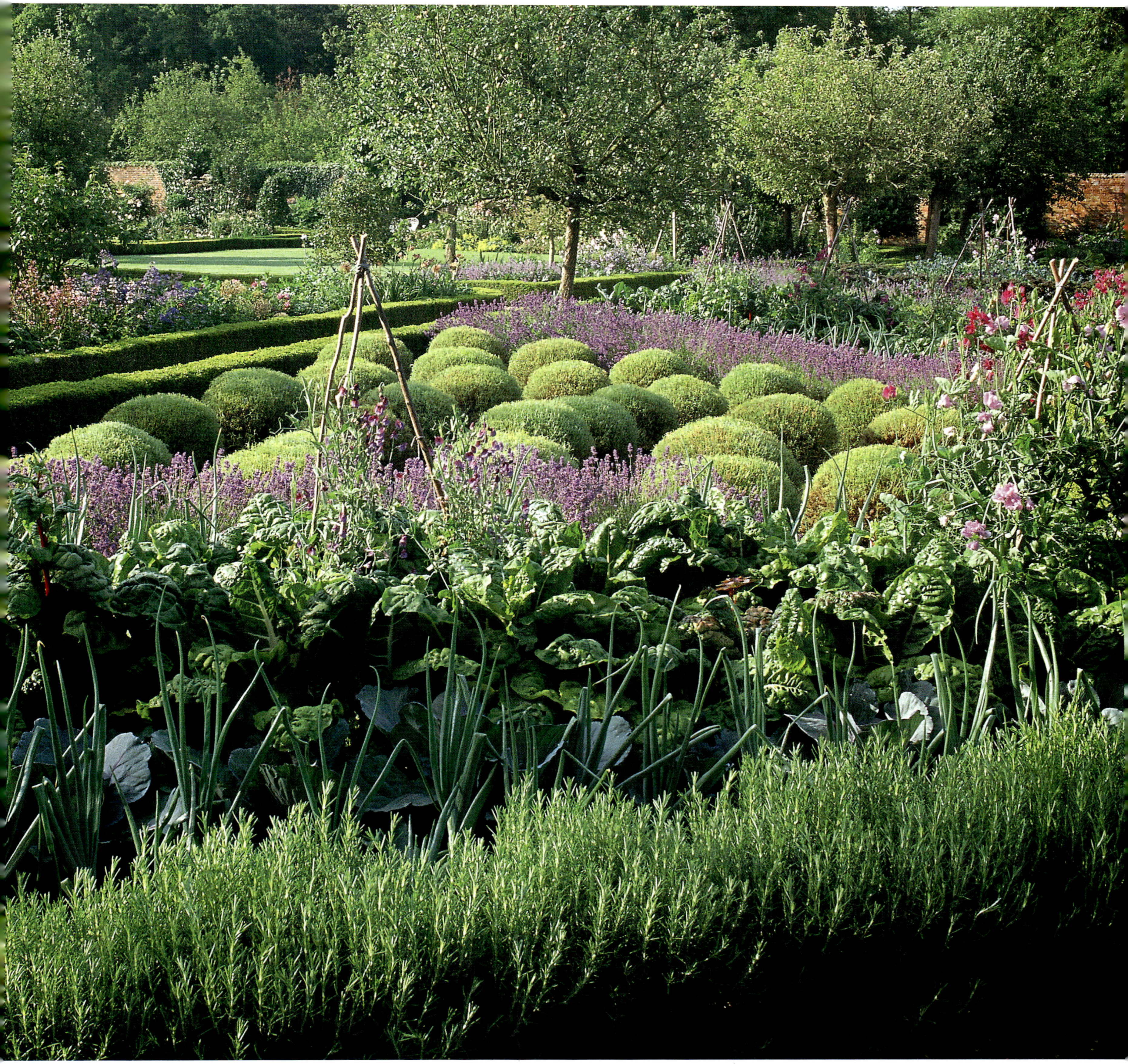

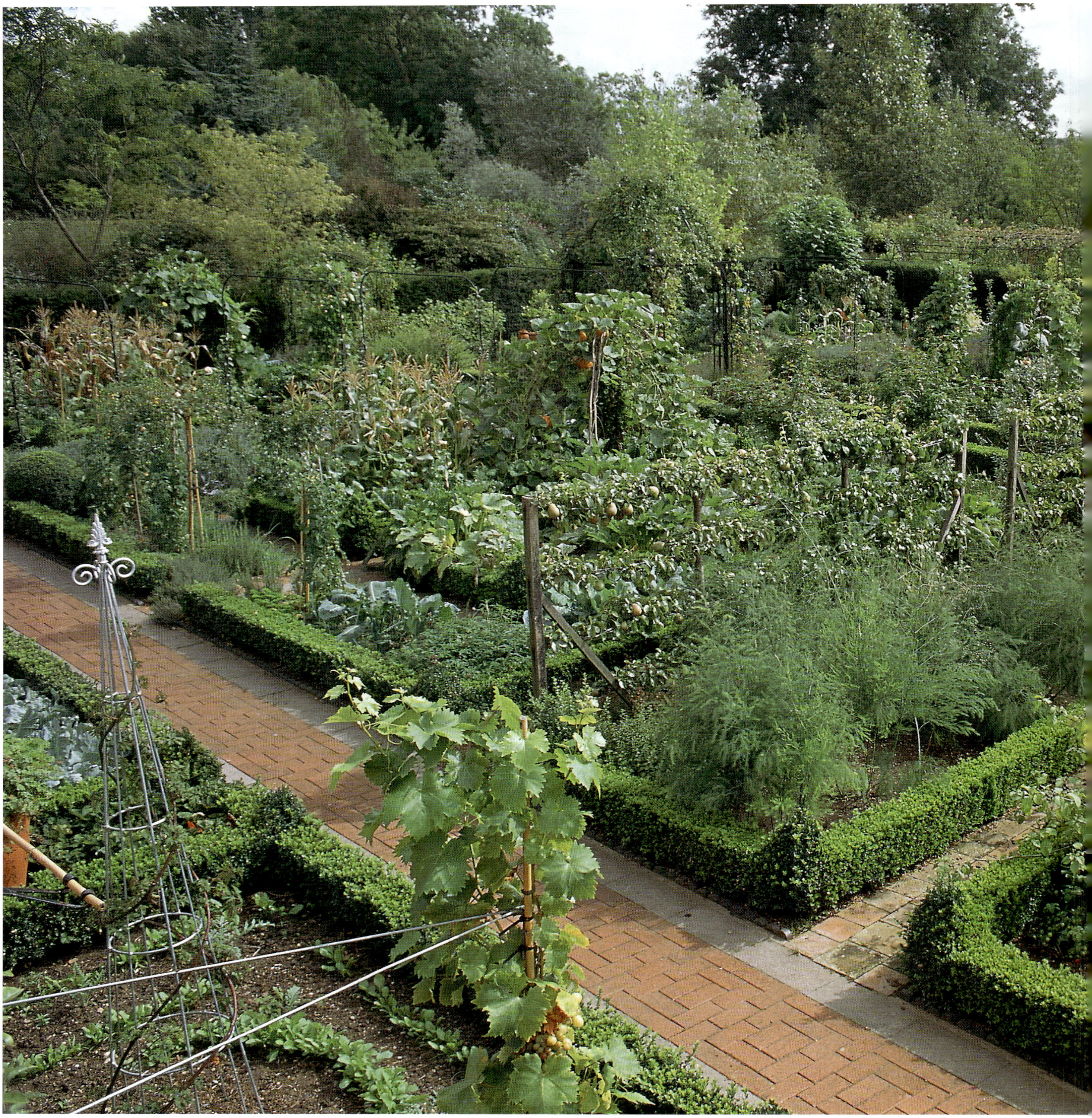

OBEN Meerkohl war in der Viktorianischen und Edwardianischen Zeit ein populäres Gemüse, weil er schon im Frühling geerntet werden kann. Er erlebt gegenwärtig eine Renaissance, was auch durch die Töpfereien unterstützt wird, denn in Töpfen wächst er auch. Außerdem werden seine Blätter allein aus Ziergründen wieder geschätzt.

LINKS Der kunstvoll gestaltete Gemüsegarten von The Old Rectory von Sudborough in Northamptonshire wurde von seinem Besitzer angelegt. Rosemary Verey unterstützte ihn dabei, später dann Rupert Golby. Die Wege sind sauberer verlegt als etwa die von Barnsley House (siehe Seite 337).

mal aber auch mit dem Gemüse kombiniert. Rosemary Verey hatte eine besondere Vorliebe für Blumen in ihrem Potager – mit einem sicheren Gefühl für Tradition blühten im Frühling die Tulpen und im Sommer Strauchrosen. Weiterhin gehört die Duftwicke zu den besonders beliebten Pflanzen im Potager. Gemüse wird nicht immer in strengen Linien gesät, sondern auch in geschwungen Feldern oder quadratischen Blöcken, je nach dem Zuschnitt der Beete. Wichtig ist, dass man vom Weg aus möglichst an die Pflanzen kommt und so wenig Erde wie möglich betritt.

Rosemary Verey legte auch den Potager von The Old Rectory in Sudborough an. Ihre Arbeit fortgeführt hat dann später der Gartengestalter Rupert Golby, zusammen mit dem Besitzer. Hier führt ein schmaler Klinkerweg zur zentral gelegenen, schmiedeeisernen Laube. Der Garten ist in einem ausgezeichneten Pflegezustand.

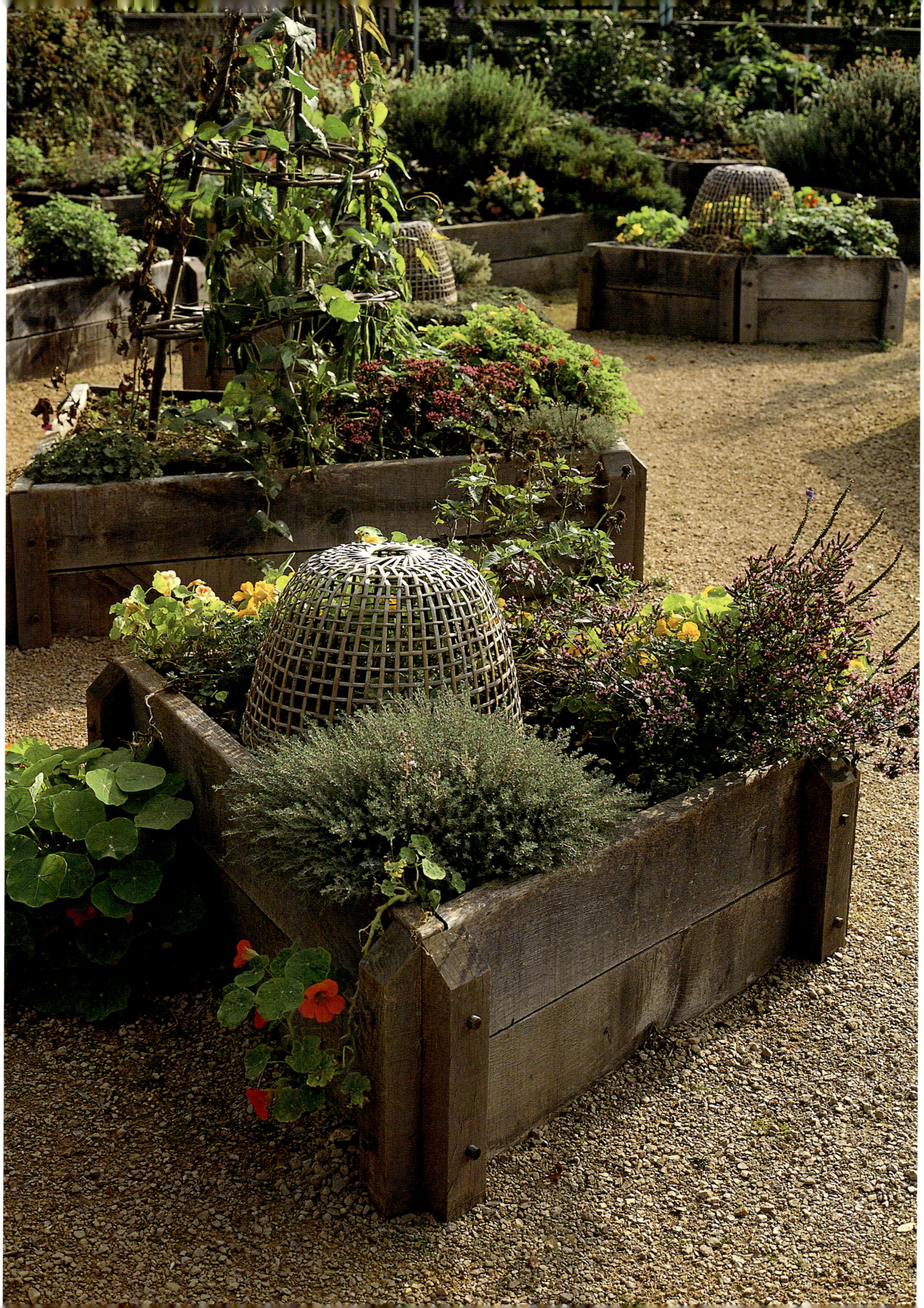

Zweifellos hat die auflebende Industrie für Terrakotta und andere Töpfe den Gemüsegärtnern sehr geholfen. Auch wenn sich durchaus ein Markt von traditionellen Elementen aus der Vorkriegszeit entwickelt hat – es seien nur die Glasglocken erwähnt –, ist Terrakotta doch wieder das Material der Wahl. Passend dazu sind auch Rhabarber und Meerkohl wieder in Mode.

Es gibt wohl nur wenige Küchengärten, in denen Kräuter keine große Rolle spielen. Ihre Verwendung hat in den vergangenen Jahren enorm zugenommen, zumal der Gesundheitsaspekt in unserem Leben immer wichtiger wird. Altes Wissen aus dem Mittelalter wurde wieder neu entdeckt. Obwohl die Wirkungen einiger Kräuter vielfach überbewertet werden, gibt es doch Gründe, sie für den Garten zu empfehlen. Jedenfalls haben Gärtner gelernt, mit Kräutern attraktive, abwechslungsreiche Gärten zu gestalten, die überdies sehr anziehend auf Insekten und Vögel wirken.

Kräutergärten können mit Töpfen oder Hochbeeten angelegt werden, sie können auch groß und stattlich sein. The Abbey House Gardens in Malmesbury in der Grafschaft Wiltshire liegt auf dem Areal eines ehe-

OBEN Stahlbögen aus dem Gewächshausbau bilden eine kreisrunde Kolonade, die den Kräutergarten von Abbey House einfasst. 180 Spalierbäume wachsen an den äußeren Pfosten, Rosen und Clematis an den inneren. Der Besitzer hat ausgerechnet, dass in diesem 2 Hektar großen Garten mehr Rosen wachsen als in jedem anderen Garten Englands.

GEGENÜBER Dieses Bild zeigt den Kräutergarten von The Abbey House Gardens in Malmesbury, Wiltshire. Fast im Zentrum der Stadt liegt dieser teils formale, teils am Flussufer und im Wald liegende Garten. Hier war früher der Garten eines Benediktinerklosters. Der Garten ist formal einer Uhr nachempfunden, die Hochbeete sind wie zu Zeiten der Mönche aus Holz. Sie sind handwerklich sauber gebaut, worauf die Holznägel hinweisen. Die Bambusschirme sollen empfindliche Pflanzen vor Vogelfraß schützen. Sehr feinsinnig lehnt sich dieser Garten an seine klösterliche Vergangenheit an.

FOLGENDE SEITEN Dieser charmante Kräutergarten in Devon wurde von Tessa Traeger und Patrick Kinmonth angelegt. Unkonventionelle »harte« Materialien wurden hier verwendet, aber sie tragen zum einzigartigen Stil des Gartens bei. Die dekorativen Weidenzelte sind Kletterhilfen für Wicken und Kapuzinerkresse, die viktorianischen Glasglocken schützen junge Pflanzen. Besonders reizend ist die mit Moos bewachsene und von geschnittenen Buchsbäumen flankierte Steinbank. Gelbe Lupinen, Mutterkraut *(Tanacetum parthenium)* und Schnittlauch bringen Farbe in die ansonsten grüne Szenerie.

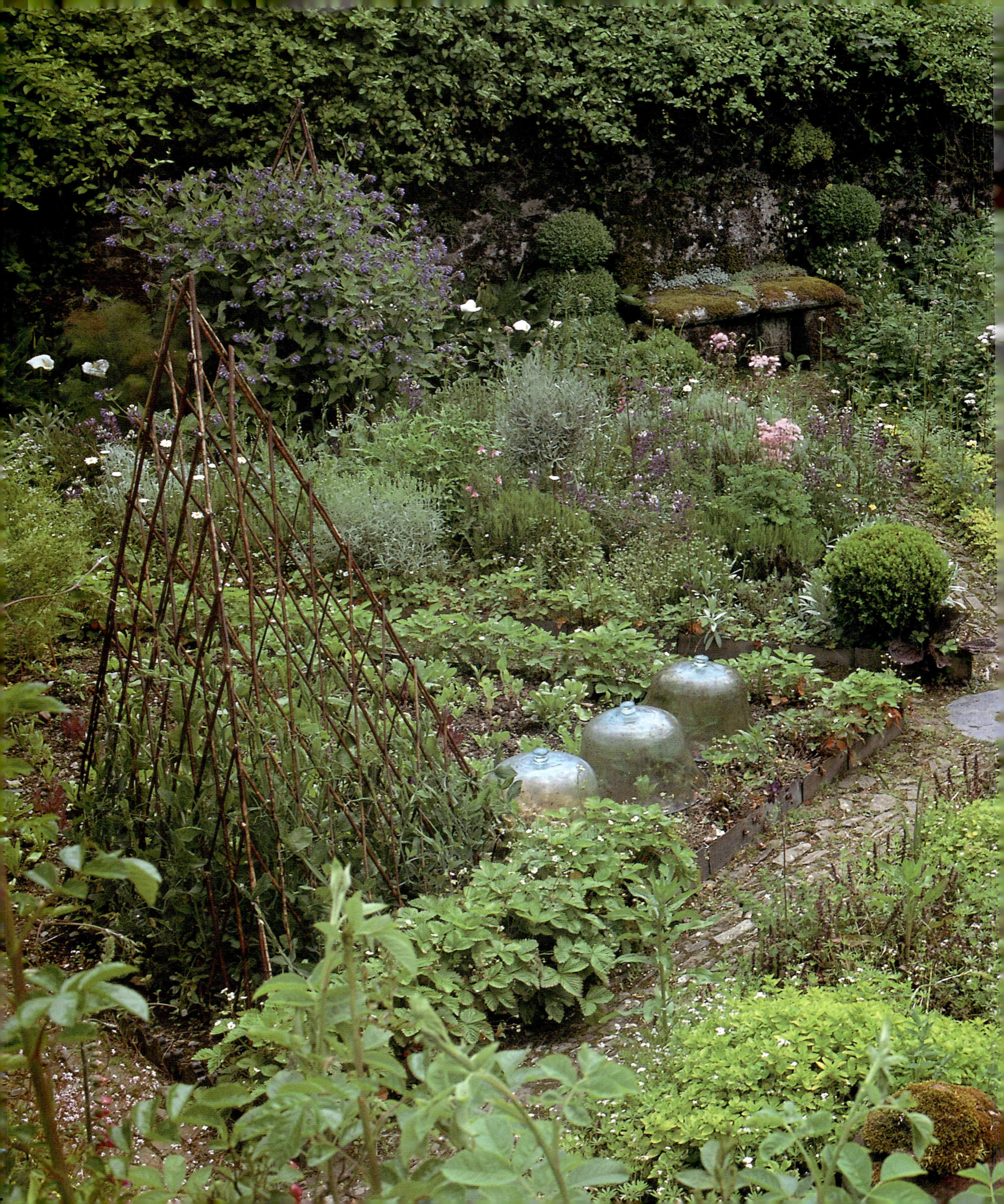

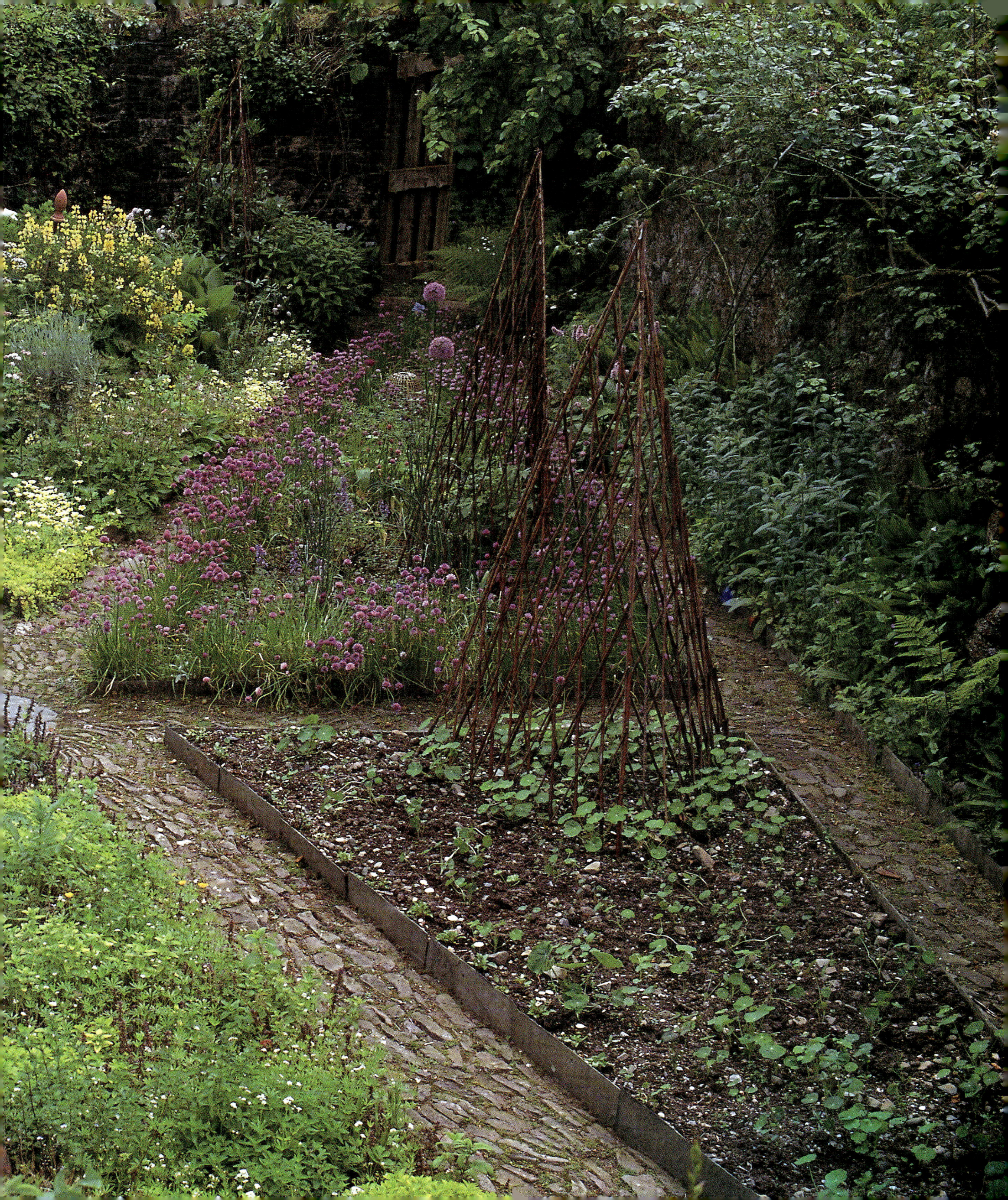

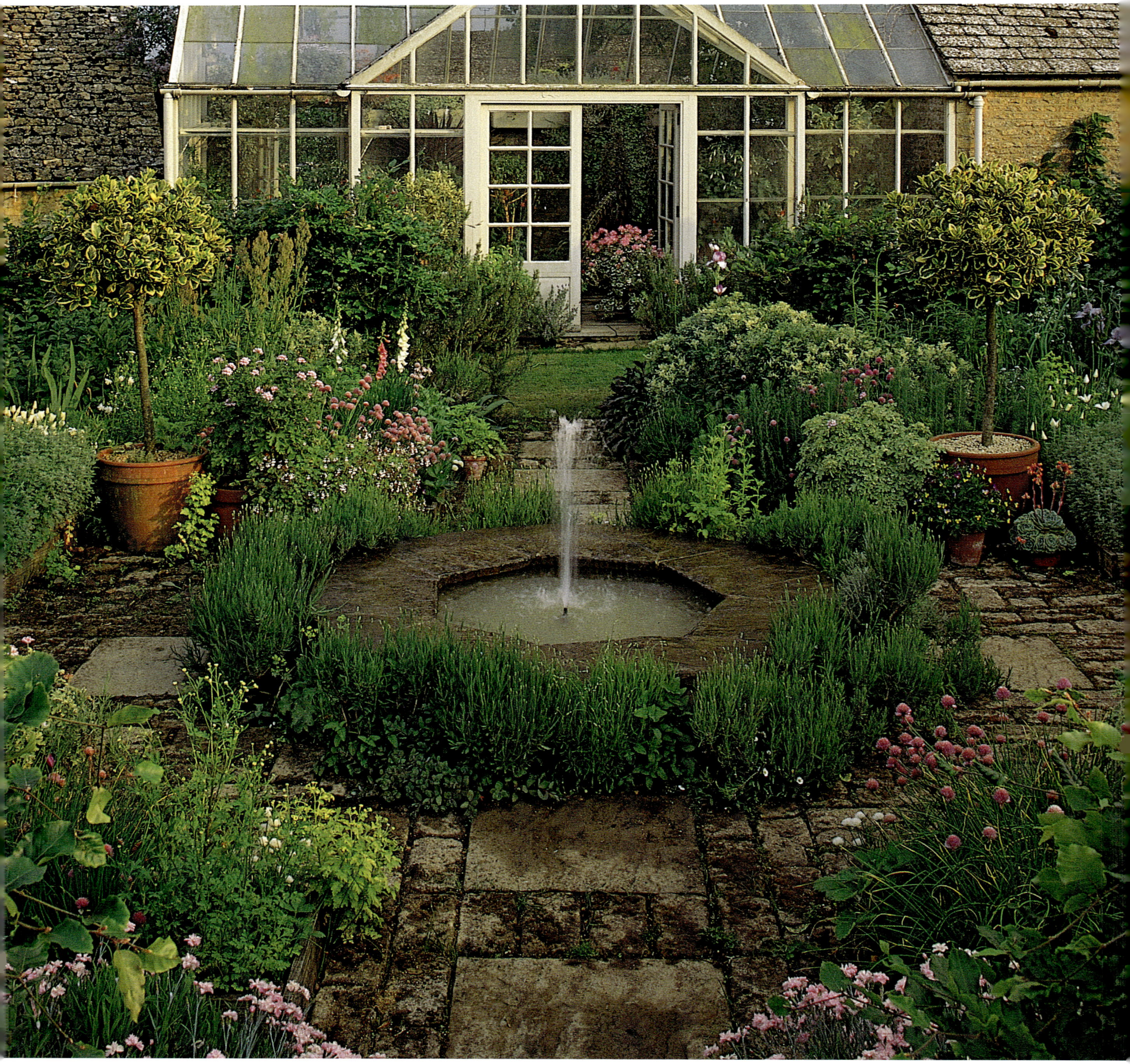

OBEN Der Ausschnitt eines traditionellen Gemüsegartens in Nottinghamshire – ordentlich, ertragreich, unprätentiös. Jeder Quadratzentimeter ist genutzt, der Garten wird nur unter praktischen Gesichtspunkten betrachtet. Hier liegen die auffälligen Effekte ausschließlich in den unterschiedlichen Grüntönen des Gemüses.

GEGENÜBER Ein sehr schöner, detailreicher Kräutergarten mit buntblättrigem Ilex in Töpfen in einem Garten in Oxfordshire.

maligen Benediktinerklosters. Hier, wo wahrscheinlich Hunderte Jahre lang Kräuter gezogen wurden, gibt es auch heute einen schönen Kräutergarten. Er ist rund, von der Mitte strahlen viele schmale Wege nach außen, zwischen den Wegen reihen sich hölzerne Hochbeete aneinander, ein mit Holz verkleidetes Wasserbecken mit einem Springbrunnen markiert die Mitte. Diese Anlage gewährt einen umfangreichen Blick auf Kräuter und ihre Attraktivität als Gartenpflanzen.

Unter den Gärten von Chenies Manor in Buckinghamshire befindet sich auch ein Apothekergarten. Den gesamten ummauerten Garten von Acorn Bank in Cumbria, einer Anlage des National Trust, hat man zu einer Sammlung von etwa 250 essbaren und medizinischen Pflanzen entwickelt. Hier sorgen die Mauern für ein bevorzugtes Mikroklima, sodass die Lage des Gartens im Norden Englands keine Nachteile bringt.

Ich kann dieses Kapitel nicht beenden, ohne die mehr zweckmäßig angelegten Gärten erwähnt zu haben. Nicht jeder möchte sein Gemüse unter ästhetischen Gesichtspunkten ziehen, will es ernten, auch wenn dann die Symmetrie in einem Beet gestört sein sollte. Wahrscheinlich trifft dies auf die meisten Besitzer von Küchengärten in unserem Land zu. Das heißt aber nicht, dass es zweckmäßige Gärten nun gänzlich an Reizen vermissen lassen. Zumindest sind sie in höchstem Maße und im besten Wortsinn der Erde verbunden und dabei sehr ertragreich. Manche von ihnen sind sogar für Besucher geöffnet.

ANDERE KÜCHENGÄRTEN

Emmaus House, Bristol
South Farm, Cambridgeshire
Acorn Bank, Cumbria
Levens Hall, Cumbria
Calke Abbey, Derbyshire
Hardwick Hall, Derbyshire
Arlington Court, Devon
Clovelly Court, Devon
Tapeley Park, Devon
Edmondsham House, Dorset
Cerney House, Gloucestershire
Conholt Park, Hampshire
Abbey Dore, Herefordshire
Osborne House, Isle of Wight
Belmont, Kent
Leighton Hall, Lancashire
Gunby Hall, Lincolnshire
Fenton House, London
Castle Acre Priory, Norfolk
Felbrigg Hall, Norfolk
Houghton Hall, Norfolk
Lexham Hall, Norfolk
Sulgrave Manor, Northamptonshire
Kelmarsh Hall, Nottinghamshire
Bridewell Organic Garden, Oxfordshire
Hodnet Hall, Shropshire
Barrington Court, Somerset
Somerleyton Hall, Suffolk
Wyken Hall, Suffolk
Titsey Place, Surrey
Sarah Raven's Cutting Garden, Sussex
Bede's World, Tyneside
Upton House, Warwickshire
The Old Malt House, Wiltshire
Burton Agnes Hall, Yorkshire

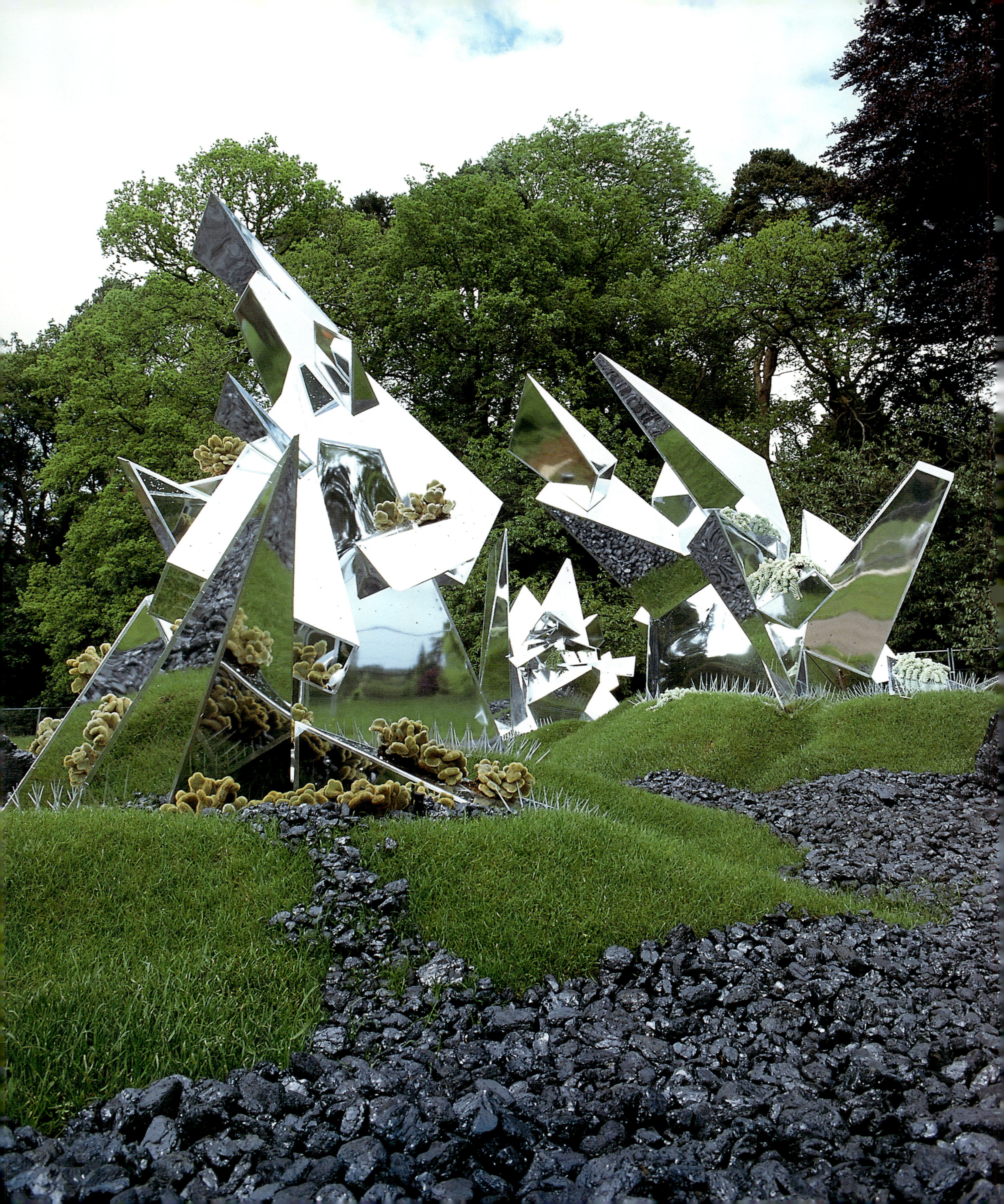

11
DER ZEIT-GENÖSSISCHE GARTEN

In diesem letzten Kapitel werde ich der interessantesten, aber auch schwierigen Frage nachgehen, in welche Richtung sich die Gestaltung des Englischen Gartens entwickeln wird. Wir haben gesehen, welch starke Wirkung zum Beispiel die Arts-and-Crafts-Bewegung auf die Gärten im ganzen Land hatte oder wie verlockend die Idee war und ist, eine üppige und zwanglose Bepflanzung in ein formales Grundgerüst einzupassen. Gegen Ende des letzten Jahrhunderts waren viele junge Gartengestalter mit ihrer Weisheit am Ende, gefangen zwischen der konservativen Haltung ihrer Kunden und ihrem eigenen Verlangen, Gärten grundlegend anders zu gestalten. Alles sollte nun einen intellektuellen Hintergrund bekommen. Was immer sie in ihren Schaugärten auf der Chelsea Flower Show realisieren konnten, stellte sich in der Realität als äußerst schwer verkäuflich heraus. Doch hatten zumindest die besseren Gartendesigner auch in den 1990er Jahren genug zu tun, denn bei vielen der landbesitzenden Klasse war es wieder selbstverständlich, ihr Anwesen einem professionellen Gartengestalter anzuvertrauen. Und auch unter den kreativen Laien wuchs die Zahl derer, die ein Gespür für andere Möglichkeiten entwickelten. Sie hatten mehr im Sinn als Staudenrabatten à la Jekyll.

Moderne Gartengestalter sahen sich dabei mit einer einflussreichen Bewegung konfrontiert, die sich immer schon für die Restaurierung historischer Gärten eingesetzt hatte. Immerhin hatte die Öffentlichkeit allen Grund, über die Rettung einer Meisterleistung des 18. Jahrhunderts wie etwa Stowe oder über die Wiederherstellung der Beetkunst aus der Viktorianischen Zeit in den Gärten von Waddesdon Manor und Harewood House zu staunen. Auch die Brillanz von Gertrude Jekyll war nun wieder in The Manor House, Upton Grey und Hestercombe zu erleben. Der Einfluss dieser Restaurierungen auf die allgemeine Vorstellung vom Garten lässt sich erahnen. Besonders hilfreich für einen neuen Blick in die Zukunft empfanden das die Gartengestalter und Amateur-Gärtner natürlich nicht. So mussten die modernen Gestalter das Gewicht der Tradition abschütteln, und die Geschichte der 1990er Jahre hat gezeigt, dass einige von ihnen respektablen Erfolg hatten. Um etwas von deren Zielen zu verstehen, müssen wir zurück in unsere Geschichte blicken und dabei, wenn auch nur kurz, die Moderne betrachten und wie sie Eingang fand in die englische Gartengestaltung.

Die Moderne erreichte England in den 1920er Jahren. In der Architektur setzte sie (grob gesagt) auf Funktionalität und Gebrauchswert, wobei

GEGENÜBER Abstrakte Kunst in Gärten scheint auf Gartenschauen beschränkt zu sein, denn sie passt häufig nicht hinein und kann zudem schnell altern. Hier ist Tony Heywoods *The Split* zu sehen, aufgenommen auf dem Westonbirt International Festival of the Garden 2003. Heywood nennt sich selbst einen »horticultural intervention artist«, was man mit »Garten-Bau-Künstler« übersetzen kann.

UNTEN An The Menagerie in Northamptonshire baute der Architekturhistoriker Gervase Jackson-Stops eine riedgedeckte, rustikale Laube mit einem klassischen Portiko. Man sollte dies als einen anspruchsvollen Spaß eines Gelehrten bewerten.

man dem Credo folge, dass auch funktionale Gegenstände durchaus schön sein sollten. Das war zwar nicht meilenweit von der Arts-and-Crafts-Philosophie entfernt, aber nun kam noch eine Neugier auf technologische Neuerungen und Baumaterialien hinzu.

Die Anhänger der Moderne verabscheuten überflüssige Dekoration. Adolf Loos bezeichnete gar das Ornament als Exkrement und Le Corbusier nannte das Haus der Moderne schlicht eine »Maschine«. Aus dem Garten indessen verbannten die Protagonisten jegliche Andeutung von axialer Geometrie, wie sie den formalen Garten stets bestimmt hatte. Für Le Corbusier sollte der Garten »unschuldig« sein, Gräser und Bäume sollten die Gebäude umgeben, die Symmetrie wurde aufgehoben, die Betrachtung von verschiedenen Blickwinkeln aus war wichtig. Pflanzen wurden dabei als individuelle Skulpturen gesehen und nicht als Bestandteile eines dynamischen Systems. Bis in die heutige Zeit hat sich die Idee der Moderne, Haus und Garten, Innenraum und Außenraum eng miteinander zu verknüpfen, als Regel erhalten.

In England vertraten vor allem Christopher Tunnard und Oliver Hill die Moderne. Tunnard war verantwortlich für die Gärten von St Anne's Hill in Surrey und Bentley Wood in Sussex. Sein Buch *Gardens in the Modern Landscape* erschien 1938 und hatte weitreichenden Einfluss. Zu seinen Gestaltungsprinzipien gehörte zuerst der Funktionalismus, auf den der moderne Mensch stark ansprach, zweitens das Einfühlungsvermögen beim Hineinsetzen des Gebäudes in die Landschaft, drittens spielte die abstrakte Skulptur eine Rolle, die keineswegs als Nebensache im Garten galt. Tunnard ignorierte die Pflanzen nicht, aber er glaubte auch nicht an ihre Wirkung in der Masse.

Aber weder die weißen Flachdachgebäude, wie wohltuend auch immer sie in der Landschaft lagen, noch die Betonterrassen und die weitläufigen Graspartien mit den eingestreuten Birkengruppen trafen auf breite öffentliche Akzeptanz. Ganze sechs Aufträge bearbeitete Tunnard, bevor er 1939 in die Vereinigten Staaten auswanderte. Mit seinem Abschied war auch die Geschichte des Gartens der Moderne in England abgeschlossen. Seitdem hat man immer wieder das jähe Ende der Moderne beklagt. In der Tat lagen Gemeinsamkeiten zum Landschaftsgarten des 18. Jahrhunderts auf der Hand, etwa die Platzierung von Gebäuden in die Landschaft und die Beachtung des Genius Loci. Aber offenbar konnte man den Engländern ihre Begeisterung für blühende Blumen nicht austreiben. Und tatsächlich hat sich Beton als ein Material erwiesen, dass in unserem feuchten, milden Klima unschön altert. Noch weniger als in der Architektur konnte die Moderne in der Gartengestaltung Fuß fassen, was den Gartengestalter wiederum verwirrte und keinesfalls voranbrachte.

Andererseits waren die englische Gartengestalter der Vor- und Nachkriegszeit – im Gegensatz zu den Landschaftsarchitekten – recht unvoreingenommen und vielseitig in ihren Entwürfen. Männer wie Percy Cane, Lanning Roper und Vernon Russel-Smith versorgten ihre Auftraggeber mit pflanzenorientierten und überaus feinsinnigen, doch wiederum nicht sehr wagemutigen Entwürfen. Percy Glane etwa schuf mit seiner Waldlichtung und der von Azaleen begleiteten Stufenanlage in Dartington Hall in Devon sein Markenzeichen.

Ich habe die englischen Landschaftsarchitekten erwähnt (siehe Seite 232), die sich von Vertretern der Moderne wie Thomas Church, Garret Eckbo und Roberto Burle Marx beeinflussen ließen. Sie hatten indes nur selten die Gelegenheit, sich als Gartenarchitekten zu beweisen, denn nach dem Krieg gab es kaum private Auftraggeber. Bei Architekten sah das etwas anders aus, denn sie regten als Sozialreformer neue städtebauliche Projekte wie etwa die New Towns an, was allgemein notwendiger erschien als der Bau privater Gärten. Erst in den vergangenen zwei Jahrzehnten hat sich mit dem stetig steigenden Wohlstand auch eine Gruppe von Grundstücksbesitzern entwickelt, die mit experimentellen, couragierten Entwürfen umgehen können und dabei englische Talente wirksam unterstützen.

Sir Geoffrey Jellicoe hat diesen den Weg geebnet. Er gehörte zu der Gruppe modernistischer Planer vor dem Krieg und konnte in seinem langen Leben mitverfolgen, wie seine beiden großen Privatgärten – Shute House in Dorset und Sutton Place in Surrey – hohe Wertschätzung erlangten (siehe Seiten 254–255 und 287). Dabei erscheinen mir die Einflüsse auf Jellicoe wiederum recht komplex. Seine Gärten bargen symbolische Themen, denn sie widmeten sich zum Teil wenigstens der Reise des Lebens. Das Thema seiner Arbeit in Sutton Place benannte er mit »Schöpfung, Leben und Sehnsucht«, während er dem Betrachter in Shute House zwei Möglichkeiten anbietet (wie so oft im Leben), indem er den Fluss Nadder in zwei Richtungen verzweigt. Wasser ist mal dunkel und geheimnisvoll, mal hell, leuchtend und geradezu musikalisch. Dabei inspirierte ihn die Lehre des Psychologen C. G. Jung vom Unterbewusstsein des Menschen und beobachtete, wie Gärten es auch beeinflussen können. Ist hier nicht eine Parallele zur Landschaftsgestaltung des 18. Jahrhunderts zu erkennen?

Von den 1960er Jahren an trat John Brookes auf die Bildfläche. Er hatte mit den Gartenarchitektinnen Sylvia Crowe und Brenda Colvin zusammengearbeitet und ging einer Gruppe von Modernisten voraus. Sein Einfluss durch seine Bücher wie etwa *Room Outside* (1969) ist nicht zu unterschätzen. Ohne Zweifel ist seine Arbeit abstrakt, aber nicht asketisch, und viele Kollegen haben seine Ideen positiv aufgenommen. Aus der Sicht dieses Buchs kommen, wie auch bei Jellicoe, die meisten Projekte nicht in Betracht, weil sie für Firmen oder Städte geplant wurden. Brookes hat sich außerdem große Anerkennung mit dem 1979 veröffentlichten Buch *Small Gardens* erworben, nahm es doch endlich die Nöte vieler Gartenbesitzer der Nachkriegszeit ernst und stellte Ideen für kleine Grundstücke vor.

Es gab weitere avantgardistische Gartengestalter, die wie Brookes ihre progressiven Ideen über die Manipulation des Raumerlebnisses mit einer

FOLGENDE SEITEN Das Beispiel einer Arbeit von John Brookes in einem Garten in Sussex. Zeitgenössisch, mit einer gewissen Verehrung der Moderne nähert sich der Gartenarchitekt diesem traditionellen formalen Garten. Allerdings ohne selbstverleugnende Strenge, die seit den 1960er Jahren zu beobachten war.

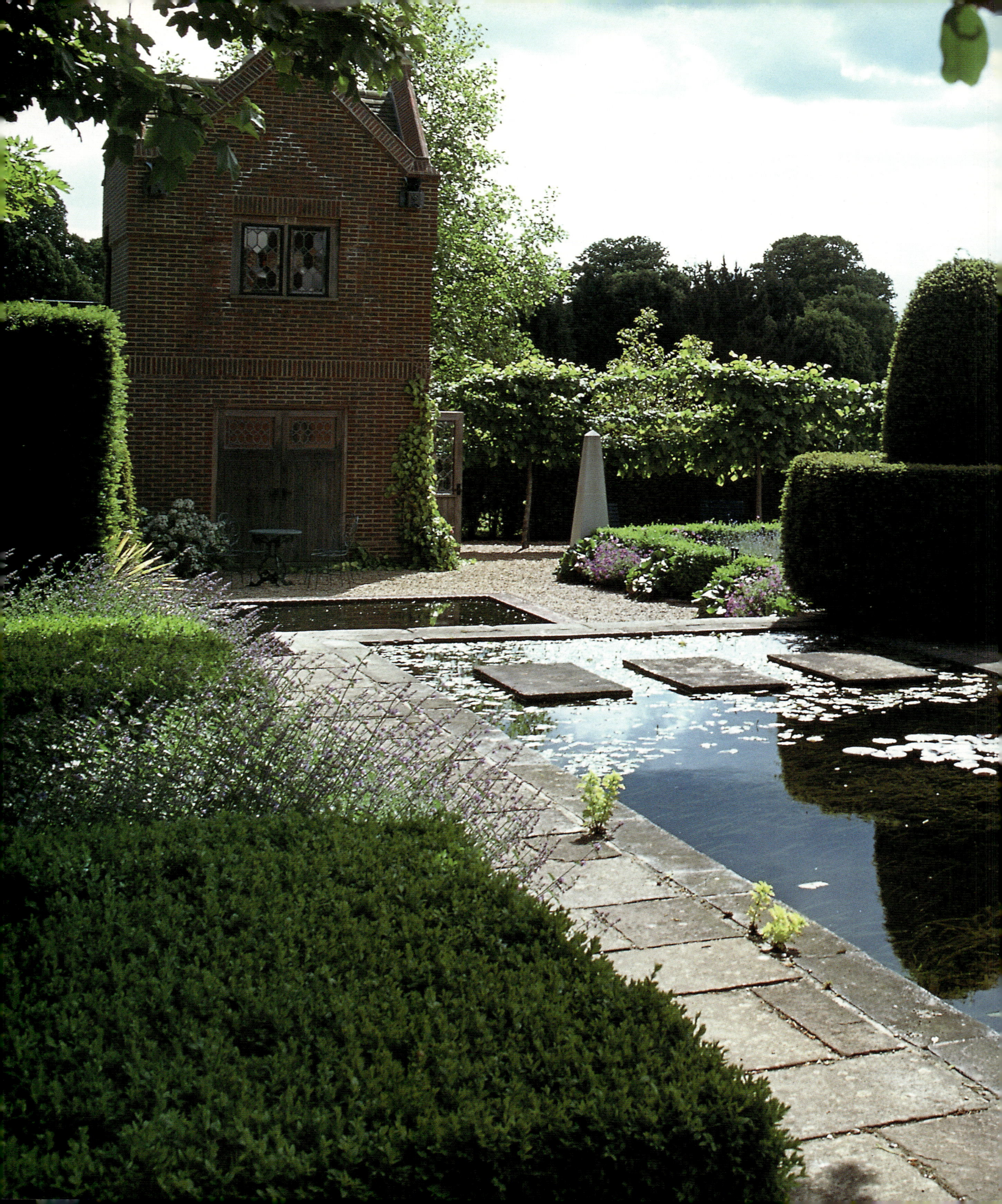

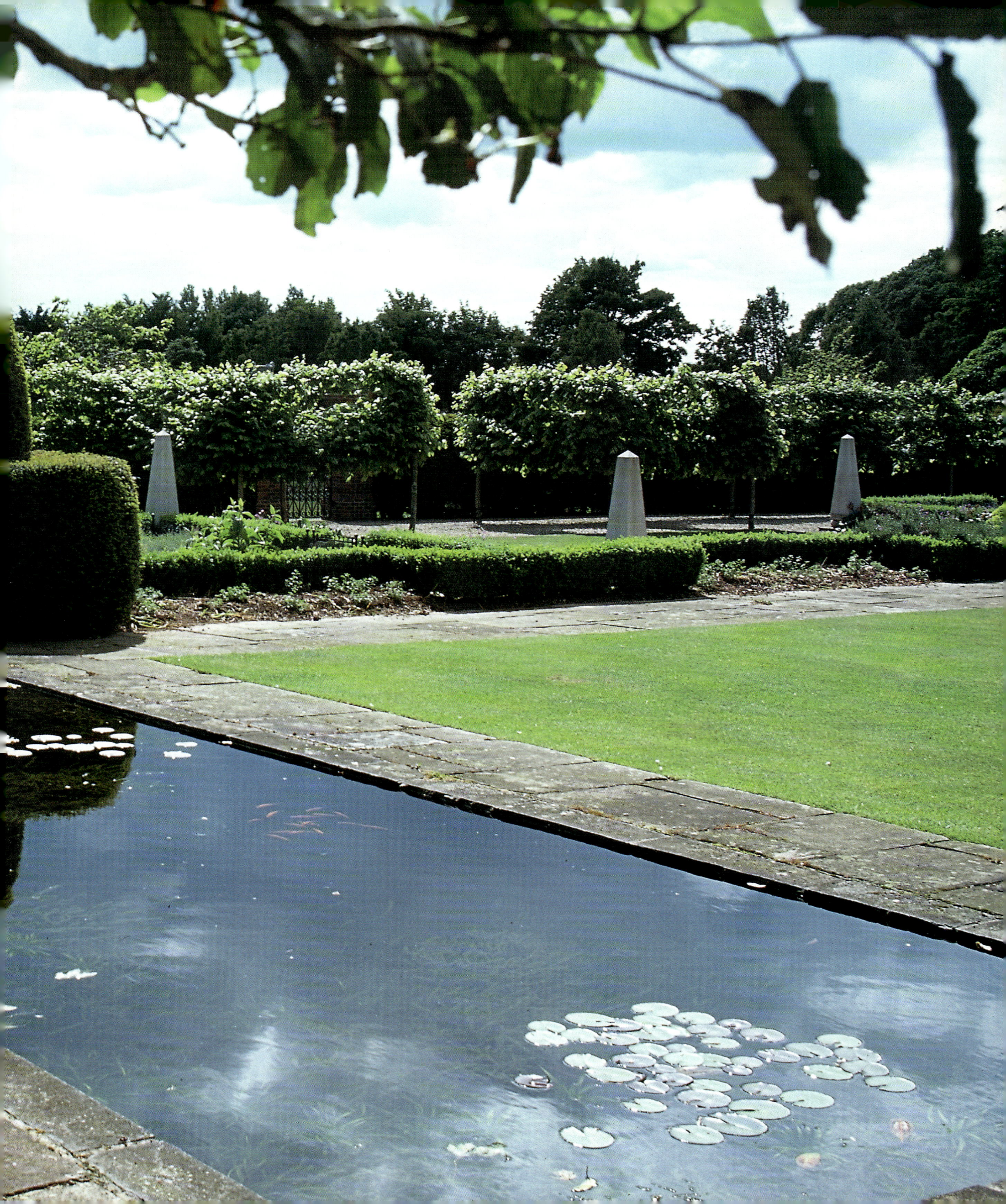

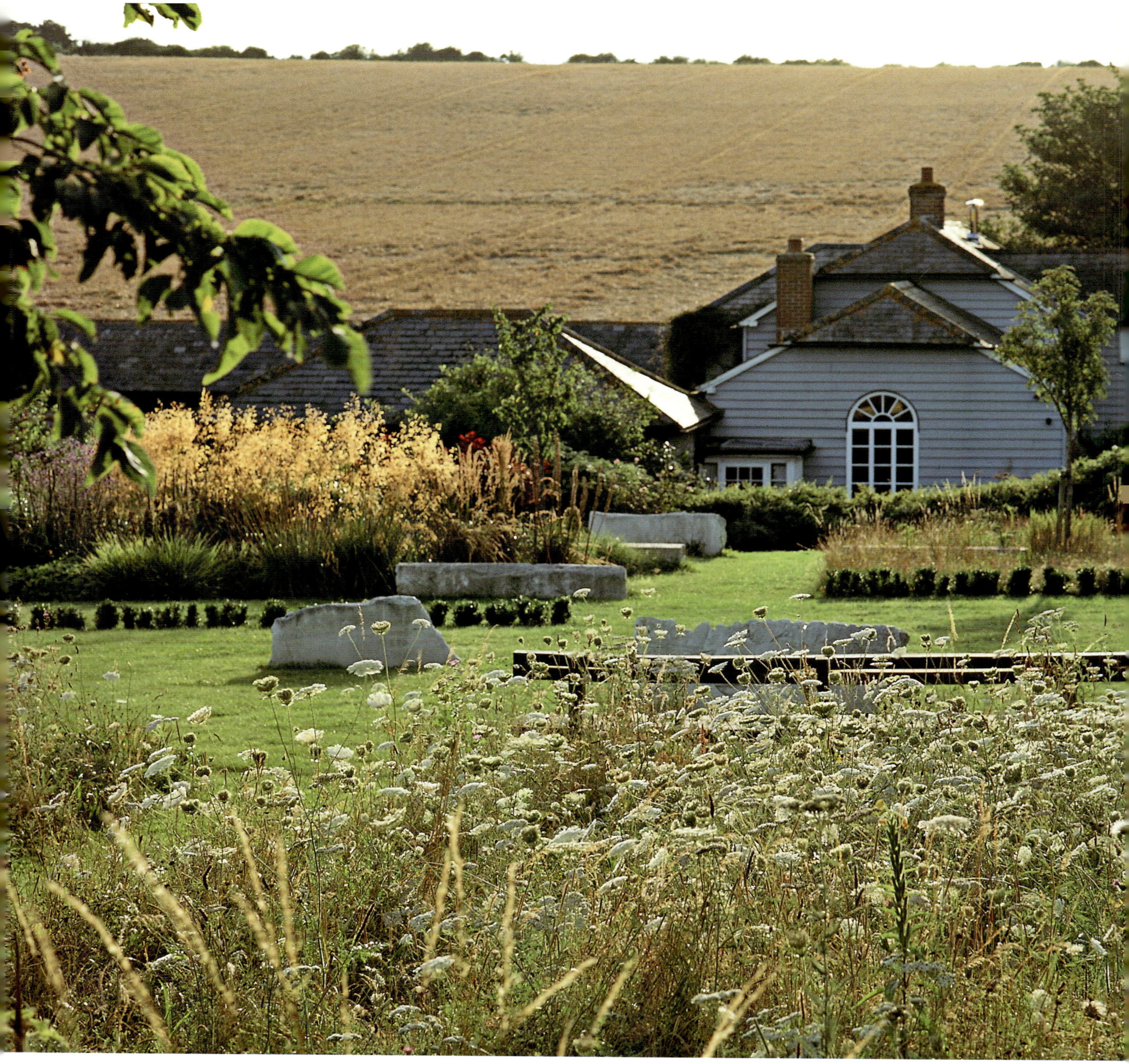

OBEN Ein Blick auf den Garten von einer anderen Perspektive. Die Steine ziehen die Rundungen des gemähten Grases und der Bank nach und erweisen Stonehenge eine Referenz, das auch in Wiltshire liegt.

LINKS Hier sehen wir einen Garten von Christopher Bradley-Hole in Wiltshire. Die wohl platzierten Steine sind Portland-Kalksteine aus Dorset. Dieser Garten sitzt wunderbar in der Landschaft aus purer landwirtschaftlicher Nutzung und Wildblumenwiesen.

höchst kenntnisreichen Pflanzenverwendung kombinierten. Zu ihnen gehörte Peter Aldington mit seinem Anwesen Turn End in Buckinghamshire, Preben Jacobsen und Sir Frederick Gibberd. Gibberd, der Architekt des Londoner Flughafens Heathrow, der Catholic Cathedral in Liverpool und von Harlow New Town, hat in seinem Leben nur einen einzigen Garten angelegt: seinen eigenen. Aber dieser ist hochinteressant. Wohldurchdacht bestimmte Gibberd in dem ungeometrischen Garten Punkte, von denen aus völlig unterschiedliche Eindrücke möglich waren. Eine Folge unterschiedlicher Räume sollte sich auftun. Wir schauen auf Lichtungen, eine extrem schmale Lindenallee oder auf Becken, allesamt zu neuem Leben erweckt durch moderne Skulpturen, zufällig Gefundenes oder Springbrunnen (siehe Seite 249).

Aber was ist mit den jungen, oder relativ jungen, zeitgenössischen Gestaltern von heute? Nichts scheint so recht geregelt zu sein, aber alle, die von sich reden machen, haben einen Sinn für minimalistische Konzepte einerseits und verstehen sich auf die Pflanze als Werkstoff andererseits. Minimalismus in der Kunst erwachte in den 1960er Jahren in New York als Reaktion gegen den Abstrakten Expressionismus, etwa eines Jackson Pollock. Unterstützend wirkte Mies van der Rohes »Weniger ist mehr«, das sich als Slogan in der Kunst etablieren konnte. Gerade bei der Gestaltung kleiner Gärten und der ihnen innewohnenden Schwierigkeiten verhalf dieses Schlagwort zu neuen Lösungen.

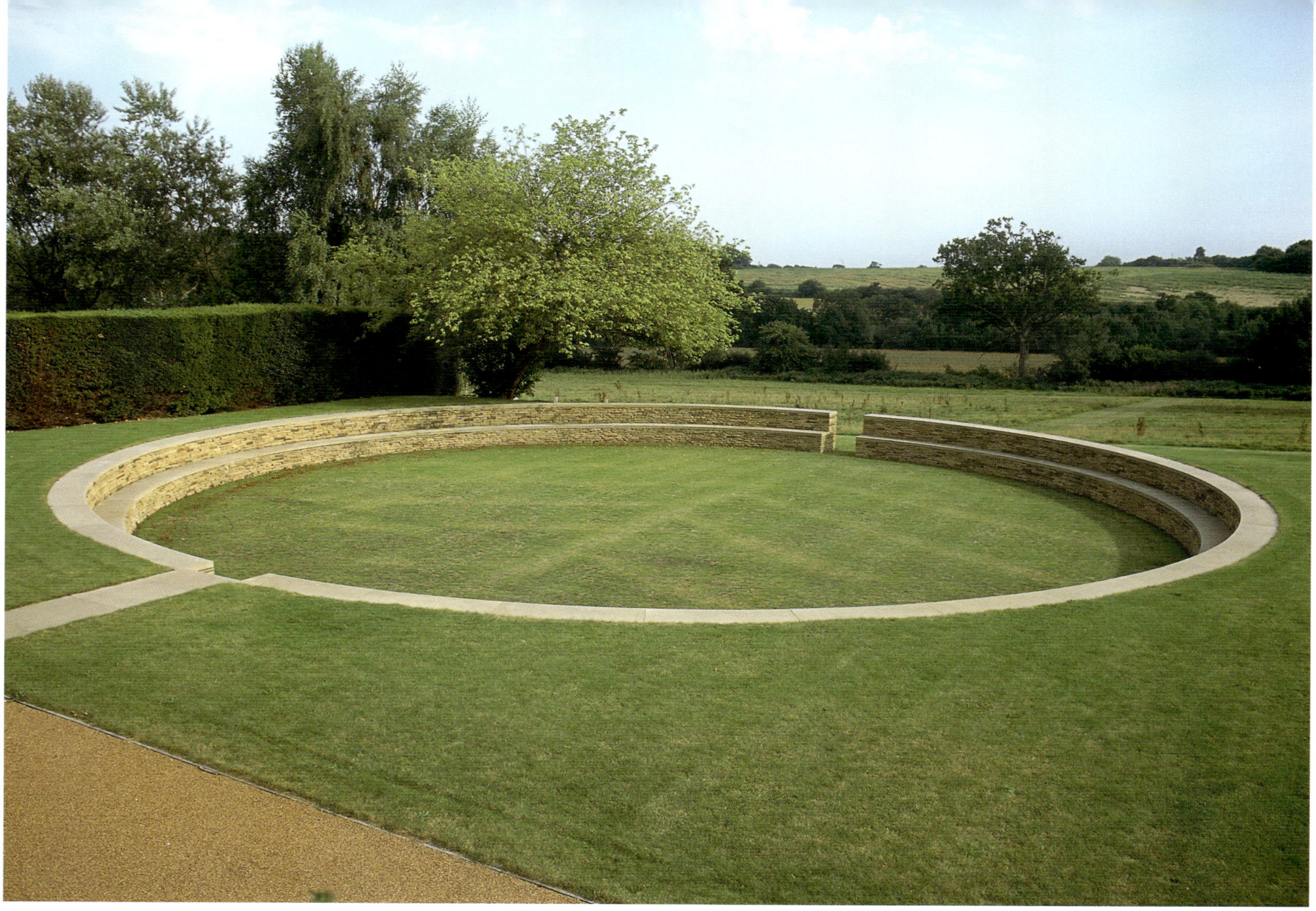

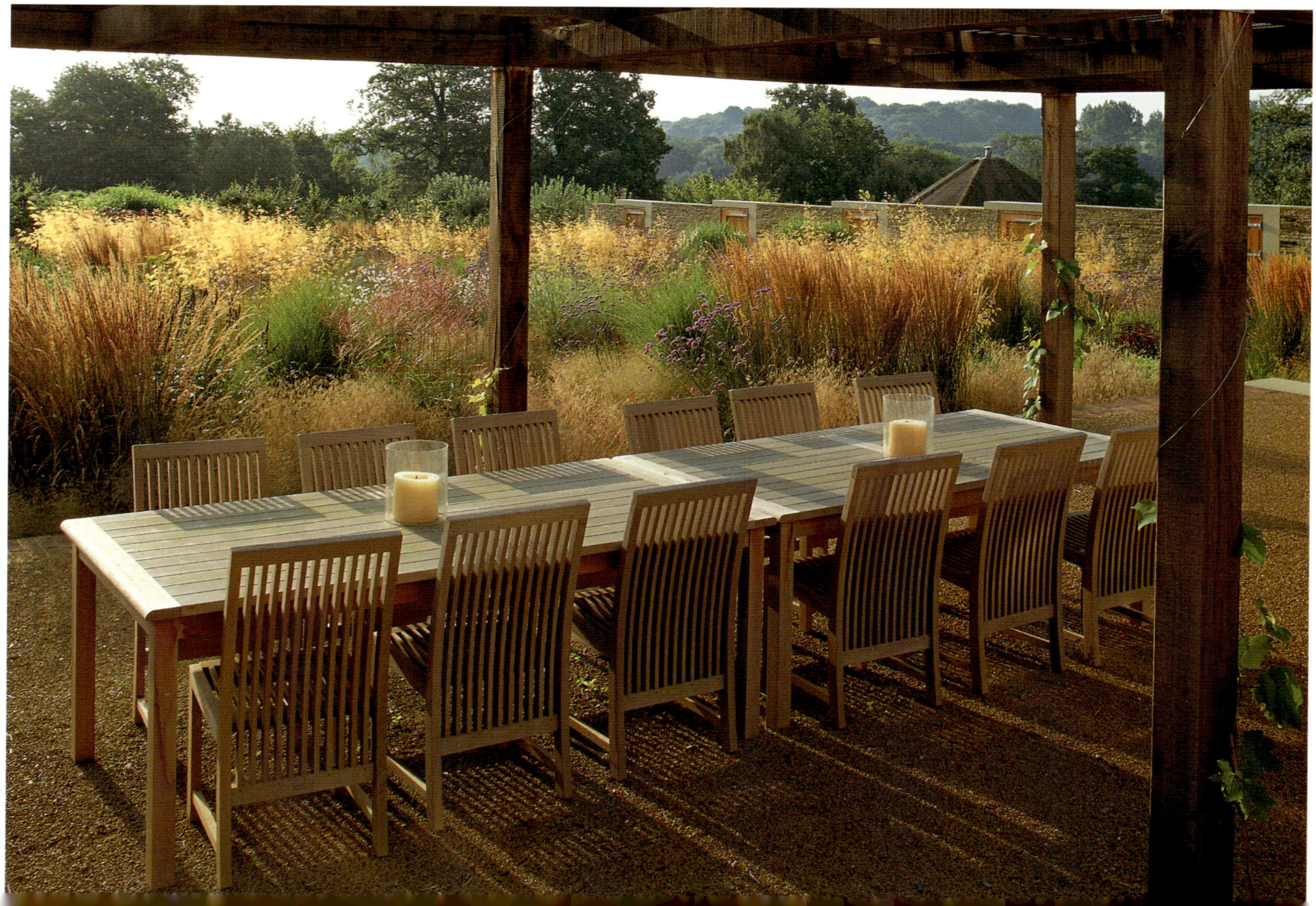

Für Gartengestalter wie etwa Christopher Bradley-Hole zeigt sich Minimalismus in der Schlichtheit der Linie, in einer kraftvollen Geometrie, gelegentlich durchdrungen von der spirituellen Qualität des Orients. Er sagt: »Minimalistische Gestalter können sich nicht auf Dekoration verlassen und müssen daher Ergebnisse durch die Manipulation von Raum, Proportion und Material erzielen.«[1] Dabei sieht sich der Minimalismus in England mit einem Problem konfrontiert.

Bei aller Wertschätzung von Ruhe und Gleichmäßigkeit vernachlässigt der Minimalismus den Wechsel der Jahreszeiten und die tief sitzende Sehnsucht englischer Gartenbesitzer nach der Pflanze – nach vielen Pflanzen. Die sauberen, klaren Linien können sehr attraktiv sein, sind aber für den weit verbreiteten Geschmack zu streng und unverrückbar. Aber da ist Christopher Bradley-Hole, der immerhin ein Buch namens *The Minimalist Garden* geschrieben und dennoch Erfolg hat. In seinen privaten und öffentlichen Gärten (wie etwa für English Heritage auf Portland Castle) zeigt er dieses geschickte Verschmelzen von striktem Entwurf und einer recht breiten Palette von Pflanzenformen und -farben. Dabei war er dem

OBEN Hier sehen wir einen eher gängigen zeitgenössischen Garten in Oxfordshire, gestaltet von Jinny Blom. Auch wenn wir es deutlich mit einem Garten zu tun haben, wird die Umgebung ernst genommen. So passt die gedämpfte Farbe ausgezeichnet zu der dahinterliegenden bäuerlich geprägten Landschaft. In der Mitte des linken Beets blüht die purpurlaubige Form des einheimischen Holunders.

GEGENÜBER OBEN Ein modernes Amphitheater in einem von Christopher Bradley-Hole gestalteten Garten in Sussex zeigt einen klassischen Einfluss, aber in moderner Umsetzung. »Minimalistische Gestalter können sich nicht auf Dekoration verlassen und müssen daher Ergebnisse durch die Manipulation von Raum, Proportion und Material erzielen.«

GEGENÜBER UNTEN Dieser Garten in Sussex zeigt Christopher Bradley-Holes Auffassung von gestalteter Natur. Es gibt hier eine enge Verbindung zwischen Haus und dem formal gestalteten Garten. Das Formale wird zarter durch die ungezwungene Bepflanzung mit einer begrenzten Anzahl von Pflanzenarten.

OBEN Der eigene Garten von Tom Stuart-Smith in Hertfordshire ist äußerst detailreich und üppig bepflanzt. Um den Effekt der beiden Grüntöne zu erzielen, säte Stuart-Smith Salat zwischen die L-förmigen Eibenhecken.

RECHTS Im ganz und gar modernen Parterre von Broughton Grange in Oxfordshire zog Tom Stuart-Smith mit dem vielseitig verwendbaren Buchsbaum die Zellstruktur eines Baumblatts nach. Wir sehen die unterste von drei Terrassen, die zweimal im Jahr bepflanzt wird, zuerst mit Zwiebelpflanzen und darauf mit Einjährigen. Die mittlere Terrasse ist auf Seite 374 abgebildet.

Einfluss des New Naturalism (siehe Seite 208) ebenso wenig verschlossen wie den Konzepten von Wolfgang Oehme und James van Sweden aus den Vereinigten Staaten. Neben Bradley-Hole haben besonders Tom Stuart-Smith und Dan Pearson herausgefunden, dass man mit einer ausgeklügelten, überaus kunstvollen Pflanzenverwendung in einer spar-

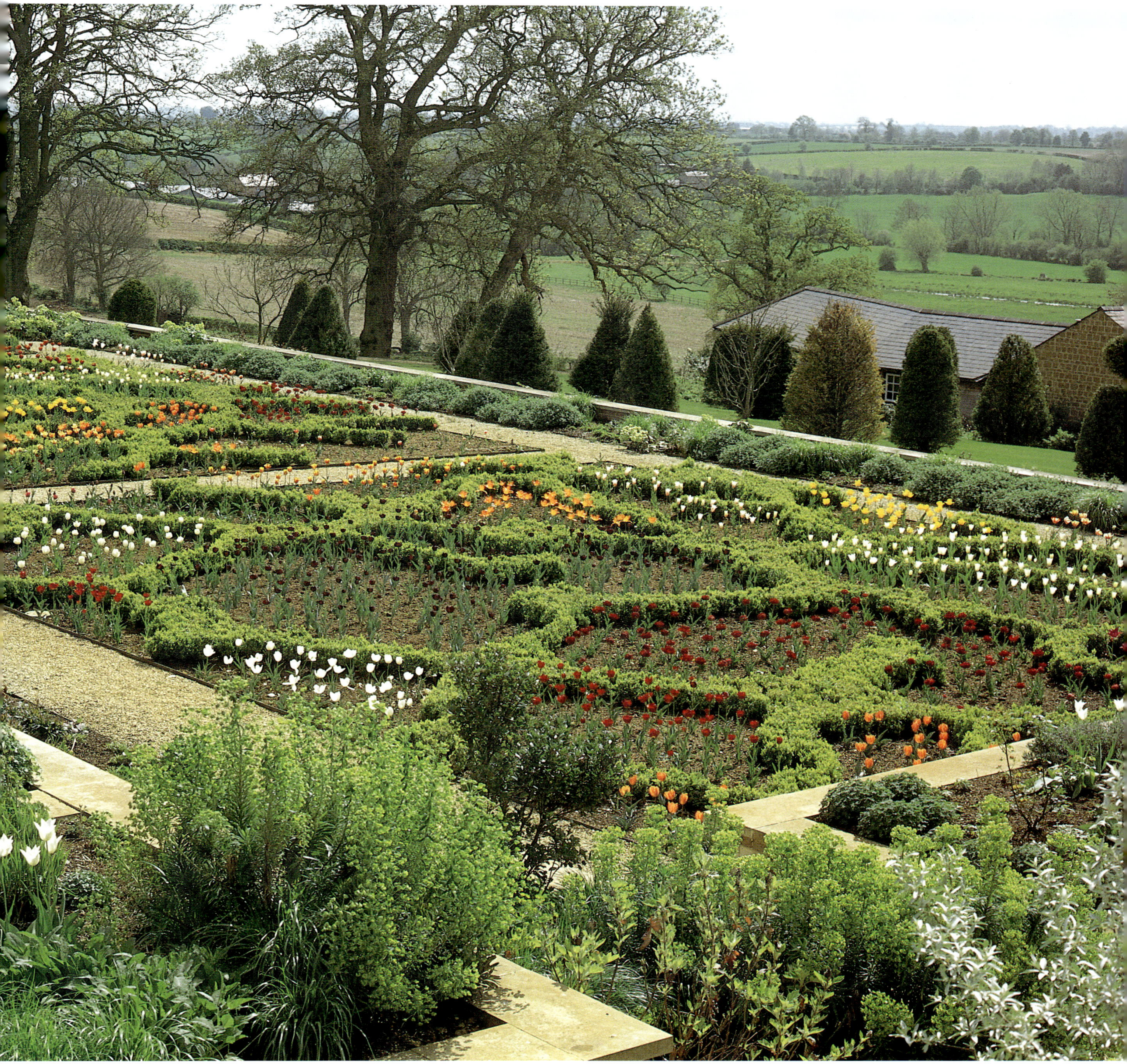

Dies ist das ehemalige Bauernhofgelände von Bury Court in Hampshire, als Garten angelegt von Piet Oudolf. Die Holzskulptur im Becken stammt von Paul Anderson. Auch hier wurden traditionelle Materialien wie Klinker, Granitpflaster und Eibenhecken in einer zeitgemäßen Weise verwendet. Die Fläche ist nicht in verschiedene »Räume« unterteilt, sondern besteht vielmehr aus verschiedenen Beeten, die einen zentralen Gräsergarten umgeben.

samen, geometrischen Grundstruktur durchaus die Herzen von Kunden gewinnen kann. Sie sind alle sowohl Gärtner und Gestalter.

Man könnte meinen, dass die Verbindung von hartkantigen, modernen Materialien und einer natürlich aussehenden Bepflanzung nicht recht passt, aber es ist nur eine Methode, Wildheit in einem formalen Rahmen zuzulassen. Und offenbar ist diese Methode recht erfolgreich in unserem postmodernen Zeitalter, in dem Ironie und Individualität zwei Triebfedern des Denkens und Handelns geworden sind.

Als Ergebnis können wir feststellen, dass die jüngsten modernen Gärten vollkommen anders aussehen als die, die vor 20 Jahren fertiggestellt wurden: Scampston Hall in Yorkshire, Broughton Grange in Oxfordshire (wo Tom Stuart-Smith neben anderen Arbeiten auch ein Buchsbaumparterre angelegt hat, das die Zellstruktur eines Baumblatts nachzeichnet) und Bury Court in Hampshire. Das Gefühl, die Welt würde stillstehen, ist damit endgültig von gestern.

Bei aller Begeisterung darüber sollten wir die Arbeit derjenigen nicht vergessen, die, wie beispielsweise Kim Wilkie, historische Anlagen restaurieren. Sie tun dies in kreativer Weise, rücken wo möglich auch von strikten historischen Leitlinien ab – so wichtig sie auch in vielen Fällen sind. Wilkie hatte sich am Projekt Heveningham Hall in Suffolk an einem »Capability«-Brown-Plan zu orientieren, der vor 200 Jahren aber nie ganz realisiert wurde. So ließ er eine riesige Fläche für einen See ausheben und der Bau einer 49 Meter langen Brücke mit drei Bögen steht als Nächstes an. Interessanterweise entfernte Wilkie einen recht unbefriedigenden Viktorianischen Garten hinter dem Gebäude, auf dessen Fläche dann ein Garten mit geschwungenen Grasterrassen entstanden ist. Wilkie schreibt dazu: »Die Terrassen fließen mit dem aufsteigenden Land, bilden nach dem Prinzip der Fibonacci-Folge einen Fächer, der den Bogen zu den alten Bäumen schlägt und dem Haus den nötigen Raum zum Atmen gibt.«[2]

Am Landsitz Great Fosters in Surrey hat er unter anderem am Ende einer Lindenallee ein 6 Meter hohes Amphitheater aufgeschüttet, um die Zufahrtsstraße zu verdecken und zusammen mit Erdwällen die Verkehrsgeräusche zu reduzieren. Vor Kurzem spielte zur Einweihung dieser Erdbauwerke ein Streichquartett 25 Meter von der Straße entfernt und die Akustik soll »perfekt« gewesen sein. Als ich den Ort besuchte, war es nicht völlig leise, aber zweifellos war es nicht so laut wie erwartet. Erdskulpturen haben eine lange Tradition, die bis in prähistorische Zeiten zurückreicht, und Kim Wilkie gehört sicherlich zu den fähigsten zeitgenössischen »Skulptoren«. Anders als damals lassen sich in der heutigen Zeit moderne Konstruktionstechniken, Geotextile und riesige Maschinen nutzen.

Es wäre schön, noch weitere Arbeiten dieser Kunst vorstellen zu können, zumal einer der interessantesten zeitgenössischen Gärten wesentlich darauf beruht. Leider liegen die besten Gärten dieser Art in Schottland, wie Charles Jencks' Garden of Cosmic Speculation in Dumfriesshire und sein spiralenförmiger Hügel bei der Scottish National Gallery of Modern Art in Edinburgh – schottische Gärten liegen leider außerhalb des Rahmens dieses Buchs. Viele Anlagen mit Erdskulpturen in England sind öffentlich und eher Projekte als Gärten. In der Regel gelten Erdskulpturen als zu groß für Gärten. Dennoch möchte ich auf den Rasenhügel von Blewbury Manor in Berkshire hinweisen sowie auf die als Aussichtspunkt gestaltete, stumpfe Pyramide im ummauerten Garten von Scampston Hall (siehe Seite 230).

Eine Erdskulptur in Oxfordshire. Dies ist der Spiralhügel von Blewbury Manor, einem 4 Hektar großen Garten. Erdskulpturen sind nicht besonders verbreitet in zeitgenössischen Gärten, aber es gibt noch einen Hügel im Park von Scampston Hall in Yorkshire (siehe Seite 230). Im Park von Great Fosters in Surrey und in Heveningham Hall in Suffolk schuf Kim Wilkie gräserne Amphitheater. Der Geist von Claremont aus dem 18. Jahrhundert lebt weiter.

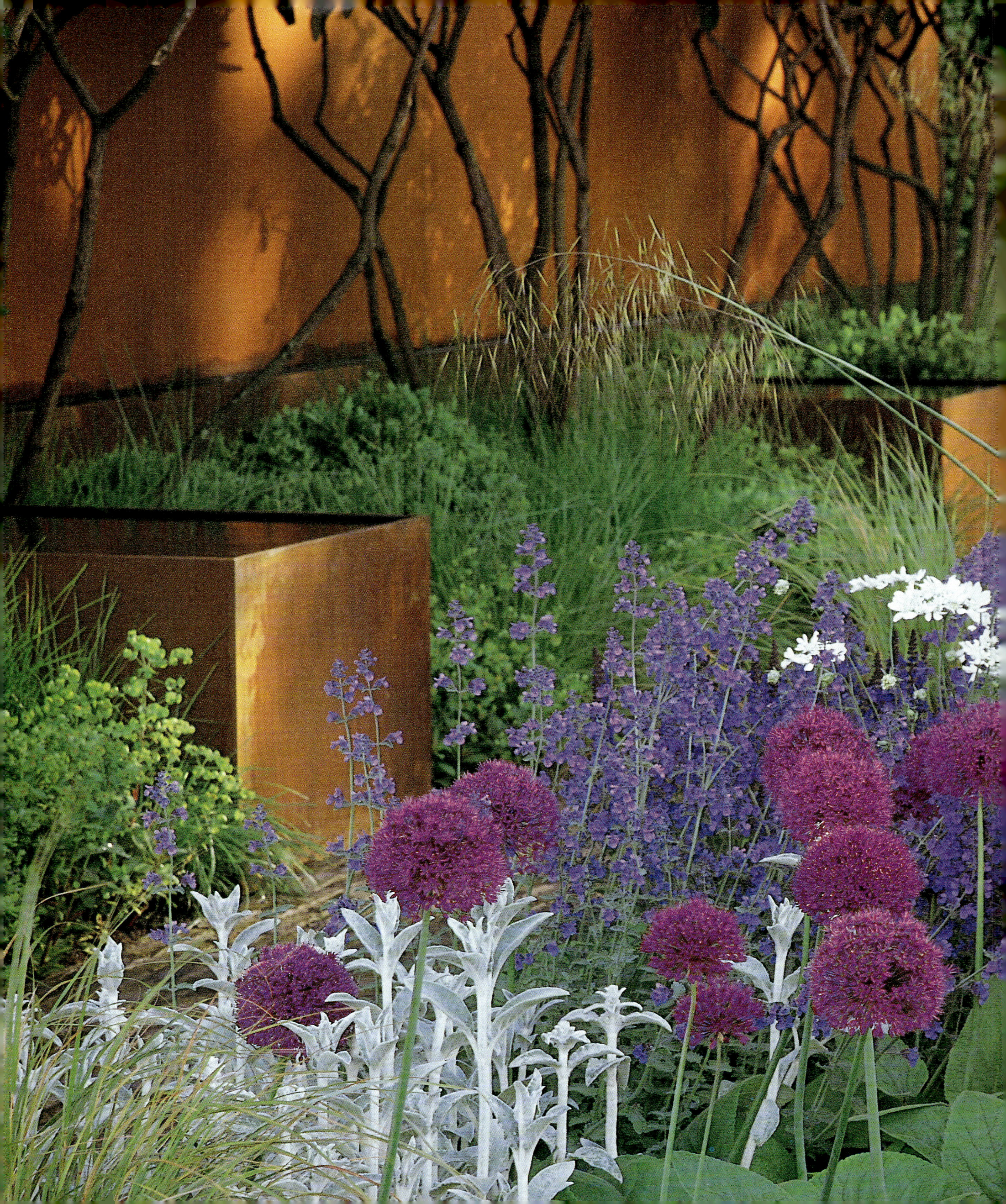

LINKS Tom Stuart-Smiths Garten für den *Daily Telegraph* auf der Chelsea Flower Show 2006. Die scharfkantigen Panele und Gefäße stehen in reizvollem Kontrast zur naturhaften, dichten Bepflanzung aus Stauden und Ziebelpflanzmen. Unter anderem hier zu sehen *Allium* 'Purple Sensation', die blauen *Nepeta racemosa* 'Walker's Low' und *Salvia nemorosa* 'Mainacht' sowie die weiße, einjährige *Orlaya grandiflora*.

FOLGENDE SEITEN Das »andere« Hampton Court in Herefordshire mit einem Garten, den Simon Dorrell 1996 entwarf und anlegte. Es handelt sich um einen komplexen, geometrischen Wassergarten in dem alten ummauerten Viktorianischen Garten. Zwei oktogonale Pavillons sind mit Kanälen verbunden. Im Hintergrund ist das Viktorianische Schloss zu sehen.

Ein weiteres Beispiel für eine moderne Arbeit in einer alten Umgebung stellt Trentham Gardens in Staffordshire dar, wo Tom Stuart-Smith zusammen mit Piet Oudolf den Italienischen Garten neu gestaltete (siehe Seite 32). Innerhalb des formalen Rahmens von Charles Barry aus dem 19. Jahrhundert pflanzte Stuart-Smith seine Staudenwiese, Flüsse von Gräsern fließen durch die Beete, um den Fluss Trent zu spiegeln, der in der Nähe vorbeimäandert.

Recht ähnlich ist die Philosophie der »Contemporary Heritage Gardens«, nach der eine Reihe von Grundstücken von English Heritage gestaltet wurden. Hier war die Idee, aus der zeitgenössischen Gestaltungssprache das Optimum zu entlehnen und in den Rahmen der historischen Anlagen zu setzen. Um hier die besten Vorschläge zu bekommen, wurden Wettbewerbe ausgeschrieben. Isabelle van Groeningen etwa ist für die Gestaltung des Beets am südlichen Graben und des anschließenden Waldbereichs in Eltham Palace, London verantwortlich. Rupert Molby hat im ummauerten Garten von Osborne House auf der Isle of Wight sowohl formale als auch wilde Pflanzungen gestaltet. An modernen, verzinkten Bögen wachsen geschnittene Obstbäume und markieren die Buchstaben V und A. Den Garten des mittelalterlichen Bishop's Palace in Lincoln gestaltete Mark Anthony Walker innovativ mit sich kreuzenden Ziegelwegen, Baumgittern aus Edelstahl und Scheiben an den Kreuzungspunkten, um dem kürzlich entdeckten Rippengewölbe und den Verzierungen an der Decke der nahen Kathedrale eine Referenz zu erweisen. Christopher Bradley-Hole baute eine kreisförmige Mauer aus Portland-Kalk-

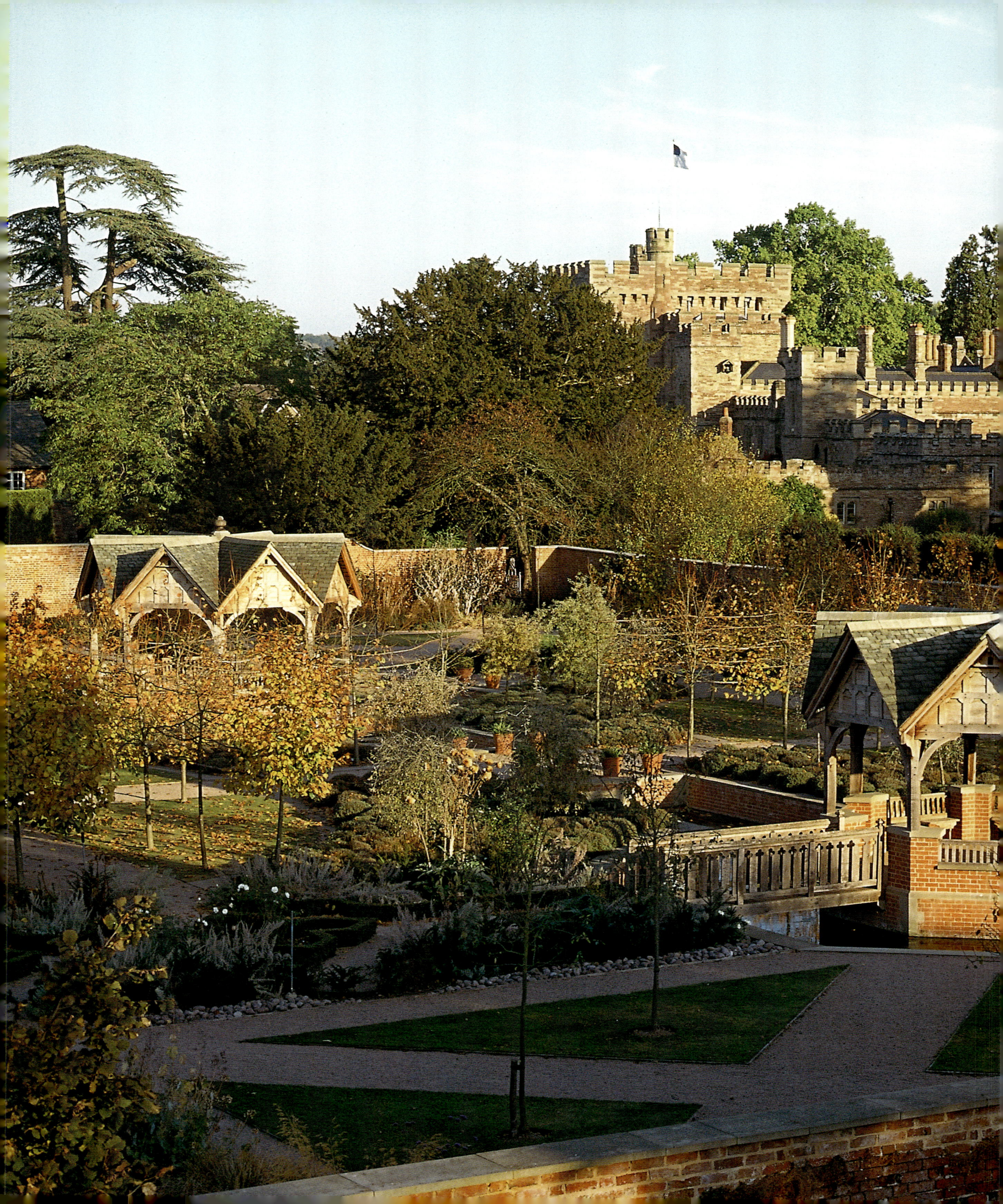

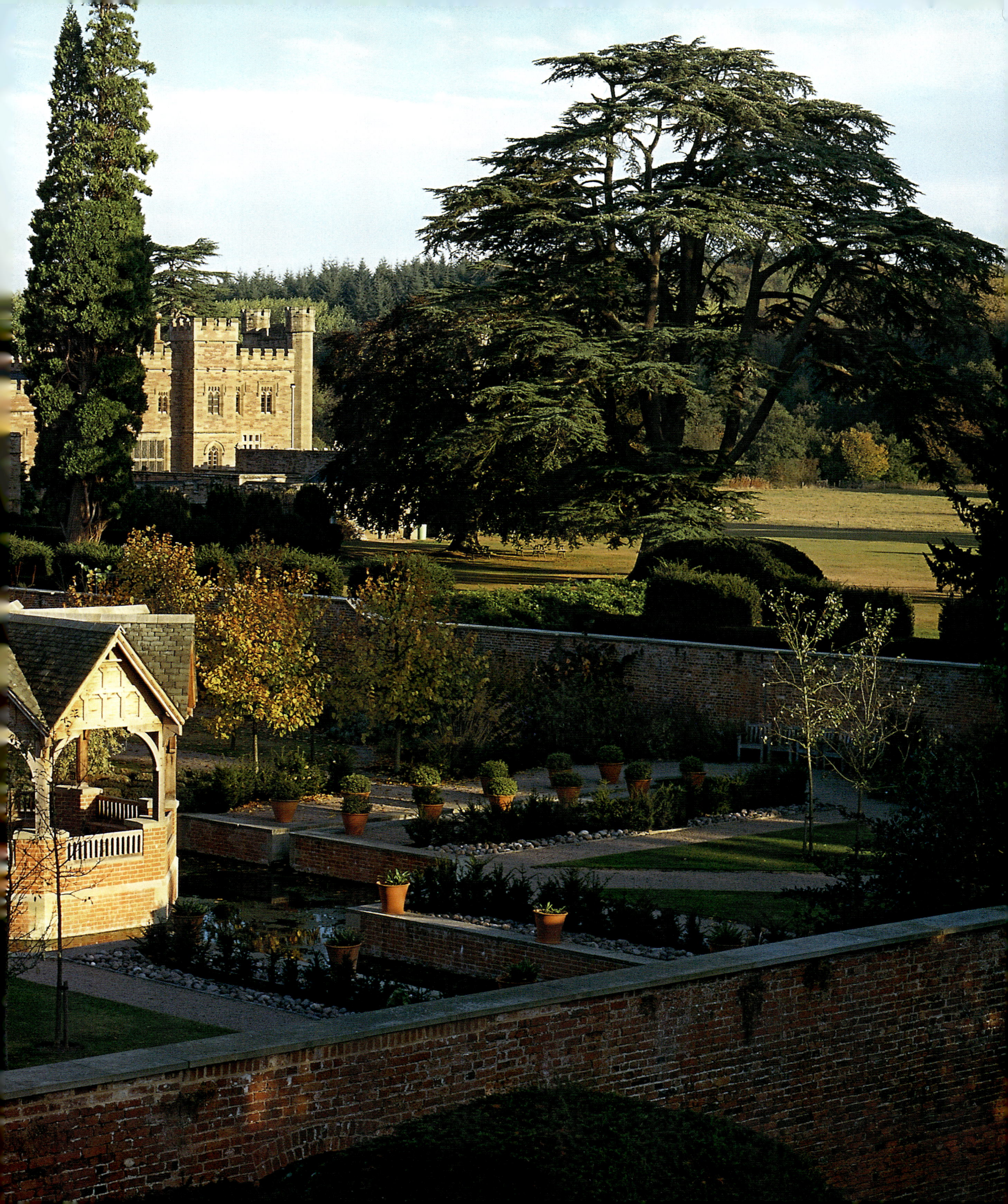

Größte Sorgfalt haben die Besitzer von East Ruston Old Vicarage in Norfolk walten lassen, um den Agaven, Aloe, Kakteen, Puyas, Dasylirion und anderen empfindlichen Pflanzen in dem »Desert Wash« genannten Gartenteil die richtigen Lebensbedingungen zu schaffen. Die Gestaltung orientiert sich an den Verhältnissen in Arizona, wo Regen zwar knapp ist, aber dennoch Überschwemmungen verursacht und Rinnen hinterlässt. Der Untergrund besteht vorwiegend aus Kies, ist daher gut dräniert, sodass die Pflanzen den Winter überstehen, was in feuchtem Boden unmöglich wäre. Etwa 300 Tonnen Feuerstein sind bisher als oberste Steinschicht verwendet worden und die Arbeit geht weiter. Eine solche Umsicht bei der Schaffung spezifischer Lebensverhältnis ist eher ungewöhnlich für England, aber nicht unbekannt. Die Brücke hat etwas von einem Skelett in der Wüste.

stein am Portland Castle in Dorset, die sowohl als Sitzgelegenheit als auch für Vorführungen dient. Die Bepflanzung aus Gräsern und anderen Pflanzen widersteht den salzigen Winden.

Im Garten von Bryan's House in Herefordshire haben die Besitzer einen schönen Arts-and-Crafts-Garten passend zu ihrem Haus aus der Edwardianischen Zeit angelegt. Er basiert auf einer strikt axialen Geometrie, beinhaltet aber einige durchaus herausfordernde Elemente wie etwa das Sulking House oder das Rose Cabinet. Simon Dorrell, einer der Besitzer, ist auch verantwortlich für die Gestaltung von Hampton Court Gardens in Herefordshire. Dort legte er einen komplexen Wassergarten auf der Fläche eines alten ummauerten Viktorianischen Gartens an. Zwei zu den Seiten geöffnete, achteckige Pavillons, verbindende Kanäle und Wasserstufen sind hier die herausragenden Elemente. Außerdem erwähnenswert ist die riedgedeckte Einsiedelei, die man durch einen Tunnel erreicht, der unter dem gotischen Turm des Schlosses beginnt. Sie liegt in der Nähe einer pittoresken Kaskade und einem absichtlich düster gestalteten Senkgarten. Sicherlich könnte man dem Garten auf den ersten Blick den Vorwurf eines Sammelsuriums machen, aber letztlich bewahrt ihn die ungeheure Handwerkskunst und die starke Überzeugung davor, die man der Gestaltung ansieht. Diesen Garten zu bauen, muss sehr viel Freude gemacht haben.

Aus dem Blickwinkel der Öffentlichkeit bergen viele moderne Anlagen das Problem, dass sie entweder gar nicht geöffnet sind (wohlhabende Eigentümer schätzen ihre Privatsphäre nun mal sehr), oder nur für vorher angemeldete Gruppen. Mit dem Modern-Gardens-Wochenende, das jährlich Ende Juni stattfindet, hat sich seit Kurzem ein Fortschritt ergeben. Natürlich kann es sein, dass die Gärten ihre Pforten wieder schließen, wenn sie sich zu einer gewissen Reife entwickelt haben. Aber gegenwärtig gibt es damit zumindest Möglichkeiten, auch moderne Anlagen zu besichtigen.

Viele Gartengestalter, Gärtner und Gartenbesitzer zeigen zunehmend mehr Respekt vor der Umwelt und ein Interesse an Artenvielfalt und Nachhaltigkeit. Auch die New-Naturalism-Bewegung hat sich der Schaffung realistischer Lebensräume verschrieben, auch wenn sie nicht immer aus heimischen Pflanzen bestehen – leider ist unsere heimische Flora relativ artenarm. Ich habe bereits Christopher Lloyds nordamerikanische Prärie in Great Dixter erwähnt, auch den Kiesgarten, den Beth Chatto auf einem ehemaligen Parkplatz schuf und der aus vielen Pflanzen des Mittelmeerraums besteht. In The Garden House in Devon gibt es einen von der Vegetation Kretas beeinflussten Cottage-Garten sowie einen Südafrika-Garten, und viele sehr verschiedene Gärten liegen auf dem Gelände von

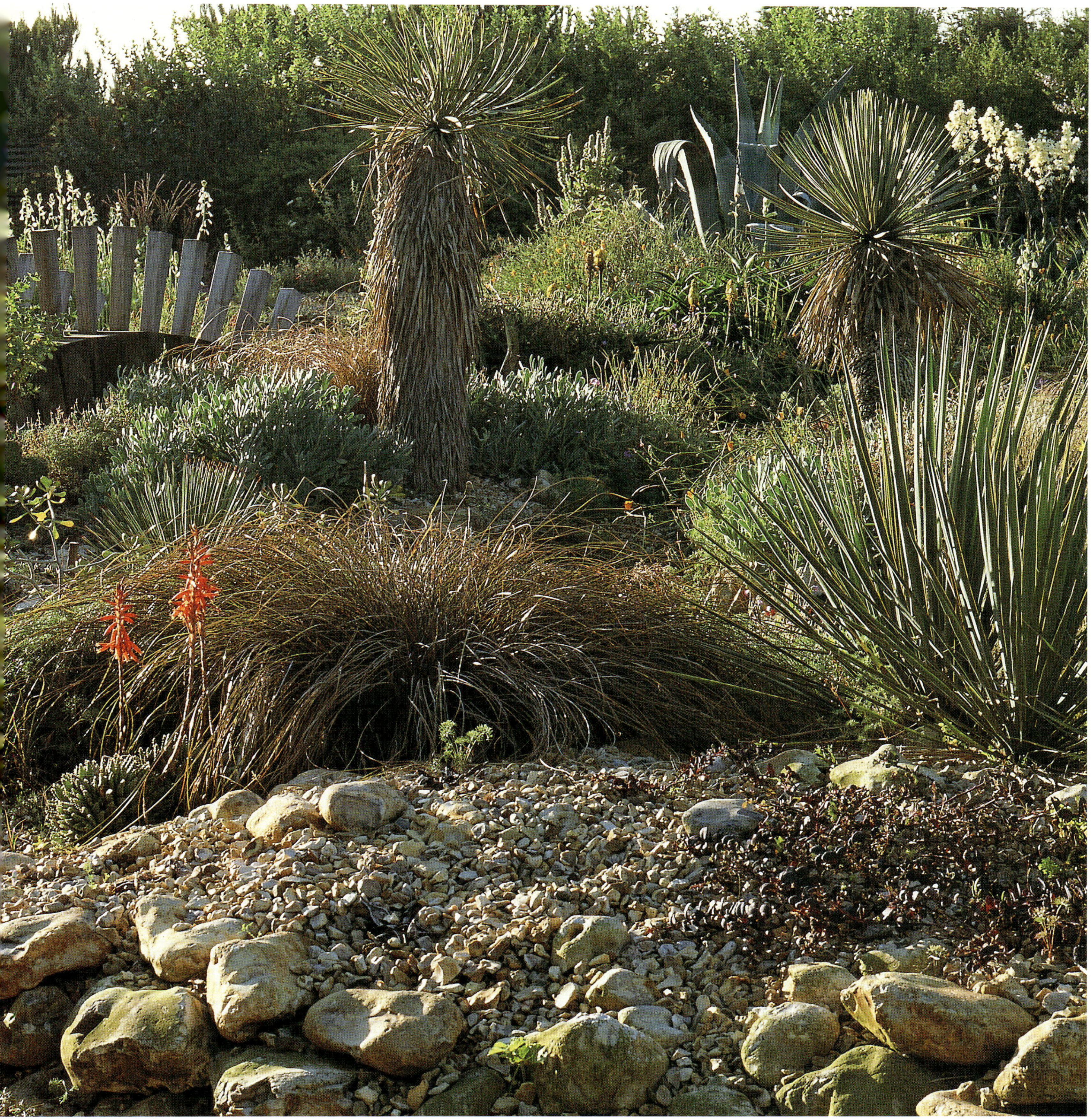

East Ruston Old Vicarage. Die Kalifornische Rabatte, das Flussbett der Wüste, der mediterrane Garten und die heimische Wiese ahmen jeweils spezifische Bedingungen und Lebensräume nach.

Soviel zu den Gärten auf dem Land. Doch da in England etwa 90 Prozent der Bevölkerung in Städten und Dörfern leben, ist es richtig und unverzichtbar, auf die Ideen von Gartengestaltern und Amateurgärtnern für

LINKS Ein anderer Ausschnitt der Dachterrasse. Alle Pflanzen sind hitze- und trockenheitsresistent. Grasnelken, Dachwurz, *Cosmos astrosanguineus* (in der unteren rechten Bildecke) gehören dazu. In den verzinkten Töpfen halten sich rotblättriger *Cotinus*, das silberblättrige *Convolvulus cneorum* und das Gras *Festuca glauca*

GEGENÜBER OBEN Auf einem Londoner Dachgarten ergänzen sich die modernen Möbel und Pflanzgefäße und die weißen Birkenstämme ausgezeichnet. Birken wirken wie die geschnittenen Lavendel absolut zeitgemäß. Der Gartenentwurf stammt von James Aldridge, das Möbeldesign von Philippe Starck.

GEGENÜBER UNTEN Diese Londoner Dachterrasse hat Dan Pearson gestaltet. Man beachte die Pflanzenfigur des Vogels, der froh ist, in der Stadt zu nisten.

Stadtgärten und Dachgärten zu sprechen zu kommen. In Bezug auf Dachgärten sind die beiden modernen Gestalter Arabella Lennox-Boyd und Stephen Woodhams zu nennen, die sich natürlich auch die technologische Entwicklung bei der Lösung von Problemen, wie etwa der Dichtigkeit, zunutze machen. Ihrer Natur nach sind Dachgärten nicht für Besucher geöffnet und so muss sich der Leser mit den Bildern hier begnügen.[3]

In Stadtgärten werden moderne Materialien eingesetzt. Infrage kommen Aluminium als Verblendung und Wasserspiele, Kunstrasen, um ein frisches Grün in die völlig verschatteten Flächen zu zaubern, eine gewagte Beleuchtung oder Sonnensegel, um Schatten zu bekommen. In Dachgärten herrschen meist extreme Bedingungen für Pflanzen, sodass viel Glas und Beton verwendet wird. An Pflanzen entdeckt man häufig stachelige Sukkulenten oder graulaubige Xerophyten. So sind es die Städte, in denen wir einen einfallsreichen Eklektizismus antreffen, auch weil die Gärten dort zum einen kleiner und zum anderen in der Regel von Gebäuden um-

OBEN Auch in kleinen Stadtgärten geht vieles. Hier finden wir klassische Elemente wie einen Obelisken und einen künstlichen Wasserfall, umrahmt von vielen Immergrünen. John Evelyn würde das alles gutgeheißen haben. Zu den Pflanzen neben dem oberen Becken zählen *Yucca recurvifolia* und *Trochodendron aralioides*, in der unteren Ebene wachsen *Pittosporum tobira* und geschnittene Linden. Dieser Garten wurde von James Aldridge entworfen und ist ein entschiedener Kontrast zu dem Dachgarten auf Seite 368.

GEGENÜBER Anthony Noël ist bekannt für seine stark formalistischen, ornamentalen Stadtgärten und seine Begeisterung für farbige Töpfe und andere Gefäße. In diesen für London bezeichnend kleinen, rechtwinkligen Garten setzte er vier große, klassische Vasen, die eine dominante Ausstrahlung haben. An blühenden Pflanzen sehen wir unter anderem Engelstrompeten *(Brugmansia)* und 'Stargazer'-Lilien, in den großen Vasen wächst *Cordyline*.